应用技能型院校"十四五"会计类专业精品规划教材

富媒体·智能教材

财政与金融

李贺　陈丽佳　张庚全／主编

立信会计出版社

LIXIN ACCOUNTING PUBLISHING HOUSE

图书在版编目(CIP)数据

财政与金融 / 李贺,陈丽佳,张庚全主编. —上海:
立信会计出版社,2022.1(2025.8 重印)
ISBN 978 - 7 - 5429 - 7016 - 9

Ⅰ. ①财… Ⅱ. ①李… ②陈… ③张… Ⅲ. ①财政金
融 Ⅳ. ①F8

中国版本图书馆 CIP 数据核字(2021)第 260829 号

策划编辑　　　王斯龙
责任编辑　　　王斯龙

财政与金融

CAIZHENG YU JINRONG

出版发行	立信会计出版社

地　　址	上海市中山西路 2230 号	邮政编码	200235
电　　话	(021)64411389	传　　真	(021)64411325
网　　址	www. lixinaph. com	电子邮箱	lixinaph2019@126. com
网上书店	http://lixin. jd. com		http://lxkjcbs. tmall. com
经　　销	各地新华书店		

印　　刷	上海万卷印刷股份有限公司
开　　本	787 毫米×1092 毫米　　　1/16
印　　张	19.5
字　　数	546 千字
版　　次	2022 年 1 月第 1 版
印　　次	2025 年 8 月第 4 次
书　　号	ISBN 978 - 7 - 5429 - 7016 - 9/F
定　　价	49.00 元

如有印订差错,请与本社联系调换

前　言

为贯彻落实党的二十大精神,按照应用技能型教育教学改革融合创新的要求,结合市场经济条件下财政与金融运行的特点,本着新常态下既充分反映我国财政、金融改革发展的成果,又兼顾我国现状及发展趋势的指导思想,以习近平总书记新时代中国特色社会主义思想为指导,我们撰写了这本最新的应用技能型教学改革富媒体•智能教材。富媒体•智能教材实现了传统纸质教材与数字技术的融合,通过二维码建立链接,将视频、动画、音频、图文和试题库等数字化资源呈现给学生;从教材内容的选取整合来看,实现了技能教育与产业发展的"双元"育人项目融合,并结合"互联网＋融媒体"为一体的形式,注重专业教学内容与应用实践能力培养的有效对接;从教材的教学使用过程来看,实现了线下自主与线上互动的融合,学生可以在有网络支持的地方自主完成预习、巩固、复习等。

本书共16个项目、55个任务。本书以应用技能型和应用技能型人才培养为目标,以提高学生整体素质教育为基础,能力应用为本位,兼顾知识教育、技能教育和素质教育;在结构安排上,采用理论先行、实务跟进、案例同步、实训到位的编写方式,力求结构严谨、层次分明;在表述安排上,力求语言平实凝练、通俗易懂;在内容安排上,尽可能考虑到财经类专业不同层次的不同需求,萃选精华,深入浅出,使学生更容易掌握财政与金融最新前沿热点专题。课后的应知考核和应会考核结合每个项目的内容和技能要求编写,以使读者在学习每一项目内容时做到有的放矢,增强学习效果。

根据应用技能型教育教学改革融合创新和人才培养需要,本书力求体现如下特色:

(1) 结构合理,体系规范。本书针对应用技能型院校教改的特点,将内容庞杂的基础知识系统性地呈现出来,使教材与现实经济发展实际相衔接,坚持"必需、够用"原则,力求做到体系科学规范、内容简明实用。

(2) 与时俱进,紧跟动态。经济是处于不断发展变化的,财政与金融改革顺应时代的发展变迁,这便对教材的编写提出了更高的要求,我们在教材的相关内容选取上,紧跟当今热点、实践变化的要求及学术研究领域前沿专题,及时反映了当今改革的进程和内容,使教材更加地贴近于具体应用实际。本书最新政策更新截至出版日当月。

(3) 突出应用,实操技能。本书从教学规律出发,与实际接轨,介绍了最新的改革动态、理论知识和实践案例,以及经济改革的最新内容,在注重必要理论的同时,强调学生发现问题、分析问题、解决问题等应用能力的培养,主要引导学生"学中做"和"做中学",以学促做,做学结合,实现理论和实践应用一体化。

(4) 栏目丰富,形式生动。本书栏目形式丰富多样,每个项目设有知识目标、技能目标、素质目标、思政目标、项目引例、引例反思、做中学、同步案例、提示、注意、应知考核(包括单选题、多选题、判断题、简述题)、应会考核(包括观念应用、技能应用、案例分析)、项目实训(包括实训内容、实训目标、实训组织、实训成果、实训报告)等栏目,并在内容中添加了二维码动漫视频。本书的内容与形式，充分体现新时代互联网数字化特色。

（5）课证融合，书证融通。为对接国务院人力资源和社会保障行政部门制定的行业标准，实行"1＋X"证书制度，夯实学生可持续发展基础，鼓励学生在获得学历证书的同时，积极取得多类职业技能等级证书，拓展就业创业本领，缓解结构性就业矛盾。鉴于此，本书与经济师（财政税收专业、金融专业）考试相衔接，做到考证对接、书证融合。

（6）职业素养，素质教育。本书力求在内容上有所突破，激发学生的学习兴趣和学习热情，设计适合学生掌握的考核要点，以培养和提高学生在特定业务情境中，通过理论与实践知识丰富自己的创新意识，提升在具体工作中的审美素养，激发创新创造活力，最终以实现培养新生代大学生职业情感，愉快的主观体验、稳定的情绪表现、健康的心态、良好的心境，从而培养职业认同感、职业荣誉感、职业道德感和职业敬业感。

（7）课程资源，配套上网。为了配合课堂教学，我们精心设计和制作了教学资源（含有教师课件、参考答案、教学大纲、配套习题、模拟试卷、课程标准、学习指南与习题指导等）并实现网上运行。

本书由李贺、陈丽佳、张庚全主编，其中：哈尔滨商业大学李贺撰写项目一至项目八、湖南信息学院陈丽佳撰写项目十四至项目十六、安徽信息工程学院张庚全撰写项目九至项目十三；最后由李贺总撰全书并定稿；李明明、赵昂、李虹、张永杰、王玉春、李洪福6人负责全书教学资源包的整理与制作。武岩负责对全书文字底稿的编辑审阅工作。本书适用于应用型教育层次的财政学、税收学、产业经济学、劳动经济学、国际经济与贸易、金融学等财经类专业学生使用，也可作为自学考试和经济师考试的学习辅助教材。

本教材得到了出版单位的大力支持，在编写过程中参阅了有关教材、著作、法律、法规及相关网站等，对于以上的贡献，谨此一并表示衷心的感谢！由于编写时间仓促，加之编者水平有限，书中难免存在一些不足之处，恳请专家、学者、教师和读者对本书中存在的错误和不足之处给予意见和指正，以便我们不断地更新、改进与完善。如有意见和建议，请致信邮箱 lihe101101@163.com，您的宝贵意见和建议会使我们做得更好！

编　者

哈尔滨商业大学江北校区

2024 年 1 月修订

目　　录

项目一　财政学导论 ··· 1

 任务一　财政学概述 ··· 2

 任务二　公共财政 ··· 5

 任务三　财政学的研究对象和方法 ··· 7

 任务四　财政学的思想演化 ··· 11

 应知考核 ·· 13

 应会考核 ·· 14

 项目实训 ·· 15

项目二　财政职能 ··· 17

 任务一　市场经济效率 ··· 18

 任务二　财政的基本目标 ·· 25

 任务三　财政职能的基本内容 ·· 30

 任务四　公平与效率的协调 ··· 34

 应知考核 ·· 36

 应会考核 ·· 37

 项目实训 ·· 38

项目三　财政支出 ··· 40

 任务一　财政支出概述 ··· 40

 任务二　购买性支出 ·· 45

 任务三　转移性支出 ·· 48

 应知考核 ·· 51

 应会考核 ·· 51

 项目实训 ·· 53

项目四　财政收入 ··· 56

 任务一　财政收入概述 ··· 57

 任务二　财政收入规模 ··· 59

任务三　财政收入结构 ································· 62

应知考核 ·· 64

应会考核 ·· 65

项目实训 ·· 67

项目五　税收 ·· 69

任务一　税收概述 ································· 70

任务二　税收制度要素与结构 ················· 74

任务三　非税收入 ································· 93

任务四　税收负担、税负转嫁与税负归宿 ······· 105

应知考核 ·· 111

应会考核 ·· 112

项目实训 ·· 114

项目六　公债 ·· 116

任务一　公债概述 ································· 117

任务二　公债与财政关系 ······················· 122

任务三　公债规模 ································· 124

任务四　公债经济效应 ························· 128

应知考核 ·· 130

应会考核 ·· 131

项目实训 ·· 133

项目七　政府预算 ···································· 135

任务一　政府预算概述 ························· 136

任务二　政府预算程序 ························· 138

任务三　财政平衡 ································· 141

任务四　政府预算改革 ························· 142

应知考核 ·· 146

应会考核 ·· 147

项目实训 ·· 149

项目八　财政政策 ···································· 151

任务一　财政政策概述 ························· 152

任务二　财政政策工具 ························· 154

任务三　财政管理体制 ························· 156

任务四　财政政策实践 ·· 159

应知考核 ·· 173

应会考核 ·· 174

项目实训 ·· 175

项目九　货币与货币制度 ·· 177

任务一　货币的起源与形态演变 ·· 178

任务二　货币的本质与职能 ··· 181

任务三　货币制度 ··· 182

任务四　货币层次的划分 ·· 185

应知考核 ·· 187

应会考核 ·· 188

项目实训 ·· 190

项目十　信用和利率 ··· 191

任务一　信用 ··· 191

任务二　利息与利率 ·· 195

应知考核 ·· 201

应会考核 ·· 202

项目实训 ·· 204

项目十一　金融市场 ··· 206

任务一　金融市场概述 ·· 206

任务二　货币市场和资本市场 ·· 210

任务三　外汇市场和衍生金融市场 ·· 214

应知考核 ·· 216

应会考核 ·· 217

项目实训 ·· 219

项目十二　金融体系和金融机构体系 ·· 221

任务一　金融体系 ··· 221

任务二　金融机构体系 ·· 223

任务三　我国的金融机构体系 ·· 227

应知考核 ·· 231

应会考核 ·· 232

项目实训 ·· 234

项目十三　货币供求及均衡 ·· 236

　　任务一　货币需求 ·· 236

　　任务二　货币供给 ·· 239

　　任务三　货币均衡 ·· 245

　　应知考核 ·· 250

　　应会考核 ·· 251

　　项目实训 ·· 252

项目十四　通货膨胀和通货紧缩 ·· 254

　　任务一　通货膨胀及其治理 ·· 254

　　任务二　通货紧缩及其治理 ·· 260

　　应知考核 ·· 262

　　应会考核 ·· 263

　　项目实训 ·· 265

项目十五　货币政策 ··· 267

　　任务一　货币政策概述 ·· 267

　　任务二　货币政策工具 ·· 271

　　任务三　货币政策传导 ·· 273

　　任务四　货币政策与财政政策的配合 ·· 275

　　应知考核 ·· 278

　　应会考核 ·· 279

　　项目实训 ·· 280

项目十六　国际金融 ··· 282

　　任务一　外汇与汇率 ··· 283

　　任务二　国际结算 ·· 286

　　任务三　国际收支 ·· 292

　　任务四　国际储备 ·· 295

　　应知考核 ·· 296

　　应会考核 ·· 297

　　项目实训 ·· 299

参考文献 ·· 301

财政学导论

知识 目标

理解：财政的产生和发展；财政学的思想演化。

熟知：财政的概念及构成要素；财政的主要特征。

掌握：公共财政的概念、特征及形式；政府与公共财政；财政学的研究对象和方法。

技能 目标

能够充分认识和理解财政学的研究对象，并能够应用财政学的研究方法，分析现实社会中财政学研究领域的前沿专题。

素质 目标

运用所学的财政学导论知识研究相关案例，培养和提高学生在特定业务情境中分析问题与决策设计的能力；结合行业规范或标准，强化学生的职业道德素质。

思政 目标

能够正确理解"不忘初心"的核心要义和精神实质；树立正确的世界观、人生观和价值观，做到学思用贯通、知信行统一；通过学习财政学导论知识，具备分析财政现象的能力，提升审美素养，激发创新能力。

项目 引例

我国实行全民免费接种新冠疫苗，科兴中维半年利润约 500 亿元，从哪赚的？

在中国，无论我们接种哪种国产新冠疫苗都是免费的，老百姓不用像买其他药品一样，从自己兜里掏钱，这得益于我国的惠民抗疫政策。所有中国籍公民免费接种新冠疫苗，体现了国家对每一个公民的爱护。

虽然我们接种是免费的，但疫苗生产企业不可能免费提供疫苗。毕竟生产疫苗需要成本，同时企业生存也需要利润。所以，国家从财政拨款给企业，向企业购买了疫苗，然后免费给我们接种，替我们承担了疫苗费用。这就是做中国公民的好处，国家始终把老百姓的健康放在第一位，尽国家所能惠顾老百姓。

北京科兴中维生物技术有限公司（以下简称科兴中维）作为疫苗的生产公司，不仅没有亏本，而且有利润可赚，因为它有国家财政拨款，有绝对的资金保障。正是因为这样，疫苗生产企业才能够按时按量为我们提供疫苗，保障老百姓的接种需求。

统计数据显示①，我国接种的总剂次和覆盖人数均居全球首位，人群覆盖率位居全球前列。

目前，科兴中维是疫苗的第一大提供商，大多数地区的人接种的都是科兴中维生产的疫苗。同时，科兴中维疫苗在海外的销量也不错。我们国家生产的疫苗比较安全，国内已有约 2/3 的人接种，所以，不少国家更愿意购买中国生产的疫苗，用着放心。

根据中国生物制药有限公司（以下简称中生制药）2021 年 8 月底发布的中报显示，中生制药上半年实际盈利贡献约 69.56 亿元。按照中生制药对科兴中维持股 15.03% 估算，科兴中维上半年净利润约达 500 亿元。仅仅半年，科兴中维利润便翻了数倍。

引例 反思

中国公民免费接种新冠疫苗，是政府的职责范围吗？为什么需要国家财政拨款？作为中国的公民，我们应该如何树立社会主义核心价值观，不忘初心、牢记使命。

---

① 截至 2022 年 2 月 6 日，累计接种 30 亿剂，每百人接种 208.63 剂。

知识 精讲

任务一　财政学概述

一、财政的概念

(一)"财政"一词的由来

"财政"一词最早起源于西欧。13~15世纪,拉丁文finis是指结算支付期限,后来演变为finance,则有支付款项、裁定款项或罚款支付的含义。到16世纪末,法国政治家波丹将法语finance作为"财政"一词使用,认为财政是"国家的神经",随后逐步泛指国家及其他公共团体的理财。日本自1868年明治维新以后,从西欧各国引入"finance"一词,吸收中国早已存在并分开使用的"财"和"政"二字的含义,创造了"财政"一词并传入中国,逐步取代以前的各种名称,确立了财政的含义。纵观我国几千年留存下来的古籍,可以看到"国用""国计""度支""理财"等一类用词,都是关于当今的财政即政府理财之道的记载;还有"治粟内史""大农令""大司农"一类用词,则是有关当今财政管理部门的记载。我国使用"财政"一词,最早见于清朝光绪二十四年,即1898年,在戊戌变法《明定国是》诏书中有"改革财政,实行国家预算"的条文。"财政"一词是当时维新派在引进西洋文化思想指导下间接从日本引进的。

(二)财政的概念解释

在中国,对财政的概念有不同的解释,本书将财政定义为:财政是国家或政府为了实现其职能,利用价值形式,参与市场经济中社会财富的分配与再分配过程中所形成的,以国家为主体的分配活动及其产生的分配关系。

二、财政的构成要素

(一)财政分配的主体是国家或政府

财政分配是国家集中性的分配,国家是财政分配的主体,以其他社会组织或团体为主体的分配,都不属于财政分配。这是财政分配区别于其他分配范畴的基本特征。作为国家经济存在的财政分配,其分配的主体只能是国家。所谓国家为财政分配主体,是指国家在财政分配中居于主导地位,掌握着财政分配的权力,并形成国家与其他分配主体之间的分配关系。

(二)财政分配的客体(或对象)主要是社会剩余产品

社会产品的价值由以下三部分构成:

(1)生产资料耗费的补偿价值(C)。从C的这部分价值来看,主要是固定资产的折旧资金和原材料、燃料等所需的流动资金,它们都是补偿生产单位简单再生产顺利进行的必要条件,也是生产单位应有的基本权利。

(2)劳动力再生产价值(V)。从V的这部分价值来看,主要是在物质生产过程中活劳动消耗的价值补偿,即工资,它是劳动力生命运动与繁衍延续的物质保障。V的这部分价值可以构成财政分配的一部分,其比重大小主要由一国生产力与工资水平以及税收制度的构成所决定的,一般不构成财政分配对象的主要来源部分。

(3)剩余产品价值(M)。M的这部分价值,就是通常所说的剩余产品价值。显然,它就是国家财政集中性分配的主要对象。因为只有剩余产品价值才需要而且可能从一般分配中独立出来,形成一种超越生产单位和个人之外的特殊分配过程。剩余产品价值是国民收入的主导部分,而财政在剩余产品价值分配中又起关键作用,财政可以通过剩余产品价值的分配有效地控制国民收入以至整个社会财富的分配。俗话说,把"蛋糕"做得大一点,实际上是指扩大剩余产品价值,为财政创造一个宽松的分配环境。

(三)财政分配的目的是满足社会公共需要

社会公共需要是相对于私人需要和微观主体需要而言的。所谓社会公共需要是指政府向社会供给安全、秩序、公民基本权利和经济发展的社会条件等方面的需要。诸如政府的行政管理、国防、文化教育、公共卫生、生态环境保护的需要,基础设施和政策供给的服务等。私人需要可以通过市场价格、竞争机制得以实现;社会公共需要则要通过政府的收支活动来满足,这是财政学研究的核心内容之一。

(四)财政分配的形式主要是利用价值形式

马克思在阐述分配与生产的关系时曾指出:"就对象说,能分配的只是生产的成果。就形式说,参与生产的一定形式决定分配的特定形式,决定参与分配的形式。"可以说,财政分配采取什么样的形式,并不是由财政本身所决定,而是由生产力发展水平决定的。

三、财政的主要特征

财政的特征是财政有别于其他分配范畴的主要标志。一般认为,财政的主要特征表现在以下三个方面:

(1)阶级性和公共性。由财政或政府的关系产生了财政的阶级性和公共性并存的鲜明特征。阶级性强调财政为统治阶级服务;公共性突出财政的公共性质。

(2)强制性和有偿性。强制性是指财政运行是凭借国家政治权力,通过财政法律制度来予以强制实施。有偿性是指国家取得财政资金后按财政预算支出使用。

(3)收支性和平衡性。收支性是指财政运行中有收有支的活动。平衡性是指财政支出等于财政收入即收支平衡,如果略有结余或财政赤字则属于非平衡性。

四、财政的产生和发展

(一)财政的产生

国家财政既是一个经济范畴,也是一个历史范畴。国家财政不是从来就有的,它是社会生产力和生产关系发展到一定历史阶段,伴随着国家的产生而产生的。在整个社会产品分配中分化独立出一种由国家直接参与的社会产品的分配,就是财政分配。剩余产品不仅是产生私有制的经济条件,也是产生阶级、国家的经济条件,而国家又是产生财政的政治条件。财政是随着国家的产生而产生、国家的发展而发展的。

由此可见,生产力的发展与剩余产品的出现是财政产生的物质基础,是财政产生的经济条件;私有制、阶级和国家的出现是财政产生的政治条件,财政是因国家的产生而产生的。

(二)财政的发展

1. 奴隶制国家的财政

在国家产生的同时,保证国家实现其职能的财政也随之出现。我国古代第一个奴隶制王朝——夏朝,最早出现的财政征收方式是"贡",即臣属将物品进献给君王。"贡"只是税的雏形,而后出现的"赋"与"贡"不同。"赋"指军赋,即君主向臣属征集的军役和军用品。但事实上,国家征集的收入不仅限于军赋,还包括用于国家其他方面支出的产品。此外,国家对关口、集市、山地、水面等征集的收入也称"赋"。所以,"赋"已不仅指国家征集的军用品,而且具有了"税"的含义了。有历史典籍可查的对土地物的直接征税,始于公元前 594 年(鲁宣公十五年)鲁国实行的"初税亩",即按平均产量对土地征税。后来,"赋"和"税"往往并用,统称赋税。

奴隶制国家的财政收入主要有:①王室土地收入。②贡物收入和掠夺收入。③军赋收入。④捐税收入。

奴隶制国家的财政支出主要有:①王室支出。②祭祀支出。③军事支出。④俸禄支出。⑤农业、水利等生产性支出。

奴隶制国家财政的基本特点有:①国家财政收支和国王家族的收支没有严格划分。②国家财政以直接剥削奴隶的劳动收入为主。③国家财政收支基本上采取力役和实物的形式。

2. 封建制国家的财政

封建制国家的财政,作为维持国家政权的财力保证,体现了代表地主阶级利益的国家对农民阶级的剥削关系。

封建制国家的财政收入主要有:①田赋捐税收入。②官产收入。③专卖收入。④特权收入。

封建制国家的财政支出主要有:①军事支出。②国家机构支出。③王室费用。④文化、教育、宗教支出。⑤建设性生产及公共工程支出。

封建制国家财政的基本特点有:①国家财政收支和国王个人收支逐步分离。②财政分配形式由实物形式向货币形式转化,实物形式与货币形式并存,并有力役形式,这是与商品生产和商品交换的发展相适应的。③税收特别是农业税收成为国家财政的主要收入。④产生了新的财政范畴——国家预算。

3. 资本主义国家的财政

资本主义生产关系是在封建社会内部产生和发展起来的。在封建制度解体和资本主义制度确立的过程中,公债、税收以及关税制度等财政杠杆借助于国家的政治强力,曾作为资本原始积累的重要手段,促进了封建制生产方式向资本主义生产方式的过渡。

资本主义国家的财政收入主要有:①税收。税收是资本主义国家最主要的财政收入。②债务收入。资本主义国家收不抵支是经常出现的财政现象,为了弥补财政赤字,政府便利用发行公债的形式取得财政收入。③国有企业收入。

资本主义国家的财政支出主要有:①军事支出。军事支出在资本主义国家特别是垄断资本主义国家的财政支出中占据重要地位。②国家管理经费支出,包括行政、立法、司法三方面的管理费用。③社会文化、教育、卫生、福利支出。④经济和社会发展的支出。

资本主义国家财政的基本特点有:①财政收支全面货币化,资本主义是高度发达的商品经济,货币渗透到一切领域,财政收支全面采取货币形式。②在资本主义经济发展中,财政逐渐成为国家转嫁经济危机、刺激生产、干预社会经济的重要手段。③发行国债、实行赤字财政和通货膨胀政策,成为国家增加财政收入的经常的和比较隐蔽的手段。④财政随着资本主义国家管理的加强更加完善,有比较健全的财政机构和较为严密的财政法律制度。

4. 社会主义国家的财政

社会主义国家财政是建立在以生产资料公有制为主体、多种经济方式并存的所有制结构基础之上,它是国家筹措、供应和管理社会资金,进行社会主义现代化建设的强有力的工具,体现着国家、企业、个人三者在根本利益一致基础上的社会主义分配关系。社会主义国家财政收入主要来源于劳动人民为社会创造的纯收入,国家财政通过税收、利润等形式集中起来。社会主义国家财政支出主要用于经济建设和社会科教文卫等事业。

社会主义国家财政的基本特点有:①社会主义国家财政以国家为主体,凭借国家的政治权力和生产资料所有者的代表身份参与一部分社会产品分配,表现了社会主义国家财政分配的特殊性,以区别于一切剥削阶级凭借拥有的生产资料对劳动者的剥夺和对产品的占有。②社会主义国家财政的目的是为实现国家政治职能和经济职能,对内要巩固和发展人民民主专政,对外要防御外来入侵,以适应不同历史时期政治经济形势发展的需要,确保实现国家职能的资金保障。③社会主义国家财政在社会主义市场经济条件下进行各项财政分配活动所形成的分配关系,使财政有可能自觉运用相关经济法律,利用价值形式分配财政资金,调节和引导国民经济持续健康发展。

任务二　公共财政

一、公共财政的概念

公共财政是指在市场经济条件下,为满足社会公共需要而进行的政府收支活动模式或财政运行机制模式。公共财政是为市场提供公共产品和服务的政府分配行为,它是市场经济条件下政府财政的基本选择与必然要求,是与市场经济相适应的财政模式或类型。它仅存在于市场经济环境中,其活动范围限于市场失灵的领域。

视频

看看政府的钱
准备怎么花

二、公共财政的特征

(一)以弥补市场失灵为行为准则

在市场经济条件下,市场在资源配置中发挥基础性的作用,但也存在市场自身无法解决或解决不好的公共问题。例如,宏观经济波动问题、垄断问题、外部性问题等。解决这些问题,政府是首要的"责任人"。政府解决公共问题,对社会公共事务进行管理,需要以公共政策为手段。而公共财政的制定和执行,又以公共资源为基础和后盾。公共财政既是公共政策的重要组成部分,又是执行公共政策的保障手段。公共财政只以满足社会公共需要为职责范围,凡不属于或不能纳入社会公共需要领域的事项,公共财政原则上不介入;而市场无法解决或解决不好的,属于社会公共领域的事项,公共财政原则上必须介入。

视频

公共财政

(二)公平性

公共财政政策要一视同仁。市场经济的本质特征之一就是公平竞争,体现在财政上就是必须实行一视同仁的财政政策,为社会成员和市场主体提供平等的财政条件。不管其经济成分,不管其性别、种族、职业、出身、信仰、文化程度乃至国籍,只要守法经营,依法纳税,政府就不能歧视,在财政政策上也不应区别对待。不能针对不同的社会集团、阶层、个人以及经济成分,制定不同的财税法律和制度。

(三)非市场营利性,又称公益性

公共财政只能以满足社会公共需要为己任,追求公益目标,一般不直接从事市场活动和追逐利润。如果公共财政追逐利润目标,它就有可能凭借其拥有的特殊政治权力凌驾于其他经济主体之上,就有可能运用自己的特权在具体的经济活动中影响公平竞争,直接干扰乃至破坏经济的正常运行,破坏正常的市场秩序,打乱市场与政府分工的基本规则;财政资金也会因用于谋取利润项目而使公共需要领域投入不足。公共财政的收入,是为满足社会公共需要而筹措资金;公共财政的支出,是以满足社会公共需要和追求社会公共利益为宗旨,不能以盈利为目标。

(四)法制性

公共财政要把公共管理的原则贯穿于财政工作的始终,以法制为基础,管理要规范和透明。市场经济是法制经济,一方面,政府的财政活动必须在法律法规的约束规范下进行;另一方面,通过法律法规形式,依靠法律法规的强制保障手段,社会公众得以真正决定、约束、规范和监督政府的财政活动,确保其符合公众的根本利益。具体而言,获得财政收入的方式、数量和财政支出的去向、规模等行为必须建立在法制的基础上,不能想收什么就收什么,想收多少就收多少,或者想怎么花就怎么花,要依法理财,依法行政。

三、公共财政的形式

(一)税收收入

税收收入是现代国家最重要的公共收入形式,是世界各国公共收入的主要来源,一般占各国经常性公共收入的 90% 以上。

(二)债务收入

债务收入包括国内发行的公债、国库券、经济建设债券,向国外政府、各级组织和商业银行的借款等。

(三)国有资产收益

国有资产收益是政府凭借其资产所有权取得的股息、红利、租金、资金占有费、土地批租收入、国有资产转让及处置收入等。

(四)政府费收入

政府费收入是指政府各部门收取的各种费用和基金性收入,包括行政执法过程中收取的各种规费和公共财产使用费。它们是地方政府的主要收入。我国现阶段政府费收入主要有:①规费收入。②共产使用费。③特别课征。④各种摊派性费用。⑤特许金。

(五)其他收入形式

其他收入形式是指上述几种收入之外的政府各项杂项收入,常见的有:①罚没收入。②对政府的捐赠。③通货膨胀税。

四、政府与公共财政

政府部门为满足个人公共需要,要从事筹措公共收入以及安排公共支出的活动。这就是最基本的公共财政的社会活动方式,而财政学就是研究政府活动或公共活动的经济学。1776 年,亚当·斯密(Adam Smith,1723—1790)《国富论》的出版,意味着财政学的产生。亚当·斯密的思想体系,信奉市场主体的作用,而将政府主体的作用只置于"守夜人"角色。20 世纪 30 年代的资本主义经济危机使政府单纯的"守夜人"职能受到冲击,政府在经济方面的作用不断增强。此后在市场经济中从来就没离开过政府这只"看得见的手"的身影,只是在不同的历史时期,其作用程度有大小之分。市场这只"看不见的手"失灵需要政府"看得见的手"补救。

实践证明,满足公共需要要靠政府。政府在经济领域里担当的角色,既可以作为经济参与者,直接从事社会经济活动,如取得收入、安排支出;也可作为政策制定者,制定和实施影响经济活动的各种经济政策;还可作为经济管制者,管理和规范民间的经济活动。当然,在现实生活中,政府的这些经济活动总是相互影响的。但不论其担当何种角色,从事何种活动,其目的就是最大限度地满足社会公共需要。

【案例 1-1】

古代以色列人对政府的认识

《圣经》旧约中《撒母耳记(上)》(和合本)第八章中记载:约公元前 1030 年,古以色列部落长期没有中央政府,以色列人就向当时身兼士师、祭司和先知三职的撒母耳说:"现在求你为我们立一个王治理我们,像列国一样。"撒母耳按照上帝的启示,描述了在国王统治下的生活:"管辖你们的王必这样行:他必派你们的儿子为他赶车、跟马,奔走在车前;又派他们做千夫长、五十夫长,为他耕种田地,收割庄稼,打造军器和车上的器械;必取你们的女儿为他制造香膏,做饭烤饼;也必取你们最好的田地、葡萄园、橄榄园,赐给他的臣仆。你们的粮食及葡萄园所出的,他必取十分之一给他的太监和臣仆;又必取你们的仆人、婢女、健壮的少年人和你们的驴,供他的差役。你们的羊群他必取十分之一,你们也必做他的仆人。"但是,以色列人没有听从告诫,"不然!我们定要一个王治理我们,使我们像列国一样,有王治理我们,统领我们,为我们争战。"

讨论:你对国家、政府、财政的关系有何理解?

任务三 财政学的研究对象和方法

一、财政学的概念

人类有着无穷的欲望,但是能够满足人类欲望的资源却是有限的,因此,探讨如何用有限的资源来满足无穷的欲望,就逐步发展成为一门重要的学科——经济学。在现代经济学的分析视野中,人类的欲望可以大致分为两类:一类是私人欲望,是个人希望独自拥有、独自享用的欲望,如获得并享用食品、衣服等物品的欲望;另一类是公共欲望,是能够与别人共同享用而不是独自享用的欲望,如道路与公园的使用、警力与国防的保护等欲望。

一般来说,私人欲望的满足可以经由市场的活动,凭借价格机制的运作来得到圆满的解决,这是私人部门经济学(Private Sector Economics)研究的核心;公共欲望的满足则很难借助市场机制的运作达成,它一般需要通过政府预算决策来实现。

在现代国家政体中,政府预算的编制须经议会的同意,而议会代表则由公众投票选举产生,因此,追根溯源,公共欲望的满足一般经由投票过程达成。这是公共部门经济学(Public Sector Economics)或公共经济学(Public Economics)研究的核心。上述分析如图1-1所示。

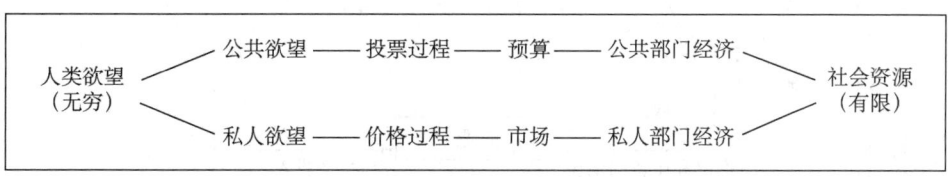

图1-1 私人部门经济与公共部门经济的异同

作为社会公众利益的代表者,政府是实现公共欲望的当然"人选"。因此,公共部门的经济活动实际上就是指政府的经济活动。为了满足公共欲望,政府需要向公众提供道路、公园、治安、国防等各种公共产品和服务,此时,政府免不了要承担成本、耗费资金,这就形成了政府支出。政府要开支,就要有相应的收入来源,税收、收费和公债共同形成政府收入。所谓财政,是指政府的收支活动及其管理。财政学(Public Finance)就是研究政府收支活动及其对经济运行产生影响的经济学分支。由于财政活动是政府从事各种经济、社会和政治活动的基础,因此,在更为广泛的意义上,财政学就是研究政府的经济活动及其对经济运行产生影响的经济学分支,也称公共部门经济学或公共经济学。

二、混合经济中的财政

当今世界,绝大多数国家的经济是由私人部门经济和公共部门经济共同组成的,这就是所谓混合经济。在混合经济中,私人部门由追求自身利益(Self Interest)的居民和企业组成,私人欲望的满足通过市场价格机制达成;公共部门由追求公共利益(Public Interest)的政府机构组成,公共欲望的满足由政府预算决策机制实现。

视频

财政学

（一）私人部门经济循环

为了描述混合经济运行的基本轮廓和总体面貌，先考察一个仅由家庭和企业组成、没有政府存在的私人部门经济的框图，然后，在框图中加入公共部门，看看现代经济运行的大体情况。

1. 基本决策单位

先来考察纯粹私人部门经济的运行。在这个经济系统中，基本决策单位只有两个，即家庭和企业。

（1）对家庭来说，它需要进行两方面的决策。出于生存和发展的需要，家庭需要消费一定数量的产品，这些产品可以是自有的，也可以是他人生产的。当家庭需要消费他人生产的产品时，该家庭通常就成为一位购买者。随之而来的另一个决策就是，为了获得购买产品所需要的支出，家庭必须拥有可供支配的财富，这就需要家庭出卖他们所拥有的一定数量的资源。

（2）对企业来说，它是两部门经济中的另一个基本决策单位，它的基本功能就是把各种资源投入转换为特定的产出。尽管不同的企业可能会有各种不同的目标追求，但大多数企业是以利润作为其首要目标的。在利润动机的驱使下，企业进行着使自身利润最大化的生产经营决策。

2. 不同性质的交易活动

在私人部门经济中，家庭和企业通过两个有着不同性质的市场——产品市场和要素市场，从事各种交易活动，如图1-2所示。

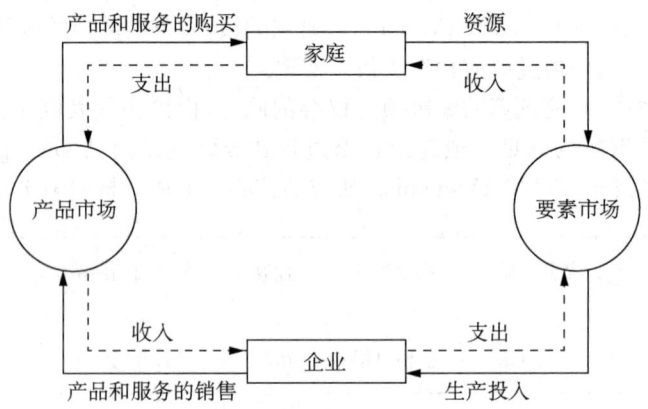

图1-2　纯粹私人部门经济循环

（1）在产品市场上，家庭为消费而购买各种产品和服务，企业为牟取利润而向家庭提供相应的产品和服务，并获得由家庭支付的费用。

（2）在要素市场上，企业利用从产品市场上得到的收入，购买生产所需的各种资源投入，如劳动、资本、土地等，并通过各种资源的组合生产出市场所需的产品；而家庭也需要向企业售出他们所拥有的各种资源，并获得相应的回报，如工资、利润、租金等。于是，通过要素市场，企业购买资源所支付的费用就再次转移到家庭手中。至此，家庭部门和企业部门完成了一次交易上的循环。对于这两种部门经济来说，这一过程将循环往复、周而复始。

3. 私人部门经济运行的构成

由图1-2可以看出，纯粹私人部门经济的运行由两方面的运动构成——商品运动和货币运动。

（1）家庭借助要素市场向企业提供各种资源，企业通过产品市场向家庭提供产品和服务，这是商品运动的过程（见图1-2中的实线部分）。

（2）在家庭通过要素市场向企业提供各种资源时，企业需要向家庭支付相应的报酬；而企业通过产品市场向家庭提供各种产品和服务时，家庭需要向企业支付货币，这是货币运动的过程

（见图 1-2 中的虚线部分）。

纯粹私人部门经济循环图实际上描述了经济运行处于无政府状态下的自由市场经济运作的基本图景。在这一系统中,家庭和企业的经济决策机制是自主而分散的。也就是说,在产品市场上,家庭买什么、买多少、怎么买,以及企业生产什么、生产多少、如何生产、为谁生产等决策,都是出于自身的某种动机而自主做出的,社会上没有哪个人会指挥家庭和企业应该怎样行事。要素市场的情况则大抵相同。鉴于家庭和企业的经济决策是自主做出的,而产品市场和要素市场的运作则是自发进行的,因此,我们习惯上将由家庭和企业这两个部门形成的经济称为私人经济。

（二）混合经济循环

在现代经济中,政府作为一个决策单位,已经在经济运行中扮演着日益重要的角色,它不仅为社会公众提供相当数量的产品和服务,而且还对私人经济活动进行一定程度的干预和管理。与分散性的私人决策相比,政府决策往往具有集中性。为了把握现实经济的运作,我们有必要了解私人部门和公共部门共同起作用的混合经济循环,如图 1-3 所示。

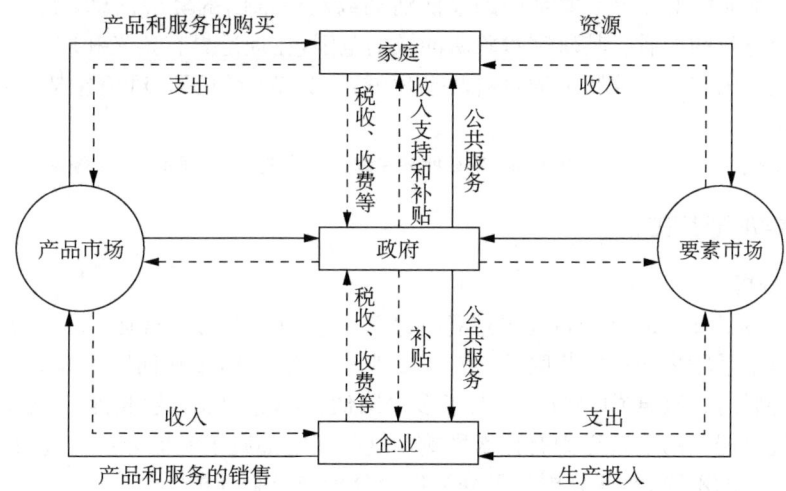

图 1-3　混合经济循环

1. 政府参与

在混合经济中,政府作为产品和服务的购买者参与市场。图 1-3 的中心部分代表政府及其财政活动。

（1）在要素市场上,政府向家庭购买劳动、资本等资源;在商品市场上,政府向企业购买纸张、桌椅、计算机、汽车等产品。政府利用这些资源和产品向社会提供各种公共服务,包括国防、治安、道路、学校、消防、水利设施等。这些产品和服务经常免费向社会公众提供,有时则可能按照低于实际市场价格的方式提供。

（2）政府还拥有并运营邮局、铁路、航空、烟厂、酒厂和福利彩票等公共企业。与私人企业类似,这些公共企业也从事着各种营利性活动。

为了维持公共企业的正常运转和应付购买各种产品和资源的开支,政府一般要求企业和家庭支付各种税款和费用。

2. 政府介入后的经济运行

与纯粹私人部门经济循环图相比,不难看出,在政府介入经济生活后,经济系统的运行相应发生了一些变化,如图 1-3 所示。

（1）家庭不仅可以通过向企业提供各种资源而获得收入,而且有时还可以从政府那里获得一定数量的收入支持和补贴。另外,家庭获得的收入除用于商品和服务方面的开支外,有一部分必须以税收、收费等方式交给政府。企业则通过向家庭和政府提供商品和服务取得收入,在某些场合可以获得政府的一些补贴。

(2) 在支出方面,企业需要向提供各种生产资源的家庭支付报酬,并向政府缴纳各种税收和费用。此外,家庭和企业可以享受政府提供的公共服务。政府一方面以税收、收费等方式获取收入,另一方面又通过向社会公众提供公共服务以及向某些家庭和企业提供补助或补贴来安排支出。

三、财政学的研究对象

传统财政学的研究对象主要是政府的收支及管理行为,主要是解决收与支的矛盾。传统财政学的研究对象所涉及的范围,在理论界有大小之分:大范围包括国家预算、预算外资金、国家信用、国有企业财务及银行信贷(在计划经济时代,其特点是大财政、小银行,财政范围包括银行)等;小范围包括国家预算、预算外资金、国家信用和国有企业财务等。

现代财政学的研究对象是公共部门的经济活动或政府部门的经济活动,主要是解决公共部门资源配置是否有效的矛盾。其研究对象所涉及的范围,在理论界有狭义和广义之别:狭义范围的研究对象仅包括国家预算控制下的政府活动领域,广义范围的研究对象包括公共部门活动所涉及的所有领域。

【提示】 现代财政学的研究对象是政府所有财政活动及其管理的所有领域。

四、财政学的研究方法

(一) 实证分析

实证分析(Positive Analysis)旨在描述各种经济因素的存在与经济运行的过程,并试图在各种经济变量或政策手段之间建立起联系。它主要涉及事实判断,重在回答研究对象"是什么""会怎样"的问题。例如,2021 年中央政府发行了多少国债? 经济增长与物价水平之间的关系如何? 全面开征房产税对居民的消费行为有什么影响? 这些问题都属于实证分析的范畴。

根据研究工具的不同,实证分析又可分为理论分析和经验分析。

1. 理论分析

理论分析(Theoretical Analysis)是从某些假设前提出发,借助一系列的假说和推论,对经济变量关系进行简化描述或推导的定性分析。尽管理论分析有助于我们形成有关人们如何对其经济环境的变化做出反应的各种思想,但它往往不能告诉我们这种反应的程度到底有多大。

【注意】 理论本身并没有明确的答案,通常交由经验分析来完成。

2. 经验分析

经验分析(Empirical Analysis)是通过调查或实验取得实际资料而进行的定量分析。进行经验分析的方式主要有访谈、实验和计量经济分析三种。

(1) 访谈。访谈是指通过直接向人们发问的方式,调查某一政策对人们经济决策的影响。例如,为了考虑劳动所得课税对劳动供给的实际影响,有人曾经对一部分英国律师和会计师做了细致的访谈调查——他们如何决定工作时间,税率变化对工作是造成了激励还是抑制……这些被采访者的回答是:总体来说,他们的工作时间几乎不受税收的影响。访谈方式的最大缺陷是:人们所说的可能并非他们实际所做的,而这一点将影响经验分析的质量。

(2) 实验。实验的方式可以在实验室内进行,也可以在社会上进行。在实验室实验的最大问题是:人们在人为控制环境下所做的经济决策往往与实际情形相背离。社会实验是使社会上的一部分人受某一政策的影响,而另一部分人则不受该政策影响,并在此条件下比较两类人的行为。实验方式的最大问题有:①实验本身可能影响人们的行为。②随机样本难以获得。③实验成本高昂。

（3）计量经济分析。计量经济分析(Econometric Analysis)是当前在经济学中最为流行的经验分析方法。该方法利用经济理论、数学、统计推断等工具对经济现象进行分析，向构建于数理经济学基础之上的经济理论模型提供经验支持，并得出数量结果。目前，在经济学的学习中，计量经济分析已经成为不可或缺的一部分。

（二）规范分析

在现实生活中，我们经常要对各种各样的政策建议或行为加以评判。例如，电信资费是否偏高？对汽油消费是实行收费为好还是征税为好？增加国债发行是利还是弊？类似的问题不胜枚举。在经济学中，像这类对经济行为或政策手段的后果加以优劣好坏评判的研究方法称为规范分析(Normative Analysis)。

规范分析确认什么是有利的结果，或者应该采取什么行动来实现有利的结果。它往往从预先确定的标准出发，用于描述实现上述标准的最优政策。因此，规范分析能够提出实现何种经济目标的政策建议。

【注意】 与描述事实、不涉及结果好坏的实证分析方法相比，规范分析方法基于基本的价值判断，它并不是客观的方法，只有在基本价值判断的基础上，规范分析才能对各种政策建议或行动加以评价。

任务四　财政学的思想演化

一、中西方财政学的演化

（一）西方财政学的演化

1. 18 世纪后期到 20 世纪 30 年代：古典学派和庸俗学派的观点

18 世纪后期到 20 世纪 30 年代，财政学以古典学派和新古典学派为中心。亚当·斯密在《国富论》中系统地讨论了财政赋税等问题，提出了税收的"公平、确定、简便、征收费用最小"四原则，在支出方面确立了"厉行节约"原则，在财政收支平衡方面提出了"量入为出"原则，在财政目标方面提出"廉价政府"应成为财政所要追求的最高目标。亚当·斯密勾勒出了财政学的基本框架。由于亚当·斯密首次把财政作为政治经济学的一个部分来研究，作为一个经济范畴来分析，所以恩格斯认为斯密首创了财政学。后来的古典经济学家和庸俗经济学家，如大卫·李嘉图、让·巴蒂斯特·萨伊、约翰·斯图亚特·穆勒和阿瑟·塞西尔·庇古等，基本上是在亚当·斯密的框架中对财政学进行发展的。

2. 1929 年的经济大危机以及第二次世界大战期间的通货膨胀时期：凯恩斯主义

20 世纪 30 年代的资本主义经济危机打破了古典经济学派关于市场机制自动调节经济发展的神话，以宏观经济分析为主要特色的凯恩斯主义应运而生，财政学也因此成为经济学体系中的一个重要组成部分。约翰·梅纳德·凯恩斯(John Maynard Keynes，1883—1946)在其 1936 年发表的《就业、利息和货币通论》中系统地阐述了他的经济理论和财政思想。凯恩斯立足于有效需求不足的经济危机的征候诊断，认为财政支出可直接形成社会有效需求，使市场经济实现充分就业。他首次论证了财政赤字的合理性。在税收方面，强调税收调节收入分配功能，主张建立以直接税为主和以累进税为特色的租税体系。在财政支出方面，立足"乘数理论"，论证了政府投资扩张社会总需求的乘数效应。他主张财政政策应从传统的预算平衡理念中解放出来，走向主动的、积极的赤字预算，以此刺激社会经济活动，增加国民收入。凯恩斯主义是 20 世纪 30 年代居主流地位的一大经济学派。凯恩斯主义者的观点对后来的财政学产生了重大的影响。

3.20 世纪 70 年代:古典学派理论的回归

20 世纪 70 年代,西方国家出现了失业与通货膨胀并存的"滞胀"问题,凯恩斯主义拿不出良策。货币主义、供给学派和理性预期学派的新保守主义经济学抬头,力图复归古典学派的自由主义传统,责难国家干预经济的危害。"货币"的政策替代了"财政最重要"的政策。供给学派的代表拉弗创立了著名的政府收入与税率关系的"拉弗曲线",为刺激供给的减税政策提供了理论依据。

4.20 世纪 80 年代:新凯恩斯主义的复兴

新凯恩斯主义强调宏观经济学的微观基础,提出了新型政府—市场观,认为现代经济是一种混合经济,政府与市场是互补而非替代关系;更加重视市场机制的作用,主张政府进行"粗调";主张财政政策的调节要深入经济运行的内部,强调增加人力资本、研究开发等具有创新性的投资,而这显然意味着政府在教育、研究经费支出方面的增加。2008 年,全球金融危机爆发,中国政府以 4 万亿元人民币投资刺激经济,美国政府推出 7 000 亿美元刺激经济政策,这些实际也是凯恩斯主义的政府干预政策在经济上的体现。

5. 财政学研究的新领域

20 世纪 60 年代初期,美国以詹姆斯·布坎南(James Buchanan)和戈登·图洛克(Gordon Tullock)为代表的"公共选择学派"在财政学的一个重要领域取得了重大理论进展。他们将财政作为公共经济部门,集中研究社会的公共需要以及满足这一需要的公共产品问题,分析了决定公共产品的生产和分配过程以及生产和提供公共产品的机器——国家的组织和机构。布坎南等人通过将投票论、政治联盟论、官僚主义论和制度选择等与经济分析方法的结合,研究了政治制度的运行,而其中的财政问题始终居于研究的中心地位。布坎南和图洛克建议政府要采取一系列规则或者通过宪法来有效地限制公共部门的扩张。与积极性政府的观点不同,布坎南和图洛克的观点是反对政府干预市场的。这一学派的观点,自布坎南 1986 年取得诺贝尔经济学奖以后,引起了西方财政学界的广泛关注。

(二)中国财政学的演化

1949 年以前,中国的财政学基本上秉承英美财政学体系;新中国成立以后,我国的财政学界才开始独立探索建立自己的财政学理论体系。20 世纪 50 年代中期经济建设的巨大成就和后期"大跃进"的失败,为财政基础理论的研究提供了正反两方面的实践经验,出现了一个财政理论探讨的活跃时期,产生了许多流派。

新中国成立初期,由于当时特殊的政治经济形势,在我国财政理论研究中占统治地位的主要还是从苏联引进的"货币关系论",以及在此基础上形成的一些流派,如"价值分配论"和"国家资金运动论"等。

20 世纪 50 年代末至 60 年代初,在中国财政理论界对"货币关系论"的批评过程中,"国家分配论"逐渐占据主流地位。"国家分配论"认为财政是国家对社会的物质资料的分配,这种分配在不同条件下,或者表现为实物形态,或者表现为货币形态,但在各种表现的形态后面,实际上都是属于社会的物质资料的一种分配。财政学的研究对象是国家关于社会产品或国民收入分配与再分配过程中的分配关系,简单地说,也就是人类社会各个发展阶段中国家对社会的物质资料的分配关系。"国家分配论"认为社会主义财政的本质是无产阶级专政国家为实现其职能,分配社会产品和国民收入而形成的分配关系。这些观点,初步奠定了"国家分配论"在中国财政学界的主流地位。

改革开放后,尤其是在建立社会主义市场经济体制的过程中,中国引进和吸收了美、英等国的财政理论,出现了对"国家分配论""剩余产品分配论""再生产前提论"等的一系列争论,形成了一些新的理论流派。

20 世纪 90 年代以后,我国财政学界开始注重对源于西方的"公共财政论"的认识与辨析,一度引起许多关于所谓"国家分配论"与"公共财政论"的理论争论。但是,随着理论研究的不断深化,学术界越来越倾向于两者不是直接对立而是相互兼容的关系,事实上,只有在市场经济条件下,财政的公共性才能真正独立,形成成熟、规范、完全的存在形式——公共财政,即市场经济财政。当然,在争论过程中,人们对以市场经济为背景的"公共财政论"的认识变得不断清晰和具体。

二、当代中国财政学建设的指导思想

当代中国财政学建设的指导思想是:以马克思主义基本原理为指导,借鉴西方财政学发展成果,立足中国实际,继承和发展,创设中国特色的财政学。[①]

(一)马克思主义基本原理是财政学的理论基础

马克思主义的劳动价值论、社会再生产理论、公共产品理论、国家理论及研究方法等,对当代中国财政学建设具有重要的理论指导意义。马克思的劳动价值理论,是财政学理论的基础。市场经济条件下的财政分配直接表现为价值分配,是价值运动的中枢。财政分配对象主要是劳动创造的剩余产品,财政参与价值分配和价值流通。价值增值的运动、财政政策的选择、税率的确定、税收转嫁与归宿等,无不以劳动价值论为重要依据。因此,我们要深入领会劳动价值理论的精神实质,用以指导财政税收工作实践,要自觉遵守支配商品生产和商品交换的价值规律,这有利于提高国民经济运行质量,有利于开辟较为充裕的财政收入来源。

(二)借鉴西方财政学发展成果

借鉴西方财政学发展成果,不仅要有鉴别地吸收西方财政学中对我们有用的基本原理,还要学会对我们有用的方法。要掌握西方财政理论发展演化环境、演化规律、演化原因及政府不同时期的财政政策、税收政策特点,从历史性角度掌握政府从不断地干预市场到不干预市场再到干预市场这一循环往复的变换过程,要通过这些现象认清实质。要了解20世纪60年代以来西方财政学在研究范围、指导思想等方面的变化,学会利用西方财政学的现代经济分析方法,善于利用规范分析方法中的如帕累托最优条件、契约曲线、效用可能性曲线、生产可能性曲线、边际技术替代率、边际转换率、消费者剩余和生产者剩余、无差异曲线、社会福利函数等分析方法与技术来说明现代财政问题。

(三)中国财政学建设必须紧密结合中国社会的实际

中国财政学建设必须紧密结合中国实际包括结合中国实际发展了的马克思主义理论成果,还包括一切从中国的国情出发,结合中国的现实问题得出的符合中国实际的结论。中国的实际就是目前处于并将长期处于社会主义初级阶段,也就是生产力不发达的阶段,而相对应的财政思想、研究内容、财政收支特点、财政税收政策取向等也必然体现阶段性和时代性。但随着社会主义市场经济的不断完善,财政学理论体系和观点也需要不断地完善。财政理论必须发展,我们只要以马克思主义基本原理为指导,借鉴西方财政学的发展成果,立足中国实际,继承和发展,就一定能创设出中国特色的财政学。

■ 应知考核 ■

一、单项选择题

1. 财政分配的主体是(　　)。
   A. 国家　　　　　　　B. 家庭　　　　　　　C. 企业　　　　　　　D. 个人

2. 财政分配的目的是(　　)。
   A. 为了建设社会主义强国　　　　　　　　B. 为了合理配置资源,提高经济效益
   C. 为了实现国家政治经济职能　　　　　　D. 为了满足社会公共需要

[①]　当代中国财政学建设指导思想是参阅陈共主编的《财政学》的相关内容整理而成的。

3. 财政是一个（　　　），是以国家为主体的分配活动。

  A. 经济范畴   B. 政治范畴   C. 社会范畴   D. 法律范畴

4. 马克思的（　　　）理论，是财政学理论的基础。

  A. 劳动价值   B. 社会再生产   C. 公共产品   D. 国家理论

5. 财政分配的对象，从价值形态看，主要是（　　　）。

  A. C B. $V+C$ C. M D. $C+M+V$

二、多项选择题

1. 财政分配与其他分配范畴的主要区别有（　　　）。

  A. 财政分配的主体是国家或政府

  B. 财政分配的客体（或对象）主要是社会剩余产品

  C. 财政分配的目的是满足社会公共需要

  D. 财政分配的形式主要是利用价值形式

2. 财政分配对象，从价值形态看有（　　　）。

  A. 全部社会产品价值   B. 剩余产品价值 M 部分

  C. 包含有折旧基金 C 部分   D. 职工劳动报酬的 V 部分

3. 经验分析的方式主要有（　　　）。

  A. 访谈   B. 实验   C. 计量经济分析   D. 规范分析

4. 公共财政的形式包括（　　　）。

  A. 税收收入   B. 债务收入   C. 国有资产收益   D. 政府费收入

5. 财政产生的经济条件有（　　　）。

  A. 生产力的发展   B. 剩余产品的出现

  C. 私有制、阶级的出现   D. 国家的出现

三、判断题

1. 财政分配的对象是全部社会产品。   （　　　）

2. 财政产生的首要条件是政治条件。   （　　　）

3. 公共财政的核心是满足社会公共需要。   （　　　）

4. 税收收入是现代国家最重要的公共收入形式。   （　　　）

5. 财政学就是研究政府经济活动及其对经济运行所产生的影响的经济学分支。（　　　）

四、简述题

1. 简述财政的概念和主要特征。

2. 简述社会主义国家财政的特点。

3. 简述公共财政的概念和特征。

4. 简述财政学的研究对象。

5. 简述财政学的研究方法。

■ 应 会 考 核 ■

■ 观念应用

【背景资料】

关于经济学研究方法的思考

  哈佛大学公共管理学院的约翰·贝勒博士说，美国正在抗癌的战斗中遭受失败，"对癌症的治疗工作没多大起色"。但是，美国癌症学会的 L. 加菲考博士回答道："毫无疑问，总体死亡率上升的原因是肺癌所致。如果不考虑肺癌，死亡率就不是上升了 8%，而是下降了 13%。"

  【考核要求】

  试将力图确定抗癌效果的研究者碰到的问题和力图确定经济政策影响的经济学者碰到的问题联系起来考虑。

■技能应用

【背景资料】

认识财政学的研究对象

2003 年 3 月 18 日新任国务院总理温家宝说:"当前摆在我们面前的主要问题是:第一,农业发展滞后,农民收入增长缓慢,已经成为制约扩大内需的一个重要因素。第二,一部分企业经营困难,建立现代企业制度将是一个长期的任务。第三,下岗和失业人口不断增加,社会保障的压力非常之大。第四,城乡发展不平衡,东西部发展不平衡,还有相当一部分地区、相当一部分人口处于贫困状态。第五,财政负担沉重,金融不良资产比例较多。"

【技能要求】

请分析温总理提出的上述五个问题中可以从哪些方面来认识财政学的研究对象。

■ 案例分析

【案例情境】

"Public Finance"直译为"公共财政"准确吗?

公共财政论认为,"Public Finance"的正确译法恰好是"公共财政",而不是"国家财政"。可是,在我们看来,"Public Finance"的正确译法既不是"公共财政",也不是"国家财政",而只能是"财政"或"财政学"。

第一,"finance"一词的主要含义是资金、融资、财务。金融经过"公共"的修饰,才能成为公共(国家)资金,包括这种资金的来源与运用,这也正是汉语"财政"的含义:国家对资财的收入与支出的管理活动。况且,当你翻阅任何一本经济学著作会发现,"金融"在没有"公共"修饰而单独出现时,几乎百分之百不是财政之意。这说明不加"public","finance"就不是汉语所说的"财政"。

第二,公共财政论者把"Public Finance"直译成"公共财政",无非就是想找到西方的文字依据,并根据其经济内涵确立我国社会主义市场条件下的所谓"公共财政模式"。可是,从"Public Finance"的经济内涵来看,从亚当·斯密到凯恩斯革命之后的年代,西方财政学使用这个词,主要在于研究政府如何合理地筹措公共资金,同时只研究财政本身的问题,而没有更多地考虑财政收支活动对整个经济运行的影响。马斯格雷夫曾多次把"finance"与"money"(货币)"liquidity"(流动性)"Capital Markets"(资本市场)相联系,说明几乎等同于资金或金融;多次把"finance"与"economy"(经济)相对比,说明现代财政学不仅研究"finance"问题,更重要的是研究政府在取得和运用"finance"过程中对经济的影响以及公共部门经济活动的合理性与效率性。我们能用这个理论在一定程度上界定国家(政府)的经济职能,但它不能规定国家(政府)的全部经济职能。

【分析要求】

英文"Public Finance"和"Public Economics"的含义有区别吗? 为什么?

项目实训

【实训内容】

查询当地的财政局网站(如黑龙江省财政厅:http://czt.hlj.gov.cn/index.html)或中华人民共和国财政部网站(http://www.mof.gov.cn/index.htm),针对有关的财政新闻,分析国家在财政方面的一些举措。

【实训目标】

加深学生对财政学的认识和理解,学会运用本项目的知识解决财政学的基本问题,从而提高学生的综合素质。

【实训组织】

将学生分成若干组,每组 7 人,每组设组长 1 名,组长负责组织本组成员进行实训,由组长将调查结果写成书面报告,并总结。(注意:教师提出活动前的准备和注意事项。)

【实训成果】

1. 考核、评价资料采用 PPT 展示与学生讨论相结合的方式。

2. 采用学生和教师共同评价的方式评分,并完成实训报告,如表 1-1 所示。

表 1-1   实训报告

项目实训班级：	项目小组：	项目组成员：
实训时间： 年 月 日	实训地点：	实训成绩：

实训目的：

实训步骤：

实训结果：

实训感言：

财政职能

知识 目标

理解:市场有效与失灵;政府干预与失效;公平与效率的关系。

熟知:私人产品与公共产品;私人需要与公共需要。

掌握:财政职能的分类;财政职能之间的协调与矛盾。

技能 目标

能够充分理解财政职能在市场经济条件下的运用及其之间的协调与矛盾;理解公平与效率的协调机制及其关系;学会如何协调公平与效率。

素质 目标

运用所学的财政职能知识研究相关案例,培养和提高学生在特定业务情境中分析问题与决策设计的能力;结合行业规范或标准,培养学生的职业道德素质。

思政 目标

能够正确理解"不忘初心"的核心要义和精神实质;树立正确的世界观、人生观和价值观,做到学思用贯通、知信行统一;通过财政职能知识培养社会主义核心价值观。

项目 引例

东盟呼吁将新冠疫苗作为全球公共产品

东南亚国家联盟(以下简称东盟)4日发布第54届东盟外长会议联合公报,呼吁将新冠疫苗作为全球公共产品,提高其对全人类的可及性和可负担性。

公报表示,东盟各国外长注意到提升本地区新冠疫苗产能和供应量的必要性,呼吁伙伴国和国际组织,在疫苗研发、生产、供应等各个环节同东盟加强合作和共享,为抗击新冠疫情提供公平的医疗资源分配,将新冠疫苗作为全球公共产品,提升疫苗的可及性和可负担性,并为将来类似的全球公共卫生突发事件做好准备。

公报表示,各国外长对《东盟全面复苏框架》及其实施方案取得的进展表示欢迎,并表示东盟抗疫基金已获得2 080万美元的承诺注资金额,欢迎东盟成员国和外部伙伴国继续为该基金提供支持。

第54届东盟外长会议及系列会议8月2日至7日以视频会议方式举行,包括中国-东盟外长会、东盟与中日韩外长会、东亚峰会外长会和东盟地区论坛外长会等会议。东盟成员国包括印度尼西亚、泰国、新加坡、菲律宾、文莱、马来西亚、越南、老挝、柬埔寨和缅甸。

引例 反思

(1)你接种新冠疫苗了吗? 付费了吗? 如果没有付费,那么这个新冠疫苗的研发、生产等一些费用由谁承担?

(2)新冠疫苗是公共产品吗? 面对疫情,如何做到"不忘初心、牢记使命",疫情下你认为如何做到不给国家添加负担?

(3)面对疫情,如何发挥你的爱国热情,如何从个人行为层面理解社会主义核心价值观的基本理念?

任务一 市场经济效率

一、市场经济的概念

（一）市场的基本内涵

一般认为，市场有两层含义：一是起源于古时人类对固定时段或地点进行交易场所的称呼，现指商品和劳务交换的场所，其主体是市场参与者，客体是主体在市场活动中的交易对象；二是市场机制，即市场各构成要素之间相互影响、相互制约的关系及特定资源配置功能的实现方式。市场机制使市场分配成为最基本的分配形式，包括各种市场资源和劳动产品，都通过市场交换来进行分配，实行"各增其值，等价交换"原则。

（二）市场经济的界定

对什么是市场经济，人们的看法不尽一致。一般认为，市场经济是指以市场机制作为配置资源的基础手段和发达的商品经济，是通过市场配置社会资源的经济形式。它是生产社会化和商品经济发展到一定高度的产物，具有自发性、盲目性、竞争性和滞后性等特点。

二、市场效率与公平

我国社会主义市场经济是市场与政府、计划与市场、政府与个人经济的混合，实际上是一种混合经济体制。而财政是政府的一种经济活动，要研究市场经济条件下的政府财政，应从分析效率与公平入手。

（一）效率的概念与标准

1. 效率的概念

效率一般是指单位时间内完成的工作量。现代经济学所说的效率，通常是指市场经济条件下的资源配置效率。资源配置效率是指如何将社会资源合理分配到社会各领域中并实现资源的最佳配置，即用最少的资源耗费产出最适用的商品和劳务，获取最佳的效益，从而最大限度地满足人类的愿望和需要。

【提示】 如果一个社会的资源配置能够使得社会的总福利和总剩余最大化，这个社会的资源配置就是有效率的。

资源的稀缺性使得人们不得不考虑如何利用有限的资源来满足人类无穷的欲望，因此，人类需要不断地进行资源的调整配置，使其实现最有效的使用。资源配置合理与否，对一个国家的经济发展水平有着极其重要的影响。一般来说，资源如果能够得到相对合理的配置，经济效益就会显著提高，经济就能充满活力；否则，经济效益就可能低下，经济发展就会受到阻碍。

2. 效率的标准

效率的标准可用帕累托最优进行判断。帕累托最优（Pareto Optimality），也称帕累托效率（Pareto Efficiency），由意大利经济学家维尔费雷德·帕累托提出，是指在既定的个人偏好、生产技术和要素投入量下，资源配置已处于这样一种状态：无论任何改变都不可能使一个人受益而其他人不受损。

【注意】 如果要增加一个人的效用，就必须以减少他人的效用为代价。

帕累托最优要求经济社会在既定的资源和技术条件下，使人们的需要得到最大限度的满足。从帕累托最优可引申出帕累托改进（Pareto Improvement）的含义。帕累托改进是指在个人偏好、生产技术和要素投入量既定的条件下，在没有任何一个人情况变坏的前提下，通过改变资源配置

视频

"十四五"
规划中发展
的"五个更"

视频

帕累托最优

使至少有一个人的情况变好,此时的社会资源配置效率得到了提高。

【提示】　当一种资源配置状态不可能再进行帕累托改进时,就是帕累托最优的资源配置。

帕累托最优是实现资源配置的一种理想状态,但仅以此作为评价的唯一标准和目标是不全面的。一个饥肠辘辘的乞丐从一个挥霍无度的富翁处拿走一块面包,也不是帕累托最优或效率提高,因为一个社会成员的处境变坏了。如果社会财富只被少数人拥有而大多数人仍旧贫困,这时的社会经济福利水平不值得称赞。此外,帕累托最优只是阐明资源配置的理想状态而没有涉及分配问题,可见效率标准有一定的缺陷,应引入公平标准。

(二) 公平的概念、标准与计量

1. 公平的概念

公平一般是指人们对一定社会历史条件下人与人之间利益关系的一种评价,主要内涵包括经济公平和社会公平两个方面。

(1) 经济公平。经济公平是指国家对每一个社会成员参与竞争、就业等一切经济活动的资格一视同仁,所有社会成员按同一规则参与经济活动,个人按其生产贡献份额获取相应的收入份额,即机会均等。经济公平追求的是竞争和过程的公平,能够有效激发社会成员的积极性并推动社会生产力的发展。它是市场经济的内在要求,强调要素投入和要素收入相对称,是在平等竞争的环境下通过等价交换原则来实现的。

(2) 社会公平。社会公平是指国家通过对国民收入和社会财富的调节与再分配,以达到社会普遍认可的公平和公正的要求,即结果公平。例如,通过社会保障和财政补贴对缺乏竞争能力的弱者提供帮助,以及通过税收对个人收入和财产进行调节,避免两极分化。社会公平是收入分配的理想状态,强调收入差距在社会各阶层所能接受的范围之内。贫富差距大是不公平的体现,而缩小贫富差距就是促进公平。

2. 公平的标准

(1) 功利主义标准。功利主义标准由边沁(Jeremy Bentham, 1748—1832)提出,他认为,全部社会福利是每个人的效用之和、社会福利最大化,即总福利和平均福利的最大化。该标准强调社会所认可的公平是每个人的收入和财富相同,即最终走向平均主义。

(2) 罗尔斯标准。罗尔斯标准由罗尔斯(John Rawls, 1921—2002)提出,他认为,社会公平状况取决于社会中生活处境最差的那个人。例如,A 和 B 两个国家,A 国人均年收入 10 000 美元,但最低收入仅为 1 000 美元;B 国人均年收入 5 000 美元,最低收入也是 1 000 美元,则 B 国相对于 A 国公平。该标准充分考虑了市场经济的不确定性,最大限度地保护了社会中可能出现的弱势群体,要求政府帮助社会中处境最差的人。

3. 公平的计量

(1) 基尼系数。基尼系数(Gini Coefficient)是意大利经济学家基尼(Corrado Gini, 1884—1965)于 1922 年提出的定量测定收入分配差异程度的数值或常数。一般认为,基尼系数是指不公平收入占全部收入的比例。

以基尼系数表示的公平是结果公平,其值为 0～1,越接近 0,则表明收入分配越趋向平等;反之,收入分配越趋向不平等。国际上认定的标准为:基尼系数在 0.2 以下表示绝对公平;0.2～0.3 表示较为平均;0.3～0.4 表示较为合理;0.4～0.5 表示贫富差距较大;0.5 以上说明收入差距相当悬殊。

(2) 贫困指数。贫困指数(Poverty Index)是指处于贫困线以下的人口占社会总人口的比例。其比例越大,说明贫困者越多,收入分配也就越不公平;反之,则体现为公平。计算贫困指数的前提是确定某收入水平为贫困线,通常为满足基本生活水平所需要的收入,但基本生活水平的标准具有不确定性。若贫困线定得高,贫困指数所反映的公平程度就会低一些;如果贫困线降低些,

视频

基尼系数

贫困指数所反映的收入分配状况就会变好,因此,用贫困指数来反映收入分配的公平性程度有一定的偏差或困难。

世界各国的贫困标准应综合考虑财力、收入水平和生存需要等因素,因国情不同而标准各异,一般分为绝对贫困和相对贫困,前者是指难以维持基本生活,是可以消除的;后者是指无法过上大多数人的生活,是长期存在的。贫困问题已成为当今世界最尖锐的社会问题之一。按照世界银行 1.9 国际美元/每人每日支出的贫困线标准估算,1990 年中国的贫困深度为 24.4%,2010 年下降为 2.7%,而 2014 年进一步下降为 0.3%,中国也属于同等收入水平国家中贫困发生率较低的国家。中国农村贫困人口贫困发生率按照 2010 年国家贫困线标准,贫困发生率从 2012 年末的 10.2% 下降到 2018 年年末的 1.7%,基本接近 2020 年消除全部贫困人口的目标。由此可见,在贫困发生率不断下降的同时,贫困人口的整体收入水平也显著上升。2021 年 2 月 25 日,习近平总书记在全国脱贫攻坚总结表彰大会上发表重要讲话,提出中国已消除绝对贫困[①]。

(三)公平与效率的关系

1. 公平与效率的统一性

公平与效率是既对立又统一的矛盾统一体。协调公平与效率的矛盾,是现代市场经济正常运行和社会稳定的必要条件。公平与效率的统一性表现在以下两个方面:

(1)公平分配是提高效率的前提。只有重视保持收入公平分配、防止两极分化,才能激发劳动者的积极性,促进社会稳定和谐,最终促进效率的提高。

(2)提高效率是公平分配的基础。只有发挥市场分配机制的激励作用,提高企业和社会的劳动生产率,才能为社会不断创造出物质财富,以实现人们生活水平不断提高基础上的社会公平。低效率只能带来社会普遍贫穷,而不能带来真正的公平。

2. 公平与效率的协调性

公平与效率的关系总是不平衡的,表现为或是强调公平而损害效率,或是强调效率而损害公平。如何处理公平与效率的关系是世界性的普遍难题,我们必须充分认识公平与效率的内在统一性,因为效率是实现公平的物质基础,只有提高效率从而创造出更多的物质财富,才能为实现公平提供保证;而社会公平则有利于提高劳动者的积极性,促进生产力发展与和谐社会建设。

协调公平与效率之间的关系应立足实际,具体问题具体分析。在进行新时代中国特色社会主义建设、决胜建成小康社会时期,必须把效率作为优先考虑的目标,并采取有效的措施防止收入分配差距过大及危害社会稳定。坚持效率优先,兼顾公平,优先实现市场经济的公平竞争、高效多得的目标,在此基础上通过收入的再分配,对低收入者及失业者予以保障,真正实现社会公平的目的。

三、市场有效与失灵

(一)市场有效

1. 市场有效的概念

市场经济无疑是有效率的,亚当·斯密已做过精彩的阐述,但效率的发挥需要满足一定的前提和条件,否则就会出现市场失灵。市场有效是指市场在完全竞争的理想状态下经济运行自发产生高效率。

---

① 绝对贫困又叫生存贫困,是指在一定的社会生产方式和生活方式下,个人和家庭依靠其劳动所得和其他合法收入不能维持其基本的生存需要,这样的个人或家庭就称为贫困人口或贫困户。

2. 市场有效的特征

市场作为一种经济运行和资源配置方式,在有效配置资源、调动市场经济主体和各要素的积极性,以及提高经济运行效率等方面具有不可比拟的优越性。其特征主要体现在以下四个方面:

(1)自主性。在市场经济中生产什么、为谁生产、生产多少和怎样生产,投资的方向与规模、买卖的数量和消费的方式,是由市场经济主体自主决定的,即各个市场主体必须能够自主决策、自主经营和自负盈亏,并以实现利润最大化为目标。

(2)竞争性。为了生存和发展、追求最大利润,参与市场经济中的各个市场主体必然会展开激烈竞争,一般通过采用先进技术、加强经济管理、提高商品与服务质量、降低成本等措施来占领市场,以最大限度地获取利润。

(3)平等性。各个市场主体必须遵循统一的市场法则,按照公平、公正、公开的原则进行竞争,保证其在市场经济活动中具有完全平等的地位和权利。

(4)法制性。市场经济在某种意义上是一种法制经济,它要求市场竞争和一切经济活动都要在科学、严谨的法制框架内有序进行;同时要有一整套法律、法规、规章制度来规范市场主体的行为,并维护正常的市场秩序。

3. 市场有效的前提

市场机制可实现交换的、生产的和生产与交换的帕累托最优,但最优条件的实现需要有特定的前提,即完全竞争市场。完全竞争市场是指竞争充分而不受任何阻碍和干扰的一种市场机制。

完全竞争市场应满足以下假设:①市场上有数量众多的生产者和消费者,且任何一个生产者或消费者都不具备影响市场价格的能力。②企业生产的产品具有同质性,不存在差别。③厂商可自由进出一个行业而不存在任何障碍,所有的生产要素都可以自由流动。④市场上的信息是完全的和充分的。

(二)市场失灵

1. 市场失灵的概念

当代西方财政理论是从对市场失灵的研究开始的。西方学者认为,在市场经济体系中,由于存在着各种阻碍和限制,市场竞争往往不可能充分展开,仅靠市场力量或市场机制难以达到最佳效率状态,即所谓的"帕累托效率"。所谓市场失灵,就是指在市场经济运行中,由于存在着各种阻碍和限制,自发产生出各种矛盾和弊端,影响市场效率,以致出现市场失灵。市场失灵的地方往往需要政府干预并加以矫正,这样才能提高整个市场运行的效率。

视频

市场失灵

2. 市场失灵的表现

(1)垄断的形成。市场经济的首要特征是市场主体选择和决策的自主性,在完全竞争的条件下存在众多的生产者和消费者,但不能控制市场。在价格机制的作用下,各种资源能在各部门、各行业之间合理、自由流动,价格机制使各种资源能流向高效率的企业,使资源配置能够达到最优状态。然而现实中并不存在或不是永远存在这种完全竞争的自由市场,如在一些行业和部门存在规模收益递增和成本递减的特点,即存在自然垄断。一些具有天然垄断性质的行业,如供水和供电,其规模经济效益明显,这就意味着市场机制在这些领域存在天然失灵的可能性。随着生产经营规模的不断扩大,边际成本的不断下降,规模收益递增,优势企业在竞争中的地位不断提高,生产经营越来越集中到少数企业手中,从而使一些行业和部门被少数企业所控制,产生垄断现象。

(2)市场不完全。市场无法有效提供的产品不仅是公共产品和其他有外部收益的产品,而且还有一些(私人)产品市场也无法提供或无法充分提供,即存在市场不完全的问题。此外,市场在提供信贷上也远不够称职。例如,在农业贷款、助学贷款、中小企业贷款和住宅贷款等领域市场对资金的需求是大量存在的。但该类贷款的盈利并不高,甚至可能亏损,故这种私人产品金融单位(市场)并不愿意提供。对尚处于起步阶段的市场经济,市场不完全的领域是非常广泛的。

(3) 公共产品。人类消费的物品分为私人产品与公共产品。私人产品具有排他性和竞争性:①排他性是指如果某人消费了这种物品,其他人就不能消费这种物品。也就是说,只有得到这种物品,才能消费这种物品。②竞争性是指不愿意支付或支付价格较低的人不能消费或只能消费数量较少的这种物品。例如,市场上出售的面包就属于私人产品。

相对于私人产品而言,公共产品具有非排他性和非竞争性。①非排他性是指该物品的消费不能被某人所专有,若要限制其他人消费这种物品是不可能的或者代价(成本)太大。也就是说,一个人不管是否付费,都会消费而且必须消费这种物品。例如,国防就是典型的公共产品,在一国范围内要排除该国居住的某个人享受国防保护带来的好处是极其困难的,而且该人不享受这种物品也是不可能的。②非竞争性是指在生产水平既定的情况下,一个人的消费不会减少其他人的消费数量,或者说,许多人可以同时消费这种物品。例如,国防这种公共产品在保护你的生命财产安全的同时,不会减少对其他人的保护程度。公共产品的这些属性使市场机制发挥作用遇到了困难。公共产品的非排他性决定了其提供者不可能向消费者收取费用,消费者也不愿为此支付费用,使得公共产品在任何情况下都可以免费消费,产生所谓的"免费搭车"问题。如果利用市场机制排斥人们享受公共产品,那么资源配置效率是极低的。公共产品的非竞争性表明多一人消费并不增加供给成本,也就是说,允许更多的人消费公共产品的边际成本为零。公共产品的这些特性决定它无法由私人部门通过市场提供。如果由私人部门通过市场来提供公共产品,那么会造成公共产品供给的严重短缺。因此,市场机制在提供公共产品或服务方面存在明显的"失灵"现象。

视频

外部性

(4) 外部效应。所谓外部效应又称外部性,是指某一个人或厂商的行为活动影响了其他人或厂商,却没有为之承担应有的成本费用或获得应有的报酬。如果某一个人或厂商的行为活动使得其他人或厂商受益,但没有得到相应的补偿,则称之为正外部效应;反之,如果某一个人或厂商的行为活动使得其他人或厂商受损,但没有承担相应的成本,则称之为负外部效应。具有外部效应的物品或服务,其私人边际成本与社会边际成本、私人边际收益与社会边际收益之间不一致。对于负外部效应,私人边际成本小于社会边际成本,社会为私人承担了一部分成本,称之为成本外溢,如一个企业造成的污染破坏了社会生存环境,但该企业并没有为此承担额外的成本。对于正外部效应,私人边际收益小于社会边际收益,社会享受了一部分收益,称之为收益外溢,如果航标灯或路灯是由私人出资建立,则给路过的船只或行人都带来方便。仅仅依靠市场机制,对于具有正外部效应的物品或服务,由于得不到合理的收益而会出现供应短缺;对于具有负外部效应的物品或服务,由于无须支付必要的成本而难以遏制。

【注意】 通过市场机制难以有效矫正或解决带有外部效应的物品或服务的供给问题,无法使资源配置达到社会最佳状态。

(5) 收入公平分配。市场在收入公平分配领域的失灵,是指市场不能有效调节国民收入在社会各部门、各地区、各阶层和各成员之间合理分配,缩小收入差距,体现社会公平。即使在经济运行达到所谓帕累托效率的条件下,市场不会自动实现收入公平分配。而市场则强调效率,通过价格机制和竞争机制,各种生产要素和资源向效率更高的地区、部门、产业、企业以及个人集中,反而进一步扩大收入在各个领域的差距。但任何经济运行都是在一定的社会环境下进行的,如果社会成员之间收入分配不公平,贫富差距悬殊,特别是在相当部分成员基本生活都难以保证的情况下,必然引发大量的社会矛盾,犯罪率居高不下,游行、示威、罢工连续不断,甚至引发政局动荡,对经济的正常运行产生严重的影响,最终有损于效率的提高。

(6) 宏观经济的稳定与增长。市场不能有效实现宏观经济的稳定与增长,是指自发的市场机制不能解决宏观经济总量与结构的均衡,以达到经济增长的目的。特别是在解决通货膨胀、充分就业、产业结构、区域经济结构等宏观经济问题方面,市场本身无能为力,进而导致社会总供给与总需求失衡,造成经济运行不稳定,以及失业和通货膨胀。当社会总供给小于总需求时,价格上涨,经济主体会扩大生产,就业增加,效益增长;当社会总供给大于总需求时,价格下跌,经济主体会缩减生产,失业增加,效益减少。其结果是,市场存在一定的盲目性,使国民经济运行出现高涨—衰退—萧条(危机)—复苏的周期性波动,往往导致社会生产力的巨大破坏,甚至出现经济停滞和社会不稳定等严重问题。

(7)信息的不对称性。信息的不对称性通常是指进行商品和劳务交易的双方,由于所掌握的信息量不相等,不能有效开展公平竞争,从而对资源配置产生扭曲。而这种信息的不对称性是市场机制自身无法克服的。在市场经济运行中,交易信息的充分性是开展充分竞争、公平竞争,资源配置达到帕累托效率的重要前提。但在自发性的市场交易中,一方往往很难完全掌握另一方有关的信息。

四、政府干预与失效

(一)政府干预的必要性

1. 政府的性质客观上要求政府必须有所作为

什么都不为的政府未见得就是一个好政府。事实上,现在我们没有看到任何一个"无为而治"的政府,只是存在"为得好"与"为得不好"的问题。政府"为"与"不为",不应当取决于政府官员的自由意志,而应当取决于政府本身的特性及其设置的目的性。就政府特性而言,只有政府才有资格和能力对经济活动进行干预。

(1)政府是一个具有社会普遍性的组织。这一方面表明,任何一个国家的任何一个公民都必须附属于一个政府,任何人都没有选择权;另一方面也就使得政府可以利用自己的特殊地位,为了自己公民的利益而采取某种行动,这种行动包括国民经济发展的方方面面。政府对市场的适度干预就是国家为保障公民的合法经济利益所采取的行动。

(2)政府拥有其他经济组织所不具备的强制力。这种强制力来源于政府的普遍性,它一方面导致了政府的干预权力,另一方面也导致了整个社会对干预权力的服从。当然这种服从既可以表现为公民对政府干预行为的自觉遵守,又可以表现为被动的就范。

2. 设置政府的目的性要求政府必须有所作为

任何国家的政府都是作为国家的实体代表而存在的,而国家的存在和发展又是以一定的经济基础作为前提的。设置政府的目的是建立有利于国家存在和发展的经济基础,即政府组织和领导经济建设的职能。因此,如何实现这个职能就成为各国政府所面临的主题。这个职能普遍有两种思路:一种是通过政府对宏观和微观经济的直接组织和领导而实现;另一种是通过政府对宏观和微观经济的间接调控而实现。而无论是直接调控或间接调控,它都属于政府干预的范畴。

3. 克服市场失灵要求政府必须有所作为

克服市场失灵是政府对市场经济干预中非常必要和重要的职能。市场缺陷主要有以下两种类型:

(1)市场自身固有的缺陷,即不论市场发展到何种程度都存在的缺陷,主要表现在以下方面:①导致了垄断和不正当竞争的产生。②限制了竞争的充分开展。③只能解决市场微观平衡问题,不能解决宏观经济平衡问题。④只能反映现有的生产和需求结构,不能有效反映经济的长远目标和结构。⑤导致分配中的收入不均甚至两极分化等。

(2)市场缺陷是市场因发育不完善而出现的功能障碍,主要表现在以下方面:①产品市场缺乏良好的组织。②市场信息既不灵敏又不准确。③市场法制不健全等,这种市场发育不完善而造成的市场缺陷,致使市场本应具有的资源优化配置功能不能得到有效发挥。

市场机制存在的诸种缺陷,决定了即使在市场经济发展得相对完善和发达的国家,仅仅依靠单纯的市场调节难以保证资源配置的完全合理化,也难以保证社会经济的持续协调发展,因而需要政府的及时介入,并通过对经济运行实施有效干预,补充和克服单纯市场机制的不足和缺陷。

(二)政府干预的主要手段

1. 行政和法律手段

行政法律手段是指制定市场法规,规范市场行为,制定中长期发展规划和产业政策,引导市场经济正常运行;对某些产品实行限价,打击价格欺诈,如制定反垄断法、价格法等。对负外部效应的物品,政府采取行政手段,对相关企业给予罚款或限期整治;对外部效应受损单位给予经济补偿等。

2. 组织公共生产手段

公共生产是指由政府通过财政拨款兴办的国有企业和单位,西方称公营企业,主要经营纯公共产品和一部分准公共产品。按照市场经济思路,许多国有企业要民营化或股份化,形成生产竞争性产品的企业,成为市场主体。只有少数国有企业用于生产和供应社会公共产品,如少数军工企业,铁路、银行、邮电等大型国有企业。

3. 运用财政调控手段

财政调控是指以税收、非税收、国债等形式支出,并通过财政政策手段来调节经济运行。在市场经济条件下,财政具有筹集和调节收入、优化资源配置、促进经济稳定增长等功能,既是政府发挥宏观调控职能作用的重要物质基础,又是其主要的政策手段。财政税收政策的调控作用,以及财政资金投入方向和投入力度变化所产生的导向作用,不仅可以有效地推动经济发展,而且还能够协调城市和农村、地区与地区、经济与社会、人与自然之间的发展,支持扩大对外开放。

(三)政府干预的失效

1. 政府干预失效的主要表现

政府在经济运行中能够发挥上述重要作用,弥补市场机制存在的缺陷,使人们有理由对政府扮演的角色给予足够的重视。但必须注意,政府的作用不能随意夸大,因为政府机制也存在失效或无效的问题。一些西方国家在第二次世界大战后更重视政府对经济过度干预造成的不良后果。

西方理论界认为,政府失效比市场失灵更受关注。政府干预失效主要表现为以下几方面:一是政府干预未达到预期的目标;二是虽达到了政府干预目标,但成本太高,造成了资源的浪费;三是虽实现了政府干预目标,但同时又产生了未预料的负效应。

2. 政府干预失效的主要原因

(1)政府决策失误。政府决策是一个十分复杂的过程且具有不确定性,使得政府制定合理的政策较为困难。例如,政府对市场信息掌握不完全或失真,制定的政策有误或失效,甚至消除了市场作用。宏观上,它包括发展战略和经济政策失误,微观上,它包括一个投资项目选择或准公共产品与服务提供方式选择不当等。政策变化频繁,企业较难适应,市场经济效率下降。

(2)政府权力寻租。政府权力寻租是指政府工作人员凭借政府保护而进行的寻求财富转移的活动,被形象地称为"看不见的脚",包括政府无意寻租、政府被动寻租和政府主动寻租三种形式。政府官员滥用权力寻租和牟取私利,使市场失去作用,被称为"看不见的脚"踩了"看不见的手",导致资源的无效配置和分配格局的扭曲,降低了社会效率,影响了政府声誉,或因此降低了政府活动的效率。

(3)政策时滞效应。政策时滞主要包括认识、决策、执行和效果的时滞。其中,认识时滞是指从问题产生到被纳入政府考虑的时间;决策时滞是指从政府认识到某一问题到政府最后制定解决方案的时间,这个过程可能要经过反复的讨论;执行时滞是指从政府公布某项决策到付诸实施的时间;效果时滞是指政府政策执行到实际可以观察到经济形势发生预期变化的时间。

(4)政府职能错位。政府职能错位包括政府职能的"越位"和"缺位",前者是指应当而且可能通过市场机制办好的事情而政府却通过财政等手段人为地参与,如政府热衷于竞争性生产领域的投资而代替了市场职能;后者是指该由政府通过财政等手段办理的事务而没有办或没有办好,如政府对公共设施、义务教育、公共卫生和环境保护等方面无投入或投入不足等,这些都是政府干预失效或财政失责的表现。

【案例 2-1】

案例 2-1 精析

政府与市场的关系

党的十八届三中全会通过的《中共中央关于全面深化改革若干重大问题的决定》指出,经济体制改革是全面深化改革的重点,核心问题是处理好政府与市场的关系,使市场在资源配置中起决定性作用和更好地发挥政府的作用。这是我国改革开放历史进程中具有里程碑意义的创新和发展,将对在新的历史起点上全面深化改革产生深远影响。

讨论:

(1)党的十八届三中全会的重大突破和理论创新之一就是重塑政府与市场的关系,让市场在资源配置中起决定性作用。请阐述在市场经济中,市场是如何实施资源配置的。

(2)如何处理"政府之手"与"市场之手"的关系,一直是中国改革过程中面临的核心问题。发挥"市场之手"的决定性作用能否不要"政府之手"呢?请运用经济生活的有关知识予以说明。

任务二　财政的基本目标

一、公共需要

人类的社会需要可归结为私人需要和公共需要两类,财政活动以满足公共需要为基本目标,从而揭示财政活动的最终目的。

(一)公共需要的概念

公共需要是指社会公众对公共产品的需要。一般情况下,社会成员可无差别地共同享受政府为满足公共需要所提供的产品和服务,且不必承担相应的费用。公共需要是一种整体的、多数人的需要。公共需要的含义包括以下四个方面:

(1)公共需要是社会公众在生产、生活和工作中共同的需要。它不是普通意义上人人有份的个人需要或个别需要的数学加总,而是就整个社会而言的需要,而这种需要具有不可分割性,由政府集中组织来满足。

(2)公共需要是每一个社会成员可以无差别共同享用的需要。一个社会成员享用的需要,并不排斥其他社会成员享用。例如,社会的每一个成员对国防和公共安全等方面的需求,就不能排挤其他成员的需求。

(3)公共需要是社会成员在享受的同时需要付出代价的需要。这种代价是缴税或付费(西方财政理论将税收称为公共产品的价格),但其规则不是等价交换,付出与所得也是不对称的。

(4)满足公共需要的物质手段只是来自社会产品剩余的需要。政府满足公共需要的财政分配对象是社会总产品和国民收入中的剩余产品,即价值中的"$V+M$"部分。

公共需要的基本属性包括:①只有政府出面组织和实施才能实现的事务。②只有政府实施才能有效协调各方面利益的事务。③企业和个人不愿意实施而又是社会存在与发展所必需的事务。

（二）公共需要的特征

公共需要既有一般性和共同性，又有历史性和特殊性。

（1）公共需要的一般性和共同性，一方面是指公共需要在任何社会性质、发展阶段和社会形态下都是存在的；另一方面是指有些需要项目（如国防和行政管理等），在任何社会性质、发展阶段和社会形态下都属于公共需要的范畴。

（2）公共需要的历史性和特殊性是指公共需要不是一成不变的，而是逐步发展变化的，具体存在于特定的社会形态之中。对公共需要的历史性、特殊性可沿着两条线索分析：一是社会生产力或经济发展的不同阶段，公共需要的具体内容及结构有所不同；二是社会生产关系发展的不同阶段，公共需要的认定及内容也存在差异。

（三）公共需要的范围

1. 社会需要的满足方式

社会需要分为公共需要和私人需要，但公共需要是客观存在的社会现象，在任何社会形态中都是如此。社会中的个人虽在外貌、性情、兴趣和爱好方面千差万别，但他们总存在某些基本的共性，总有某些共同的需要。

在公共需要中，有的是任何个人或集团都无法满足和提供的，有些虽可由个人或集团提供，但由于其消费的不可分割性或存在规模效益尚无法获得最佳的社会经济效益，因此对于这种"偏好一致性"的公共需要只能通过财政手段加以满足。从这个意义上说，财政又是满足公共需要的财政。

2. 确定公共需要的范围

在现代市场经济条件下，公共需要的范围主要是围绕实现政府职能的需要来确定的。其大体上可分为以下三个方面：

（1）政府行使其政治职能的需要，即政府财政对外防御侵略和敌对势力、对内保障社会政治经济秩序稳定的需要。例如，国防安全、国家及地方的行政管理和公检法司等，这些都属于纯粹的公共需要。

（2）政府行使其经济职能的需要，即政府财政保障市场经济顺利高效运行所必需的各种调控政策措施等的需要。现代市场经济条件下，应逐步取消或减少财政直接提供的公共产品，而以财政政策引导或控制为主。

（3）政府行使其社会职能的需要，即政府财政保障社会经济发展、提高人们生活质量和福利水平的一些公益性、基础性条件的需要。例如，文化教育、医疗卫生、社会保障、生态环境保护、公共基础设施、基础产业、支柱产业和高风险产业等，有的纯属公共需要，更多的是介于公共需要和私人需要之间的准公共需要。

二、公共产品

在市场经济活动中，以弥补市场失灵为出发点的政府干预行为属于政府的公共产品供应行为。现代政府主要的经济职责就是提供维持市场有效运转所需的公共产品。要理解财政，就必须全面把握公共产品理论。

（一）公共产品的概念、特征和分类

1. 公共产品的概念

"公共产品"一词的提出约在 20 世纪初，60 年代成为西方财政学理论的重要组成部分。西方财政理论认为，公共产品的严格定义由美国经济学家萨缪尔森在《公共支出的纯理论》一文中

提出的:"公共产品是指这样一种产品,不论每个人是否愿意购买它们,它们带来的好处不可分开地散布到整个社区里。"我们认为,公共产品是指每个人对某产品的消费不会影响或减少他人对其消费的产品,即公共产品供人消费享用非不需要也不可能让这些消费者按市场的方式分担费用或成本,是真正所有社会成员共有的产品。

与公共产品对应的是私人产品,私人产品是指能够分别提供给不同的个人,数量将随着人们对其消费的增加而减少的产品。

2. 公共产品的界定

(1)公共产品与私人产品的界定。人类社会需要的各种各样的产品和服务,依据需要主体和供给渠道不同,可以分为公共产品和私人产品两大类。公共产品和私人产品主要是根据消费该产品的不同特征加以区分,不是按产品的所有性质即公有还是私有来区分,也不是按产品提供的部门是私人部门还是公共部门来区分。两种产品的提供者通常分别是政府部门和私人部门,但私人产品并不一定完全由私人部门提供,如政府部门提供给个人的食品和住房等;反之,公共产品也不排除由私人部门提供的可能,如个人捐建的学校和图书馆等公共设施。

(2)公共产品与社会产品的界定。社会产品是指由物质生产部门创造的物质产品,通常不包括服务,更不包括精神产品。而公共产品不仅指物质产品,还指各种公共服务,包括无形产品和精神产品。一些传统意义上不认为是产品的,也具有公共产品的烙印。例如,国防作为公共产品,指的不是向军队提供武器装备和防御设施等,而是指政府通过这些物质所提供的保卫国家安全的服务等。

视频

公共产品

(二)公共产品的特征

公共产品与其他产品尤其是与私人产品相比,具有以下四个特征。

1. 消费的非排他性

非排他性是指某个人或集团对公共产品的消费,并不影响或阻碍其他人或集团同时消费该产品。如消除空气污染可使所有人享受新鲜的空气,让某个人不享受新鲜空气是不可能的。其内涵为:①技术上找不到办法能够阻止他人享受公共产品。②技术上可行而经济上不可行。③不可拒绝性。而私人产品具有排他性,在消费者为私人产品付钱之后,其他人就不能享用该产品带来的利益。

2. 获取的非竞争性

非竞争性是指部分人对某一产品的消费不会影响其他人对该产品消费的数量或质量,受益对象之间没有利益冲突。如国防、外交、司法和环保等产品,增加消费者不会增加供给者的成本或减少任一消费者的消费量等。其内涵为:①边际成本为零,即增加一个消费者但不增加供给者的边际成本。②边际拥挤成本为零,即产品是共同消费的,也不存在消费的拥挤现象。而私人产品如衣服、食品和住宅等,消费者必须通过市场竞争价格方式获取。

3. 效用的不分割性

不分割性是指公共产品是面向整个社会或群体提供的,即所提供的公共产品是不能分割成若干部分而分别归个人或集团消费,如安全和国防等。尽管根据受益范围的大小,公共产品可分为全国性或区域性的,但它必须向该区域的所有成员提供其效用。而私人产品的效用则具有可分割性,如私人用的衣服和食品等消费品。

4. 目的的非营利性

非营利性是指提供的公共产品不以营利为目的,是为满足社会公共需要而为社会提供市场不能提供和提供不足的公共服务,并以追求社会效益和社会福利的最大化为目标,如城市公共绿地和义务教育等。而私人产品的提供则是为追求利润或利益的最大化,如个人的股票投资和家庭用车等。

【提示】　公共产品的上述四个特征是密切联系的,核心特征是非排他性和非竞争性,其他两个特征是其必然延伸。

(三) 公共产品的分类

1. 按照公共产品的特征分类

(1) 纯公共产品。纯公共产品是指同时具有非排他性和非竞争性的产品。它具有规模经济的特征,消费上不存在"拥挤效应",一般不能通过技术手段进行排他性使用,否则,代价将非常高昂,如国防和秩序等。只要国家建立了防务体系,就几乎不可能排除任何居住在国境内的人不受该体系的保护,即使是罪犯也是如此。此外,多一个婴儿降生或多一个移民,也不会增加该国的国防费用或妨碍其他人享受其保护。

(2) 俱乐部产品。俱乐部产品是指那些受益人相对固定、通过俱乐部形式组织起来的利益共同体所提供的公益性产品。俱乐部成员有明确的会员身份,且需要分担俱乐部的产品成本。其产品特点是消费上具有非竞争性,却可轻易排他,如公共游泳池、电影院和公园等,故而学者们将其形象地称为俱乐部产品。该公共产品可通过收费的方式把不付费的消费者排除在外,即有票者可消费,无票者则不能消费。

视频

准公共产品

(3) 公共资源产品。公共资源产品是指资源的公共性,公众对其具有使用权和消费权的产品。其特点是消费上具有竞争性,但无法有效排他,如学校教育、路桥和草地等。它具有"拥挤性",消费者的数目增加到"拥挤点"后就会出现边际成本为正的情况,即每增加一个消费者将会减少原有消费者的效用。因此,谁来得早,谁就可能得到满足,来得晚的可能就得不到满足,具有一定的竞争性。

【提示】　俱乐部产品和公共资源产品通称为混合产品或准公共产品,即不同时具备非排他性和非竞争性。在现实生活中,真正的纯公共产品并不多,多数产品属于介于公共产品与私人产品之间的准公共产品。

2. 按照受益范围的大小分类

(1) 全球性公共产品。全球性公共产品是指有很强的跨国界正外部性的产品、资源、服务和规则,如国际贸易规则、国际金融稳定、地区和世界安全、全球公共卫生等。一般而言,其经济实力、军事实力、知识实力强大的世界大国特别是世界的超级大国,是全球性公共产品的主要提供者。

(2) 全国性公共产品。全国性公共产品是指那些与国家整体有关、各社会成员均可享用的产品。其受益范围是全国性的,如国防等。其特征为:一是全国性公共产品的受益范围限定在整个国家的疆域之内,而无论国土面积大小;二是全国性公共产品的提供者为中央政府,而不应是某级地方政府。

(3) 地方性公共产品。地方性公共产品是指那些只能满足某一特定区域(而非全国)范围内居民公共需要的产品,如路灯等一系列城市基础设施。该类公共产品受益范围具有地方局限性,即受益者主要是本辖区的居民。这表明地方公共产品的提供者应是各级地方政府,而不应是中央政府。

3. 按照公共产品的形态分类

(1) 有形公共产品。有形公共产品是指公共产品以实物产品的形态存在并以其物质属性提供效用,如城市的广场、音乐喷泉、公共雕塑和防洪大堤等。

(2) 无形公共产品。无形公共产品是指公共产品以某种服务形态或通过服务所产生的集合效应,如通过交警指挥提供的交通秩序、通过军队戍边服务提供的国防安全等。

通常意义上,从公共部门通过管理公共事务、解决公共问题的角度,可以将所有公共部门提供的公共利益都称为公共服务,但某些场合公共产品和公共服务被并列使用。

4. 按照消费者的意愿分类

（1）强制性公共产品。强制性公共产品是指不管人们是否愿意都要强制消费的公共产品。该类产品又称优效品，即政府强制人们消费的，能增进社会和个人利益的物品，如义务教育、计划免疫和强制保险等。

（2）选择性公共产品。选择性公共产品是指消费者可以有某种程度的自由选择的公共产品。它一般属于可收费的准公共产品或混合产品，如人们对学校的选择、对接种疫苗站的选择和对公园的选择等。

（四）公共产品的提供

1. 公共产品提供的方式

公共产品提供的方式包括政府提供、私人提供、混合提供和俱乐部提供等类型。

（1）政府提供即公共提供，在经济上主要依靠税收。

（2）私人提供即自愿提供，包括共同消费者根据享受的公共产品的边际效用支付公共产品的价格，个体或单位出于慈善或某种价值追求志愿提供社会所需的公共产品。

（3）混合提供即公私合作，它是在公私部门之间将"提供与生产"进行合理的分工，可广泛引入外包等市场机制。

（4）俱乐部提供的重要特征是俱乐部产品只对俱乐部成员提供，即只有俱乐部成员的身份才能消费俱乐部产品。公共产品提供方式的不同组合如表2-1所示。

表 2-1 公共产品提供方式的不同组合

提供方式	公共生产	私人生产
政府提供	政府生产、政府提供：如公立学校、图书馆和体育场等	私人生产、政府提供：如监狱外包和城市环保外包等
私人提供	政府生产、私人提供：如电力、燃气和自来水供应等	私人生产、私人提供：如私立学校和图书馆等
混合提供	政府生产、混合提供：如收学费的公立大学和城市公共交通等	私人生产、混合提供：如享受政府补贴的私立学校等

2. 纯公共产品提供的主体

纯公共产品是完全用于满足社会公众需要的，具有鲜明的、完全非排他性和非竞争性特征。学术界普遍认为，纯公共产品不能由市场提供而只能由政府提供，这是由市场和政府的运行机制不同所决定的。市场是通过买卖提供产品和服务的，在市场上谁有钱就可以购买商品或享用服务，即钱多多买、钱少少买、无钱不买，因而市场买卖要求的是利益边界的精确性。其内容主要表现在以下三个方面：

（1）完全非排他性意味着无法排斥他人消费同一产品。公共产品在非排他性的条件下所需要或消费的是公共的或集合的，每个消费者都不会自愿掏钱去购买，而是等着他人去购买，自己顺便享用其所带来的利益，即经济学所称的"搭便车"现象。由于"免费搭车"问题的存在，因而需要政府来提供公共产品。

（2）非竞争性意味着增加消费者的边际成本为零。增加一个公共产品消费者，不减少或不影响其他消费者的消费水平，则增加消费者的边际成本为零。在非竞争性的条件下，对消费公共产品的消费者收费，会使消费者的边际效用大于零，以致违反效率定价原则。

（3）政府的责任是解决市场提供公共产品的难题。因为政府主要是通过无偿征税来提供公共产品，但征税是能精确计量的。而公共产品的享用一般是不能分割的，无法个性量化，即每一个纳税的单位和个人缴纳的税额与其对公共产品的享用数量是不对称的，不能说多纳税就可多享用、少纳税就少享用、不纳税就不享用。

3. 混合产品提供的主体

混合产品的特征是兼具公共产品和私人产品的性质，因此可采取公共提供或市场提供方式，也可采取混合提供方式。从世界各国实践看，混合产品的有效提供主要有以下三种形式：

（1）政府补助。对那些提供教育服务、卫生服务的私人机构及从事高新技术产品开发的私人企业，政府给予一定数量的补贴和优惠政策。这是因为教育服务、卫生服务、高新技术开发都具有正外部效应。政府补助方式主要包括财政补贴、贴息贷款和减免税等。

（2）社会组织提供。社会组织提供主要有独立提供与政府合作提供两种，前者是社会组织通过自筹资金、依靠自身力量提供各类公共产品；后者是通过公共服务社区化或与公共部门建立合作关系，政府以付费、资助或特许的方式购买，或支持社会组织提供公共服务，或通过委托方式与社会组织签约，由社会组织承担某些公共服务。

（3）私人提供公共产品。政府有意识地降低私人资本进入公共领域的门槛，以一定的利润水平作为"诱饵"，以制度性的安排促进私人提供公共产品。

4. 公共产品提供的限定

由上述分析可知，市场只适用于提供私人产品和服务，对提供公共产品是失效的，而提供公共产品恰恰是政府活动的领域，是政府的首要职责。现代财政学关注政府提供公共产品与市场提供私人产品之间的恰当组合，政府提供公共产品所花费的成本和代价，以便合理地确定政府提供公共产品和财政支出的规模。

纯公共产品、混合产品和私人产品的区别、提供和筹资等方面所进行的比较的内容如表 2-2 所示。

表 2-2　　　　　　　　　　　纯公共产品、混合产品和私人产品的比较

性　质	排他性	非排他性
竞争性	私人产品（如个人服装与食品） （1）较低的排他性成本 （2）仅为私人企业生产 （3）运用市场进行分配 （4）通过个人收入筹资	混合产品（如公共泳池与公园） （1）含外在性私人产品 （2）私人企业进行生产 （3）含补贴或税收分配 （4）通过销售收入筹资
非竞争性	混合产品（如学校教育与路桥） （1）集体消费有拥挤性 （2）私人或部门的生产 （3）由市场或预算分配 （4）通过销售收入筹资	纯公共产品（如国防安全与外交） （1）很高的排他性成本 （2）政府或其授权生产 （3）采用公共预算分配 （4）通过税收收入筹资

任务三　财政职能的基本内容

一、财政资源配置职能

（一）财政资源配置的实质

财政资源配置是指政府通过财政收支及相应的财政政策，调整和引导现有经济资源的流向与流量，以达到资源的优化配置和充分利用，实现最大的经济社会效益的功能。它是国家经济职能的体现和财政职能的核心，影响社会生产中生产什么和怎样生产。

高效配置资源实质上是对社会劳动和各种生产要素的合理分配与有效使用，这是经济学和

视频

充分发挥财政职能作用

财政学的核心问题。在不同的经济体制下,资源配置的方式不同:计划配置在计划经济下包罗一切并起着主导作用,也包含财政配置;市场在资源配置中起主导作用,总体上看,市场配置是有效率的,在市场竞争中受利益的驱使,每一个经济活动主体都会根据市场需求来不断地调整其对资源的配置,以使自己获取最大的收益。

在市场经济条件下政府应从全社会整体利益出发,将市场配置与政府配置相结合,运用财政等手段对资源进行必要的分配和调节,以达到整个社会资源优化配置的目标。

(二)财政资源配置的范围

按公共产品的不同分类,财政资源配置的范围也不同。

1. 纯公共产品

纯公共产品对每个消费者来说有不同的"价格"(公共产品支付成本),因为公共产品对每个消费者的效用不同,其资源配置的资金由政府提供。如果公共产品提供不足,在消费中通常会发生公共产品"拥挤"的情况。

2. 准公共产品

对准公共产品来说,政府要参与资源配置,但通常也要有一部分由消费者(如受教育者)直接支付。由于准公共产品是由政府决定的,因此属于财政资源配置的范围。也可以说,生产准公共产品是政府职能的延伸。

3. 行业垄断产品

行业垄断产品的资源配置较为复杂,有时是财政进行资源配置,有时是市场进行资源配置,但市场配置资源应实行政府管制。究竟采取何种资源配置方式,要以效率优先的原则视具体情况而定。

(三)财政资源配置的内容

财政资源配置是调节资源在区域经济之间、产业部门之间和利益主体之间的合理、有效配置。其主要内容包括以下三个方面。

1. 调节资源在区域经济之间的配置

世界各国、区域之间经济发展不平衡是较为普遍的现象,包括历史、地理和自然条件等多方面的原因。这一问题在我国尤为严重,解决这一问题仅靠市场机制难以奏效,有时还产生逆向调节,即资源从落后地区向发达地区进行流动,显然不利于整个国家的经济均衡和社会稳定,这就要求政府在这方面发挥财政资源配置的职能作用,如增加落后地区的财政投资和转移支付,优化其资源配置,改善区域环境,以促进国民经济的协调与稳定发展。

2. 调节资源在产业部门之间的配置

产业部门配置包括调整产业投资结构和改变现有企业生产方向两种途径,财政都能发挥积极的调节作用。例如,增加能源、交通、原材料等基础产业和基础设施投资或减少加工部门投资,优化产业结构;利用财税政策引导企业的投资方向,如对长线和短线产品生产规定不同的税率与折旧率等,可起到对不同部门投资的奖限作用;而改变企业生产方向,除必要的"关停并转"等行政手段,还可采取有利于市场竞争和对不同产业区别对待的税收政策予以调节。

3. 调节资源在利益主体之间的配置

政府职能取决于财政收入占国内生产总值(Gross Domestic Product,GDP)的比重,即提高该比重则意味着社会资源利益主体中政府部门支配使用的部分增多,非政府部门即企业和个人可支配使用的部分减少;反之则相反。社会资源在利益主体之间的分配,主要是根据公共需要在整个社会需要中所占的比例而定的。这一比例不是固定不变的,而是随着经济发展、政府职能和活动范围的变化而变化的。政府部门支配使用的资源应当与其承担的责任相适应,政府支配使用的资源过多或过少都不符合优化资源配置的要求。

（四）财政资源配置的手段

财政资源配置的手段，主要有税收、公债、财政支出。

（1）税收。政府是一个非生产性部门，它要参与社会资源配置，必须依靠国家政权的力量集中部分社会资源。税收是征收财富的一种最重要的手段，主要是国家凭借其政治权力依法向单位和个人进行的强制性征收。

（2）公债。公债是现代市场经济国家经常使用的一种财政工具。许多国家通过发行公债筹集资金，并将其配置到适宜的领域。我国1998—2004年和2008年以来实施的积极财政政策，就是通过大规模发行公债来为基础设施等瓶颈产业进行融资的。

（3）财政支出。政府财政支出的过程实质上是社会资源配置的过程。如财政投资是政府根据特定时期产业政策的要求，将集中起来的社会资源配置到某个行业或某个地区；财政补贴支出是政府为支持某种产业或某个地区的发展将社会资源配置到其中。

二、财政收入分配职能

（一）财政收入分配的概念

财政收入分配是指对国民收入的再分配，即通过对国民收入的分配形成流量收入分配和存量财产分配的格局。在市场经济条件下，政府通过调节政府、企业、个人所占国民收入的份额，以改变国民收入在各利益主体之间的比例关系，以实现分配公平的目标。它对"为谁生产"，即各市场主体在总收入中的份额或生产效益归谁享用产生影响。

对国民收入的分配可以分为初次分配和再分配：①初次分配是在企业单位内部进行的要素分配，即根据要素投入的数量和价格而获得相应的要素收入，如凭借劳动力的投入获得工资、凭借资本的投入获得利润或利息、凭借土地的投入获得地租等。②再分配是在初次分配的基础上进行的财政分配，如对销售（营业）收入、企业利润和个人工资等流量收入征收流转税与所得税，对拥有房产、车船等存量财产征收财产税，对贫困地区和低收入者等安排转移支付、补贴支出等给予保障。

（二）财政收入分配的目标

1. 财政分配公平的概念

财政收入分配的主要目标就是实现财政分配公平。财政分配公平是指财政分配符合一国社会绝大多数成员认可的正义观念。在现实社会中，用以衡量财政分配是否公平的标准，是财政合理的分配程序结果，但需要注意以下两个问题：

（1）财政分配公平不限于平等。实质意义上的公平要求在某些情况下实行法律上和财政分配上的不平等。在内容方面，财政分配公平是一般情况下财政分配平等与特殊情况下财政分配不平等的有机结合；在税收方面是平等与不平等的结合，也就是横向公平（条件相同者同等对待）和纵向公平（条件不同者区别对待）的结合。

（2）财政分配体现全过程公平。财政分配全过程的公平即指财政分配起点、过程和结果的公平。①起点的公平主要是指机会均等，包括参与财政决定的机会均等和法律适用的平等，如税法规定免税政策，则所有符合条件的人都应享受免税的优惠。②过程的公平主要是指财政行政和财政执法的公平。③结果的公平则是指财政分配结果的合理和公正。

2. 财政分配公平的依据

财政分配公平的主要依据是经济基础、政治体制和政策目标。

（1）经济基础。我国公有制经济对政府财政已长期并将继续做出重要的贡献，财政收支以绝大多数人公平地承受负担和享受利益为其目标。在市场经济条件下，公平竞争是市场机制发挥作用的必要条件，为实现公平竞争必须公平税负，并使所有的经济主体公平受益，而不应有财政上的差别待遇。

（2）政治体制。我国是人民民主专政的社会主义国家,决定了财政的民主性,也决定了财政只能是公平地为全体人民的利益服务。尤其是确定的共同富裕目标,虽然不是所有人一样的富裕或平等的富裕,但必然是所有人达到公平意义上的富裕水平,因而要求我国的财政应当是对所有人公平的财政。

（3）政策目标。我国宪法等法律中已明确公平的政策目标,如《中华人民共和国宪法》（以下简称《宪法》）规定了公民在法律面前人人平等的原则,并在《中华人民共和国预算法》（以下简称《预算法》）等法律中予以运用。其实质是一般情况下的平等与特殊情况下的不平等的有机结合,即公平的精神。公平是法律追求的最高价值目标,该目标在财政领域中的具体化即财政公平原则。

（三）财政收入分配的内容

财政收入分配的主要内容是调节企业的利润水平和居民的个人收入水平。

（1）调节企业的利润水平的主要任务在于,使企业的利润水平能够反映企业的生产经营管理水平和主观努力状况,使企业在大致相同的条件下获得大致相同的利润。

（2）调节企业的利润水平主要是通过征税来剔除或减少客观因素的影响,如通过征收消费税剔除或减少价格的影响;通过征收资源税、房产税和土地使用税等,剔除或减少由于资源、房产和土地状况的不同而形成级差收入的影响;统一企业所得税法、公平税负,也是实现企业公平竞争的重要外部条件;调节居民的个人收入水平,主要是通过征收个人所得税和遗产税等达到目的。

（四）财政收入分配的手段

财政收入分配的主要职能有税收制度、财政支出、转移支付。

（1）税收制度。通过征收企业所得税和个人所得税,可调节不同企业、个人等微观主体的收入水平;通过征收房产税等财产税,可缓和财富在不同人群中的分布不均状况;通过征收资源税,可缩小部门和地区间资源条件的差距等。

（2）财政支出。通过财政支出可反映市场经济条件下政府活动的范围、规模、结构和方向,体现国家的社会经济政策导向。尤其是通过加大对特殊区域和重点行业、部门、项目等财政投资的力度,不断优化经济结构,以促进经济的可持续发展。

（3）转移支付。通过政府间的转移支付、社会保障、救济支出及各种补助支出,实现收入在全国范围内的转移分配,实现公共服务均等化的基本目标,保证社会成员的基本生活需要和社会福利水平,以促进和谐社会的建设与发展。

三、财政稳定经济职能

（一）财政稳定经济的概念

财政稳定经济是指财政保证经济通畅、健康和稳固的良性运行,通常包括充分就业、物价稳定和国际收支平衡。①充分就业是指有工作能力且愿意工作的劳动者能找到工作,也泛指通过自己的劳动来维持自己生活的活动。②物价稳定是指物价总水平的基本稳定,即在纸币流通条件下物价上涨幅度在社会可容忍的范围内。③国际收支平衡是指一国在进行国际经济交往时,其经常项目和资本项目的收支大体保持平衡。

【注意】　稳定经济并不是不要经济增长,稳定和增长是相辅相成的。这里所说的稳定经济是在经济适度增长中的稳定,即动态稳定而不是静态稳定。因此,稳定经济就包含经济增长的内容,就是指保持经济持续、稳定、协调发展。

（二）财政稳定经济的内容

1. 调节社会总供求总量上的平衡

实现稳定经济增长的关键是要实现社会总供求的平衡,如果总供求实现了平衡,物价水平基本稳定,经济运行处于良好状态,充分就业和国际收支平衡目标也较容易实现。政府预算收支总量增加或减少,可以直接影响总需求,即增收减支会抑制总需求;相反,减收增支则会扩大总需求。

2. 调节社会总供求结构上的平衡

社会总供求在总量上实现了平衡,还应再考虑其结构方面的平衡状况。社会总供求的结构包括部门结构、产业结构、产品结构、企业结构和地区结构,财政在调节总供求结构方面的原理,类似于财政通过资源配置职能的实现优化国民经济结构。

（三）财政稳定经济的手段

财政稳定经济的手段主要有政府预算政策和财政收支制度。

1. 政府预算政策

政府预算收入代表可供政府支配的商品物资量,是社会供给总量的一个组成部分;政府预算支出会形成货币购买力,是社会需求总量的一个组成部分。通过调整政府预算收支之间的关系,就可起到调节社会供求总量平衡的作用。①当社会总需求大于社会总供给时,可通过政府预算收大于支的结余政策进行调节。②当社会总供给大于社会总需求时,可通过政府预算支大于收的赤字政策进行调节。③当社会供求总量平衡时,政府预算应实行收支平衡的中性政策与之相配合。

2. 财政收支制度

通过财政收支制度的安排,发挥财政"内在稳定器"的作用。①在财政收入上主要是指实行累进所得税制,当经济过热、通货膨胀时,企业和居民收入增加,适用税率相应地提高,税收增长超过 GDP 的增长,从而抑制经济过热;反之,可刺激经济复苏和发展。②在财政支出上主要体现在转移性支出(社会保障、补贴、救济和福利支出等)的安排上,其效应与税收相配合,在经济高涨、失业人数减少时,转移性支出下降,对经济起抑制作用;反之,对经济复苏和发展起刺激作用。

案例 2-2 精析

【案例 2-2】

从我国财政支出看财政的维护国家职能

目前的财政学教科书多赞同马斯格雷夫的财政三职能,即资源配置职能、收入分配职能、经济稳定职能。但本书认为还应重视财政的维护国家职能,这可从中华人民共和国成立以来国家财政为社会主义政权建设提供的财力保障来看。1998 年,国家财政用于行政经费支出达 725.6 亿元,比 1952 年的 14.5 亿元增长了 49 倍,年均递增 8.9％;用于公检法部门的经费支出达 481.2 亿元,比 1982 年的 12.4 亿元增长了近 38 倍,年均递增 27.6％。1950—1998 年,国家财政累计安排国防费 9 972.5 亿元。如果从中华人民共和国成立后的财政支出结构分析,在前 30 年中,财政支出中国防支出占财政支出的比重在多数年份名列第二。改革开放以来,国防支出占财政支出的比重虽然退至第三,但同期国家的行政管理经费却有较大增长。不可否认的是,我国的国防行政支出的正常增长为国家的巩固、社会经济的稳定发挥了重要的作用,从而体现出财政维护国家职能的不可替代的地位。

讨论:怎样理解财政对国家存在与发展的影响。

任务四　公平与效率的协调

一、财政职能之间的协调与矛盾

（一）资源配置职能与收入分配职能的协调和矛盾

财政的资源配置职能和收入分配职能在财政实践中是紧密结合在一起的。财政对个人收入进行公平再分配的过程,虽然有一部分是通过对高收入者多征税,然后用转移支出再分配给低收入者,但向全国居民提供公共产品,大部分是通过课征各种税收来实现的。财政行使这种形式的资源配置职能,同时也行使了分配职能,两者是协调的。但是,当伴随着国民收入的增加而提供的公共产品规模较大时,其大部分需由中等收入者与低收入者负担(征收累退性的消费税)。财政行使这样的资源配置职能,就妨害了收入公平分配,两者是矛盾的。

(二)资源配置职能与经济稳定职能的协调和矛盾

财政经济稳定的职能,一般是在经济已经发生波动或已经出现波动的苗头时行使的,这样就产生了经济稳定与资源配置的协调和矛盾的问题。当经济处于失业危机期间,财政的经济稳定职能要求扩大财政支出,以弥补社会总量需求的不足,这样就会导致社会资源过多地配置于公共产品,导致公共产品供应过剩,从而导致公共支出的浪费。当经济面临通货膨胀威胁时,财政的稳定职能要求紧缩财政支出,以压缩过分膨胀的社会总需求,这样就会导致原来计划配置于公共产品的社会资源不能到位,公共产品供应不足。这是经济稳定职能和资源配置职能的矛盾。

同样的经济波动,如果按照下述的行为方式发挥财政的稳定职能,就可能最大限度地减少与配置职能的矛盾:在失业危机期间,把需要用财政政策扩大的社会总需求,一部分用扩大财政支出来弥补,另一部分用减税和增加社会福利性支出弥补;在通货膨胀期间,把需要用财政政策压缩的社会总需求,分别用减少财政支出、增加税收和减少社会福利转移支出来实现。这样就把由扩大或缩小社会总需求引起的资源配置的变动适度分布在公共部门和私人部门,从而使公共产品的供应少受影响。

(三)收入分配职能与经济稳定职能的协调和矛盾

在失业危机期间,对低收入者给予较多的税收减免,则会较快地提高社会消费水平,因为低收入者比高收入者的边际消费倾向高。这种财政政策既有利于经济复苏,又有利于个人收入的公平分配。分配职能与稳定职能是协调的。在通货膨胀时期,较多地提高低收入者的增税比率,能够较快地抑制社会消费水平,其原因也在于低收入者的边际消费倾向高,他们因收入减少而减少的消费比率也高。这种财政政策虽然有利于经济稳定,但是不利于个人收入的公平分配,财政的分配职能和稳定职能是矛盾的。

二、公平与效率的协调机制

从我国改革开放的实践来看,协调公平与效率两个原则,根本问题在于有效地协调社会经济目标及其实现机制。

(1)公平与效率既然具有统一性,则两者必须兼顾,只顾某一方面而忽视另一方面,必然失之偏颇。对于一个经济不发达的国家,从总体上说,侧重效率同时兼顾公平,是应有的选择。

(2)如何通过市场和财政两种机制的有效结合实现两种原则的兼顾,是一个关键问题。

第一,在公平分配方面,财政机制主要是通过工资、奖金、税收、补贴以及社会福利和社会保障制度,贯彻按劳分配原则并保证每个居民的最低生活需要和社会福利水平。同时,通过市场机制提供一个公平的竞争环境,使每个居民有展示自己才能的机会,只要多付出劳动,多为社会作出贡献,就可以得到更多的物质利益。

第二,在资源配置方面,我国的剩余产品价值主要集中于公有制经济,其中有相当大的部分又集中由国家支配,所以财政在积累的形成和资源的配置方面应发挥重要的支柱作用和调节作用。随着经济体制改革的深化,市场机制在配置资源中的基础性作用会日益加强是无疑的,但这种基础作用要有一个转换和形成过程也是无疑的。

(3)正确处理收入差距与效率的关系。提倡一部分人先富裕起来,拉开收入差距,但提倡一部分人先富裕起来,是指靠劳动致富;同时,收入差距要适度,防止与共同富裕这一社会主义原则相对立。适度、合理的差距有利于提高效率;差距过大,则会走向反面,影响社会安定,不利于提

视频

推动经济体制
改革落地落实

高效率。因此,在提倡一部分人先富裕起来的同时,还必须通过税收和社会保障制度等手段来调节收入差距,使之维持在合理的范围内。

案例2-3精析

【案例2-3】

谁拥有财富?

一个车牌号要卖110 000元,一盘翡翠饺子要卖30 000元,两瓶可乐690元,杭州一家酒店的年夜饭198 000元一桌,一套黄金书卖价超过20 000元,南京某珠宝店推出天价金碗,每只238 888元……中国社会尚未全面达到小康水平,但天价商品如潮水般地涌来。

面对众多的天价,人们不禁会问:中国到底富不富?哪些人有钱?根据国际通用的贫富差距指标——基尼系数,中国超过了国际通用的0.4的安全水平,表明我国的贫富差距不小。换句话说,天价车牌号、天价年夜饭、黄金书、金碗等均与大多数人无关;大多数人或生活在最低生活标准线附近的人们需要的是基本的日常生活用品,他们的收入不高,购买力有限。一小部分高收入者或先富裕起来的富人却拥有大量财富,天价商品对他们来说根本就不算什么。

经济理论与人类社会的实践充分表明:贫富差距悬殊是影响社会稳定和社会发展的一个重要因素。改革开放以来,我国居民收入分配关系变化的一个重要特征是:财富越来越多地向高收入阶层集中,并由此导致贫富差距呈扩大趋势。我国目前的收入分配格局已经令人担忧。

讨论:公平分配的标准是什么?财政应如何在实现公平分配中发挥作用?

■ 应知考核 ◆

一、单项选择题

1. 漫画《倒了倒手》表明,市场具有( )。

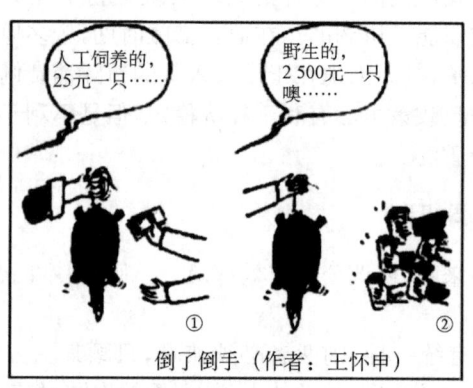

倒了倒手(作者:王怀申)

    A. 竞争性   B. 自发性   C. 盲目性   D. 滞后性

2. 下列各项中,属于财政资源配置功能的是( )。

    A. 征收个人所得税   B. 建立社会保障制度

    C. 公共投资   D. 控制货币供应量

3. 教育需要属于一种( )。

    A. 私人需要   B. 集体需要   C. 公共需要   D. 俱乐部需要

4. 下列属于纯公共产品的是( )。

    A. 国防   B. 花园   C. 教育   D. 桥梁

5. 下列属于全球性公共产品的是( )。

    A. 三峡工程   B. 法律制度   C. 大气臭氧层的保护   D. 街道的路灯

二、多项选择题

1. 市场失灵的表现包括( )。

    A. 公共产品   B. 垄断   C. 外部效应   D. 信息的不对称性

2. 按照公共产品特征的分类,公共产品分为(　　)。
　　A. 纯公共产品
　　C. 公共资源产品

　　B. 俱乐部产品
　　D. 选择性公共产品

3. 政府干预失效的主要原因有(　　)。
　　A. 政府决策失误
　　C. 政策时滞效应

　　B. 政府权力寻租
　　D. 政府职能错位

4. 财政职能包括(　　)。
　　A. 资源配置职能
　　C. 稳定经济职能

　　B. 收入分配职能
　　D. 公平与效率

5. 下列各项中,属于公共产品的有(　　)。
　　A. 国防　　　　　　B. 衣服　　　　　　C. 教育　　　　　　D. 道路

三、判断题

1. 国防作为公共产品主要体现在它的非竞争性上。(　　)
2. 财政收入分配的职能主要有税收制度、财政支出、转移支付。(　　)
3. 由于准公共产品是由政府决定的,因此属于财政资源配置的范围。(　　)
4. 非竞争性是指一些人享用公共产品带来利益的同时不能排除其他人同时从公共产品中获益。(　　)
5. 一般认为,基尼系数处于 0.4～0.5 被视为合理区间,基尼系数越小,越趋于公平。(　　)

四、简述题

1. 简述公平与效率的关系。
2. 简述市场有效的概念和特征。
3. 简述公共需要的概念及包含的内容。
4. 简述公共产品的概念和特征。
5. 简述财政资源配置的概念和范围。

■ 应会考核 ■

■ 观念应用

【背景资料】

从 iPod 产品和 MP3 谈公共产品与私人产品

资料一:苹果公司的 iPod 产品曾是最成功的消费类数码产品之一,一推出就获得成功。第一款 iPod 零售价高达 399 美元,即使对于美国人来说,也是属于高价位产品,但是有很多"苹果迷"既有钱又愿意花钱,所以还是纷纷购买。苹果的撇脂定价法取得了成功。但是苹果认为还可以"撇到更多的脂",于是不到半年又推出了一款容量更大的 iPod,当然价格也更高,定价 499 美元,仍然卖得很好。苹果的撇脂定价大获成功。

资料二:索尼公司的 MP3 同样采用了撇脂定价法,但是没有获得成功,其失败的原因是产品的品质和上市速度。索尼推出新产品时步履蹒跚,当 iPod mini 在市场上热卖两年之后,索尼才推出了针对这款产品的 A1000,此时苹果公司却已经停止生产 iPod mini,又推出了一款新产品 iPod nano。苹果保持了产品的差别化优势,而索尼则总是在产品上落后一大步。此外,苹果推出的新产品马上就可以在市场上买到,而索尼还只是预告,新产品正式上市还要再等两个月。速度的差距使苹果在长时间内享受到撇脂定价的厚利,而索尼的产品虽然定价同样高,但是由于销量太少而只"撇"到了非常少的"脂"。

可见,撇脂定价法是一种追求短期利润最大化的定价策略,若处置不当,则会影响企业的长期发展。因此,采用这一定价策略必须谨慎。

【考核要求】

根据上述资料回答以下问题:

1. 苹果公司的 iPod 属于什么产品?
2. 苹果公司的 iPod 这种产品具有什么特性?

■ 技能应用

【背景资料】

坚持和完善收入分配制度

党的十九大报告和2018年两会政府工作报告,展示了党的十八大以来,党和政府在民生建设和社会发展领域取得的巨大成就。同时,中国特色社会主义进入了新时代,社会的主要矛盾发生了变化,以习近平同志为核心的党中央,坚持"以人民为中心的发展思想"这个新时代收入分配改革的主基调,从提高劳动者收入水平、共享发展成果、保障和改善民生、基本公共服务均等、缩小收入分配差距、促进社会公平正义等视角,为收入分配改革赋予了新的时代内涵,提出了新的目标要求。

自党的十一届三中全会以来,按照"初次分配强调效率,再分配强调公平"的主导原则,我国逐步建立起以按劳分配为主体、多种分配方式并存的中国特色社会主义收入分配制度。在中国特色社会主义市场经济体制建设过程中,这一制度设计极大地激发了广大劳动者和生产要素所有者的积极性,推动了中国经济发展,改善了社会民生和公共服务。与此同时,随着我国经济飞速发展,收入分配矛盾逐渐凸显。宏观层面,主要表现为劳动者报酬、社会保障、民生和公共服务水平、公平正义的社会环境在整体上与经济和社会财富增长不相匹配。中观和微观层面,城乡之间、区域之间、行业部门之间以及居民个体之间的收入差距较为明显。自党的十八大报告提出"初次分配和再分配都要兼顾效率和公平,再分配更加注重公平"的改革思路,到党的十九大报告再次明确"坚持在经济增长的同时实现居民收入同步增长、在劳动生产率提高的同时实现劳动报酬同步提高",其核心内涵就是在深入贯彻以人民为中心的发展思想下,将效率和公平原则贯穿于收入分配各环节,实现初次分配效率原则的公平性与再分配公平原则的效率性辩证统一。

【技能要求】

1. 收入分配是否属于财政职能?
2. 收入分配的目标是什么?
3. 政府为什么要进行收入再分配?
4. 根据上述资料进行简要分析,财政应如何实现党的十九大报告关于收入分配政策的目标。

■ 案例分析

【案例情境】

认识和把握"公平与效率""先富与后富"的关系

根据世界银行的报告,中国社会的基尼系数已扩大至0.458。中国是世界上基尼系数增长最快的国家之一,这显示中国经济高速增长的成果未能被社会各阶层共享,绝大部分聚集在少数人手里。中国国家统计局最新披露,内地最富裕的10%人口占有了全国财富的45%,而最贫穷的10%人口所占有的财富仅为全国财富的1.4%。财政部官员透露,银行60%的存款掌握在10%的存户手里,这些都显示中国贫富不均的严重程度。

【分析要求】

1. 正确认识和掌握"公平与效率"的关系。
2. 正确认识和掌握"先富与后富"的关系。

■ 项目实训 ■

【实训内容】

流动人口是城市建设的重要力量,他们渴望与市民共享城市发展成果,强烈期盼改善工资待遇、医疗卫生、社会保障、子女入学、住房等状况。从社会管理的视角看,引导人口有序迁移,统筹规划,优化配置公共服务资源,创新社会管理,是促进流动人口社会融合亟待解决的课题。

用实现收入分配、财政的作用,促进社会公平等相关知识,说明政府如何应对流动人口对解决民生问题的期盼。

【实训目标】

培养学生发现问题、分析问题、解决问题的能力;培养理论与实际应用能力。

【实训组织】

将学生分成若干组,每组 7 人,每组设 1 名组长,组长负责组织本组成员进行实训,由组长将调查结果写成书面报告,并进行总结。(注意:教师提出活动前的准备和注意事项。)

【实训成果】

1. 以学习小组为单位撰写报告。

2. 采用学生和教师共同评价的方式评分,并完成实训报告,如表 2-3 所示。

表 2-3　　　　　　　　　　　　　实训报告

项目实训班级:		项目小组:		项目组成员:	
实训时间:　　年　　月　　日		实训地点:		实训成绩:	
实训目的:					
实训步骤:					
实训结果:					
实训感言:					

财政支出

📖知识 目标

理解:财政支出的基本内容;财政支出的分类和形式。

熟知:财政支出规模和指标;财政支出结构和效益;财政支出对社会经济发展的影响。

掌握:购买性支出和转移性支出的内容。

技能 目标

能够掌握财政支出的基本知识和基本原理,学会运用本项目的知识分析财政支出的基本问题;能够结合购买性支出和转移性支出分析我国的财政支出现象。

素质 目标

运用所学的财政支出知识研究相关案例,培养和提高学生在特定业务情境中分析问题与决策设计的能力;结合行业规范或标准,提高学生的职业道德素质,使其具备搜集资料、分析资料的能力。

思政 目标

能够正确理解"不忘初心"的核心要义和精神实质;树立正确的世界观、人生观和价值观,做到学思用贯通、知信行统一;通过财政支出知识,明确购买性支出和转移性支出的精髓,通过财政支出的精神实质,引导学生树立乐于为国奉献的精神。

项目 引例

2021年全国一般公共预算支出情况

2021年,全国一般公共预算支出246 322亿元,同比增长0.3%。其中,中央一般公共预算本级支出35 050亿元,同比下降0.1%;地方一般公共预算支出211 272亿元,同比增长0.3%。

主要支出科目情况如下:①教育支出37 621亿元,同比增长3.5%。②科学技术支出9 677亿元,同比增长7.2%。③文化旅游体育与传媒支出3 986亿元,同比下降6.1%。④社会保障和就业支出33 867亿元,同比增长3.4%。⑤卫生健康支出19 205亿元,同比下降0.1%。⑥节能环保支出5 536亿元,同比下降12.6%。⑦城乡社区支出19 450亿元,同比下降2.5%。⑧农林水支出22 146亿元,同比下降7.5%。⑨交通运输支出11 445亿元,同比下降6.2%。⑩债务付息支出10 456亿元,同比增长6.6%。

引例 反思

你对上述国家一般公共预算支出有何感想?你的爱国热情和情怀有没有增加?那么你毕业后会不会为国家作出贡献?你又将如何做到知信行统一?

知识 精讲

任务一 财政支出概述

一、财政支出的概念

财政支出又称政府支出,是政府为了履行其职能,对集中的财政资金进行有计划分配活动的总称。财政支出具体体现为政府对其所掌握的财政资金的安排、供应、使用和管理的全过程,反映了财政资金的规模、结构、流向和用途。

视频

财政支出

二、财政支出的性质

对财政支出性质的理解会直接影响人们对政府的看法。马克思认为,划分生产性劳动与非生产性劳动有两个标准:第一,劳动是否创造了物质产品,或为人们提供的服务是否直接与物质生产过程相联系。第二,劳动是否创造了剩余价值,是创造了收入还是消耗了收入。

三、财政支出的范围

财政支出的目的是满足政府执行其职能的需要,因此政府职能范围的大小决定了财政支出的范围。在市场经济条件下,政府职能范围必须限定在市场失灵领域,从而决定了财政支出的范围也只限于市场失灵领域。如果超过该领域,则会出现政府失灵。

四、财政支出的分类和意义

(一) 财政支出的分类

1. 按费用类别分类

费用类别的"类"是指国家职能的分别,所以按费用类别所做的分类,又称为按国家职能所做的分类。我国依据国家职能的不同,将财政支出分为经济建设费、社会文教费、国防费、行政管理费和其他支出五大类。该分类法可清楚地揭示国家执行了怎样的一些职能以及侧重哪些职能。

2. 按经济性质分类

(1) 购买性支出。它直接影响生产、就业,间接影响分配。它采取等价交换原则,一手交钱一手交货,体现政府的市场性再分配活动。这类支出包括行政管理支出、国防支出、科教文卫支出和投资性支出。

(2) 转移性支出。它直接影响分配,间接影响生产就业。它不采取等价交换原则,付出了资金无任何所得,体现的是政府的非市场性再分配活动。这类支出包括社保支出、财政补贴支出、公债利息支出和捐赠、对外援助支出。

【提示】 购买性支出与转移性支出占财政支出总额比重的大小,反映了政府在一定时期内直接动员社会资源的能力。

【注意】 就财政的职能来看,以购买性支出占较大比重的支出结构的财政活动,执行配置资源的职能较强;以转移性支出占较大比重的支出结构的财政活动,具有较强的收入再分配职能。

3. 按支出产生效益时间分类

(1) 经营性支出。经营性支出是指维持公共部门正常运转或保障人们基本生活所需的支出,它直接构成当前公共商品的成本,理论上其补偿方式应是税收。

(2) 资本性支出。资本性支出是指用于购买或生产使用年限在一年以上的耐用品所需的支出,既包括生产性支出,也包括用于购买汽车、复印机等办公品的非生产性支出。其支出补偿方式有税收和国债。

4. 按财政支出用途分类

(1) 补偿性支出。补偿性支出是指用于补偿生产中已消耗掉的物质资料方面的支出,如企业固定资产更新改造支出,挖潜改造支出。

(2) 积累性支出。积累性支出是指用于扩大再生产的各项支出。

(3) 消费性支出。消费性支出是指用于社会和个人消费方面的支出。

【提示】 此分类方法有利于正确处理财政分配中的积累和消费的比例关系,促进国民收入分配合理比例关系的形成。

5. 按支出的管理权限分类

（1）中央财政支出。中央财政支出是指实现中央政府职能的各项支出。

（2）地方财政支出。地方财政支出是指实现地方政府职能的各项支出。

（二）财政支出分类的意义

适当的财政支出分类，可以促进社会公众对政府财政状况的了解，有利于促进政府预算的编制，有利于对财政支出问题进行研究。

五、财政支出的形式

财政支出形式是指政府采用何种方式、渠道分配和使用资金，一般分为无偿拨款和有偿贷款两种。我国现阶段财政支出的形式主要有财政拨款、财政性贷款、财政补贴和生产性投资。

（一）财政拨款

财政拨款是指财政再分配过程中财政资金的单方面转移，即财政部门将其掌握的资金，根据批准的年度支出预算、支出用途、数额和程序，适时、正确地无偿拨付给用款单位。不要求偿还是无偿拨款这种财政支出形式的根本特征。财政拨款是政府实现其职能的前提和物质保证，各国政府包括我国财政支出历来把它作为最主要的支出形式。它主要用于包括政府自身的经费支出及社会公共需要方面的支出等，具体有社会公共事业费、行政管理费、国防费支出、用于增加固定资产和物资储备等方面的支出等。

（二）财政性贷款

财政性贷款是指财政部门以信贷方式向使用单位有偿让渡财政资金的方式。其特征是财政分配过程中财政资金的双向转移，即在一定时期内财政资金转移到有关部门和单位使用，在规定期满时这些部门和单位再把上述资金连同利息还给财政部门。它是我国经济体制改革过程中，为加强用款单位的经济责任，提高财政资金使用的效率而采用的财政支出形式。它主要适用于具有偿还贷款能力、从事生产经营活动的生产企业、单位所需要的基本建设投资贷款及农业长期贷款。

（三）财政补贴

财政补贴是指政府为了某种特定需要而向企业或居民提供的无偿补助，是财政支出的一种特殊形式，实质上它也是一种无偿性的支出。财政补贴的内容主要有三种：①价格补贴，即财政在生产和流通环节提供的价格补贴。这部分支出采用直接拨款的形式。②企业政策性亏损补贴，即企业为了配合政府的某项政策意图导致经营亏损，由财政给予一定的补贴。③财政贴息，即政府对使用某些规定用途的银行贷款的企业，就其支付的贷款利息提供的补贴。这些都是由财政直接安排的支出。另外，从国家支付补贴与受补贴者获得补贴的预算处理方式看，补贴方式还可包括直接补贴和间接补贴，或称财政的明补和暗补。至于选用哪一种补贴形式，还应依据具体情况和有效性而定。

（四）生产性投资

生产性投资是政府以调整产业结构、优化资源配置和获取一定投资收益为目的而采用的一种财政支出形式。在发挥财政宏观调控功能的同时，取得一定的投资收益是这种支出形式的基本特征。它主要适用于国民经济中的基础产业、支柱产业的重点项目和高新技术开发项目等，在财政资金比较宽裕时，也可用于竞争性、营利性较高的行业和企业的投资。这种财政支出形式有利于积极引导社会资金、企业资金和外资的合理投向，提高财政资金使用效益和增加财政收入，保证国民经济协调、稳定、快速发展。

六、财政支出的原则

财政支出的原则是指政府在安排和组织公共财政支出的过程中，为了正确处理经常遇到的各种矛盾所应当遵循的基本准则。

（一）量入为出原则

公共财政支出的总量不超过公共财政收入的总量。这是由社会发展水平和国民经济协调发展的客观要求决定的，是由公共财政收支平衡的良性循环要求决定的，也是由公共财政收支矛盾所决定的。

案例 3-1 精析

【案例 3-1】

夏、商、周三代的"量入为出，多有结余"的财政原则

夏、商、周，史称上古三代（以下简称三代），是中国历史上的奴隶制社会时期（主要包括夏、商、西周，东周为奴隶制向封建制过渡的时期）。农业是当时国家财政的主要收入，国家财政状况几乎完全依赖并取决于农业生产状况。然而，在三代时期，生产工具简陋落后，生产力水平极为低下，季节转换、气候变化和自然灾害都对农业收成有严重影响。因此，三代时期的国家财政分配只能在可能取得收入的基础上来安排支出，即根据收入的数量来确定支出的规模，这就是中国历史上最早的"制国用，量入以为出"的财政原则，据此达到以收抵支，收支平衡的目的。

但是，三代时期的财政收支平衡又不是简单的平衡，而是要求多有结余。其原因在于早期农业社会对自然灾害缺乏抵御能力，农业生产靠天吃饭，不可能年年风调雨顺。如果没有足够的结余，势必造成国家的社会经济危机。在周代，财政遵循多有结余原则，即"三年耕，必有一年之余；八年耕，必有三年之余"，按"耕三余一"来制定财政支出总额。如果"国无九年之蓄，曰不足；无六年之蓄，曰急；无三年之蓄，曰国非其国也"。由此可见，三代时期"量入为出，多有结余"的重要性。同时，周代还有专项储备，以待急用，即"凡邦国之贡，以待吊用，凡万民之贡，以充府库"，是为保证国用的充足和社会生活的安定。

讨论：历史上强调"量入为出，多有结余"的财政支出原则的原因是什么？

（二）效率原则

财政支出应有助于资源的配置，促进经济效率的提高。由于市场存在失灵现象，会使市场的资源配置功能不全，不能有效提供全社会所需的公共产品和劳务，因而不能不要求政府以其权威来对资源配置加以调节和管理。

（三）公平原则

通过公共财政支出所产生的利益，应在社会各阶层居民中间的分配达到公平状态，能比较恰当地符合各阶层居民的需要。应按照同等情况同等对待，不同情况不同对待，即横向公平和纵向公平的原则来安排公共财政支出。除了一些社会公共支出（国防、行政等），其他支出应坚持按"受益能力的原则"安排。

在市场经济条件下，财富的分配取决于财产所有权和财富积累的分布状况，而收入的分配则取决于能力、职业训练和这些技能的市场价格。如果单纯依赖市场，则不可避免地会出现贫者愈贫、富者愈富的"马太效应"的局面。因此，从社会稳定的角度就要求进行社会的再分配，实现社会的相对公平。

视频

马太效应

（四）稳定原则

财政支出应促进社会经济的稳定发展。在市场经济条件下，市场体系无法有效协调其自身的所有活动使其达到平衡，因此会出现经济周期的兴衰更迭、失业、通货膨胀等现象。政府可以利用财政措施进行调节，通过财政支出规模、结构的条件来调节经济、引导经济，使经济实现平稳发展。

七、财政支出对社会经济发展的影响

（一）财政支出对就业的影响

（1）财政可通过投资性的支出，直接增加就业岗位。政府通过财政拨款兴修水利、基础设施

等工程,从而创造大量的就业机会,缓解失业压力。

(2) 政府通过采购各种商品和劳务的购买性支出,增加对社会商品和劳务的需求,从而刺激企业的生产,促进企业的投资行为,间接增加就业机会。

(3) 政府通过各种转移性支出,增加社会成员的收入,这些收入按一定的比例转化成消费和储蓄,从而增加对社会商品和劳务的需求,间接增加就业岗位。

(4) 政府在再就业培训、职业介绍服务、产业结构转化等方面增加财政支出,如通过财政补贴、税式支出等手段,可以缩短工人寻找工作的时间,增强工人在不同岗位的就业适应能力,减少在流动过程中产生的摩擦性失业以及产业结构转换中造成的结构性失业。

(二) 财政支出对物价的影响

(1) 财政支出是构成社会总需求的重要组成部分,财政支出的增加,使得总需求曲线外移,此时是否会对物价产生影响,要视社会总供给曲线的情况而定。

(2) 财政支出中的不同组成对物价的影响程度不同。购买性支出可以全部转化为社会总需求,因而对物价的影响程度更大;而转移性支出中只有一部分转化为需求,另一部分转化为积蓄,因而对物价的影响程度较小。

(三) 财政支出对国民收入的影响

在整个社会经济未处于充分就业水平时,扩大财政支出可导致社会总需求的变化,使产出水平即国民收入水平发生变化。财政支出不仅自身直接影响国民收入水平,而且还通过影响消费和投资的方式间接影响国民收入水平。

八、财政支出规模和指标

财政支出规模是指在一定时期(预算年度)内,政府通过财政渠道安排和使用财政资金的绝对额及相对比率,即财政支出的绝对量与相对量。财政支出规模反映政府参与国民收入分配的状况,体现国家的职能和政府职责的活动范围,是研究和确定财政分配规模的重要指标。

衡量财政支出规模的指标有:①绝对指标。绝对指标是指以一国货币单位表示的财政支出的实际数额。②相对指标。相对指标是指财政支出占 GDP(或 GNP)的比重。在分析、研究财政支出规模时,通常是以相对指标作为衡量财政支出规模的主要指标。

九、财政支出结构和效益

(一) 财政支出结构

财政支出结构也称财政支出构成,是指在一定的经济体制和财政体制下,财政资金用于行政各部门、国民经济和社会生活各方面的数量、比例及相互关系。它是按照不同的要求和分类标准对财政支出进行科学归纳、综合所形成的财政支出类别构成及其比例关系。简单来说,财政支出结构就是各类财政支出占总支出的比重。全国、中央和地方的财政支出如表 3-1 所示。

表 3-1 　　　　　　　2016—2020 年全国、中央和地方的财政支出　　　　　　单位:亿元

指标	2020 年	2019 年	2018 年	2017 年	2016 年
全国财政支出	245 588.03	238 858.37	220 904.13	203 085.49	187 755.21
中央财政支出	35 095.57	35 115.15	32 707.81	29 857.15	27 403.85
地方财政支出	210 492.46	203 743.22	188 196.32	173 228.34	160 351.36

财政支出结构受多种因素的影响,其中主要有政府职能及财政资金供给范围、经济发展水平、政府在一定时期的社会经济发展政策、国际政治经济形势等。财政支出结构优化的原则有:①适应性原则。②协调性原则。③效益性原则。

(二)财政支出效益

财政支出效益是指政府为实现一定的目标而通过财政支出手段获取最大的社会经济效益,即以最少、最节省的各项财政支出取得最佳的社会经济效益。财政支出效益的分析方法有:①成本效益分析法。②公共劳务收费法。国家对公共劳务的定价,可以采取免费、低价、平价和高价。

视频

优化支出结构,提高资金使用效益

【案例3-2】

财政支出效益

某县水利局向财政局申请拨款在某乡镇打井。钱拨出去后,水利局很快把井打出来了,但发现没有水。过了一段时间,交通局向财政局申请拨款把井填上,这样使交通畅通,且避免有人不慎落入井中。钱拨出去后,交通局也很快把井填上了。可是有人说了,县财政花了两笔钱,群众一点好处都没得到,这钱花得值不值?从职责的角度来看,水利局、交通局都做事了,没闲着,也没有把钱贪污。那么应当如何评价财政支出的效益呢?

案例3-2精析

讨论:

(1)行政管理、教育、文化、卫生等支出主要体现为社会效益,如何量化及评价其工作成效呢?

(2)了解发达国家进行财政支出绩效评价的经验,为提高我国财政支出效益提出建议。

任务二　购买性支出

购买性支出是指政府用于购买所需商品与劳务的支出,是西方财政学按照财政支出是否与商品劳务直接交换为标准,进行财政支出的分类。这类公共支出形成的货币流,直接对市场提出购买要求,形成相应的购买商品或劳务的活动。它既包括购买进行日常政务活动所需商品与劳务的支出,如行政管理费、国防费、社会文教费、各项事业费等,也包括购买用于兴办投资事业所需商品与劳务的支出,如基本建设拨款等。

视频

购买性支出

一、行政管理支出

行政管理支出是国家为保证行政机构正常运转所需的费用支出,是国家行使其职能的一项必要支出。这项支出的主要范围是国家各级政权机关、行政管理机关、政法机关和外交机关行使其职能所产生的费用开支。行政管理支出反映了国家一定时期经济、政治、军事、外交等任务主攻方向,决定了国家政权机构的繁简、人员设置和管理范围。

(一)行政管理支出的内容

(1)行政管理费,如人大经费、政府机关经费、政协经费、中央和各民主党派经费、社会团体机关经费等。

(2)外交外事支出,如驻外机构经费、出国费、外交招待费及其他外交费用。

(3)武警部队经费。

(4)公、检、法、司经费。

(二)行政管理支出居高不下的原因

我国行政管理支出近20年一直居高不下,其主要原因有:①机构和人员膨胀导致用于行政管理费扩大。②机关存在铺张奢华作风,导致行政管理费扩大。③政府包揽的事权过多,效率低,造成行政管理支出扩大。

二、国防支出

（一）国防支出的概念

国防支出是用于国防建设和军队建设方面的费用，主要项目包括国防费、民兵建设费、国防科研事业费、防空经费、军事专项工程和其他费用等。

（二）国防支出高低取决的因素

1. 经济水平的高低

国防支出的规模从根本上说是由经济实力决定的。经济实力越强，用于国防方面的支出就越有基础；经济实力弱的国家，国防支出往往受到限制。

2. 国家管辖控制范围的大小

一国领土越大，人口越多，国防费开支相应要大一些；反之，则小一些。比如，中国和新加坡国防开支相差较大，前者往往是后者的 100 倍以上。

3. 国防政策的攻守决策

一国的国防政策如果是进攻性的、扩张性的，军事支出往往很大。第二次世界大战时期的日本、德国军事支出占财政总支出的 40% 以上。如果是防御性的、中立的、和平共处的国防政策，往往军事费用就较低，如瑞典、瑞士等国。

4. 国防的政治军事形势

爆发战争或军事对峙时期，国内动乱、内战时期，国防支出会大大增加，而和平时期国防支出往往会减少一些。

三、科教文卫支出

（一）科教文卫支出的概念和性质

科教文卫支出是指国家财政用于科学、教育、文化、卫生和体育等事业单位的经费支出。从广义上讲，科学、教育、文化、卫生和体育等属于混合产品，由于具有较强的外部正效应，有助于提高整个经济社会的文明程度和全体社会成员的素质，从而对经济的繁荣和发展起到决定性作用，因而各国尤其是发展中国家对科教文卫事业都给予较大的财力支持，且其支出规模越来越大。

（二）科教文卫支出的意义

（1）科学技术是经济发展的重要推动力量。生产力发展无不是由科学技术发展而带来的，西方劳动生产率的提高，80% 的因素是采用了新的科技成果，所以科学技术是第一生产力。

（2）教育是科学技术进步和社会进步，文化艺术水平提高的源泉和基础。没有教育，就没有社会的进步。

（3）卫生事业发展是一个民族拥有健康体魄的保证。

（4）文化是人类精神升华的阶梯。

正是因为科教文卫事业的发展对国民经济发展具有重要意义，所以各国政府无不投入大量资金支持其发展。我国这一支出近年来一直保持较高的水平。

（三）科教文卫支出的管理

（1）定员、定额管理。定员管理是指科教文卫事业单位定员除考虑事业单位业务规模，还要考虑国家的定员比例，如教师与学生的比例以及机构的等级。定额管理分为收入定额和支出定额两大类。定员和定额是财政确定对文教科卫事业单位拨款规模的依据。

（2）社会文教支出财务管理办法有：①全额预算管理。②差额预算管理。③自收自支，企业化管理。随着经济体制改革的深化，这三种管理方式的弊端日趋明显。

针对这种情况，财政部门公布了新的管理办法，即采取核定收支，定额或定额补助，超支不补,节余留用的方法。根据事业单位的特点、单位收支情况及政府财力的可能,确定不同单位定额或定额补助标准。补助数额一经确定,一般不再调整。各单位的预算规模由各单位根据自己的资金来源、事业发展需要自行确定,自求平衡。总的原则是,政府希望事业单位都逐步走向市场,与政府脱钩,减少政府财政支出的压力。这是当前的过渡办法。

【案例 3-3】

中国与发达国家社会事业支出占财政总支出比较

资料一:中国与发达国家社会事业支出占财政总支出的比重情况如表 3-2 所示。

案例 3-3 精析

表 3-2　　　　　　　　中国与发达国家社会事业支出占财政总支出的比重情况

国　家	教育事业	卫生事业	社会保险	社会福利
中国	4.6%	3.7%	6.5%	2.4%
发达国家	14.2%	11.3%	10.1%	6%

　　资料二:对民生领域的历史欠账,有些是因为当年国家财力不够,无法解决。2008 年至今,国家出台了一系列保民生的政策和措施,改善民生被放在突出的位置。

　　资料三:扩内需、保民生要以雄厚的财力为后盾。财政收入增加,政府能做的事情就多了,但是财政增收终究是有限的,它并非天上掉下来的馅饼。

　　讨论:

　　(1) 我国与发达国家在社会事业支出方面有何差距?

　　(2) 怎样理解资料三中"财政增收终究是有限的"?

　　(3) 结合以上资料,为政府解决"民生欠账"提出几条合理化建议。

四、政府基本建设投资

(一)政府基本建设投资的概念

　　政府基本建设投资是指财政用于基本建设的支出所拨付的资金。财政用于基本建设的支出分为生产性支出和非生产性支出两部分:生产性支出主要用于基础设施、基础产业投资;非生产性支出主要用于国家机关、社会团体、文教科卫等部门的办公用房以及所需要的各种设备、仪器的购置和安装。

(二)政府基本建设投资的特点

　　(1) 政府基本建设投资的目的主要是社会效益性。政府居于宏观调控的主体地位,政府投资一般不单纯从经济效益高低的角度来评估和安排自己的投资。如对一些事业单位、管理机关的投资可能是低利甚至是无利的,但政府投资项目的建成,如事业单位、基础设施投资等,具有正的外部效益,可以极大地提高国民经济整体效益和人民的整体利益。

　　(2) 政府投资项目的大型化和长远性。政府财政相对而言,资金力量雄厚,且资金来源大部分是无偿的,可以投资于大型项目和长期项目。这是私人投资难以达到的。

　　(3) 政府基本建设投资是调控经济运行的重要手段。政府财政投资一般要考虑国家调控经济运行的需要,考虑国家的产业政策,重点解决瓶颈制约的部门和行业,以保证国民经济健康、协调、稳定发展。

(三)政府基本建设投资的方向

　　从社会固定资产总投资的方向看,政府基本建设投资的方向有:①社会公共需要类项目的投资,包括国防、政府行政机构,公检法司部门的设施,科研、教育、文化、卫生部门设施,以及环境保护和其他城市公共设施等。②经济基础类项目投资,包括能源、交通、邮电和通信业、农业、水利、气象设施及高新技术产业等。③竞争类项目的投资,包括制造业、建筑业、流通仓储业、服务业、金融保险业等。

政府财政性投资主要集中在三大领域：一是，社会基础设施和公用基础设施的投资领域；二是，经济基础产业投资；三是，高新技术产业投资以及重点能源和稀缺资源的开发领域。

五、政府财政对农业的投资

（一）政府财政对农业投资的必要性

（1）农业是一个特殊的部门，受地理环境和气候等因素影响较大。为了稳定农业，政府财政应当介入农业投资，促进农业基础设施完善和增产增收。

（2）农业是国民经济的基础，工业的发展和流通的繁荣，都离不开农业。只有农村、农业不断发展，农民增收，财政收入才有坚实的基础，消费市场才有广阔的前景。所以，政府财政支出是责无旁贷的。

（3）农业发展的根本途径是提高农业生产率，而提高农业生产率的必要条件之一是增加对农业的投入。目前由于农村收入水平低，靠本身资金无法加大投入，如果政府财政不进行足够的投入，农业部门的发展就会受到很大制约。

（二）"三农"与乡村振兴

2017年10月18日，在党的十九大报告中，习近平总书记提出了乡村振兴战略。乡村振兴战略是以农村产业兴旺为重点、以生态宜居为关键、以乡风文明为保证、以治理有效为基础、以生活富裕为根本的重大决策部署。乡村振兴战略，是现代化建设的必然要求，是新时代背景下保障乡村发展的新动力，是确保城市和农村协同发展的必由之路。2017年12月29日，中央农村工作会议明确了实施乡村振兴战略的目标任务：2020年，乡村振兴取得了重要进展，制度框架和政策体系基本形成；2035年，乡村振兴将取得决定性的进展，农业农村现代化也基本实现；2050年，乡村全面振兴，农业强、农村美、农民富全面实现。

目前我国已进入新经济高质量发展的转型时期，但"三农"问题仍然是阻碍经济增质提效发展的突出要素。因此，在2021年的全国两会上，中央对"三农"问题的解决做出了新的强调与政策指引，在脱贫攻坚取得胜利后，我国农村工作的重心需要向解决"三农"问题进行转移，从扶贫转向全面促进乡村振兴，继续深化推进乡村振兴战略的实施。实施乡村振兴，是关系国计民生的根本性问题，是决战全面建成小康社会、全面建设社会主义现代化国家的重大历史任务，是新时代背景下"三农"工作的总抓手。通过处理好工农关系、城乡关系，推动农业全面升级、农村全面进步、农民全面发展，以补齐农业农村发展之短板。乡村振兴不仅是经济的振兴，也是生态的振兴、社会的振兴，同时也是文化、教育、科技、生活的振兴，以及农民素质的提升。

（三）完善政府财政对农业的投资政策

目前，国家财政必须进一步提高对"三农"重要性的认识，要进一步明确财政支农支出的范围和重点。将财政支农支出集中用于那些外部效应较强，市场失灵的领域，诸如农业基础设施建设，大江大河的治理，农业科技的研究开发和推广示范，农业产业化、农业社会化服务体系建设，自然灾害的防御等。国家财政应采取财政政策支持农业发展的项目有：①多渠道筹集资金，加大对农业的投入。②城市支援农村，工业反哺农业。③改革财政对农业的投资方式。

凡主要体现社会效益的农业项目，原则上采取财政无偿拨款支出。对符合国家产业政策，具有示范作用和经济效益显著的农业项目，可采取国家参股、贴息等方式。

视频

转移性支出

任务三　转移性支出

转移性支出是指政府无偿向居民和企业、事业以及其他单位供给财政资金，转移性支出主要由社会保障支出和财政补贴构成。

一、社会保障支出

（一）社会保障支出的概念

社会保障是指政府财政对丧失劳动能力、失业及遇到其他事故发生经济困难的公民提供的基本生活保障。社会保障支出则是为实施社会保障制度而发生的财政支出。从内容上看，社会保障由社会保险和社会福利两大部分组成。社会保险是指国家对劳动者在其退休、生病、伤残等丧失或部分丧失劳动能力时，以及在失业时给予货币或实物补助的活动。这是现代社会保障活动的核心内容。社会福利是指国家通过货币或实物形式，向生活有困难的或处于某些特定情况的公民提供补助的活动。社会保险包括养老保险、失业保险、医疗保险、工伤保险、女职工生育保险等；社会福利包括社会抚恤、社会救济等。

（二）社会保障支出的具体内容

1. 社会保险支出

社会保险支出是指政府财政在劳动者年老退休、生病、伤残等丧失劳动能力时，以及在失业时给予货币或实物补助所产生的支出。它包括社会养老保险、失业保险、离退休保险、医疗保险、伤残保险等支出，是社会保障制度的主要部分。

2. 社会救济支出

社会救济支出是指政府财政对收入在贫困线以下的公民或因灾害受损暂时处于生活困难的公民提供货币或实物帮助所发生的支出。它包括救贫和救灾两种。

3. 社会抚恤支出

社会抚恤支出是指政府对现役、退伍、复员、残废军人及军烈属给予抚恤和优待照顾的一项支出。它属于社会保障的特殊构成部分。

4. 社会福利支出

社会福利支出是指由政府出资兴办各种公共福利设施，发放津贴补助，进行社会服务的一项支出。它包括国家和政府所属单位兴办敬老院、幼儿园、福利院等产生的支出，其目的是使一批需要特殊照顾的孤老残幼得到福利保障。

（三）我国社会保障制度的改革与完善

根据我国社会保障制度的现状和社会主义市场经济对社会保障的要求，应加快建设与经济发展水平相适应的社会保障制度。

（1）我国社会保障制度采取统账结合的模式。社会统筹和个人账户相结合的筹资模式，属于统账结合模式。这种模式在人口结构年轻化、社会保障基金要求量不大的条件下还比较适用，它可以减轻近期国家财政和企业的养老保险负担，但它难以应付人口老龄化的严重挑战。我国人口年龄结构正从成年型向老年型转变，进入21世纪，我国老龄人口出现快速增加的势头，人口面临老龄化问题。

因此，我国的养老保险应采取基金式筹资模式或转为部分基金式。这样才能应付人口老龄化的挑战，其基金结余可以进行投资，有利于国家经济的发展。目前可行的做法是实行部分基金式，即在保险基金收入满足支出以后，留一定的积累。

（2）社会保障资金来源要固定化、专门化和法制化。世界上大多数国家都采取征税的办法。我国采取的是征收社会保险费，由劳动保障部门征收。我国企业和单位还存在拒不缴费的现象。因此，未来在我国征收社会保险税有利于保障社会保障资金来源的稳定和足额上缴。

（3）要逐步扩大社会保险的范围。我国的社会保障制度要逐步扩大社会保险的范围，解决目前"只保城镇，不保农村"的问题。一方面，广大农村人口不能享受完善的社会保障，说明我国的社会保障制度的社会性是不完全的；另一方面，农村人口急需社会保障，尤其是养老保险和医

视频

三分钟科普
"五险一金"

疗保障。因此,要重视农村的社会救济和福利事业,有条件的省(直辖市、自治区)应尽快建立农村养老和医疗保险及最低生活保障制度。

二、财政补贴

(一)财政补贴的性质与分类

视频

财政补贴

财政补贴是国家为了某种特定需要而向企业或居民提供的无偿补助。这是一种通过影响价格变动,从而改变资源配置结构、供需结构的政府无偿性支出。政府的财政补贴和社会保障支出同属于转移性支出,但两者有区别。其区别表现在财政补贴与价格变动有直接关系;社会保障支出与产品和劳务价格不产生直接联系,只有一定的间接关系。

根据国家预算对财政补贴的分类,目前我国的财政补贴主要有物价补贴和企业亏损补贴两大类;此外,政府财政还提供某些专项补贴和财政贴息,如税式支出(包括免税、减税、退税、税收抵免等)。我国的财政补贴统计数字时,将税式支出也统计在财政补贴的范畴内。

财政补贴的列支方法主要有:①将补贴直接列为支出,世界多数国家都列为支出。②少数国家将财政补贴不列为支出,而是冲减收入。例如,我国的企业亏损补贴不列为支出,而是作冲减财政收入处理。

(二)财政补贴的必要性及其功能

财政补贴是调节经济的工具之一,它的存在有其客观必然性。在市场经济不发达的社会中,财政补贴主要是纠正不合理的价格结构,有助于价值规律正常发挥作用,如我国目前的粮棉油价格补贴、肉食价格补贴。

财政补贴的功能主要是通过影响价格水平,进而影响和改变需求结构、供给结构。合理、有效地利用财政补贴手段对调整和改变供求结构可以起到一定的积极作用。

(三)我国现行财政补贴存在的问题及其改革

1. 财政补贴存在的问题

(1)财政补贴规模过大,财政负担沉重。

(2)长期补贴使受补企业产生依赖思想,不利于市场公平竞争和资源合理配置,甚至会起到保护落后的作用。

(3)某些补贴不当,扭曲了正常的价格结构,使价格偏离价值,处于扭曲状态,刺激了不合理消费。

(4)长期过多过广地补贴,人为地扩大了政府调节面,缩小了市场活动覆盖面,不利于市场经济转轨。

2. 财政补贴制度的改革

(1)大力压缩财政补贴范围,严格限定补贴项目。改变农业补贴方式,取消部分农产品价格补贴;取消绝大部分工业企业亏损补贴;限定公用事业补贴项目;减少以至取消城镇居民的物价补贴。

(2)改造财政补贴方式,加强财政补贴管理。

(3)控制财政补贴规模,减轻财政补贴负担。

(4)改革财政补贴制度的配套措施。建立以市场价格为主体的价格体系和有效的政府宏观调控体系。

【案例3-4】

"暗补"变成了"明补"

案例3-4精析

哈尔滨市对中低收入市民的住房补贴由"暗补"变成了"明补",即从原来的政府直接建设经济适用房,取而代之以货币形式直接补贴给低收入购房者。哈尔滨市房地产主管领导认为,这种货币直接补贴的办法,使购房者可以根据自身的实际需求,灵活选择住房的地点、面积,既可以买新房,也可以买二手房,能够提高居民的福利。

讨论：

（1）简要解释为什么一般来说"暗补"不如"明补"。

（2）哈尔滨市的做法是否一定能提高居民的福利？如果不能,可能是什么原因？

■ 应 知 考 核 ■

一、单项选择题

1. 下列属于转移性支出的是（　　）。

　A. 财政投资性支出　　　B. 补助支出　　　C. 社会消费性支出　　　D. 教育经费支出

2. 下列属于购买性支出的是（　　）。

　A. 国防支出　　　B. 捐赠支出　　　C. 债务利息支出　　　D. 补助支出

3. 文教科卫支出属于（　　）。

　A. 社会消费性支出　　　B. 积累性支出　　　C. 转移性支出　　　D. 生产性支出

4. 社会消费性支出不包括（　　）。

　A. 行政管理费　　　　　　　　　　B. 国防费

　C. 文教、科学、卫生事业费　　　　D. 基础设施投资

5. 下列项目中不属于财政支出的是（　　）。

　A. 教育部征用土地的费用　　　　　B. 中国人民银行职员的工资

　C. 用于企业的亏损补贴　　　　　　D. 卫生部购置办公设备的费用

二、多项选择题

1. 下列支出中属于政府转移性支出的项目有（　　）。

　A. 社会保险支出　　　B. 社会救济支出　　　C. 行政管理支出　　　D. 财政补贴支出

2. 下列属于财政转移性支出的有（　　）。

　A. 教育支出　　　B. 社会保障支出　　　C. 财政补贴支出　　　D. 债务利息支出

3. 行政管理支出包括（　　）。

　A. 行政管理费　　　B. 公检法经费　　　C. 武装警察部队经费　　　D. 外交支出

4. 社会保障支出包括（　　）。

　A. 养老保险　　　B. 医疗保险　　　C. 社会保险　　　D. 社会救济

5. 目前我国的财政补贴主要有（　　）。

　A. 物价补贴　　　B. 企业亏损补贴　　　C. 专项补贴　　　D. 财政贴息

三、判断题

1. 国防支出会对一国经济产生特殊的"外部效应"。　　　　　　　　　　（　　）

2. 文教科卫支出是一种单纯的非生产性支出。　　　　　　　　　　　　（　　）

3. 社会保险的资金来源完全来自财政拨款。　　　　　　　　　　　　　（　　）

4. 财政补贴的性质属于购买性财政支出。　　　　　　　　　　　　　　（　　）

5. 我国的财政补贴统计数字时,将税式支出也统计在财政补贴的范畴内。（　　）

四、简述题

1. 简述财政支出的形式和原则。

2. 简述财政支出对社会经济发展的影响。

3. 简述政府基本建设投资的特点。

4. 简述政府财政对农业投资的必要性,如何完善财政对农业的投资政策？

5. 简述财政补贴制度如何改革。

■ 应 会 考 核 ■

■ 观念应用

【背景资料】

谱写农业农村改革发展新的华彩乐章

"三农"支出是指财政对农业、农村、农民投入的总和。国务院关于财政农业农村资金分配和使用情况

的报告显示,2016—2019年,全国财政一般公共预算累计安排农业农村相关支出6.07万亿元,年均增长8.8%,高于全国一般公共预算支出平均增幅。2020年是全面建成小康社会目标实现之年,它体现为脱贫攻坚成果,农民分享现代化的基础设施和公共服务,农民丰产丰收。要深化农业供给侧结构性改革,推进农业高质量发展,进一步做好2020年"三农"领域重点工作,推进"三农"领域的治理体系治理能力现代化。农业高质量发展是经济高质量发展的重要内容,推进农业高质量发展必须有高质量的政策支持体系作为有力支撑。为此,必须强化支持导向,聚焦关键领域和薄弱环节,创新支持方式,加快补短板、强弱项、育优势、激活力、防风险,实现"六稳""六保"①。

习近平总书记关于"三农"工作的重要论述,立意高远,内涵丰富,思想深刻,对于做好新时代的"三农"工作,举全党全社会之力推动乡村振兴,促进农业高质高效、乡村宜居宜业、农民富裕富足,书写中华民族伟大复兴的"三农"新篇章,具有十分重要的指导意义。习近平总书记指出:"历史和现实都告诉我们,农为邦本,本固邦宁。我们要坚持用大历史观来看待农业、农村、农民问题,只有深刻理解了'三农'问题,才能更好理解我们这个党、这个国家、这个民族。必须看到,全面建设社会主义现代化国家,实现中华民族伟大复兴,最艰巨最繁重的任务依然在农村,最广泛最深厚的基础依然在农村。"习近平总书记强调:"我们必须坚持把解决好'三农'问题作为全党工作重中之重,坚持工业反哺农业、城市支持农村和多予少取放活方针,不断加大强农惠农富农政策力度,始终把'三农'工作牢牢抓住、紧紧抓好。"

【考核要求】

1. 分析财政必须介入"三农"的理由,并阐述乡村振兴的内涵及"三农"与乡村振兴的关系。

2. 分析我国财政支持"三农"的基本政策和财政采取的主要措施。

3. 国家鼓励大学生毕业后到农村去支教,2020—2021学年,全国已选派22 842名教师支援边远贫困地区、边疆民族地区和革命老区,请问你会去吗? 谈谈你的想法。

■ 技能应用

【背景资料】

国家助学贷款提额体现尽力而为、量力而行

财政部、教育部、人民银行、银保监会联合印发《关于进一步完善国家助学贷款政策的通知》(以下简称《通知》)。在国务院新闻办公室(以下简称国新办)日前举行的国务院政策例行吹风会上,财政部部长助理欧文汉介绍,国家助学贷款政策自1999年实施以来,目前累计发放助学贷款3 000多亿元,共资助1 500多万名家庭经济困难学生。特别是2010年开始,国家助学贷款发放金额保持稳定增长,年均增长12.7%。2020年国家助学贷款发放378亿元,资助学生506万人次。在我国的学生资助政策体系中,国家助学贷款是普通高校学生获得资助的重要渠道。为更好适应经济社会发展和外部环境变化,《通知》对国家助学贷款政策作出调整完善。其中,在助学贷款额度和使用范围方面,本次国家助学贷款政策调整后,全日制普通本专科学生每人每年申请贷款额度,由不超过8 000元提高至不超过12 000元;全日制研究生则由不超过12 000元提高至不超过16 000元;助学贷款优先用于支付学费和住宿费,超出部分可用于日常生活开支。2020年,全国各项高等教育学生资助政策共资助学生3 678万人次,资助资金1 244亿元,其中,财政资金653亿元,占52.5%。对于家庭经济困难的学生来说,入学前可以申请高校绿色通道、新生入学资助等,入学时可以申请国家助学贷款,入学后可以享受国家助学金、参与勤工助学等,成绩优秀的还可获得国家奖学金或励志奖学金,实现了全链条无缝帮扶。

---

① "六稳"指的是稳就业、稳金融、稳外贸、稳外资、稳投资、稳预期。"六保"分别是保居民就业、保基本民生、保市场主体、保粮食能源安全、保产业链供应链稳定、保基层运转。"六稳""六保"之间不孤立,两者彼此联系。

中央首次提出"六稳"是在2018年7月,当时,中美贸易摩擦加剧,外部环境发生明显变化,经济运行稳中有变,稳中有忧。中央审时度势,未雨绸缪,旗帜鲜明地提出"要做好稳就业、稳金融、稳外贸、稳外资、稳投资、稳预期",把"六稳"作为实现中国经济稳中求进的基本要求。在"六稳"发力下,我国经济经受住了外部环境变化的冲击,保持了平稳健康发展。鉴于此,中央及时作出新的安排,在扎实做好"六稳"的基础上,提出了"六保"的新任务。

【技能要求】

根据以上数据情况分析：

1. 在这些助学贷款政策调整背后应考虑哪些问题？

2. 政策调整会不会增加地方财政负担？为什么？

3. 如何建立"奖、贷、助、勤、补、免"全方位学生资助体系？在这种资助政策下，你认为当代大学生如何培养自己的社会主义核心价值观，弘扬爱国主义精神？

■ 案例分析

【案例情境】

中国 2021 年国防支出增长 6.8%

根据十三届全国人大四次会议上提交审议的预算草案,中国当年的国防支出为 13 553.43 亿元人民币（约 2 090 亿美元）,比 2020 年增长 6.8%。专家认为,军费持续、稳定地理性增长,是由于中国有效管控住疫情,经济迅速恢复,得以继续推动军事现代化的建设。自 2016 年以来,我国国防预算增长率已连续 6 年降至个位数,增长幅度维持在 6.6%～8.1%。2016—2020 年,国防费预算增幅分别为 7.6%、7%、8.1%、7.5% 和 6.6%。2020 年受新冠肺炎疫情影响,中国国防支出增速放缓。

根据英国国际战略研究所（IISS）2021 年 2 月 25 日刊发的文章:尽管发生了疫情,且全球经济萎缩了 4.4%,2020 年全球国防总支出仍达到 1.83 万亿美元,同比增长 3.9%。公开报道显示,2021 财年美国国防支出为 7 405 亿美元,比上一财年略有增长,其中,超过 6 300 亿美元用于国防项目基本预算,690 亿美元用于海外军事活动;印度 2021 财年军费计划总开支（含国防养老金）约为 4.78 万亿卢比（约 654 亿美元）,较上一财年的 4.71 万亿卢比（约 644 亿美元）,小幅增长约 1.4%。但印度军费中用于加强军事现代化建设的费用将达到 1.35 万亿卢比（约 185 亿美元）,比上一财年增长近 19%;韩国 2021 财年国防预算达 52.92 万亿韩元（约 480 亿美元）,同比增长 5.5%,其中,战力运营费预算额增幅创下近 10 年来新高;日本 2021 财年整体防卫相关费用为 54 898 亿日元（约 520 亿美元）,较上一年度预算增长 8.3%,再创历史新高。

IISS 的文章还表示,美国和中国国防预算的增长占 2020 年全球国防支出增长总额的近三分之二。但另一个数字显示,2020 财年美国的军费开支为 7 380 亿美元,几乎是中国的 4 倍（1 933 亿美元）,俄罗斯的 12 倍（606 亿美元）,占全球军费总开支的 40%。

【分析要求】

请结合上述情况,分析以下问题:

1. "在此次疫情防控期间,解放军作出了突出贡献;在今年发生的郑州洪涝灾害中,解放军为抢险救灾又作出了巨大贡献……"那么国家为什么会对军队投入如此大的财政支出,这种支出属于哪种财政支出呢？

2. 国家和军队出台一系列政策鼓励广大优秀学子积极响应国家号召,报名参军,发扬爱国主义传统,你有何感想？

◆ 项目实训 ◆

【实训内容】

资料一:国新办于 2021 年 7 月 30 日下午举办新闻发布会。财政部部长刘昆在介绍财政支持全面建成小康社会有关情况后,并答记者问。现将部分内容摘录如下:

2021 年,财政部继续坚持尽力而为、量力而行,兜牢兜实基本民生底线,努力让人民群众的获得感成色更足、幸福感更可持续、安全感更有保障。2021 年,全国一般公共预算安排教育支出 30 616 亿元,社会保障和就业支出 34 427 亿元,卫生健康支出 18 659 亿元,文化旅游体育与传播支出 4 180 亿元。这些钱怎么用？

第一,落实就业优先政策。统筹用好就业补助资金等各类资金,加大对重点群体就业的帮扶,继续实施失业保险保障扩围政策,发挥保生活、防失业、促就业的功能作用,推动稳住就业基本盘。

第二,促进教育高质量发展。加大教育财政方面的投入,优化支出结构,进一步向中西部贫困地区倾斜,推进义务教育均衡发展和城乡一体化,落实家庭经济困难学生资助政策。

第三,稳步提高社会保障水平。加快推进企业职工基本养老保险全国统筹,支持改革完善社会救助制度,继续做好困难群众的救助工作,完善全国社保基金管理。

第四,推进健康中国建设。继续做好疫情防控相关工作。适当提高城乡居民医保人均财政补助标准,同步提高个人缴费水平。继续提高基本公共卫生服务经费人均财政补助标准,增强突发重大传染病应对处置能力。全面做实基本医疗保险市地级统筹,推动省级统筹。

第五,支持发展文化事业产业。健全公共文化服务财政保障机制,完善相关资金管理,支持推出更多精品力作。

在加强基本民生保障的同时,将更加注重民生政策措施的有效性和可持续性,结合财政状况和实际需要合理确定民生政策,推进民生支出清单管理,提高民生支出资金管理的科学性,确保民生支出与经济发展相协调、与财力状况相匹配,不断把民生红利落到实处,让民生保障延伸到未来,老百姓的日子越过越红火。

资料二:2020 年是“十三五”规划收官之年。根据统计数据,“十三五”期间,深圳市每年财政支出均保持在 4 000 亿元以上,五年总量达 2.18 万亿元,比“十二五”时期增长 107%。而且,财政支出近七成持续投向民生领域。2020 年,深圳市一般公共预算总收入为 5 393 亿元,其中总支出 5 220 亿元,结余 173 亿元。其中教育支出达 851 亿元,增长 18.8%,占财政支出比重超过 20%,在一线城市中排名第一,生均拨款标准位居全国前列;全市卫生健康支出 441 亿元,增长 31.3%;公立医院平均财政投入占总收入比重达 32%,位居全国首位。2021 年深圳市财政在教育支出、卫生支出等方面继续领跑全国。2021 年深圳市本级九大类民生共安排预算 1 296 亿元,相较上年增长 4.9%,其中着力满足教育、医疗、科技、交通等需求。针对社会普遍关注的高中学校问题,深圳市政府为加快推进深圳市高中学校建设,将安排各区高中学校建设资金 50 亿元。此外,深圳市本级预计投入教育资金 383.1 亿元用以全面推动各类教育高质量发展,包括学前教育普惠优质发展、义务教育优质均衡发展、高中教育多样化特色化发展、高等教育创新开放发展和职业教育高端发展。除了教育,另一个惠及全民的预算数据是:2021 年城乡居民医疗保险财政补贴标准将提高到 636 元/(人·年)。2021 年,深圳市本级预计在科技领域投入 379.4 亿元,比上一财年增长 66.9%,用于推动大湾区综合性国家科学中心、光明科学城、河套深港科技创新合作区、西丽湖国际科教、鹏城实验室等一批科技基地建设。此外,围绕深圳“双区”建设和综合改革试点实施,市政府财政安排各类对区补助 480 亿元,深入落实“东进、西协、南联、北拓、中优”发展战略,支持前海深港现代服务业合作区、深汕特别合作区进一步向前发展,推动建设香蜜湖新金融中心、深圳湾超级总部基地、前海国际化城市新中心等重点片区。城市交通发展战略进一步提上日程,预算投入 167 亿元用于交通设施建设、全市公交燃油等公用事业补贴、高速公路回购等,加快骨干交通网规划建设,将深圳打造为国际性综合交通枢纽城市。

【实训目标】

通过上述资料,培养资料查询能力、分析问题能力和语言表达能力;深刻体会财政支出的各种分类目录和分析方法,牢记国家在财政支出上为人民服务的宗旨。

【实训组织】

以学习小组为单位,对财政支出结构进行分析,各小组分别撰写分析报告,做成 PPT 并在课堂上展示。

1. 根据资料一回答:2021 年,国家安排社会保障和就业支出 34 427 亿元,这是什么支出? 你想去享受这种社会保障吗? 当代大学生如何做到“你中有我,我中有你”。

2. 根据资料二回答:深圳市政府每年的财政支出重点投向民生领域的用意是什么?

【实训成果】

1. 考核、评价资料采用 PPT 展示与学生讨论相结合的方式。

2. 采用学生和教师共同评价的方式评分,并完成实训报告,如表 3-3 所示。

表 3-3   **实训报告**

项目实训班级：	项目小组：	项目组成员：
实训时间： 年 月 日	实训地点：	实训成绩：

实训目的：

实训步骤：

实训结果：

实训感言：

财政收入

理解:财政收入的概念;财政收入的形态;财政收入的依据和原则。

熟知:财政收入的分类;财政收入结构的概念和分类。

掌握:财政收入规模的概念及衡量指标;影响财政收入规模的因素。

🌱 **技能** 目标

能够掌握财政收入的基本知识,运用本项目的知识解决财政收入方面的基本问题;具备分析我国的财政收入规模的现状及其发展趋势的能力。

🌱 **素质** 目标

运用所学的财政收入知识研究相关案例,培养和提高学生在特定业务情境中分析问题与决策设计的能力;结合行业规范或标准,强化学生的职业道德素质;注重独立思考问题的能力。

🌱 **思政** 目标

能够正确地理解"不忘初心"的核心要义和精神实质;树立正确的世界观、人生观和价值观,做到学思用贯通、知信行统一;通过财政收入知识培养自己发现问题、分析问题和解决问题的基本素养。

🌱 **项目** 引例

30省(区市)公布2021年上半年财政数据
广东、江苏、浙江坐稳前三,黑龙江、吉林财政收入不及新疆

截至2021年8月3日,内地除四川省外的其余30省(区市)陆续公布了上半年财政数据。通过各地财政"账本"可以发现,多地恢复性增长态势明显。受2020年新冠肺炎疫情影响,同期财政收入基数较低,因此绝大多数省份都实现了两位数以上的高增长。

分地区看,各省"财力"可谓相差甚远。具体而言,30省(区市)大致可以分为4个梯队。广东、江苏、浙江、上海、山东5省市"财力雄厚",领跑全国,上半年一般公共预算收入均超过4 000亿元。此外,北京、河北、河南、福建等5省市则以上半年一般公共预算收入超过2 000亿元,位于第二梯队。第三梯队包括安徽、湖南、江西、辽宁、陕西、山西在内的12省(区市),上半年一般公共预算收入超过1 000亿元。吉林、黑龙江、海南等7省区,上半年一般公共预算收入均未超过700亿元。

一般公共预算只是衡量了狭义上的地方政府财力。地方政府综合财力还要综合地看各地一般公共预算收入、政府性基金预算收入、国有资产经营收入以及中央转移支付和税收返还的总和。

第一,广东等5省市"财力雄厚",东部沿海经济大省继续领跑。

从上半年财政收入来看,东部沿海财政大省的"钱袋子"依然稳健。广东继续稳坐第一,2021年上半年一般公共预算收入达7 599.57亿元,同比增长17.6%;江苏位居第二,上半年实现一般公共预算收入5 647亿元,同比增长19.1%;浙江位居第三,上半年一般公共预算收入5 313.96亿元,同比增长24.9%;上海位居第四,上半年实现一般公共预算收入4 731.51亿元,同比增长20.2%;山东紧随其后,位居第五,上半年实现地方财政收入4 300亿元;北京虽以3 254.4亿元财政收入屈居第六,不过与其后几名还是拉开了较大的差距。

税收是经济的晴雨表,最能体现收入质量。在经济发展活跃的省市,税收充沛,税收在一般公共预算收入中比重都较高,而包括专项收入、行政事业性收费、罚没收入等在内的非税收入比重占比则较低。从数据

来看,财政大省的财政结构都非常健康,其中浙江财政收入含金量最高,税收占比达 85.6%,江苏达 82.0%,广东为 77.7%。

第二,东北三省实力薄弱,吉林、黑龙江财政收入少于新疆。

在东北三省中,辽宁省财政收入水平位于中间水平,2021 年上半年实现一般公共预算收入 1 469.3 亿元,位于江西(1 708.2 亿元)与陕西(1 439.1 亿元)之间。而吉林、黑龙江两省则分别实现一般公共预算收入 663.7 亿元和 664.2 亿元,位列新疆(772.6 亿元)之后。

整体来看,2021 年 1—6 月,全国一般公共预算收入 117 116 亿元,同比增长 21.8%。其中,中央一般公共预算收入 54 624 亿元,同比增长 23.2%;地方一般公共预算本级收入 62 492 亿元,同比增长 20.6%。全国税收收入 100 461 亿元,同比增长 22.5%;非税收入 16 655 亿元,同比增长 17.4%。

引例 反思

(1) 本例中的数据显示了什么现象? 请分析这种现象。

(2) 增加财政收入的途径有哪些? 如财政收入>财政支出或财政收入<财政支出,会出现什么结果?

知识 精讲

任务一　财政收入概述

一、财政收入的概念

财政收入是指政府为满足社会公共需要,依据一定的权力原则,从国民经济各部门集中的一定量的社会产品价值。财政收入包含的意思有:①在货币经济条件下,财政收入表现为一定量的货币收入。②财政收入也是一个过程,它是财政分配的第一阶段或基础环节。③财政分配包括财政收入和财政支出两个过程,其中,财政收入是财政支出的前提。④财政收入是政府重要的调控工具。

视频

2020 年全国各地财政收入排行

二、财政收入的形态

财政收入表明政府获取社会财富的状况,也就是说,社会物质财富是财政收入的实质内容。但在不同的历史条件下,财政收入的形态存在很大的区别,具体包括:①在自然经济时期,财政收入主要以劳役和实物的形态存在。②在商品经济时期,财政收入一般以货币形式存在。③在现代社会,财政收入均表现为一定量的货币收入。

三、财政收入的依据和原则

政府取得财政收入主要凭借公共权力,包括:①政治管理权。这是最主要和最基本的形式,决定于政府供给的公共商品性质。②公共资产所有或占有权。③公共信用权,包括发行国债、股票等。

财政收入的原则有:①财政原则,是财政收入应当以满足政府履行其职能的需要为主要目的,或者说财政收入应当满足财政支出的需要,根据这一原则,政府应根据财政支出的需要确定财政收入的规模,即以支定收。②受益原则,是政府所提供的产品和劳务的成本费用的分配,要与社会成员从政府提供的产品和劳务中获得的收益相联系。③支付能力原则,是政府提供的产品和劳务的成本费用的分配,要与社会成员的支付能力相联系。按照这一原则,政府所提供的产品和劳务的成本费用的分配与社会成员所获得的边际收益大小无关,而只与其支付能力相联系。例如,收入多的多纳税,收入少的少纳税。

四、财政收入的分类

（一）按财政收入的形式分类

财政收入的形式是指政府取得财政收入的具体方式。在商品经济条件下，财政收入是货币形态的收入，具体包括以下方式：

（1）税收收入。税收收入是指政府凭借政治权力，强制参与社会产品分配取得的财政收入。在市场经济条件下，税收收入是财政收入的主要形式。

（2）债务收入（或公债收入）。债务收入是指政府凭借信用，从国内外取得的借款收入，其特点是要还本付息。

（3）非税收入。非税收入是指政府通过合法程序获得的，除税收、公债收入以外的财政性资金。它包括行政事业性收费、政府性基金、国有资产收益、罚没收入、其他非税收入（如国库利息收入、捐赠收入、对外贷款收入等）。

（二）按财政收入来源分类

（1）以财政收入来源的所有制结构为标准分类，可以将财政收入分为国有经济收入、集体经济收入、个体经济收入、外资经济收入等。

（2）以财政收入来源的部门结构为标准分类，可以将财政收入分为工业部门收入、农业部门收入、商业部门收入等或第一产业收入、第二产业收入、第三产业收入。

（三）按财政收入管理方式分类

按管理方式分类，财政收入可分为预算内收入和预算外收入。目前我国财政统计中的财政收入属于预算内收入，其特征是纳入预算，按国家立法程序实行规范管理，由各级政府统筹安排使用。预算外收入是各级政府依据法规采取收费形式而形成的专项资金或专项基金，由各部门安排使用，在统计上未纳入财政收入统计。

（四）按财政收入的价值构成分类（理论分类）

社会总产品价值量（W）＝补偿价值（C）＋劳动者的报酬（V）＋剩余产品价值（M）。目前我国基本上没有来自 C 的财政收入。目前来自 V 的财政收入有：①直接向个人征收的税金（如个人所得税、房产税、车船税、契税等）。②向个人收取的规费。③居民个人购买国债，形成有偿财政收入。还有一些间接的由 V 形成的财政收入，如个人购买高档消费品（烟酒、宝珠等）上缴的消费税等。

由于我国个人工资收入不高，V 当前一段时间不能形成财政的主要收入，这和西方国家不同（来自 M 的收入是主要来源）。目前我国全社会创造的剩余产品价值40％左右为财政所集中，其中国有企业职工创造的 M 量，50％～60％被财政所集中，用于再分配。因此，我们研究财政收入价值构成最重要的理论意义就在于从根本上找出对财政收入产生影响的要害因素，从而采取有效措施增加财政收入。可见，要增加财政收入，增加 M 量是核心，必须深入研究影响 M 量增减变动的因素。

影响 M 增减变动的因素有产量、成本、价格三个方面。在商品适销对路和 C、V、M 的构成比例不变的情况下，产量越高，M 的绝对额越大，从而财政收入越多，反之则越少。成本的高低取决于生产中物化劳动的消耗及管理费用的高低，在产量和价格不变的情况下，成本降低，意味着 M 量扩大，反之则缩小。在市场经济中，价格高低往往取决于商品质量，优质优价，劣质低价，甚至无价。因此，提高商品质量等于增加 M 量。价格变动直接影响财政的货币收入，可见，增加财政收入的根本途径是增加 M 的绝对额或扩大 M 在"$C＋V＋M$"中的比重。扩大适销对路的商品产量，提高质量，降低消耗，是增加财政收入的主要途径。

任务二　财政收入规模

一、财政收入规模的概念及衡量指标

（一）财政收入规模的概念

财政收入规模是指一定时期内（通常为一年）财政收入的总量。财政收入规模是衡量政府公共事务范围和一国财政状况的基本指标。

（二）财政收入规模的衡量指标

1. 财政收入规模的绝对量及其衡量指标

财政收入规模的绝对量是指一定时期内财政收入的实际数量。从静态考察,财政收入的绝对量反映了一国或一个地区在一定时期内的经济发展水平和财力集散程度,体现了政府运用各种财政收入手段调控经济运行、参与收入分配和资源配置的范围和力度;从动态考察,即把财政收入规模的绝对量连续起来分析,可以看出财政收入规模随着经济发展、经济体制改革以及政府机制在调控经济运行、资源配置和收入分析中的范围、力度的变化趋势。

衡量财政收入规模的绝对指标是财政总收入,它是一个有规律、有序列、多层次的指标体系。

2. 财政收入规模的相对量及其衡量指标

财政收入规模的相对量是指在一定时期内财政收入与有关经济和社会指标的比例。体现财政收入规模的指标主要是其相对量,即财政收入与国民经济和社会发展有关指标的关系。

衡量财政收入相对规模的指标通常有两个:①财政集中率。财政收入占国民生产总值（GNP）或国内生产总值（GDP）的比例,$K=FR/GDP\times100\%$。FR 表示一定时期内(通常为一年)的财政收入总额。K 越高,表明政府配置的资源越多,市场配置资源的作用就越小。②宏观税负率。税收收入占 GNP 或 GDP 的比重。税收已成为现代财政收入水平中最主要和最稳定的来源,税收收入通常占财政总收入的 90% 左右。

二、影响财政收入规模的因素

（一）影响财政收入规模的绝对量因素

1. 经济发展水平

经济发展水平对财政收入的影响是最为基础的。经济发展水平从总体上反映一个国家的社会产品的丰富程度和经济效益的高低,只有经济发展水平提高,才能使财政收入的总额增大。

2. 生产技术水平

生产技术水平是指生产中采用先进技术的程度,它对财政收入规模的制约包括:①技术进步导致生产速度加快、生产质量提高,技术进步速度越快,社会产品和 GNP 的增长也加快,财政收入的增长就有充分的财源。②技术进步必然带来物耗降低,经济效益提高,剩余价值所占的比例扩大。由于财政收入主要来自剩余产品价值,技术进步对财政收入的影响更为直接和明显。

3. 收入分配政策

制约财政收入规模的又一个重要因素是政府的分配政策和分配体制。分配政策对财政收入规模的制约主要表现在两个方面:一方面,收入分配政策决定剩余产品价值占整个社会产品价值的比例,进而决定财政分配对象的大小,即在国民收入既定的前提下,M 占国民收入的比重;另一方面,分配政策决定财政集中资金的比例,即 M 中财政收入所占的比重。

4. 价格因素

价格因素对财政收入的影响是产品或劳务的价格上涨会导致名义财政收入的增加,具体包括：①价格上涨会相应地扩大税基，使名义税收增加。在税率一定时，价格上涨，税基扩大，财政收入增加。②名义收入的增加和税基的扩大，会引起税率的变化。在累进税制下，较高的收入会使纳税人自动地进入较高的纳税等级，甚至原来不纳税的人也会因名义税收的增加而自动进入纳税人行列，因而也会使名义财政收入增加。

（二）影响财政收入规模的相对量因素

影响财政收入规模的相对量因素包括直接因素与间接因素两个方面。仅就直接因素作分析，它包括体制因素和财政政策因素。

1. 体制因素

体制因素直接影响财力集中度。在其他因素一定时，一般来说，实行计划经济体制的国家，其财政集中度要高于实行市场经济体制的国家；同一国家如中国，在计划经济体制时期与在社会主义市场经济体制时期，其财政集中度也大不相同。其差异源于不同财政经济体制下的政府职能和财政职能的不同。

2. 财政政策因素

财政收入占 GNP 的比例还受到财政政策的制约。在财政支出一定时，若经济运行状况需要政府实施扩张性的财政政策，则要求减税，降低财政收入占 GNP 的比例；或者说，这一比例的降低反映了财政政策的扩张性。同理，紧缩性的财政政策要求提高这一比例，或者说，这一比例的提高反映了财政政策的紧缩性。

三、财政收入规模的确定

（一）合理确定财政收入规模的重要性

1. 财政收入占 GNP 的比例影响资源的有效配置

在市场经济中，市场主体主要包括企业、居民和政府三个部分。各个主体对国民经济和社会发展具有不同的职能作用，并以一定的资源消耗为实现其职能的物质基础。然而，社会经济资源是有限的，各利益主体对资源的占有、支配和享用客观上存在着此增彼减的关系。理想状态的集中度，应是政府集中配置的资源与其他利益主体分散配置的资源形成恰如其分的互补关系，或者说，形成合理的私人产品与公共产品结构，使一定的资源消耗获得最优的整体效益。

2. 财政收入占 GNP 的比例影响经济结构的优化

在一定时期内，可供分配使用的国民生产总值是一定的，但是，经过工资、利息、利润、财政税收等多种分配形式的分配和再分配最终形成的 GNP 分配结构则有可能是多种多样的。分配结构不同，对产业部门结构的影响也就不同。在 GNP 一定时，若政府财政集中过多，就会改变个人纳税人的可支配收入用于消费与投资的结构，税负过高，也会降低企业纳税人从事投资经营的积极性。若消费因政府加税而变得相对较低，人们就愿意选择消费和休息，而不是投资和工作，致使国民生产总值在投资与消费之间的结构失衡。

3. 财政收入占 GNP 的比例影响公共需要和个别需要的满足

经济生活中的任何需要（公共需要和个别需要）都要以 GNP 所代表的产品和劳务来满足。政府征集财政收入的目的在于实现国家职能，满足公共需要。公共需要是指向社会提供的安全、秩序、公民基本权利和经济发展的社会条件等方面的需要。满足公共需要实际上形成了推动经济、社会发展的公共动力。GNP 中除财政集中分配以外的部分，主要用于满足个别需要。个别需要是指企业部门和家庭的需要，满足个别需要是经济生活中形成个别动力的源泉。个别动力对国民经济发展具有直接的决定作用，实际上，公共动力对经济社会的推动作用最终也要通过个别动力来实现，而个别动力对经济的决定作用也需借助于公共动力的保障来实现。在 GNP 一定时，需要寻找公共需要满足程度与个别需要满足程度的最佳结合点，实际上也就是财政收入占

GNP 的合理比例。

4. 财政收入占 GNP 的比例是财政政策的中介目标和财政收入政策的直接目标

财政收支作为一个整体,其运作必须服从财政政策目标;财政收支作为相对独立的财政活动,不仅要有财政政策目标作为终极目标指向,而且还要有更为明确、具体的直接目标分别指示其运作的方向和力度,这些直接目标决定于财政政策目标,并具体指导着财政分配活动,可将其称为中介目标。指导财政收入活动的中介目标是财政收入政策目标,而最主要的财政收入政策目标就是财政收入占 GNP 的比例。

(二)财政收入规模的确定

财政收入规模是由多种因素综合决定的,不仅在不同国家财政收入规模有较大差异,而且在同一国家的不同历史时期,财政收入规模也不相同。在一定的时间和条件下,衡量一国财政收入规模是否适度、合理,大致有一个客观标准,这个标准主要包括以下两个方面。

1. 效率标准

效率标准是指政府财政收入规模的确定应以财政收入的增减是否有助于促进整个资源的充分利用和经济运行的协调均衡为标准。

(1)资源利用效率。征集财政收入的过程,实际上是将一部分资源从企业和个人手中转移到政府手中的过程,转移多少应考察是否有助于提高整个资源的配置效率。财政转移资源所产生的预期效率应与企业和个人利用这部分资源所产生的预期效率进行比较,若国家利用的效率高,则可通过提高财政收入占 GNP 的比重来实现转移;否则应降低这一比例。

(2)经济运行的协调均衡。一般来说,当经济处于良好的态势时,财政收入规模应以不影响市场均衡为界限,即这时的财政收入规模应该既能满足公共财政支出需要,又不对市场和经济发展产生干扰作用。当经济运行处于失衡状态时,财政收入规模就应以能够有效地矫正市场缺陷、恢复经济的协调均衡为界限。

2. 公平标准

公平标准是指在确定财政收入规模时应当公平地分配财税负担。具体地说,就是财政收入占 GNP 的比例要以社会平均支付能力为界限,具有相同经济条件的企业和个人应承担相同的财税负担,具有不同经济条件的企业和个人应承担不同的财税负担。在公平负担的基础上,确定社会平均支付能力,并据以确定财政收入规模尤其是财政收入占 GNP 的比例。

四、我国财政收入规模变化的分析

(一)从绝对额来看

改革开放以来,我国财政收入的规模随着经济的增长而不断增长。1978—2013 年,我国财政收入绝对数的增长可以分为三个阶段:水平徘徊阶段(1978—1982 年)、缓慢发展阶段(1982—1992 年)和高速增长阶段(1992—2013 年)。

(二)从相对数额(财政收入占 GDP 的比重)来看

从相对数额(财政收入占 GDP 的比重)来看,表现出 U 形的发展态势。下面我们分时间段进行分析。

1. 改革开放到 20 世纪 90 年代中期

我国财政收入占 GDP 的比重下降与财政支出的持续增长形成尖锐的矛盾,下降的主要原因有:①分配制度发生了急剧的变化。改革以后,GDP 分配格局明显向个人倾斜,这导致了我国财政收入的下降。②经济运行不正常。财政收入占 GDP 的比重下降,这在一定程度上反映了经济结构问题。财政是经济结构的晴雨表,经济结构越合理,财政收入占 GDP 的比重就越大。我国财政收入占 GDP 的比重之所以明显低于发达国家的平均水平,差距就在经济结构上。靠粗放发展,靠过分消耗资源与环境来实现增长,导致我国的财政收入占 GDP 的比重越来越低。③财政管理体制不完善、思想理论上的失误以及税收征管不严、财政监督不力等均导致财政收入占 GDP 的比重下降。

这一时期财政收入下降的后果是:①政府财力下降,制约社会公共事业的发展,最终影响民众的根本利益。②宏观调控能力下降。③资金分散,难以保证国家重点建设等问题。

2. 20 世纪 90 年代中期至今

此时间段内,财政收入占 GDP 的比重一直在上升。1995 年以来,国民收入的分配格局越来越向国家倾斜。居民收入占 GDP 的比重日益下降,而国家财政收入连续以超过 GDP 增长幅度 1 倍以上的速度增长。我国财政收入占 GDP 的比重从 1995 年的 10.7% 增长到 2017 年的 21.03% 左右。2018 年我国财政收入 183 352 亿元,同比增长 6.2%,2019 年我国财政收入超 190 000 亿元,占 GDP 比重为 28.14%,比美国 32.66 低了 4.5 个百分点,2020 年美国财政收入高达 73 400 亿美元,占 GDP 比重为 33%,稳居世界第一。

任务三　财政收入结构

一、财政收入结构的概念

财政收入结构是指财政收入在国民经济各部门、各行业和各地区之间的比例和数量。它反映了国家预算集中财政资金的不同来源、规模和所采取的不同形式,以及各类财政收入占财政总收入的比重和增加财政收入的途径。

二、财政收入结构的分类

(一)财政收入的产业结构

国民经济按产业可分为第一产业、第二产业和第三产业。第一产业包括农业、牧业、林业、渔业等;第二产业包括工业、建筑业;第三产业包括第一、第二产业以外的各业,主要有服务业、旅游业、交通运输业、金融保险业等。三大产业在国民经济整体中的地位不同,在财政收入中的地位也不同。研究财政收入的产业结构以及与之相关的价格结构的变化对财政收入的影响,便于根据各部门的发展趋势和特点,客观地组织财政收入,开辟新的财源。

(二)财政收入的所有制结构

财政收入的所有制结构是指财政收入,是由不同所有制的经营单位各自上缴的税金、利润和费用等构成的一个整体。

财政收入按经济成分分类,有国有经济收入、集体经济收入、私营经济收入、个体经济收入、外资经济收入等。改革开放之前,我国是以国有经济为主导地位的,国有经济提供的财政收入占 2/3 以上,集体经济和其他经济占财政收入的 1/3。改革开放以后,特别是 20 世纪 90 年代中期实行社会主义市场经济体制以来,私营经济、个体经济、外国投资企业发展迅猛,财政收入来自非国有经济的部分逐步上升。目前这些经济成分占财政收入的 50% 左右(含私营经济、个体经济、中外合营经济、外商独资经济成分),而来自国有经济的财政收入也已降至 50% 左右,各占半壁江山。因此,非国有经济是我国财政收入的重要来源。随着经济体制进一步改革,国有企业将进一步减少,国有经济占财政收入的比重也将进一步降低。

(三)财政收入的地区结构和生产力布局

财政收入的地区结构和生产力布局是否合理,不仅关系到国民经济的平衡发展,而且是影响财政收入的重要因素。我国各地区的发展很不平衡,按经济发展水平、交通运输条件、技术水平、地理位置等方面的区别,全国可分为东部、中部、西部三大经济地带。由于经济发展程度不一,积累水平相差悬殊,只有东部地区是我国财政收入的主要来源地带。因此,我国实施西部大开发战略将东部的资金、技术、人才优势与中西部的资源优势有机结合起来,帮助中西部地区发展经济、培植财源,实现中西部地区财政收入较快增长,改变西部地区财政收入过低、靠中央财政转移支付过多的局面。

三、财政收入的部门构成

财政收入的部门构成是指国民经济中各部门对财政收入的贡献程度,即财政收入是从哪些部门集中的,集中的比例有多大。

(一)农业与财政收入

农业是国民经济的基础,也是财政收入的一个基本源泉。农业的状况如何,对于整个国民经济的发展、市场物价的稳定及人民生活的改善等关系重大,农业直接或间接地提供财政收入,是财政收入的基本源泉之一。具体表现为:①农业以农村相关税收形式向国家提供一部分财政资金。②由于农业与工业、商业、外贸出口等有密切的联系,农业的丰歉直接影响整个国民经济的发展,进而成为影响财政收入的一个重要条件。

(二)工业与财政收入

工业是国民经济的主导,也是财政收入最直接的主要源泉。工业产值在国民生产总值中占的比重最大;同时,工业部门的劳动生产率和剩余产品价值率都比农业高。因此,来自工业部门上缴的各项税收和国有资产收益成为财政收入的支柱。工业部门增长速度、质量、效益的变化,以及财务制度和利润分配制度的调整,都成为影响整个国民收入增长态势的基本因素。

(三)交通运输业、商业服务业与财政收入

交通运输业和商业是连接生产与消费的桥梁和纽带,从总体上讲属于流通过程。流通过程是生产过程的继续。在市场经济条件下,实现商品价值和使用价值是运输业、邮电业、内外贸企业的基本职能。

交通运输作为生产在流通领域的继续,是一种特殊的生产活动,交通运输部门提供的财政收入,是交通运输部门的劳动者在商品运输的劳动中创造的价值;同时,交通运输沟通商品交换,促进商品流通对最终实现工农业产品价值和财政收入起着重要的保护作用。

商业是以货币为媒介从事的商品交换活动,是商品的价值和使用价值实现的过程。商业活动的劳动有一部分如商品流通中的商品搬运、包装、仓储、简单加工等属于价值创造活动,直接为国家创造一部分财政收入,但更重要的是通过商品交换实现工农业生产部门创造的纯收入,实现国家财政收入。因此,交通运输业和商业是财政收入的重要源泉。

随着社会生产力的发展和产业结构的变化,包括金融保险、旅游、饮食服务、娱乐业等在内的各个产业部门也迅速发展,这些部门提供的 GNP 及占 GNP 的比重有不断扩大的趋势。随着我国服务业的加速发展和服务价格的市场化,来自服务业的财政收入呈日益增长趋势。

四、财政收入的地区构成

(一)国家集中的财政收入在中央和地方之间的分布

中央支配的财政收入比例称为中央财政集中度,不但制约中央财政的宏观调控能力,而且直接影响地方积极性的发挥。集中度的高低影响着经济发展、产业选择、公共服务均等化、民族团结、社会和谐等方面,中央财政一般倾向于提高集中度,而地方财政则希望提高自身的财权和自主权。一个国家中央财政集中度的高低多少为合适,学术界没有统一意见,各个国家的情况也不一样。2016—2020 年全国、中央和地方财政收入如表 4-1 所示。

表 4-1	2016—2020 年全国、中央和地方财政收入			单位：亿元	
指标	2020 年	2019 年	2018 年	2017 年	2016 年
全国财政收入	182 894.92	190 390.08	183 359.84	172 592.77	159 604.97
中央财政收入	82 771.08	89 309.47	85 456.46	81 123.36	72 365.62
地方财政收入	100 123.84	101 080.61	97 903.38	91 469.41	87 239.35

（二）财政收入在全国各个地区的分布

财政收入的多少与经济发展程度密切相关，因此，经济较发达的地区，财政总收入和人均财政收入一般都高于经济较不发达地区。就我国来说，北京、上海、广州等发达地区人均财政收入远高于贵州、四川、西藏、河南、江西、安徽等地区。有些地区，特别是"老、少、边、山、穷"地区，财政收入的自给率低，还需中央财政通过转移支付予以补助。进行地区构成分析，有利于国家财政统筹规划、合理分工，使地区之间优势互补、协调发展、利益兼顾，走共同富裕之路。

财政收入的结构和 GDP 的结构不完全一样，财政收入中有一部分财政收入和 GDP 的关系非常密切，比如说增值税，它与工业生产增加值关系很大。

五、财政收入的所有制结构

（一）财政收入所有制结构的理论分析

财政收入的所有制结构也称为财政收入的经济成分构成，是指财政收入来自国有经济、集体经济、涉外经济、个体经济及其他经济成分的比重关系。这种结构分析的意义，就在于说明国民经济成分对财政收入规模和结构的影响及其变化趋势，从而采取相应的增加财政收入的有效措施。

一般来说，国有化程度较高的国家，其财政收入中国有财产收入和国有企业收入的份额较高。20 世纪 40 年代以来，伴随世界各国国有化运动的不断变化，财政收入的所有制结构也处于不断的变化之中，但总的变化趋势是世界各国尤其是发达国家的非国有经济提供的财政收入占财政总收入的比重始终保持相当高的比例。

（二）财政收入所有制结构的实践分析

中华人民共和国成立后，国有经济始终是我国财政收入的支柱。2021 年 1～7 月，我国国有经济提供的财政收入占整个财政收入的比重表现为：国有企业应交税费 31 028.9 亿元，同比增长 21.9%，其中中央企业 21 479.1 亿元，同比增长 18.6%，地方国有企业 9 549.8 亿元，同比增长 29.9%。

■ 应知考核 ■

一、单项选择题

1. 世界各国财政收入主要形式是（   ）。
    A. 企业收入   B. 债务收入
    C. 收费   D. 税收

2. 制约财政收入规模的根本性因素是（   ）。
    A. 税率标准   B. 纳税人数量
    C. 经济发展水平   D. 居民收入水平

3. 国家机关为居民或单位提供服务所收取的手续费和工本费等属于（   ）。
    A. 事业收入   B. 专项收入
    C. 公产收入   D. 规费收入

4. 财政收入中,凭借资产所有权获得的收入是（　　）。

  A. 税收收入   B. 国有资产收益

  C. 债务收入   D. 其他收入

5. 在财政收入中,通过信用方式取得的收入是（　　）。

  A. 税收收入   B. 国有资产收益

  C. 债务收入   D. 专项收入

二、多项选择题

1. 按财政收入的形式分类,我国的财政收入分为（　　）。

  A. 税收   B. 中央财政收入

  C. 其他收入   D. 地方财政收入

2. 下列各项中,属于罚没收入的有（　　）。

  A. 罚款   B. 没收品收入

  C. 赃款   D. 赃物等变价收入

3. 影响财政收入规模变动的经济因素有（　　）。

  A. 经济发展水平   B. 经济体制

  C. 价格水平   D. 分配政策

4. 下列属于我国财政收入形式的有（　　）。

  A. 税收收入   B. 国有资产收益

  C. 债务收入   D. 企业利润

5. 下列关于财政收入表述正确的有（　　）。

  A. 财政分配的对象是社会产品

  B. 我国现阶段财政收入形式主要是税收

  C. 使用费是指为交换公共部门所提供的特殊商品和服务而进行的支付

  D. 可以近似地用税收收入的分析来观察整个财政收入的状况

三、判断题

1. 农业是国民经济的基础,也是财政收入的基础,所以我国的财政收入主要来自农业。 （　　）

2. 在生产力发展水平和生产技术水平为一定的条件下,影响财政收入规模的关键因素是财政分配政策和制度。 （　　）

3. 财政收入主要来自剩余产品的价值,因此,在其他条件不变情况下,随着剩余产品价值率的提高,财政收入的相对规模一定会提高。 （　　）

4. 作为财政收入核心依据的是公共资产所有权。 （　　）

5. 财政收入分析中最为常用的一种分类方式是按照财政收入的形式分类。 （　　）

四、简述题

1. 简述财政收入的依据。

2. 简述财政收入规模的衡量指标。

3. 简述财政收入的分类。

4. 简述影响财政收入规模的因素。

5. 谈谈我国财政收入规模的变化。

■应会考核■

■ 观念应用

【背景资料】

财政收入的影响因素

  资料一:2016—2020 年我国经济发展状况如表4-2所示。

表 4-2　　　　　　　　　　　　2016—2020 年全国经济发展状况①

指标	2020 年	2019 年	2018 年	2017 年	2016 年
财政收入(亿元)	182 894.92	190 390.08	183 359.84	172 592.77	159 604.97
财政支出(亿元)	245 588.03	238 858.37	220 904.13	203 085.49	187 755.21
财政收入增长速度	−3.9%	3.8%	6.2%	7.4%	4.5%
财政支出增长速度	2.8%	8.1%	8.7%	7.6%	6.3%
国内生产总值(亿元)	1 015 986.2	986 515.2	919 281.1	832 035.9	746 395.1
国内生产总值增长	2.3%	6.0%	6.7%	6.9%	6.8%

2018 年 12 月,中央经济工作会议在北京举行。会议指出,宏观政策要强化逆周期调节,继续实施积极的财政政策和稳健的货币政策,适时预调微调,稳定总需求;积极的财政政策要加力提效,实施更大规模的减税降费,较大幅度地增加地方政府专项债券规模;稳健的货币政策要松紧适度,保持流动性合理、充裕,改善货币政策传导机制,提高直接融资比重,解决好民营企业和小微企业融资难、融资贵问题。结构性政策要强化体制机制建设,坚持向改革要动力,深化国资国企、财税金融、土地、市场准入、社会管理等领域改革,强化竞争政策的基础性地位,创造公平竞争的制度环境,鼓励中小企业加快成长。社会政策要强化兜底保障功能,实施就业优先政策,确保群众基本生活底线,寓管理于服务之中。

资料二:财政收入是衡量地方经济运行的重要指标。2019 年 8 月,全国有 28 个省份相继公布了上半年财政收入。和 2018 年相比,财政收入规模排行榜基本上没有变化,粤、苏、沪坐稳前三的位置,浙江紧随其后,四省市直冲 4 000 亿元大关,山东和北京也超过 3 000 亿元。根据往年的经验来看,上半年一般是财政收入增速较快的时期,但是 2019 年却相反,就拿增速第一的山西来说,2018 年同期其增速达到 25.4%,而 2019 年只有 12.9%。这差距就是因为这史无前例的 2 万亿元降费减税规模,以及经济增速放缓等因素,对财政收入有一定的影响,也为财政收支平衡带来巨大的压力。为解决收支矛盾问题,全国各地开始开源节流并逐步提高财政资金的效益,打击虚开骗税,严格掌控三公经费,把财政资金花在刀刃上。

【考核要求】

1. 简要说明影响财政收入规模的因素。

2. 简要说明资料二中减税降费和财政收入的关系。

■技能应用

【背景资料】

财政收入恢复性增长、财政支出增速偏低,专项债发行放缓

2021 年 4 月 21 日,财政部公布一季度财政收支情况,财政收入稳步恢复增长,财政支出增速偏低。1～3 月,全国一般公共预算收入 57 115 亿元,同比增长 24.2%,两年平均增长 3.17%;全国一般公共预算支出 58 703 亿元,同比 6.2%,两年平均增长 0.06%。主要关注点如下:

第一,一季度国民经济开局良好,财政收入实现恢复性增长,三大税收增速接近回升至疫情前水平。一方面,财政收入保持平稳增长;另一方面,政府性基金收入保持高增长,同比增长 47.9%,两年平均增长 14%。其中地方政府基金收入占比 95%,主要为国有土地使用权出让收入。

第二,财政支出增速放缓,专项债发行进度较慢,"三保"②等重点支出增长较快。一是,财政支出增速有所降低;二是,专项债发行进度放缓;三是,中央财政支出增速下降。

第三,财政将优化落实减税政策,提高专项债发行使用效率。一方面,继续优化落实结构性减税降费政策,但要注意通胀等因素对政策效果的干扰;另一方面,提高专项债发行和使用效率。2019 年 12 月至

---

① 数据来源于国家统计局,网站:https://data.stats.gov.cn/。

② 财政的"三保三支持"是指保工资、保稳定、保增长,支持经济平稳较快发展和物价基本稳定,支持转变经济发展方式,支持民生事业。

2021 年 1～2 月一般公共预算收入如图 4-1 所示。

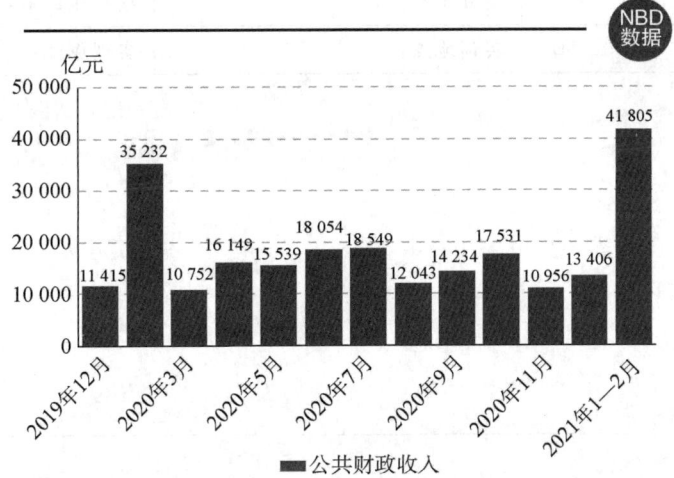

图 4-1　2019 年 12 月至 2021 年 1～2 月一般公共预算收入

【技能要求】

根据上述资料,评价我国财政收入规模实际状况;财政部将如何缓解地方"三保"压力,请提出合理化建议;地方政府该如何加强财政"三保"工作。

■ 案例分析

【案例情境】

经济发展水平与财政

《中国财经报》曾载文指出,经济和财政是相辅相成的,财政来自整个经济的发展,经济的发展又促进了财政的增加,财政的增加反过来又支持扩大内需,支持经济建设。

【分析要求】

1. 分析经济发展水平和财政的关系。

2. "财政的增加反过来又支持扩大内需,支持经济建设。"据此有人认为,财政收入越多越好,谈谈你的看法。

3. 分析国家财政在社会经济发展中有何作用。

项目实训

【实训内容】

请进入黑龙江省财政厅(http://czt.hlj.gov.cn/index.html)或你所在地的财政厅网站,查看财政动态和综合要闻,分析当地的财政收入状况。

【实训目标】

培养学生分析问题和解决问题的能力。

【实训组织】

以学习小组为单位,观看视频"2021 年黑龙江政府账本轻松看"分析黑龙江财政在经济社会发展中所发挥的巨大作用。

【实训成果】

1. 考核、评价资料采用 PPT 展示与学生讨论相结合的方式。

2. 采用学生和教师共同评价的方式评分,并完成实训报告,如表 4-3 所示。

视频

2021 年黑龙江政府账本轻松看

表 4-3 实训报告

项目实训班级：	项目小组：	项目组成员：
实训时间： 年 月 日	实训地点：	实训成绩：
实训目的：		
实训步骤：		
实训结果：		
实训感言：		

税　　收

知识目标

理解:税收的概念、本质、职能;税制改革。

熟知:税收体系与分类;税收的原则;宏观税收负担指标;合理的税负水平;税收中性;税收的经济影响。

掌握:税收制度;税收负担的概念;税收负担的分类;影响宏观税负的因素;税负转嫁与税负归宿;税收制度结构。

技能目标

能够掌握税收的基本知识、基本原理,解决税收的基本问题;能够对相关税种的具体内容应用于实际并学会计算。

素质目标

运用所学的税收知识研究相关案例,培养和提高学生在特定业务情境中分析问题与决策设计的能力;结合行业规范或标准,强化学生的职业道德素质。

思政目标

能够正确理解"不忘初心"的核心要义和精神实质;树立正确的世界观、人生观和价值观,做到学思贯通、知信行统一;通过税收知识,培养自己的纳税意识和观念,敢于奉献,为今后的职业能力生涯,塑造完美的人生。

项目引例

2021年全国税收与非税收入

2021年,全国一般公共预算收入202 539亿元,同比增长10.7%。其中,中央一般公共预算收入91 462亿元,同比增长10.5%;地方一般公共预算本级收入111 077亿元,同比增长10.9%。全国税收收入172 731亿元,同比增长11.9%;非税收入29 808亿元,同比增长4.2%。

主要税收收入项目情况如下:①国内增值税63 519亿元,同比增长11.8%。②国内消费税13 881亿元,同比增长15.4%。③企业所得税42 041亿元,同比增长15.4%。④个人所得税13 993亿元,同比增长21%。⑤进口货物增值税、消费税17 316亿元,同比增长19.1%;关税2 806亿元,同比增长9.4%。⑥出口退税18 158亿元,同比增长33.2%。⑦城市维护建设税5 217亿元,同比增长13.2%。⑧车辆购置税3 520亿元,同比下降0.3%。⑨印花税4 076亿元,同比增长32%。其中,证券交易印花税2 478亿元,同比增长39.7%。⑩资源税2 288亿元,同比增长30.4%。⑪土地和房地产相关税收中,契税7 428亿元,同比增长5.2%;土地增值税6 896亿元,同比增长6.6%;房产税3 278亿元,同比增长15.3%;耕地占用税1 065亿元,同比下降15.3%;城镇土地使用税2 126亿元,同比增长3.3%。⑫环境保护税203亿元,同比下降1.9%。⑬车船税、船舶吨税、烟叶税等其他各项税收收入合计1 236亿元,同比增长7.1%。

在国家税收收入不断增长的同时,也不断有明星通过"阴阳合同"等方式偷税漏税。明星偷税漏税的事并不是新鲜事,在此之前,许多耳熟能详的明星都有过类似丑闻,他们大多都为自己的违法行为付出了一定代价。

引例反思

(1)如何保障国家税收收入及时足额上交。

(2)如何规避明星偷税漏税这一现象。

知识 精讲

任务一　税收概述

一、税收的概念

税收是指国家为了满足一般的社会公共需要,凭借政治权力,按照法律规定的标准和程序,无偿地参与社会产品或国民收入的分配,以取得财政收入的一种形式。

二、税收的本质

税收本质是指税收的根本性质,是税收现象中最深刻、最稳定的方面。

(一)税收的基本属性

税收的基本属性是一种财富转移方式。在文明社会,财富的转移有三种基本类型:①政府之间的财富转移,包括下级政府对上级政府的贡献和上级政府对下级政府的补助。②经济活动主体之间的财富转移,包括以贡献为依据的收入分配和以货币为媒介的商品交换。③政府与经济活动主体之间的财富转移,包括由政府到经济活动主体的财富转移和由经济活动主体到政府的财富转移。

(二)税收的主体

税收的主体包括课征主体与缴纳主体两个方面。

(1)税收的课征主体。税收的课征主体是指代表社会全体成员行使公共权力的政府。政府成为税收课征主体,是因为政府具有征税的需要和权力。

(2)税收的缴纳主体。税收的缴纳主体为经济活动主体。在任何经济社会,经济资源总是归经济活动主体占有和使用,物质财富总是由经济活动主体创造,实现收入也总是首先归经济活动主体所有,只有经济活动主体才具有纳税的能力。因此,任何一个经济活动主体都有义务将一部分收入缴纳给政府。

(三)税收的客体

税收的客体是国民收入。国民收入是社会存在与发展的经济基础。居民的消费、企业的投资、政府执行公共职能所发生的各种支出都是以国民收入为基础。因此,社会在一定时期所创造的国民收入,应当作为税收客体在政府与经济活动主体之间进行合理的分配。

(四)税收的特性

税收的特性是指税收所具有的无偿性、固定性和强制性,也叫税收的"三性"。它是税收区别于政府其他财政收入形式的标志。

(1)无偿性。无偿性是指国家征税后,税款即成为国家的财政收入,国家不向纳税人支付任何直接的报酬。

(2)固定性。固定性是指国家在征税之前,以法律形式预先确定征税对象、征收标准、征税方法等基本内容,除国家特定权力机构外,任何单位与个人都不能随意改变。

(3)强制性。强制性是指国家凭借政治权力,通过法律形式强制参与经济活动主体的收入分配,而非纳税人的自愿缴纳。具体来说,任何纳税主体都必须依法纳税,任何征税机关都必须依法征税,否则就要受到法律制裁。

根据文明社会税收存在的必要性和普遍性,以及中外学者对于税收本质的认识,我们可以将税收定义为:税收是指国家为满足社会公共需要,凭借公共权力,按照法律所规定的标准和程序,参与国民收入分配,强制地、无偿地取得财政收入的一种方式。

三、税收的职能

(一)收入分配职能

收入分配职能是指税收在参与社会产品或国民收入分配过程中,将一部分社会产品从社会成员手中转移到国家手中,形成国家的财政收入,同时影响社会成员之间收入的再分配。收入分配职能是税收首要的、基本的职能。

(二)资源配置职能

资源配置职能是指通过一定的税收政策、法律、制度来影响纳税人的经济活动,从而使社会资源得到重新组合。在市场经济条件下,资源的流向主要依靠市场价格来引导,然而,由于受利益驱动,在资源配置过程中,存在着广泛的市场失效领域。这种领域只有通过国家运用税收政策加以引导和保护,才能使供求关系平衡、经济结构合理、资源利用有效。

(三)经济调控职能

经济调控职能是指通过一定的税收政策、法律、制度,影响社会经济运行,促进社会经济稳定发展。为了弥补市场在稳定经济方面的缺陷,国家借助于税收经济杠杆,通过控制需求总量、调节供给结构来促进经济稳定增长。

四、税收体系与分类

(一)税收体系

税收体系是构成税收制度的具体税收种类。我国现行已开征的税种有增值税、消费税、关税、企业所得税、个人所得税、资源税、房产税、城镇土地使用税、车船税、土地增值税、车辆购置税、印花税、城市维护建设税、耕地占用税、契税、烟叶税和环境保护税。

(二)税收分类

1. 以征税对象为标准

以征税对象为标准,可将税收分为流转额课税、所得额课税、财产税、资源税、行为税、特定目的税和烟叶税。

(1)流转税。流转税是指以商品或劳务的流转额为征税对象征收的一种税。此税种主要在生产、流通和服务领域中发挥调节作用,包括增值税、消费税和关税。

(2)所得税。所得税是指以所得额为征税对象征收的一种税。此税种主要对生产经营者的利润和个人的纯收入发挥调节作用,包括企业所得税和个人所得税。

(3)财产税。财产税是指以纳税人所拥有或支配的财产为征税对象征收的一种税。此税种主要对特定财产发挥调节作用,包括房产税和车船税等。

(4)资源税。资源税是对开发、利用和占有国有自然资源的单位和个人征收的一种税。此税种主要对因开发和利用自然资源而形成的级差收入发挥调节作用,包括资源税、土地增值税和城镇土地使用税等。

(5)行为税。行为税是指为了调节某些行为,以这些行为为征税对象征收的一种税。此税种主要对特定行为发挥调节作用,包括印花税、契税、车辆购置税等。

(6)特定目的税。特定目的税是指为了达到特定目的而征收的一种税。此税种主要是为了特定目的,对特定对象发挥调节作用,包括城市维护建设税、耕地占用税、环境保护税等。

(7)烟叶税。烟叶税是指国家对收购烟叶的单位按收购烟叶金额征收的一种税。

2. 以税负能否转嫁为标准

以税负能否转嫁为标准,可将税收分为直接税和间接税。

(1)直接税。直接税是指税负不能转嫁,只能由纳税人承担的一种税,如所得税、财产税等。

（2）间接税。间接税是指纳税人能将税负全部或部分转嫁给他人的一种税,如增值税、消费税和关税等流转税。

3. 以计税依据为标准

以计税依据为标准,可将税收分为从量税、从价税和复合税。

（1）从量税。从量税是以征税对象的自然实物量（重量、容积等）为标准,采用固定单位税额征收的一种税,如啤酒的消费税。

（2）从价税。从价税是以征税对象的价值量为标准,按规定税率征收的一种税,如高档化妆品的消费税。

（3）复合税。复合税是同时以征税对象的自然实物量和价值量为标准征收的一种税,如白酒的消费税。

4. 以税收管理与使用权限为标准

以税收管理与使用权限为标准,可将税收分为中央税、地方税、中央地方共享税。

（1）中央税。中央税是指管理权限归中央,税收收入归中央支配和使用的一种税,如关税、消费税、车辆购置税等。

（2）地方税。地方税是指管理权限归地方,税收收入归地方支配和使用的一种税,如车船税、房产税、土地增值税等。

（3）中央地方共享税。中央地方共享税是指主要管理权限归中央,税收收入由中央和地方共同享有,按一定比例分成的一种税,如增值税、资源税、企业所得税、印花税等。

5. 以税收与价格的关系为标准

以税收与价格的关系为标准,可将税收分为价内税和价外税。

（1）价内税。价内税是指商品税金包含在商品价格之中,商品价格由"成本＋税金＋利润"构成的一种税。价内税有利于国家通过对税负的调整,直接调节生产和消费,但往往容易造成对价格的扭曲。

（2）价外税。价外税是指商品价格中不包含商品税金,商品价格仅由"成本＋利润"构成的一种税。价外税与企业的成本利润、价格没有直接联系,能更好地反映企业的经营成果。

五、税收的原则

（一）税收原则理论的发展

1. 亚当·斯密的税收四项原则

亚当·斯密在《国富论》一书中列举了税收的四项原则是:①平等原则。纳税人应按各自能力（收入）的比例来负担税款。②确定原则。纳税人的应纳税赋是确定的,不得随意变更。③便利原则。纳税手续尽量从简、便利。④节约原则,即最少征收费原则。

2. 瓦格纳提出的税收四项九端原则

德国经济学家阿道夫·瓦格纳在《财政学原理》中提出的税收原则是:①财政收入原则。财政收入原则是指税收应充分满足财政需要且随财政支出需要的变动而增加或减少。其两个具体原则为:财政充分原则和弹性原则。②国民经济原则。国民经济原则是指税源的选择应有利于保护税本,尽可能选择税负难以转嫁或转嫁方向明确的税种。两个具体原则为:选择税源原则;选择税种原则。③社会公平原则。社会公平原则规定每一公民都有纳税义务并按照负担能力大小征税。其具体原则为:普遍原则和平等原则。④税务行政原则。税务行政原则是指税法应当简明,纳税手续应简便,征税费用和纳税费用尽可能节省。其具体原则为:确定原则、便利原则和最小费用原则。

（二）我国现行税收的原则

1. 财政原则

税收的财政原则是指要保证国家财政收入及时、足额取得，而且取得的收入还要适度、合理。税收制度的效率原则、公平原则等都只能在组织财政收入的过程中实现。从这个意义上来看，财政原则应是税法的基本原则。

2. 法定原则

税收的法定原则就是政府征税，包括税制的建立、税收政策的运用和整个税收管理应以法律为依据，依法治税。法定原则的内容包括两个方面：税收的程序规范原则和征收内容明确原则。前者要求税收程序法定，后者要求征税内容法定。

3. 公平原则

税收的公平原则是指创造平等、竞争的环境，按照受益征税，依据能力负担。简单地说，公平原则可以概括为受益原则、竞争原则和能力原则。

4. 效率原则

国家在征税过程中，一方面取得了一定的财政收入，另一方面又必须付出一定的征收费用，我们称前者为税收收益，称后者为税收成本。税收效率就是通过税收成本和税收收益之间的比例关系来加以衡量的。税收收益的大小直接取决于经济效率的高低，税收对经济的干预正确与否又反过来影响着经济效率。

（三）税收中性

1. 税收中性的概念

税收中性是指政府课税使社会付出的代价应以征税数额为限，不给纳税人带来超出税款之外的负担，不干扰市场机制的正常运行。

2. 税收中性的前提

税收中性的前提是市场机制的有效性。在市场对资源的配置能达到"帕累托效率"的领域，税收应尽量保持中性。

3. 保持税收的中性和发挥税收的调节作用的一致性

在市场机制条件下，保持税收的中性和发挥税收的调节作用是一致的。因为税收的调节作用是针对市场失效而言的，即在市场机制难以有效作用的领域，通过税收干预来实现资源配置，达到"帕累托最优"状态。

4. 税收中性原则的实践意义

保持税收中性，在于尽量减少税收对市场经济正常运行的干扰，使市场机制在资源配置中发挥基础性作用，在这个前提下，有效发挥税收的调节作用，使税收机制与市场机制两者取得最优的结合。

5. 税收超额负担或无谓负担

税收中性与税收超额负担相关，或者说，税收中性就是针对税收超额负担而言的。税收超额负担是指政府通过征税将社会资源从纳税人向政府部门转移的过程中给纳税人造成了相当于纳税税款以外的负担。税收的超额负担会降低税收的效率。而减少税收的超额负担从而提高税收效率的重要途径，在于尽可能保持税收的中性原则。

六、税收对经济的影响

政府对企业或个人征税，将使得企业或个人的可支配收入减少，这会影响企业或个人的诸多行为，包括企业的生产、个人的消费，表现为收入效应和替代效应两个方面，并由此产生一系列的影响。这也是税收发挥调节作用的原理所在。

征税总会给纳税人带来税收负担,但简单地把各种税的税率加起来,然后得出税负很重的结论是不对的。并非每个企业和每个人都要交纳所有税种,也不是每个税种都是按照同一个征税依据计算征税。如图5-1所示,可以更形象地理解税收的经济影响。

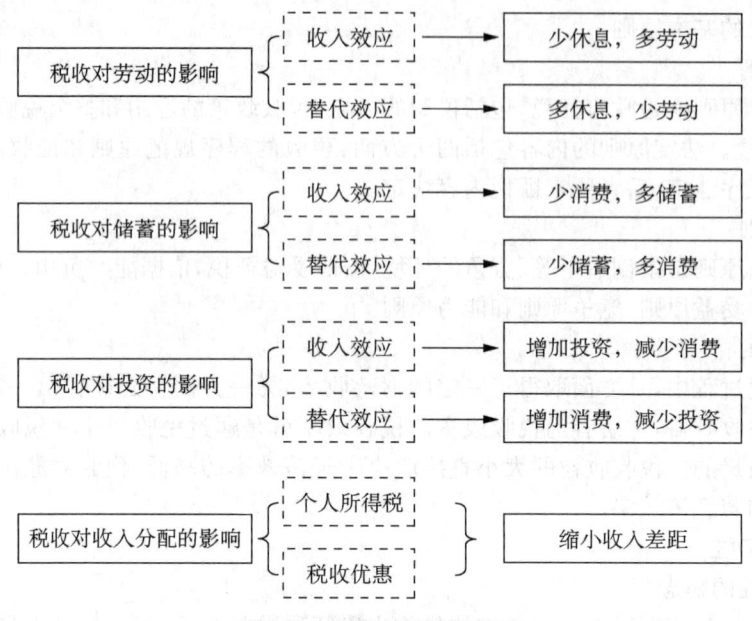

图 5-1　税收对经济的影响

任务二　税收制度要素与结构

税收制度的核心是税法。税法是国家向一切纳税义务人(以下简称纳税人)征收税款的法律依据,也是调整税收关系的准绳。税法由税收制度(以下简称税制)的基本要素构成,一般包括纳税人、征税对象、税目、计税依据、税率、纳税环节、纳税期限、减免税或加征加成、违章处理等,其中,纳税人、征税对象、税率是构成税收制度的三个最基本的要素。

一、税收制度要素

税收制度要素是指构成一个完整实体税种的法定基本要素,具体包括以下内容。

(一)纳税义务人

纳税人是指税法规定的直接负有纳税义务的单位和个人,包括法人和自然人。

(二)征税对象

征税对象是指征税的目的物。税目是征税对象的具体化,反映各税种的具体征税范围,体现每个税种的征税广度。设置税目的目的有:①为了明确征税对象的具体范围。②便于确定差别税率。计税依据简称税基,是指计算应纳税额的基数。税额计算的基本等式是"税基×税率=应纳税额"。在该等式中,税基的计量单位有实物计量、价值计量及同时考虑实物计量与价值计量三种形式,即从量税、从价税和复合税。

(三)税率

税率是指应纳税额与计税依据之间的法定比例,是衡量税负轻重的重要标志,是税收制度的核心。其基本形式如下。

1. 比例税率

比例税率是指对同一征税对象，不分数额大小，规定相同的征收比例。我国现行的增值税、企业所得税等税种均采用比例税率。

2. 累进税率

累进税率是指把计税依据按一定的标准划分为若干个等级，从低到高分别规定逐级递增的税率。累进税率按其累进依据和累进方式不同，分为全额累进税率、超额累进税率和超率累进税率三种形式。

（1）全额累进税率是指将计税依据按绝对额划分为若干个等级，从低到高每一个等级规定一个适用税率，当计税依据由低一级升到高一级时，全部计税依据均按高一级税率计算应纳税额。该方式计算简便，但累进程度急剧，特别是在两个等级的临界处，会出现应纳税额增加超过计税依据增加的不合理现象。

（2）超额累进税率是指将计税依据按绝对额划分为若干个等级，从低到高每一个等级规定一个适用税率，一定数额的计税依据可以同时适用几个等级的税率，每超过一级，超过部分按高一级税率计，各等级应纳税额之和为纳税人应纳税总额。该方式既考虑了纳税人的不同负担能力，累进程度也比较缓和，是一种比较理想的税率形式。如我国工资、薪金个人所得税税率，个体工商户生产经营所得个人所得税税率，承包、承租经营所得个人所得税税率。

（3）超率累进税率是指将计税依据按相对率划分为若干个等级，从低到高每一个等级规定一个适用税率，各个等级的计税依据分别按照本级的适用税率计算，各等级应纳税额之和为纳税人应纳税总额。超率累进税率的计税原理与超额累进税率相同，但以征税对象的相对数为累进依据，如土地增值税税率。

3. 定额税率

定额税率是指按征税对象确定的计算单位直接规定一个固定税额。其特点是税率与征税对象的价值量无关，不受征税对象价值量变化的影响。它适用于价格稳定或质量等级较为单一的征税对象，如城镇土地使用税税率、车船税税率等。

（四）纳税地点

纳税地点是指纳税人缴纳税款的地点。纳税地点的确定必须遵守方便征税、利于源泉控税的原则。

（五）纳税期限

纳税期限是指纳税人缴纳税款的期限，包括税款计算期和税款缴纳期。税款计算期是指计算税款的期限，分为按次计算和按时间计算两种形式。按次计算是以发生纳税义务的次数作为税款计算期；按时间计算是以发生纳税义务的一定时段作为税款计算期，如增值税税款按时间计算可分为 1 日、3 日、5 日、10 日、15 日、1 个月和 1 个季度。税款缴纳期是税款计算期满后实际缴纳税款的期限。

【提示】 不能按固定期限纳税的，可根据纳税行为发生次数确定纳税期限。

（六）税收减免

税收减免是税率的重要补充，是税法普遍性与特殊性、统一性和灵活性的有机结合。税收减免的具体形式包括税基式减免、税率式减免、税额式减免三种。

（1）税基式减免。税基式减免是指通过直接缩小计税依据的方式来实现的税收减免，包括起征点、免征额、项目扣除等形式。其中，起征点是征税对象达到一定数额开始征税的起点。对征税对象数额未达到起征点的，不征；达到起征点的，按全额征税。免征额是在征税对象的全部数额中免予征税的数额。对免征额的部分不征税，仅对超过免征额的部分征税。

（2）税率式减免。税率式减免是指通过直接降低税率的方式实现的税收减免，包括重新确定税率、选用其他税率、零税率等形式。

（3）税额式减免。税额式减免是指通过直接减少应纳税额的方式实现的税收减免，包括全部免征、减半征收、核定减免率、抵免税额等形式。

（七）税收加征

税收加征方式有地方附加与加成征收两种方式。

（1）地方附加是指地方政府按国家规定的比例随同正税一起征收的列入地方预算外收入的一种款项，如教育费附加。

（2）加成征收是指在应纳税额基础上额外征收一定比例的税额。加成实际上是税率的一种延伸，增强了税制的灵活性与适应性。

（八）违章处理

违章处理是指对纳税人不依法纳税、不遵守税收征管制度等违反税法行为采取的处罚性措施。税务机关可以根据有关责任人违法情节轻重、后果大小，分别采取批评教育、经济处罚或提请司法机关依法追究刑事责任等处罚措施。这对于保证税收政策、法令制度的贯彻执行具有重要的现实意义。

二、税收制度结构

（一）税收制度结构概述

我国现行税制是指从 1994 年 1 月 1 日以来实行的税收制度，是适应社会主义市场经济体制的税制。目前的税收体系按照课税对象的性质划分，可分为五大类：流转额课税、所得额课税、资源课税、财产课税和行为课税。我国现行税制是以流转额课税、所得额课税为主体，以其他税类为辅助和补充的复合税制体系。

1. 流转额课税

流转额课税简称流转税，是以商品或劳务为征税对象，以流通过程中发生的流转额为计税依据而课征税款的若干税种的统称，主要包括增值税、消费税、关税等。一般而言，流转税通常采用比例税率，也有部分采用定额税率，计征方法比较简便。这类税收具有收入的及时性、稳定性和税源的广泛性等特点。目前，我国流转税的收入占税收总收入的一半以上。

2. 所得额课税

所得额课税又称收益额课税，是以纳税人的所得（收益）额为征税对象课征的一类税。我国现行税制中的所得额课税主要包括企业所得税、个人所得税等。与流转税相比，它的主要特点有：①课税公平。②一般采用累进税率。③一般就全年所得额征税，采用按期（月或季）预征、年终汇算清缴的办法。当前，我国所得额课税的收入占税收收入的 30％～40％。

3. 资源课税

资源课税简称资源税，是指以各种自然资源（如城市土地、矿藏、水流、森林等）为课税对象征收的一系列税种的统称。资源课税的特点有：①对特定的资源课税。②具有对绝对地租（收入）和级差地租（收入）征税的性质。③实行从量定额征税。我国现行税种中的资源课税主要包括资源税、土地使用税、土地增值税和耕地占用税等。

4. 财产课税

财产课税是根据纳税人拥有或支配的财产而课征的若干税种的统称。目前，我国属于财产税的税种主要有房产税、契税和车船税等。

5. 行为课税

行为课税是指以纳税人的某种特定行为作为课税对象而征收的一类税。开征行为税的主要目的是达到国家某种特定的政策要求。在我国现行税制中行为课税主要包括印花税、城市维护建设税等。

(二)我国现行税收制度结构主要税种

1. 增值税

(1)增值税的概念和特点。增值税是以销售货物、加工修理修配劳务(简称为劳务)、服务、无形资产以及不动产过程中产生的增值额作为计税依据而征收的一种流转税。增值税的特点有:①不重复征税,其具有中性税收的特征。②逐环节征税,逐环节扣税,其具有转嫁性。③税基广阔,其具有征收的普遍性和连续性。④有利于稳定财政收入。

(2)增值税的分类。按外购固定资产处理方式不同,可将增值税分为消费型增值税、收入型增值税和生产型增值税三种类型。三种类型增值税的特点和适用范围如表5-1所示。

表5-1   三种类型增值税的特点和适用范围

类 型	特 点	优 点	缺 点	适用范围
生产型增值税	(1)法定增值额不允许扣除任何外购固定资产价款 (2)法定增值额大于理论增值额	保证财政收入	重复征税,不利于鼓励投资	我国1994年至2008年
收入型增值税	(1)对外购固定资产只允许扣除当期计入产品价值的折旧部分 (2)法定增值额等于理论增值额	完全避免重复征税	给以票扣税造成困难	—
消费型增值税	(1)当期购入固定资产价款一次全部扣除 (2)法定增值额小于理论增值额	体现增值税优越性,便于操作	减少财政收入	我国2009年1月1日至今

【提示】 我国现行增值税属于消费型增值税。

(3)增值税征税范围,包括:①销售或者进口货物。销售货物是指有偿转让货物的所有权。进口货物是指申报进入中国海关境内的货物。我国增值税法规规定,只要是报关进口的应税货物,均属于增值税的征税范围,除享受免税政策外,在进口环节缴纳增值税。②提供(销售)加工修理修配劳务。提供加工、修理修配劳务是指有偿提供加工修理修配劳务,但单位或个体经营者聘用的员工为本单位或雇主提供加工修理修配劳务,不包括在内。③销售服务、无形资产、不动产。销售服务、无形资产或者不动产是指有偿提供服务、有偿转让无形资产或者不动产。

(4)增值税的纳税人。增值税纳税人是指税法规定负有缴纳增值税义务的单位和个人。在中华人民共和国境内销售货物或者加工修理修配劳务(简称劳务)、服务、无形资产、不动产以及进口货物的单位和个人,为增值税的纳税人。

按照经营规模的大小和会计核算健全与否等标准,增值税纳税人可分为一般纳税人和小规模纳税人。

第一,一般纳税人。一般纳税人是指年应征增值税销售额(以下简称年应税销售额)超过税法规定的小规模纳税人标准的企业和企业性单位。一般纳税人的特点是增值税进项税额可以抵扣销项税额。

增值税纳税人年应税销售额超过财政部、国家税务总局规定的小规模纳税人标准的,除税法另有规定外,应当向其机构所在地主管税务机关办理一般纳税人登记。

在税务机关登记的一般纳税人,可按税法规定计算应纳税额,并使用增值税专用发票。对符合一般纳税人条件但不办理一般纳税人登记手续的纳税人,应按销售额依照增值税税率计算应纳税额,不得抵扣进项税额,也不得使用增值税专用发票。

【提示】 增值税一般纳税人的特点是在一般计税方法下增值税进项税额可以抵扣销项税额(扣税法),并可使用增值税专用发票。

第二,小规模纳税人。小规模纳税人是指年销售额在规定标准以下,并且会计核算不健全,不能按规定报送有关税务资料的增值税纳税人。小规模纳税人的标准是:自 2018 年 5 月 1 日起,增值税小规模纳税人标准统一为年应征增值税销售额 500 万元及以下。年应税销售额超过小规模纳税人标准的其他个人(指个体工商户以外的个人)按照小规模纳税人纳税。小规模纳税人会计核算健全,能够提供准确税务资料的,可以向主管税务机关办理一般纳税人资格登记,成为一般纳税人。除国家税务总局另有规定外,一经登记为一般纳税人后,不得转为小规模纳税人。

视频

国务院总理
李克强答
中外记者问

(5)增值税的扣缴义务人。中华人民共和国境外(以下简称境外)的单位或者个人在境内提供应税劳务,在境内未设有经营机构的,以其境内代理人为扣缴义务人;在境内没有代理人的,以购买方为扣缴义务人。上述扣缴义务人应扣缴税额的计算公式为:

$$应扣缴税额=购买方支付的价款÷(1+税率)×税率$$

(6)增值税税率和征收率。

第一,增值税税率。自 2019 年 4 月 1 日起,增值税一般纳税人适用税率为 13%、9%、6% 和 0 共四档,适用范围如表 5-2 所示。

表 5-2   增值税适用税率

税率		适用范围
基本税率	13%	(1)销售或进口货物(除低税率适用范围外) (2)销售劳务:加工、修理修配劳务 (3)现代服务:有形动产租赁服务
低税率	9%	(1)销售或者进口下列货物:①粮食等农产品、食用植物油、食用盐。②自来水、暖气、冷气、热水、煤气、石油液化气、天然气、二甲醚、沼气、居民用煤炭制品。③图书、报纸、杂志、音像制品、电子出版物。④饲料、化肥、农药、农机、农膜。⑤国务院规定的其他货物 (2)交通运输服务:陆路运输服务、水路运输服务、航空运输、管道运输服务、无运输工具承运业务 (3)邮政服务:邮政普遍服务、邮政特殊服务和其他邮政服务 (4)电信服务:基础电信服务 (5)建筑服务:①工程服务。②安装服务。③修缮服务。④装饰服务。⑤其他建筑服务 (6)销售不动产:转让建筑物、构筑物等不动产产权 (7)现代服务:不动产租赁服务 (8)销售无形资产:土地使用权

（续表）

税率		适用范围
低税率	6%	（1）销售无形资产：转让技术、商标、著作权、商誉、自然资源和其他权益性无形资产所有权或使用权 （2）金融服务：①贷款服务。②直接收费金融服务。③金融商品转让服务。④保险服务 （3）生活服务：①文化体育服务。②教育医疗服务。③旅游娱乐服务。④餐饮住宿服务。⑤居民日常服务。⑥其他生活服务 （4）现代服务：①研发和技术服务。②信息技术服务。③文化创意服务。④物流辅助服务。⑤鉴证咨询服务。⑥广播影视服务。⑦商务辅助服务。⑧其他现代服务 （5）电信服务：增值电信服务
零税率	0	出口货物（但国务院另有规定的除外）、跨境销售国务院规定范围内服务、无形资产

注：自 2018 年 5 月 1 日起，对进口抗癌药品，减按 3% 征收进口环节增值税。自 2018 年 5 月 1 日起，增值税一般纳税人生产销售和批发、零售抗癌药品，可选择按照简易办法依照 3% 征收率计算缴纳增值税。

【提示】　销售货物、劳务、提供跨境应税行为，符合免税条件的，免税。

【注意】　销售适用增值税零税率的服务或无形资产的，可以放弃适用增值税零税率，选择免税或按规定缴纳增值税。放弃后适用增值税零税率后，36 个月内不得再申请适用增值税税率。

【注意】　购进农产品进项税额扣除率：对增值税一般纳税人购进农产品，原适用 10% 扣除率的，扣除率调整为 9%。对增值税一般纳税人购进用于生产或者委托加工 13% 税率货物的农产品，按照 10% 扣除率计算进项税额。

第二，增值税征收率。增值税小规模纳税人以及采用简易计税的一般纳税人计算税款时使用征收率，目前增值税征收率一共有 4 档，0.5%、1%、3% 和 5%。小规模纳税人增值税征收率为 3%，国务院另有规定的除外。这是小规模纳税人销售货物或者提供应税劳务最常见的一种征收率。

（7）增值税应纳税额的计算。我国增值税一般纳税人在一般计税方法下的应纳税额的计算实行购进扣税法。一般纳税人在一般计税方法下销售货物、劳务、服务、无形资产、不动产（统称应税销售行为），应纳税额为当期销项税额抵扣当期进项税额后的余额，其计算公式为：

$$应纳增值税税额＝当期销项税额－当期准予抵扣进项税额$$
$$＝当期销售额×适用税率－当期准予抵扣进项税额$$

小规模纳税人发生应税销售行为，实行按照销售额乘以征收率计算应纳税额的简易计税方法，并不得抵扣进项税额，其计算公式为：

$$应纳税额＝销售额×征收率$$

简易计税方法的销售额不包括其应纳增值税税额。纳税人采用销售额和应纳增值税税额合并定价方法的，其计算公式为：

$$销售额＝含税销售额÷（1＋征收率）$$

2. 消费税

（1）消费税的概念和特点。消费税是指在我国境内从事生产、委托加工、进口、批发或者零售应税消费品的单位和个人征收的一种流转税，是对特定的消费品和消费行为在特定的环节征收的一种流转税。消费税的特点是：①征收范围有较强的选择性，即根据国家的产业政策、消费政策来选择。②征收环节单一,只在生产销售、进口环节征税。③实行差别较大的比例税率或定额税率。④主要实行从价定率征收,部分实行从量定额征收或两者相结合。

(2) 消费税的纳税人。消费税纳税人是指在中华人民共和国境内(起运地或者所在地在境内)生产、委托加工和进口《中华人民共和国消费税暂行条例》(简称《消费税暂行条例》)规定的应税消费品的单位和个人,以及国务院确定的销售《消费税暂行条例》规定的某些应税消费品的其他单位和个人。

(3) 消费税的税目和税率。消费税税率采取比例税率、定额税率和从量定额(定额税率)与从价定率(比例税率)相结合的复合征收三种形式,以适应不同应税消费品的实际情况。多数消费品采用的是比例税率,如雪茄烟、烟丝、高档化妆品、贵重首饰及珠宝玉石、摩托车、小汽车、高档手表等;对于成品油、黄酒和啤酒等,则实行定额税率;对卷烟和白酒,则采取了比例税率和定额税率相结合的复合计税方法来征收消费税。应税消费品名称、税率和计量单位对照表,如表5-3所示。

表5-3 　　　　　　　应税消费品名称、税率和计量单位对照表

应税消费品名称	比例税率	定额税率	计量单位
一、烟			
1. 卷烟			
(1) 工业			
① 甲类卷烟〔调拨价70元(不含增值税)/条以上(含70元)〕	56%	30元/万支	万支
② 乙类卷烟〔调拨价70元(不含增值税)/条以下〕	36%	30元/万支	
(2) 商业批发	11%	50元/万支	
2. 雪茄烟	36%	—	支
3. 烟丝	30%	—	千克
4. 电子烟			
(1) 生产(进口)环节	36%	—	盒
(2) 批发环节	11%	—	盒
二、酒			
1. 白酒	20%	0.5元/500克(毫升)	500克(毫升)
2. 黄酒	—	240元/吨	吨
3. 啤酒			
(1) 甲类啤酒〔出厂价格3 000元(不含增值税)/吨以上(含3 000元)〕	—	250元/吨	吨
(2) 乙类啤酒〔出厂价格3 000元(不含增值税)/吨以下〕	—	220元/吨	
4. 其他酒	10%	—	吨
三、高档化妆品	15%	—	实际使用计量单位
四、贵重首饰及珠宝玉石			
1. 金银首饰、铂金首饰和钻石及钻石饰品	5%	—	实际使用计量单位
2. 其他贵重首饰和珠宝玉石	10%	—	

（续表）

应税消费品名称	比例税率	定额税率	计量单位
五、鞭炮、焰火	15%	—	实际使用计量单位
六、成品油			
1. 汽油	—	1.52元/升	升
2. 柴油	—	1.20元/升	
3. 航空煤油	—	1.20元/升	
4. 石脑油	—	1.52元/升	
5. 溶剂油	—	1.52元/升	
6. 润滑油	—	1.52元/升	
7. 燃料油	—	1.20元/升	
七、摩托车			
1. 气缸容量（排气量，下同）＝250毫升	3%	—	辆
2. 气缸容量＞250毫升	10%	—	
八、小汽车			
1. 乘用车			
(1) 气缸容量（排气量，下同）≤1.0升	1%	—	辆
(2) 1.0升＜气缸容量≤1.5升	3%	—	
(3) 1.5升＜气缸容量≤2.0升	5%	—	
(4) 2.0升＜气缸容量≤2.5升	9%	—	
(5) 2.5升＜气缸容量≤3.0升	12%	—	
(6) 3.0升＜气缸容量≤4.0升	25%	—	
(7) 气缸容量＞4.0升	40%	—	
2. 中轻型商用客车	5%	—	
3. 超豪华小汽车	10%	—	
九、高尔夫球及球具	10%	—	实际使用计量单位
十、高档手表	20%	—	只
十一、游艇	10%	—	艘
十二、木制一次性筷子	5%	—	万双
十三、实木地板	5%	—	平方米
十四、电池	4%	—	只
十五、涂料	4%	—	吨

（4）消费税应纳税额的计算。

第一，从价定率征收应纳税额的计算。从价定率征收，即根据不同的应税消费品确定不同的比例税率，其计算公式为：

$$应税消费品的销售额＝含增值税的销售额÷（1＋增值税税率或征收率）$$
$$应纳消费税税额＝应税消费品的销售额×比例税率$$

第二，从量定额征收应纳税额的计算。从量定额征收，即根据不同的应税消费品确定不同的单位税额，其计算公式为：

$$应纳消费税税额＝应税消费品的销售数量×单位税额$$

第三，从价定率和从量定额复合征收应纳税额的计算。从价定率和从量定额复合征收，即以两种方法计算的应纳税税额之和为该应税消费品的应纳税税额。我国目前只对卷烟和白酒采用复合征收方法，其计算公式为：

$$应纳消费税税额＝应税消费品的销售额×比例税率＋应税消费品的销售数量×单位定额税率$$

3. 企业所得税

（1）企业所得税的概念。企业所得税是对我国企业和其他组织的生产经营所得和其他所得征收的一种税。企业所得税法是调整企业所得税征纳关系的法律规范的总称。企业所得税的特点有：①征税对象是所得额。②应税所得额的计算比较复杂。③征税以量能负担为原则。④实行按年计征分期预缴的征税办法。

（2）企业所得税的纳税人。企业分为居民企业和非居民企业。居民企业是指依法在中国境内成立，或者依照外国（地区）法律成立但实际管理机构在中国境内的企业。非居民企业是指依照外国（地区）法律成立且实际管理机构不在中国境内，但在中国境内设立机构、场所的，或者在中国境内未设立机构、场所，但有来源于中国境内所得的企业。

【提示】 个人独资企业和合伙企业不适用《企业所得税法》，不作为企业所得税的纳税人。对个人独资企业和合伙企业的投资者只征收个人所得税。

（3）企业所得税的征税对象。居民企业应就来源于中国境内、境外的所得缴纳企业所得税。非居民企业在中国境内设立机构、场所的，应当就其所设机构、场所取得的来源于中国境内的所得，以及发生在中国境外但与其所设机构、场所有实际联系的所得，缴纳企业所得税。非居民企业在中国境内未设立机构、场所的，或者虽设立机构、场所但取得的所得与其所设机构、场所没有实际联系的，应当就其来源于中国境内的所得缴纳企业所得税。

视频

实施小微企业
普惠性税收
减免政策

（4）企业所得税的税率。企业所得税的税率，包括：①基本税率。企业所得税的基本税率为25％，适用于居民企业和在中国境内设有机构、场所且取得的所得与其所设机构、场所有实际联系的非居民企业。②优惠税率。对符合条件的小型微利企业，减按20％的税率征收企业所得税。对国家需要重点扶持的高新技术企业，减按15％的税率征收企业所得税。非居民企业在中国境内未设立机构、场所的，或者虽设立机构、场所但取得的所得与其所设机构、场所没有实际联系的所得，适用税率为20％，但实际征税时减按10％的税率征收企业所得税，以支付人为扣缴义务人。

（5）企业所得税的应纳税所得额和应纳税额的计算。企业所得税应纳税所得额是企业所得税的计税依据。按照《企业所得税法》的规定，应纳税所得额为企业每一个纳税年度的收入总额减去不征税收入额、免税收入额、各项扣除额，以及准予弥补的以前年度亏损额之后的余额。企业的应纳税额取决于应纳税所得额和适用税率两个因素。企业应纳税所得额有如下两种计算方法：

第一,直接计算法下的计算公式为:

应纳税所得额＝收入总额－不征税收入额－免税收入额－各项扣除额－准予弥补的以前年度亏损额

第二,间接计算法下的计算公式为:

$$应纳税所得额＝利润总额±纳税调整项目金额$$

企业所得税应纳税额的计算公式为:

$$应纳税额＝应纳税所得额×适用税率－减免税额－抵免税额$$

减免税额和抵免税额,是指依照《企业所得税法》和国务院的税收优惠规定减征、免征和准予抵免的应纳税额。

4. 个人所得税

（1）个人所得税的概念和特点。个人所得税是对个人取得的应税所得征收的一种税,其体现了国家与个人之间的分配关系。个人所得税的特点有:①实行综合与分类相结合的税制。②累进税率与比例税率并用。③费用扣除额范围较宽。④实行代扣代缴与自行申报纳税的征收方法。

（2）个人所得税的纳税人。个人所得税的纳税人以住所和居住时间为标准分为居民个人和非居民个人。①居民个人。在中国境内有住所,或者无住所而一个纳税年度内在中国境内居住累计满183天的个人,为居民个人。②非居民个人。在中国境内无住所又不居住,或者无住所而一个纳税年度内在中国境内居住累计不满183天的个人,为非居民个人。

【提示】 居民个人从中国境内和境外取得的所得,依照规定缴纳个人所得税;非居民个人从中国境内取得的所得,依照规定缴纳个人所得税。

（3）个人所得税的应税项目。个人所得税的征税范围包括个人取得的各项应税所得,《个人所得税法》列举了9项个人应税所得:①工资、薪金所得。②劳务报酬所得。③稿酬所得。④特许权使用费所得。⑤经营所得。⑥利息、股息、红利所得。⑦财产租赁所得。⑧财产转让所得。⑨偶然所得。

居民个人取得①～④项所得(以下称综合所得),按纳税年度合并计算个人所得税;非居民个人取得①～④项所得,按月或者按次分项计算个人所得税;纳税人取得⑤～⑨项所得,依照规定分别计算个人所得税。个人取得的所得难以界定应纳税所得项目的,由主管税务机关确定。

（4）个人所得税的税率。国家税务总局发布《个人所得税扣缴申报管理办法(试行)》(国家税务总局公告2018年第61号)的公告中,个人所得税预扣率如表5-4、表5-5和表5-6所示。

视频

2019年1月1日个税起征点5 000元

视频

重磅！个税抵扣细则

表5-4　　　　　　　　　　**个人所得税预扣率(一)**
(居民个人工资、薪金所得预扣预缴适用)

级数	累计预扣预缴应纳税所得额	预扣率	速算扣除数(元)
1	不超过36 000元	3%	0
2	超过36 000元至144 000元的部分	10%	2 520
3	超过144 000元至300 000元的部分	20%	16 920
4	超过300 000元至420 000元的部分	25%	31 920
5	超过420 000元至660 000元的部分	30%	52 920
6	超过660 000元至960 000元的部分	35%	85 920
7	超过960 000元的部分	45%	181 920

表 5-5   **个人所得税预扣率(二)**
                          (居民个人劳务报酬所得预扣预缴适用)

级数	预扣预缴应纳税所得额	预扣率	速算扣除数(元)
1	不超过 20 000 元	20%	0
2	超过 20 000 元至 50 000 元的部分	30%	2 000
3	超过 50 000 元的部分	40%	7 000

表 5-6   **个人所得税税率**
            (非居民个人工资、薪金所得,劳务报酬所得,稿酬所得,特许权使用费所得适用)

级数	应纳税所得额	税率	速算扣除数(元)
1	不超过 3 000 元	3%	0
2	超过 3 000 元至 12 000 元的部分	10%	210
3	超过 12 000 元至 25 000 元的部分	20%	1 410
4	超过 25 000 元至 35 000 元的部分	25%	2 660
5	超过 35 000 元至 55 000 元的部分	30%	4 410
6	超过 55 000 元至 80 000 元的部分	35%	7 160
7	超过 80 000 元的部分	45%	15 160

(5) 个人所得税应纳税额的计算。

第一,居民个人的综合所得。居民个人的综合所得,以每一纳税年度的收入额减除费用 6 万元以及专项扣除、专项附加扣除和依法确定的其他扣除后的余额,为应纳税所得额。专项扣除,包括居民个人按照国家规定的范围和标准缴纳的基本养老保险、基本医疗保险、失业保险等社会保险费和住房公积金等;专项附加扣除,包括子女教育、继续教育、大病医疗、住房贷款利息或者住房租金、赡养老人等支出,具体范围、标准和实施步骤由国务院确定,并报全国人民代表大会常务委员会备案。

劳务报酬所得、稿酬所得、特许权使用费所得以收入减除 20% 的费用后的余额为收入额。稿酬所得的收入额减按 70% 计算。

第二,非居民个人的工资、薪金所得。非居民个人的工资、薪金所得以每月收入额减除费用 5 000 元后的余额为应纳税所得额;劳务报酬所得、稿酬所得、特许权使用费所得,以每次收入额为应纳税所得额。

第三,经营所得。经营所得,以每一纳税年度的收入总额减除成本、费用以及损失后的余额,为应纳税所得额。

第四,财产租赁所得。财产租赁所得,每次收入不超过 4 000 元的,减除费用 800 元;4 000元以上的,减除 20% 的费用,其余额为应纳税所得额。

财产租赁所得一般以个人每次取得的收入,定额或定率减除规定费用后的余额为应纳税所得额。每次收入不超过 4 000 元的,减除准予扣除项目、修缮费用(800 元为限),再减除费用800 元;每次收入 4 000 元以上的,减除准予扣除项目、修缮费用(800 元为限),再减除 20% 的费用,其余额为应纳税所得额。其计算公式分别为:

每次(月)收入不足 = [每次(月)收入额-准予扣除项目-修缮费用(800 元为限)-800]×20%
4 000 元的应纳税额

$$\begin{aligned}\text{每次(月)收入在 4 000 元}\\\text{以上的应纳税额}\end{aligned}=[\text{每次(月)收入额}-\text{准予扣除项目}-\text{修缮费用(800 元为限)}]$$

$$\times(1-20\%)\times20\%$$

第五，财产转让所得。财产转让所得以转让财产的收入额减除财产原值和合理费用后的余额，为应纳税所得额。其应纳税额的计算公式为：

$$\text{应纳税额}=\text{应纳税所得额}\times\text{适用税率}$$

$$=(\text{收入总额}-\text{财产原值}-\text{合理税费})\times20\%$$

第六，利息、股息、红利所得和偶然所得。利息、股息、红利所得和偶然所得以每次收入额为应纳税所得额，其应纳税所得额即为每次收入额。其应纳税额的计算公式为：

$$\text{应纳税额}=\text{应纳税所得额}\times\text{适用税率}$$

$$=\text{每次收入额}\times20\%$$

5. 城市维护建设税和教育费附加及地方教育附加

（1）城市维护建设税和教育费附加及地方教育附加的概念。城市维护建设税（以下简称城建税）是以纳税人实际缴纳的增值税和消费税税额为计税依据所征收的一种税，主要目的是筹集城镇设施建设和维护资金。《中华人民共和国城市维护建设税法》已由中华人民共和国第十三届全国人民代表大会常务委员会第二十一次会议于 2020 年 8 月 11 日通过，自 2021 年 9 月 1 日起施行。

教育费附加、地方教育附加是以纳税人实际缴纳的增值税和消费税税额为计征依据所征收的附加费。

（2）城建税的纳税人、教育费附加和地方教育附加的缴纳人。城建税的纳税人、教育费附加和地方教育附加的缴纳人，是负有缴纳增值税和消费税义务的单位和个人。

（3）城建税的税率、教育费附加和地方教育附加的征收率。①城建税的税率。城建税按纳税人所在地区的不同，设置了三档比例税率，如表 5-7 所示。②教育费附加和地方教育附加的征收率。教育费附加的征收率为 3%，地方教育附加的征收率为 2%。

表 5-7　　　　　　　　　　　　城市维护建设税税率表

纳税人所在地	税　率
市区	7%
县城和镇	5%
市区、县城和镇以外的其他地区	1%

6. 土地增值税

（1）土地增值税的概念。土地增值税是对转让国有土地使用权、地上建筑物及其附着物并取得收入的单位和个人，就其转让房地产所取得的增值额征收的一种税。2019 年 7 月 16 日，财政部、国家税务总局起草了《中华人民共和国土地增值税法（征求意见稿）》，征求意见截止时间为 2019 年 8 月 15 日。

（2）土地增值税的纳税人。土地增值税的纳税人为转让国有土地使用权、地上建筑物及其附着物（以下简称转让房地产）并取得收入的单位和个人。

（3）土地增值税的征税范围。土地增值税的征税范围，包括：①土地增值税只对转让国有土地使用权及其地上建筑物和附着物的行为征税，对出让国有土地使用权的行为不征税。②土地增值税既对转让国有土地使用权的行为征税,也对转让地上建筑物及其他附着物产权的行为征税。③土地增值税只对有偿转让的房地产征税,对以继承、赠与等方式无偿转让的房地产,不予征税。

不征土地增值税的房地产赠与行为包括以下两种情况:一种是房产所有人、土地使用权所有人将房屋产权、土地使用权赠与直系亲属或承担直接赡养义务人的行为;另一种是房产所有人、土地使用权所有人通过中国境内非营利的社会团体、国家机关将房屋产权、土地使用权赠与教育、民政和其他社会福利、公益事业的行为。

(4)土地增值税的税率。土地增值税实行四级超率累进税率,如表5-8所示。

表5-8   **土地增值税税率表**

级数	增值额与扣除项目金额的比率	税率	速算扣除系数
1	不超过50%的部分	30%	0
2	超过50%～100%的部分	40%	5%
3	超过100%～200%的部分	50%	15%
4	超过200%的部分	60%	35%

(5)土地增值税的计税依据。土地增值税的计税依据是纳税人转让房地产所取得的增值额。转让房地产的增值额,是纳税人转让房地产的收入减除税法规定的扣除项目金额后的余额。土地增值额的大小,取决于转让房地产的收入额和扣除项目金额两个因素。

7. 房产税

(1)房产税的概念。房产税是指以房产为征税对象,按照房产的计税价值或房产租金收入向房产所有人或经营管理人等征收的一种税。房产税法是调整房产税征纳关系的法律规范的总称。我国现行房产税法主要是1986年9月15日国务院颁布的《中华人民共和国房产税暂行条例》(以下简称《房产税暂行条例》)。

(2)房产税的纳税人。房产税的纳税人是指在我国城市、县城、建制镇和工矿区内拥有房屋产权的单位和个人,其具体包括产权所有人、承典人、房产代管人或者使用人。

(3)房产税的征税范围。房产税的征税范围是城市、县城、建制镇和工矿区的房屋,不包括农村。

【注意】 独立于房屋之外的建筑物,如围墙、烟囱、水塔、菜窖、室外游泳池等不属于房产税的征税范围。

(4)房产税的计税依据。房产税以房产的计税价值或房产的租金收入为计税依据。按房产计税价值征税的,称为从价计征;按房产租金收入征税的,称为从租计征。

(5)房产税的税率。我国现行房产税采用比例税率。从价计征和从租计征实行不同标准的比例税率。①从价计征的,税率为1.2%。②从租计征的,税率为12%。从2001年1月1日起,对个人按市场价格出租的居民住房,可暂减按4%的税率征收房产税。

(6)房产税应纳税额的计算。

第一,从价计征的房产税应纳税额的计算。从价计征是按房产的原值减除一定比例后的余值计征,其计算公式为:

$$从价计征的房产税应纳税额=应税房产原值×(1-扣除比例)×1.2\%$$

公式中,扣除比例幅度为10%～30%,具体扣除比例幅度由各省、自治区、直辖市人民政府自行规定。

第二,从租计征的房产税应纳税额的计算。从租计征是按房产的租金收入计征,其计算公式为：

$$从租计征的房产税应纳税额＝租金收入×12％（或4％）$$

8. 资源税

（1）资源税的概念。资源税是指对在我国境内从事应税矿产品开采或生产盐的单位和个人征收的一种税。《中华人民共和国资源税法》由中华人民共和国第十三届全国人民代表大会常务委员会第十二次会议于2019年8月26日通过，自2020年9月1日起施行。

（2）资源税的纳税人。资源税的纳税人是指在中华人民共和国领域和中华人民共和国管辖的其他海域开发应税资源的单位和个人。

（3）资源税的征税范围。我国目前资源税的征税范围仅涉及矿产品和盐两大类，具体包括：①原油。开采的天然原油征税；人造石油不征税。②天然气。对开采的天然气和与原油同时开采的天然气征税。③煤炭，包括原煤和以未税原煤加工的洗选煤。④其他非金属矿，包括石墨、硅藻土、高岭土、萤石、石灰石、硫铁矿、磷矿、氯化钾、硫酸钾、井矿盐、湖盐、提取地下卤水晒制的盐、煤层（成）气。⑤金属矿，包括铁矿、金矿、铜矿、铝土矿、铅锌矿、镍矿、锡矿及其他金属矿产品原矿或精矿等。⑥海盐，指海水晒制的盐，不包括提取地下卤水晒制的盐。

纳税人开采或者生产应税产品，自用于连续生产应税产品的，不缴纳资源税；自用于其他方面的，视同销售，缴纳资源税。

（4）资源税的税目。现行资源税税目包括原油、天然气、煤炭等非金属矿和金矿、铁矿等金属矿，以及海盐等资源、品目。

（5）资源税的税率。资源税采用比例税率和定额税率两种形式。

9. 城镇土地使用税

（1）城镇土地使用税的概念。城镇土地使用税是指国家在城市、县城、建制镇和工矿区范围内，对使用土地的单位和个人，以其实际占用的土地面积为计税依据，按照规定的税额计算征收的一种税。

（2）城镇土地使用税的纳税人。城镇土地使用税的纳税人是指在税法规定的征税范围内使用土地的单位和个人。

（3）城镇土地使用税的征税范围。城镇土地使用税的征税范围是指税法规定的纳税区域内的土地。凡在城市、县城、建制镇、工矿区范围内的土地，不论是属于国家所有的土地，还是集体所有的土地，都属于城镇土地使用税的征税范围。

自2009年1月1日起，公园、名胜古迹内的索道公司的经营用地，应按规定缴纳城镇土地使用税。

（4）城镇土地使用税的税率。城镇土地使用税采用定额税率，即采用有幅度的差别税额，按大、中、小城市和县城、建制镇、工矿区分别规定每平方米城镇土地使用税年应纳税额，如表5-9所示。

表5-9　　　　　　　　　　　城镇土地使用税税率表

级　别	人　口	每平方米税额（元）
大城市	50万人以上	1.5～30
中等城市	20万～50万人	1.2～24
小城市	20万人以下	0.9～18
县城、建制镇、工矿区		0.6～12

（5）城镇土地使用税的计税依据。城镇土地使用税以纳税人实际占用的土地面积为计税依据，土地面积计量标准为每平方米，即税务机关根据纳税人实际占用的土地面积，按照规定的税率计算应纳税额，向纳税人征收城镇土地使用税。

（6）城镇土地使用税应纳税额的计算。城镇土地使用税是以纳税人实际占用的土地面积为计税依据，按照规定的适用税额计算征收，其计算公式为：

$$年应纳税额＝实际占用应税土地面积（平方米）×适用税额$$

10. 耕地占用税

（1）耕地占用税的概念。耕地占用税是指对占用耕地建房或从事其他非农业建设的单位和个人，就其实际占用的耕地按面积征收的一种税。《中华人民共和国耕地占用税法》旨在合理利用土地资源，加强土地管理和保护耕地，2018年12月29日，第十三届全国人民代表大会常务委员会第七次会议通过，自2019年9月1日起施行。

（2）耕地占用税的纳税人。耕地占用税的纳税人是指在我国境内占用耕地建房或者从事非农业建设的单位或者个人。

（3）耕地占用税的征收范围。耕地占用税的征税范围包括纳税人为建房或从事其他非农业建设而占用的国家所有和集体所有的耕地。

（4）耕地占用税的税率。耕地占用税实行地区幅度差别定额税率，以县为单位，按人均占有耕地面积分设4档定额，如表5-10所示。

表5-10　　　　　　　　　　　**耕地占用税税率表**

	实际占用耕地面积	适用税率
1	1亩以下（含1亩）	10%～50%
2	1～2亩（含2亩）	8%～40%
3	2～3亩（含3亩）	6%～30%
4	3亩以上	5%～25%

（5）耕地占用税的计税依据。耕地占用税以纳税人实际占用的耕地面积为计税依据，按照适用税额标准计算应纳税额，一次性缴纳。纳税人实际占用耕地面积的核定以农用地转用审批文件为主要依据，必要的时候应当实地勘测。

（6）耕地占用税应纳税额的计算。耕地占用税应纳税额的计算公式为：

$$应纳税额＝实际占用耕地面积（平方米）×适用税率$$

11. 关税

（1）关税的概念。关税是指海关依法对进出境的货物、物品征收的一种商品税。关税法是调整关税征纳关系的法律规范的总称。我国现行关税法主要包括《中华人民共和国海关法》（以下简称《海关法》）的有关规定，以及《中华人民共和国进出口关税条例》（以下简称《进出口关税条例》）和《中华人民共和国海关进出口税则》（以下简称《海关进出口税则》）。关税是海关对进出口国境（或关境）的货物、物品，就其流转额征收的一种税。

（2）关税的纳税人。进口货物的收货人、出口货物的发货人、进出境物品的所有人，是关税的纳税义务人。

（3）关税的征税对象和税目。①关税的征税对象是指准许进出我国关境的货物和物品。凡准许进出口的货物，除国家另有规定的以外，均应由海关征收进口关税或出口关税。对从境外采购进口的原产于中国境内的货物,也应按规定征收进口关税。②关税的税目、税率都由《海关进出口税则》规定。它主要包括三个部分:归类总规则、进口税率表和出口税率表。其中,归类总规则是对进出口货物分类的具有法律效力的原则和方法。进出口税则中的商品分类目录为关税税目。按照税则归类总规则及其归类方法,每一种商品都能找到一个最适合的对应税目。

(4)关税的税率。关税的税率包括:①税率的种类。关税的税率分为进口税率和出口税率两种。其中,进口税率又分为普通税率、最惠国税率、协定税率、特惠税率、关税配额税率和暂定税率。②税率的确定。进出口货物应当依照《海关进出口税则》规定的归类原则归入合适的税号,按照适用的税率征税。其中,进出口货物,应按纳税义务人申报进口或者出口之日实施的税率征税;进口货物到达之前,经海关核准先行申报的,应该按照装载此货物的运输工具申报进境之日实施的税率征税;进出口货物的补税和退税,应按该进出口货物原申报进口或出口之日所实施的税率征税。

(5)关税的计税依据。我国对进出口货物征收关税,主要采取从价计征的办法,以商品价格为标准征收关税。因此,关税主要以进出口货物的完税价格为计税依据。

(6)关税应纳税额的计算。

第一,从价税计算方法。从价税是最普遍的关税计征方法,它是以进(出)口货物的完税价格作为计税依据,其计算公式为:

$$应纳税额＝应税进(出)口货物数量×单位完税价格×适用税率$$

第二,从量税计算方法。从量税是指以进(出)口货物的数量为计税依据的一种关税计征方法,其计算公式为:

$$应纳税额＝应税进(出)口货物数量×关税单位税额$$

第三,复合税计算方法。复合税是对某种进(出)口货物同时使用从价和从量计征的一种关税计征方法,其计算公式为:

$$应纳税额＝应税进(出)口货物数量×关税单位税额＋应税进(出)口货物数量$$
$$×单位完税价格×适用税率$$

第四,滑准税计算方法。滑准税是指关税的税率随着进(出)口货物价格的变动而反方向变动的一种税率形式,即价格越高,税率越低,税率为比例税率。因此,对实行滑准税的进(出)口货物应纳税额的计算方法与从价税的计算方法相同,其计算公式为:

$$应纳税额＝应税进(出)口货物数量×单位完税价格×滑准税税率$$

12. 印花税

(1)印花税的概念。印花税是指在经济活动和经济交往中书立、领受、使用的应税经济凭证征收的一种税。因纳税人主要是通过在应税凭证上粘贴印花税票来完成纳税义务,故名印花税。2021 年 6 月 10 日由十三届全国人民代表大会常务委员会第二十九次会议通过的《中华人民共和国印花税法》(以下简称《印花税法》),自 2022 年 7 月 1 日起施行。

(2)印花税的纳税人。印花税的纳税人包括在中华人民共和国境内书立应税凭证、进行证券交易的单位和个人,以及在中华人民共和国境外书立在境内使用的应税凭证的单位和个人。

(3)印花税的征税范围。《印花税法》中列举的凭证分为四类,即合同类、产权转移书据类、营业账簿类、证券交易类。

(4)印花税的税目和税率。根据应纳税凭证性质的不同,印花税分别采用比例税率和定额税率,具体税目、税额标准如表 5-11 所示。

表 5-11 印花税税目、税率表

2022 版，2022 年 7 月 1 日起执行

税目		税率	备注
合同(指书面合同)	借款合同	借款金额×0.05‰	指银行业金融机构、经国务院银行业监督管理机构批准设立的其他金融机构与借款人(不包括同业拆借)的借款合同
	融资租赁合同	租金×0.05‰	
	买卖合同	价款×0.3‰	指动产买卖合同(不包括个人书立的动产买卖合同)
	承揽合同	报酬×0.3‰	
	建设工程合同	价款×0.3‰	
	运输合同	运输费用×0.3‰	指货运合同和多式联运合同(不包括管道运输合同)
	技术合同	价款、报酬或者使用费×0.3‰	不包括专利权、专有技术使用权转让书据
	租赁合同	租金×1‰	
	保管合同	保管费×1‰	
	仓储合同	仓储费×1‰	
	财产保险合同	保险费×1‰	不包括再保险合同
产权转移书据	土地使用权出让书据	价款×0.5‰	转让包括买卖(出售)、继承、赠与、互换、分割
	土地使用权、房屋等建筑物和构筑物所有权转让书据(不包括土地承包经营权和土地经营权转移)	价款×0.5‰	
	股权转让书据(不包括应缴纳证券交易印花税的)	价款×0.5‰	
	商标专用权、著作权、专利权、专有技术使用权转让书据	价款×0.3‰	
营业账簿		实收资本(股本)、资本公积合计金额×0.25‰	
证券交易		成交金额×1‰	

(5)印花税应纳税额的计算。

第一，实行比例税率的凭证，印花税应纳税额的计算公式为：

$$应纳税额＝应税凭证计税金额×比例税率$$

第二，实行定额税率的凭证，印花税应纳税额的计算公式为：

$$应纳税额＝应税凭证件数×定额税率$$

第三，营业账簿应纳税额的计算。印花税应纳税额的计算公式为：

应纳税额＝(实收资本＋资本公积)×0.25‰

13. 契税

(1) 契税的概念。契税是指以境内土地、房屋权属发生转移的不动产为征税对象,以当事人双方签订的合同契约为依据,向产权承受人一次性征收的一种财产税。《中华人民共和国契税法》于 2020 年 8 月 11 日第十三届全国人民代表大会常务委员会第二十一次会议通过,自 2021 年 9 月 1 日起施行。

(2) 契税的纳税人。契税的纳税人是指在我国境内承受土地、房屋权属转移的单位和个人。契税由权属的承受人缴纳。这里所说的承受是指以受让、购买、受赠、交换等方式取得土地、房屋权属的行为。

(3) 契税的征税范围。契税以在我国境内转移土地、房屋权属的行为作为征税对象。土地、房屋权属未发生转移的,不征收契税。契税的征收范围包括:①国有土地使用权出让。②土地使用权转让(包括出售、赠与和交换,不包括农村集体土地承包经营权的转移)。③房屋买卖与房屋赠与。④房屋交换。

(4) 契税的税率。契税采用比例税率,并实行 3%~5% 的幅度税率。

【提示】　个人购买 90 平方米及以下普通住房,且该住房属于家庭唯一住房的,契税税率暂统一为 1%。

(5) 契税的计税依据有:①国有土地使用权出让、土地使用权出售、房屋买卖,按成交价格计缴契税;以竞价方式取得国有土地使用权的,按土地成交总价(不得从中扣除前期开发成本)计缴契税。②土地使用权赠与、房屋赠与,由征收机关参照土地使用权出售、房屋买卖的市场价格核定。③土地使用权交换、房屋交换,按所交换的土地使用权、房屋价格的差额计缴契税。交换价格不相等时,由多交方按差额缴纳;交换价格相等时,免缴契税。

(6) 契税应纳税额的计算。契税应纳税额依照各省、自治区、直辖市人民政府自行确定的适用税率和税法规定的计税依据计算征收,其计算公式为:

应纳税额＝计税依据×税率

14. 车船税

(1) 车船税的概念。车船税是对在中华人民共和国境内属于车船税法规定的车辆、船舶的所有人或管理人征收的一种财产税。我国分别在 2011 年 2 月 25 日及 2011 年 12 月 5 日通过了《中华人民共和国车船税法》(以下简称《车船税法》)和《中华人民共和国车船税法实施条例》(以下简称《车船税法实施条例》),自 2012 年 1 月 1 日起开始施行。

(2) 车船税的纳税人。车船税的纳税人是指在中华人民共和国境内属于税法规定的车辆、船舶(以下简称车船)的所有人或者管理人。从事机动车第三者责任强制保险业务的保险机构为机动车车船税的扣缴义务人。

【提示】　外商投资企业、外国企业、华侨、外籍人员和港、澳、台同胞,也属于车船税的纳税人。

(3) 车船税的征收范围。车船税的征税范围是指在中华人民共和国境内属于《车船税法》所规定的应税车辆和船舶,具体包括:①依法应当在车船登记管理部门登记的机动车辆和船舶。②依法不需要在车船登记管理部门登记的在单位内部场所行驶或者作业的机动车辆和船舶。

(4) 车船税的税目。车船税的税目分为五大类,包括乘用车、商用车、其他车辆、摩托车和船舶。

【提示】　纯电动乘用车和燃料电池乘用车不属于车船税征税范围,对其不征车船税。

(5) 车船税的税率。车船税采用定额税率,又称固定税额。根据《车船税法》的规定,对应税车船实行有幅度的定额税率,即对各类车船分别规定一个从最低到最高限度的年税额。

（6）车船税的计税依据。车船税以车船的计税单位数量为计税依据。《车船税法》按车船的种类和性能,分别确定每辆、整备质量每吨、净吨位每吨和艇身长度每米为计税单位,具体包括：①乘用车、商用客车和摩托车,以辆数为计税依据。②商用货车、专用作业车和轮式专用机械车,以整备质量吨位数为计税依据。③机动船舶、非机动驳船、拖船,以净吨位数为计税依据。④游艇以艇身长度为计税依据。

15. 车辆购置税

（1）车辆购置税的概念。车辆购置税是指对在中华人民共和国境内购置规定车辆的单位和个人征收的一种税。就其性质而言,属于直接税的范畴,它由车辆购置附加费演变而来。2018年12月29日第十三届全国人民代表大会常务委员会第七次会议通过《中华人民共和国车辆购置税法》,自2019年7月1日起施行。

（2）车辆购置税的纳税人。购置是指以购买、进口、自产、受赠、获奖或者其他方式取得并自用应税车辆的行为。在中华人民共和国境内购置汽车、有轨电车、汽车挂车、排气量超过150毫升的摩托车（以下统称应税车辆）的单位和个人,为车辆购置税的纳税人,应当依法规定缴纳车辆购置税。

（3）车辆购置税的征收范围。车辆购置税的征收范围包括汽车、摩托车、电车、挂车、农用运输车。车辆购置税实行一次性征收。购置已征车辆购置税的车辆,不再征收车辆购置税。

（4）车辆购置税的税率。车辆购置税采用10%的比例税率。

（5）车辆购置税的计税依据。车辆购置税的计税依据为应税车辆的计税价格按照下列规定执行：①纳税人购买自用应税车辆的计税价格,为纳税人实际支付给销售者的全部价款,不包括增值税税款。②纳税人进口自用应税车辆的计税价格,为关税完税价格加上关税和消费税。③纳税人自产自用应税车辆的计税价格,按照纳税人生产的同类应税车辆的销售价格确定,不包括增值税税款。④纳税人以受赠、获奖或者其他方式取得自用应税车辆的计税价格,按照购置应税车辆时相关凭证载明的价格确定,不包括增值税税款。

纳税人申报的应税车辆计税价格明显偏低,又无正当理由的,由税务机关依照《税收征收管理法》的规定核定其应纳税额。

纳税人以外汇结算应税车辆价款的,按照申报纳税之日的人民币汇率中间价折合成人民币计算缴纳税款。

（6）车辆购置税的减免。我国车辆购置税实行法定减免,具体包括：①依照法律规定应当予以免税的外国驻华使馆、领事馆和国际组织驻华机构及其有关人员自用的车辆。②中国人民解放军和中国人民武装警察部队列入装备订货计划的车辆。③悬挂应急救援专用号牌的国家综合性消防救援车辆。④设有固定装置的非运输专用作业车辆。⑤城市公交企业购置的公共汽电车辆。⑥根据国民经济和社会发展的需要,国务院可以规定减征或者其他免征车辆购置税的情形,报全国人民代表大会常务委员会备案。

（7）车辆购置税应纳税额的计算。车辆购置税实行从价定率的方法计算应纳税额,其计算公式为：

应纳税额＝计税依据×税率

进口应税车辆应纳税额＝（关税完税价格＋关税＋消费税）×税率

16. 环境保护税

（1）环境保护税法的概念。环境保护税法是调整环境保护税征纳关系法律规范的总称。我国现行环境保护税的基本规范是2016年12月25日第十二届全国人民代表大会常务委员会第二十五次会议通过的《中华人民共和国环境保护税法》（以下简称《环境保护税法》）和2017年

12月30日国务院颁布的《中华人民共和国环境保护税法实施条例》,自2018年1月1日起施行。同时,不再征收排污费。

《环境保护税法》是党的十八届三中全会提出"落实税收法定原则"要求后,全国人大常委会审议通过的第一部单行税法,也是我国第一部专门体现"绿色税制"、推进生态文明建设的单行税法。本法的总体思路是由"费"改"税",即按照"税负平移"原则,实现排污费制度向环境税制度的平稳转移。

(2)环境保护税的纳税人。自2018年1月1日起,在中华人民共和国领域和中华人民共和国管辖的其他海域,直接向环境排放应税污染物的企事业单位和其他生产经营者为环境保护税的纳税人,应当依《环境保护税法》的规定缴纳环境保护税。依照《环境保护税法》规定征收环境保护税的,不再征收排污费。

(3)环境保护税的征税对象。环境保护税的征税对象为应税污染物。应税污染物是指《环境保护税法》所附"环境保护税税目税额表""应税污染物和当量值表"规定的大气污染物、水污染物、固体废物和噪声。

依法设立的城乡污水集中处理、生活垃圾集中处理场所超过国家和地方规定的排放标准向环境排放应税污染物的,应当缴纳环境保护税。企业事业单位和其他生产经营者贮存或者处置固体废物不符合国家和地方环境保护标准的,应当缴纳环境保护税。

(4)环境保护税的税目与税率。环境保护税采用定额税率,如表5-12所示。

表5-12　　　　　　　　　　　　　环境保护税税目税额表

税　　目		计税单位	税额
大气污染物		每污染当量	1.2~12元
水污染物		每污染当量	1.4~14元
固体废物	煤矸石	每吨	5元
	尾矿	每吨	15元
	危险废物	每吨	1 000元
	冶炼渣、粉煤灰、炉渣、其他固体废物(含半固态、液态物)	每吨	25元
噪声	工业噪声	超标1~3分贝	每月350元
		超标4~6分贝	每月700元
		超标7~9分贝	每月1 400元
		超标10~12分贝	每月2 800元
		超标13~15分贝	每月5 600元
		超标16分贝以上	每月11 200元

任务三　非税收入

一、非税收入的概念和范围

(一)非税收入的概念

非税收入是指除税收和政府债务收入以外的财政收入,是由各级政府、国家机关、事业单位、代行政府职能的社会团体及其他组织依法利用政府权力、政府信誉、国家资源、国有资产或提供特定公共服务、准公共服务取得的财政资金。

（二）非税收入的范围

1. 政府性基金收入

政府性基金收入是指各级政府及其所属部门根据法律、行政法规和中共中央、国务院有关文件的规定，为支持某项公共事业发展，向公民、法人和其他组织无偿征收的具有专项用途的财政资金。

2. 专项收入

专项收入是指具有特定来源，按照特定目的建立并规定有专门用途的收入，包括排污费收入、水资源费收入、教育费附加收入、矿产资源补偿费收入、内河航道养护费收入等。

3. 彩票资金收入

彩票资金收入是政府为支持社会公益事业发展，通过发行彩票筹集的专项财政资金。

4. 行政事业性收费收入

行政事业性收费收入是指国家机关、事业单位、代行政府职能的社会团体及其他组织根据法律、行政法规、地方性法规等有关规定，依照国务院规定的程序批准，在向公民、法人提供特定服务的过程中，按照成本补偿和非营利原则向特定服务对象收取的费用。

5. 罚没收入

罚没收入是指国家司法机关、依法具有行政处罚权的国家行政机关、法律法规授权的具有管理公共事务职能的组织等依据法律、法规和规章规定，对公民、法人或者其他组织实施处罚所取得的罚款、没收的违法所得、没收的非法财物及其变价收入等。

6. 国有资本经营收入

国有资本经营收入是政府非税收入的重要组成部分，包括国有资本分享的企业税后利润，国有股股利、红利、股息，企业国有产权（股权）出售、拍卖、转让收益和依法由国有资本享有的其他收益。

7. 国有资源有偿使用收入

国有资源有偿使用收入包括土地出让收入、新增建设用地土地有偿使用费、海域使用金、探矿权和采矿权使用费及价款收入，场地和矿区使用费收入，出租汽车经营权、公共交通线路经营权、汽车号牌使用权等有偿出让取得的收入，政府举办的广播电视机构占用国家无线电频率资源取得的广告收入，以及利用其他国有资源取得的收入。

8. 国有资产有偿使用收入

国有资产有偿使用收入包括国家机关、实行公务员管理的事业单位、代行政府职能的社会团体以及其他组织的固定资产和无形资产出租、出售、出让、转让等取得的收入，世界文化遗产保护范围内实行特许经营项目的有偿出让收入和世界文化遗产的门票收入，利用政府投资建设的城市道路和公共场地设置停车泊位取得的收入，以及利用其他国有资产取得的收入。

9. 以政府名义接受的捐赠收入

以政府名义接受的捐赠收入是指以各级政府、国家机关、实行公务员管理的事业单位、代行政府职能的社会团体以及其他组织名义接受的非定向捐赠货币收入，不包括定向捐赠货币收入、实物捐赠收入以及以不实行公务员管理的事业单位、不代行政府职能的社会团体、企业、个人或者其他民间组织名义接受的捐赠收入。

10. 主管部门集中收入

主管部门集中收入主要指国家机关、实行公务员管理的事业单位、代行政府职能的社会团体及其他组织集中所属事业单位收入。

11. 政府财政资金产生的利息收入

政府财政资金产生的利息收入是指税收和非税收入产生的利息收入，按照中国人民银行规定计息,统一纳入政府非税收入管理范围。

二、非税收入与税收的联系和区别

(一) 非税收入与税收的联系

非税收入与税收作为财政收入的两种形式,有很多共同特点,主要表现为:①非税收入与税收的主体都是行政主体,即政府及其授权机构。非税收入与政府在行政、经济领域的垄断力有关。②非税收入与税收在本质上都是政府参与社会产品价值的分配和再分配,并影响着国民收入分配的格局。③非税收入与税收都是政府实现其职能的重要财力来源。税收是为了保证国家机器正常运转、满足社会公共需要和实施经济调控的主要手段;非税收入在很大程度上体现着各公共部门的职能、权力和利益。

(二) 非税收入与税收的区别

1. 执行主体不同

(1) 税收一般是通过立法确定的,是由税务机关、财政机关和海关按照国家规定的分管范围,依照税法的规定代表政府征收的,在时效上有一定的稳定性。

(2) 非税收入却是由政府行政、司法机关以及某些被授予行政管理职权的企事业单位收取的。

2. 收入性质不同

(1) 税收是政府凭借政治权力,强制地取得财政收入的一种手段,是无偿的。

(2) 非税收入则是政府行政部门或者事业单位因为向社会提供了特定的服务而收取的,是有偿取得的收入,是采取“谁受益,谁付费”的办法来征收的,体现了受益原则和受益与付费的对应关系。

3. 款项使用的方法和用途不同

(1) 税收在征收范围和征收对象上具有普遍适用性,纳税人缴纳的各种税款,列入中央或地方预算统一安排,用于满足社会公共需要。

(2) 大多数的非税收入只适用于某些特定的对象和特定区域,所收资金的使用一般要受指定用途和征收范围的限制,纳入预算后一般也有指定用途。

4. 依据原则不同

税收的征收兼顾公平与效率两方面功能;非税收入作为财政收入的补充形式,则主要强调效率功能。

三、公共收费的类型

(一) 按收费的性质分类

按收费的性质不同,分为规费和使用费。

1. 规费

规费是指公共部门向居民或企业提供某种特定服务或实施行政管理所收取的手续费和工本费。规费通常包括行政规费和司法规费两类。

(1) 行政规费是指公共部门各种行政活动的收费,名目繁多、范围广泛,一般包括内务规费(如户籍规费)、外事规费(如护照费)、经济规费(如商标登记费、商品检验费、度量衡鉴定费)、教育规费(如毕业证书费)以及其他行政规费(如注册会计师、律师、医师等执照费)。

(2) 司法规费又可分为两类:一类是诉讼规费,如民事诉讼费、刑事诉讼费;另一类是非诉讼规费,如结婚登记费、出生登记费、财产转让登记费、继承登记费和遗产管理登记费等。

2. 使用费

使用费是指政府根据既定标准,向享受政府所提供的特定公共产品或服务的使用者收取的费用。使用费按照使用者的受益程度来分配，收费的标准一般通过特定的程序制定，通常低于该种产品或劳务的平均成本，如公路使用费、公共交通的车票、公园门票费、水费、电费、煤气费、教育收费、使用体育设施收费、到公共医院看病收费等。使用费的目的主要在于提高政府提供的公共设施的使用效率或避免公共产品的拥挤问题。

（二）按收费的主体分类

按收费的主体不同，分为行政性收费、事业性收费与经营性收费。

1. 行政性收费

行政性收费是指政府行政部门在履行职能、进行社会与经济管理时依法收取的费用。政府机关提供的服务种类繁多，但并非都要收取费用。只有当政府提供的服务能给某人或单位带来某种特定的权益时，如证明一种权利或身份等，才予以收费。行政性收费包括管理性收费、惩罚性收费、资源性收费。

2. 事业性收费

事业性收费是指政府授权实行事业管理的单位向服务对象收取的费用，其实质是对劳务服务的部分补偿，如学校、医院、科研单位、文化馆、体育馆、图书馆、剧院、出版社等单位向服务对象收取的费用。事业性收费对象与服务对象是统一的，征收单位不能向未享受其服务的单位或个人收取费用。

3. 经营性收费

经营性收费是国有企事业单位向社会提供劳务时按市场原则所收取的费用。

（三）按收费的经济效应分类

按收费的经济效应不同，分为限制性收费、准入性收费与校正性收费。

1. 限制性收费

限制性收费是指政府针对自然垄断行业边际成本递减、边际成本低于平均成本的特点，为提高社会净得益，由政府直接提供或委托经营，按公共定价方法定价所收取的费用。

2. 准入性收费

准入性收费是指政府从社会管理的角度出发，对某些行业往往实行必要的市场准入制度，通过颁发或拍卖许可证而收取的费用。准入性收费，一方面可以将一些资源使用效益不高的经营者排除在外；另一方面也可以规范经营行为，如资源开发许可、建筑许可、烟草专卖许可等。

3. 校正性收费

校正性收费是指政府针对外部不经济行为而收取的公共收费，一般按照社会治理外部负效应所需成本来核定收取。校正性收费可以迫使企业将这部分惩罚性收费打入生产成本，从而校正社会成本和私人成本的差异，使生产者负担起其真实的活动成本，能有效地遏制外部不经济行为，使生产达到适度规模。

（四）按公共收费的层次分类

按公共收费的层次不同，分为中央政府收费和地方政府收费。

中央政府收费是指由中央政府统管的全国性收费。地方政府收费是指由地方各级政府统管的收费。地方政府收费又分为省级政府收费、地市级政府收费、县级政府收费和乡镇政府收费。

四、非税收入的功能

（一）分配功能

非税收入的分配功能是指非税收入通过改变国民收入分配格局为政府筹集财政收入的固有能力。其目的在于弥补税收分配功能的局限。非税收入的分配功能各有分工、相互协调、相辅相成，共同完成资金筹集和资源配置任务。

（二）调节功能

一般来说，非税收入的调节功能具体体现在以下几个方面。

1. 提高资源配置效率的功能

对可以收取使用费的准公共产品，政府如果不收费，则社会成员对其的需求就会增大到边际收益为零的数量，这对社会而言会导致严重的效率损失。因为政府提供准公共产品也是要花费成本的，且边际成本递增，按照帕累托标准的要求，资源配置达到边际收益和边际成本相等时才是有效率的，而在准公共产品的边际收益为零时，边际成本是大于边际收益的，这意味着资源配置量过多、产量过大而导致了效率损失。如果政府按照边际收益和边际成本相等的原则确定收费标准，则可实现资源配置的帕累托最优。即便政府有意识地要增加低收入者的消费量，从而提高社会福利水平，适当收取一定的费用（该收费标准低于边际收益和边际成本相等时的收费标准）也比政府免费提供要有效率。比如，在卫生方面，按服务成本的一定比例收取一定的费用，与完全免费医疗相比，会大大减少一些不必要的对药品和医疗服务的需求。

2. 公平收入分配的功能

从理论上讲，公共产品或准公共产品由政府通过"税收—财政支出"机制向消费者提供，使低收入者和高收入者都消费到这些产品，有助于公平收入分配。但是，在现实经济生活中，有些低收入者却可能消费不到这些产品，或者不如高收入者消费的数量大、收益程度高，这就大大制约了该机制公平收入分配功能的实现。非税收入公平分配功能的实现必须与确定合适的收入征集方式结合起来。比如，政府如果规定水的消费在规定限额以内可以免费，而超过规定用量则按平均成本收费，就可以很好地达到公平收入分配的效果。

3. 避免和减轻"拥挤"的功能

如果政府提供的某种准公共产品面临拥挤问题，则社会福利水平就会因此而降低。此时，政府通过收取一定数量的使用费将有助于避免和减轻拥挤。比如，某公园如果游客数量超过1 000人就会出现拥挤，则1 000人就是该公园的拥挤点。如果在不收费的情况下，游客的数量不超过1 000人，则政府就可不收费。但若超过1 000人，政府则应通过收费来解决拥挤问题。显然，政府收费并不是为了弥补修建公园的成本开支，而仅仅是为了解决公园使用过程中的拥挤问题，因而收费标准的确定就应该以恰好能把游客的人数控制在1 000人为宜。因此，要保证非税收入避免或减轻拥挤功能的顺利实现，关键是要解决好收费的标准问题。

五、行政事业性收费

（一）行政性收费的概念和特点

1. 行政性收费的概念

行政性收费是指政府机关及其授权单位在行使政府管理职能中依法收取的费用，实质是国家意志和权威的一种经济体现。

2. 行政性收费的特点

（1）强制性和稳定性。行政性收费是国家意志和权威的经济体现，而国家的意志和权威又集中通过有关的法律、法规表现出来。行政性收费必须以拥有立法权的省级以及以上人大或人大常委会所颁布的各种法律，或省级以上人民政府颁布的各种行政法规为收费依据。

（2）行政性。行政性收费的主体是政府机关及其授权单位，即除政府行政、司法机关以及某些被授予行政管理职权的企事业单位外，任何单位都不得进行行政性收费。

（3）不等价性。行政性收费是收费主体在行使行政管理职能中依法产生的，收费的目的是实现政府的行政管理，这就决定了行政性收费主体与收费对象之间通过收费与缴费联结起来的关系，主要是管理与被管理的行政关系，而不是等价交换的经济关系。有效地实施行政管理职能是行政性收费主体的首要任务。

（二）事业性收费的概念和特点

1. 事业性收费的概念

事业性收费是指非营利的政府事业单位及其类似机构在社会公共服务中依照有关政策规定收取的费用，其实质是对服务性劳动的部分补偿。

2. 事业性收费的特点

（1）公益性。政府举办各项事业，在于维持社会的存在和再生产的正常运转，因为必须以社会为单位，由社会来提供公共服务。这种服务具有以下三个特点：①只有社会出面组织实施才能实现。②私人部门或企业部门不愿意干而又为社会存在和发展所必需。③只有以社会为主体来实施才能有效地协调全体社会成员的利益。由政府投资或拨款兴建的承担社会公共服务的事业单位，经营目标必须服从社会所规定的公共目标，经营的首要原则是社会公益而不是经济利益。事业性收费涉及国家的政治、经济、文化教育等各个方面，直接关系到人民群众的切身利益和身心健康，其制定依据具有强烈的政策性。

（2）非营利性与补偿性。事业性收费的非营利性，主要表现为政府有意识地将收费标准约束在保本或略有微利的水平上，从而使事业性收费成为不足值的收费。对于享受到事业服务的消费者来说，不足值的收费体现了政府的福利优惠；对于提供事业服务的单位来说，其服务价值的补偿方面有赖于收费的收入，而不足值部分则有赖于财政的资助。事业服务的补偿性，要求事业服务应遵循价值规律，讲求经济核算和等价交换，但事业服务的公益性则要求事业服务应服从公共利益，不能追求完全的等价交换。

（三）行政性收费与事业性收费的区别

1. 收费的目的不同

行政性收费是指政府行政部门行使其职能，进行社会与经济管理时依法收取的费用，出于"以费促管"或"以权取利"多重目的；而事业性收费是指政府授权实行事业管理的单位向服务对象收取的费用，是出于公益性目的而对劳务服务的部分补偿。

2. 收费主体与对象间关系不同

行政性收费的目的是实现政府的行政管理，这就决定了行政性收费主体与收费对象之间通过收费与缴费联结起来的关系，主要是管理与被管理的行政关系，而不是等价交换的经济关系；而事业性收费则不然，事业性收费主体与收费对象之间通过收费与缴费形式联结起来的关系，是一种服务与被服务的平等经济关系。

3. 收费标准不同

行政性收费与事业性收费的收费主体与对象间关系的不同，决定了两者的收费标准不同。行政性收费标准的制定出于"以费促管"或"以权取利"多重目的，不与管理的成本以及补偿直接挂钩；事业性收费标准的制定，除了考虑政策性因素外，还要考虑到经济的补偿，做到收费的补偿性和政策性的良好结合。当两者发生矛盾时，则必须坚持补偿性服从政策性的原则。

（四）行政事业性收费的分类

1. 行政性收费的分类

按收费部门划分行政性收费类别，是现行物价、财政部门对行政性收费分类管理的主要方法。

（1）管理型收费。管理型收费是一种以经济性调节为手段，以履行收费主体的行政管理职能为目的的"以费促管"型的收费。根据管理目标的不同，管理型收费又可分为以下形式：

第一，证照性收费。证照性收费是指行政主体在管理活动中为甄别、界定、认证、许可被管理人的某方面事实、行为或身份特征，而通过颁发证照形式所收取的费用，如各种许可证费、证书执照费、登记注册费等。

第二，规范性收费。规范性收费是指行政主体为统一规范社会经济运行的某方面秩序，而统一印刷、制作各种发票、单据、表格、账簿等行为所收取的费用。此类收费存在的依据应是出于社会统一规范的目的，以及财政无此项专项拨款，收费标准也应严格控制在印刷工本费之内。

第三，惯例性收费。惯例性收费是指行政主体参照国际惯例或对等原则向公民、法人所收取的费用，如护照、签证、海关报单等涉外活动的收费。此类收费及其收取标准一般参照国际惯例或对等原则而定，旨在体现国家的主权和尊严，并不与其管理费用支出的大小挂钩。

第四，界定性收费。界定性收费是指行政主体为界定公民、法人的合法权益及各种公共资源权属所收取的费用，如各类仲裁费、土地管理费、无线电频率占用费等。界定性收费应该从有利于维护人们的合法权益、保证资源合理使用出发，按放弃或损失该权益或资源的机会成本来核定收费。

第五，惩罚性收费。惩罚性收费是指行政主体运用经济手段校正"负外部效应"、制止某些有害社会的行为而收取的费用，如排污费、各种罚没款等。此类收费旨在调整私人成本与社会成本的差距，故其收费标准理论上可按治理成本即社会边际成本与私人边际成本之差来核定。

（2）财政型收费。财政型收费属于一种弥补政府财力不足的行政性收费。它是以行政干预为手段实现经济调节目的的一种"以权取利"型的收费。根据目前实际的情况，财政型收费大体分为补偿性收费和集资性收费两大类。

第一，补偿性收费。补偿性收费是指收费主体为弥补行政经费的不足，经批准以管理费、手续费等形式向被管理者收取的费用，如劳动用工管理费、公路运输管理费、集贸市场管理费等。当前，这类收费应严格控制，要以财政确无拨款或极少拨款，以及收费主体与收费对象间有较固定、正常的管理关系为依据，其收费标准应根据财政拨款缺口的大小而定。

第二，集资性收费。集资性收费是指政府通过集资方式兴办某项事业而向社会或特定受益对象所收取的费用，如公路养路费、机场建设费及各种基金、附加等。这类收费往往是针对一些特定事业或项目设置的，这些事业或项目对于整个社会的发展具有重要作用，但由于政府财力不足，于是经批准后通过收费方式来集资解决。

2. 事业性收费的分类

（1）补偿性收费。补偿性收费是指以补偿服务成本为基本要求的事业性收费。这类收费在确定立项依据和收费标准时侧重于补偿因素，大体根据服务成本的高低来核定收费标准，政策性要求则是通过个别开支项目不计或少计成本来实现的。属于补偿性收费的项目，或是涉及面较小、关系国计民生不大的项目；或是收费对象有较多选择余地、具有竞争机制约束的项目；或是收费对象虽无选择，但通过缴费可以获得社会的确认和许可，从而能获得更多经济效益的项目，如咨询费、培训费、代理费等。

（2）公益性收费。公益性收费是指在考虑补偿因素的同时适当兼顾政策因素的事业性收费。这类收费在审定立项依据时，既要考虑服务成本，又要兼顾政策因素，收费标准一般可按略低于服务成本的原则核定，即收费对象负担大头，政府负担小头。属于公益性收费的项目一般为政府兴办的社会公益事业单位，如普通高中及大学学费、环卫收费、防疫检疫收费等。通过收费标准略低于服务成本，体现其公益性质，服务成本中收费不足的部分，则通过财政拨款来弥补。

（3）福利性收费。福利性收费是指在主要考虑政策因素的同时适当考虑补偿因素的事业性收费。这类收费在审定立项依据和收费标准时，侧重于政策约束，适当兼顾服务成本的补偿，按照政府负担大头、收费对象负担小头的原则进行核定。属于福利性收费的项目一般为政府兴办的社会福利事业单位及政府政策规定的低收费项目，如医疗收费、计划生育收费、九年制义务教育收费、师范教育收费等，有些项目甚至免费，如小学、初中的学费，或在某些"老、少、边、穷"地区免费，如卫生防疫，以体现政府的福利政策。

（五）行政事业性收费管理存在的问题与对策

1. 行政事业性收费管理存在的问题

（1）地方财政困难。一些部门收费项目多、标准高，甚至出现乱收费现象，除自身原因外，也与地方税源不足、机构臃肿、人员超编、财政无法承担公职人员的工资和福利待遇有关。甚至一些部门存在给执法执收单位层层下达收费和罚款任务的现象。

视频

国家取消
33项行政
事业性收费

（2）受利益驱使。一些行政机关（包括有行政职能的其他机构）出于部门利益，往往以改善职工待遇和办公条件为由，互相攀比，从而不顾大局和群众利益进行乱收费，甚至利用社团组织和中介机构的名义变相收费。

（3）管理体制存在缺陷。收费实行中央和省两级审批，价格、财政部门双重管理。收费立项审批以财政部门为主，收费标准审批以价格部门为主。在收费管理上还没有一套完整、统一的法律法规，规范行政事业性收费缺乏必要的法律依据。

（4）监管力度不够。一些乱收费现象之所以屡纠屡犯，与执法部门监管不力有关。各级政府为治理乱收费现象出台了许多切实可行的制度措施，但在贯彻执行中，由于监督不到位、查处不严格，发现问题以清退为主，很少对单位和个人进行责任追究，使这些强有力的措施没有充分发挥作用。

2. 加强行政事业性收费管理的措施

（1）加强行政事业性收费管理，真正规范收费项目，具体包括以下内容：

第一，逐步取消一批不合理的收费项目。对合法不合理的或既不合法又不合理的，或虽合法但已不能适应目前经济形势的需要，甚至会阻碍社会进步的收费管理规定、收费项目、标准等，则应坚决予以取消。

第二，逐步调整一批不规范的收费项目。对已按费率收费的，改为按定额收费，定额标准要从低确定；对一些有上下限幅度的收费，应缩小幅度范围或按下限收费；对有些收费频次过多的收费要通过减少频次来减少收费数额。比如，年检收费要改变每年年检、每年收费的做法，可适当延长年检年限；对重叠、重复、交叉、相近的收费项目，应用"合并同类项"或确定一个主要部门收费的办法加以解决。

第三，逐步推进一批收费项目实行税改。把具有税收特点的政府收费项目或基金、附加等，逐步改为税收，如对一些与税的征收范围相同、内容相近，计费方法相同或相似的，要尽快合并或改为税等。

（2）加快行政审批制度改革，着力削减行政事业性收费项目。行政事业性收费工作需要不断加以改革，其基本方向包括以下内容：

第一，加快行政审批制度的改革，进一步清理和确认非行政许可审批制度，规范审批程序，减少审批环节，实现非行政许可审批的法定化和标准化，以削减历年递增的行政事业性收费。

第二，严格执行行政事业性收费收支两条线的管理制度，剪除职能部门行政行为与部门利益相结合的利益链。

（3）加大对乱收费的查处力度，严格规范收费行为，具体包括以下内容：

第一，要加强规范收费工作的考核。将规范收费工作纳入各级政府、各部门、各单位年度工作考核之中，并与该地领导、该单位负责人的政绩评定、升迁晋级等相挂钩，用完善的机制来杜绝乱收费行为的发生。

第二，要不断加大对乱收费的经济惩罚力度。对违反收费政策法规、自立项目、擅自扩大收费范围、擅自提高收费标准的单位或个人要依法严惩。同时，要加大对乱收费的社会监督和纪律处分，对典型案例进行公开曝光。

（4）完善财务管理制度，不断规范行政事业性收费工作。行政事业性收费执收单位要按照收费许可证规定的收费项目、收费标准、收费范围进行合理收费，同时进一步健全和完善单位内部财务管理制度,规范工作秩序。

六、公共定价理论①

(一) 公共定价的概念

公共定价是指政府相关管理部门通过一定的程序和规则制定提供公共产品的价格和收费标准,即公共产品价格和收费标准的确定。

从定价政策来看,公共定价实际上包括两个方面:一是纯公共定价,即政府直接制定自然垄断行业(如通信和交通等公用事业和煤、石油、原子能、钢铁等基本品行业)的价格;二是管制定价或价格管制,即政府规定竞争性管制行业(如金融、农业、教育和保健等行业)的价格。政府通过公共定价法,目的不仅在于提高整个社会资源的配置效率,而且更重要的是使这些物品和服务得到最有效的使用,提高财政支出的效益。

(二) 公共定价的功能

1. 改进资源配置效率

在现实经济生活中,完全竞争的市场结构几乎不存在,垄断现象随处可见。垄断会产生效率损失,因为垄断者面临的是一条向下倾斜的需求曲线,按照边际收益等于边际成本的原则来定价,虽然能实现利润最大化目标,但会给社会带来效率损失。

如图 5-2 所示,纵、横轴分别为价格和产量,平均成本曲线和边际成本曲线均向右下方倾斜,且边际成本曲线低于平均成本曲线。如果由企业自主定价,为了追求利润最大化,企业必然确定价格为 P_0,产量为 Q_0,从而产生 ABC 面积的效率损失。

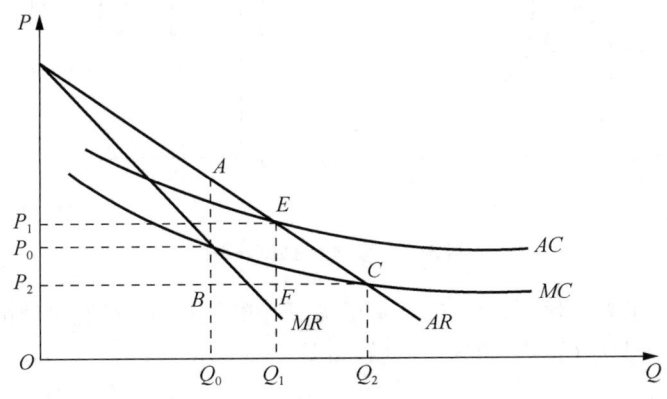

图 5-2 公共定价与资源配置

为了减少或避免效率损失,由公共部门依据平均成本定价法,把价格确定为 P_1,这时产量相应地变为 Q_1,效率损失为 EFC 的面积($\triangle EFC < \triangle ABC$);也可依据边际成本定价法,把价格确定为 P_2,这时产量相应地变为 Q_2,效率损失为零。

不过按边际成本定价,企业会亏损,为了弥补亏损,公共部门要增加税收,而征税本身也会造成效率损失。因此,自然垄断行业的公共定价要在平均成本定价法和边际成本定价法之间权衡。

2. 促进市场稳定

在某些行业,由于其产品的特殊性,市场价格和产量很不稳定,如农业虽是竞争性行业,但农产品市场极不稳定。这是因为农产品从开始生产到完成产出周期较长,其间生产规模难以改变;同时,当期产量决定当期价格,当期价格又决定下期产量,在供求弹性既定的情况下,就会形成特

① 教师可根据学生的前导课程《经济学基础》《西方经济学》《微观经济学》《宏观经济学》,适当安排本内容的讲解。

定的蛛网市场（Cobweb Market）。

如果供给弹性小于需求弹性，价格和产量的波动越来越小，最后自发地趋向均衡水平，这种市场称为收敛型蛛网市场，如图5-3所示。

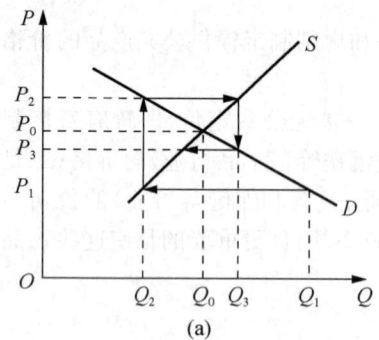 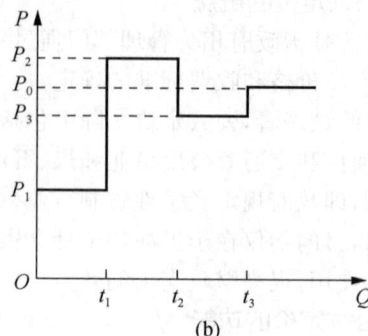

图5-3　收敛型蛛网市场

如果供给弹性大于需求弹性，价格和产量的波动越来越大，最后越来越偏离均衡水平，这种市场称为发散型蛛网市场，如图5-4所示。

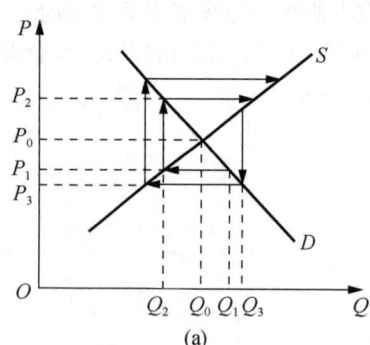 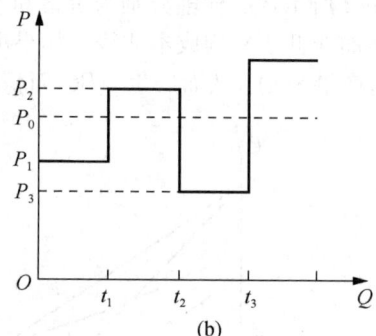

图5-4　发散型蛛网市场

如果供给弹性等于需求弹性，价格和产量的波动始终相同，既不趋向均衡水平，也不偏离均衡水平，这种市场称为封闭（震荡）型蛛网市场，如图5-5所示。

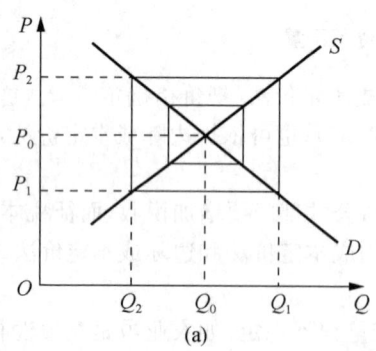 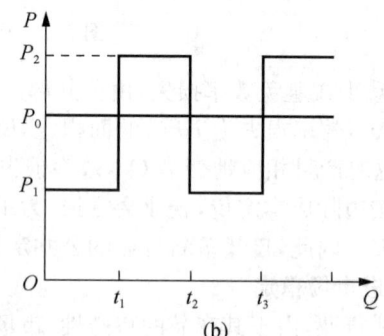

图5-5　封闭型蛛网市场

为了消除市场的不稳定性，需要采取政府规制政策。公共部门利用公共定价稳定市场，首先要找到这种产品的长期均衡价格，据此定价，并根据短期供给量的波动作出相应的调整。

3. 协调收入分配

公共定价对于收入分配的调节作用是通过价格差别实现的。所谓价格差别（Price Discrimination），是指在同一时期具有相同平均成本的同类商品，对不同的买主采取不同的价格。

根据收入的边际效用递减规律，对低收入者消费较多的必需品规定较低的价格，使其以同等的收入购买到更多的商品与劳务；对高收入者消费较多的奢侈品规定较高的价格，使其以同等的收入购买到较少的商品与劳务。

如图 5-6 所示，纵、横轴分别为奢侈品和必需品，图（a）说明的是高收入者的情况，AB 为初始时的预算线，E 为均衡点。如果政府通过公共定价把奢侈品的价格提高 1 倍，但适当降低必需品的价格，则新的预算线变为 $A'B'$，它与无差异曲线相切于 E_1 点，表示公共定价使高收入者的实际收入减少了。图（b）说明的是低收入者的情况，AB 为初始时的预算线，E_2 为均衡点。如果政府通过公共定价把奢侈品的价格提高一倍，但适当降低必需品的价格，则新的预算线变为 $A'B'$，它与无差异曲线相切于 E_1 点，表示公共定价使低收入者的实际收入增加了。

必须指出，与征税和补贴相比较，公共定价在调节收入分配过程中没有充分实现效率目标。

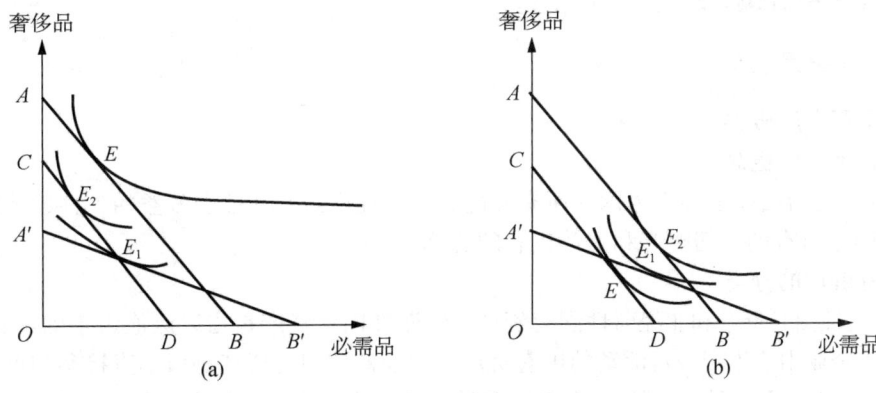

图 5-6　公共定价与收入分配

在图（a）中，若对高收入者征收所得税，则新的预算线变为 CD，它与无差异曲线相切于 E_2 点。可见，同样是减少高收入者的实际收入，公共定价比所得税造成更大的福利损失。

在图（b）中，若对低收入者发放补贴，则新的预算线变为 CD，它与无差异曲线相切于 E 点。可见，同样是增加低收入者的实际收入，公共定价比补贴造成更大的福利损失。

（三）公共定价的方法

1. 二部定价法

二部定价法由两种要素构成定价体系：一种是，与使用量无关的按月或按年支付的"基本费"；另一种是，按使用量支付的"从量费"。因此，二部定价是定额定价和从量定价二者合一的定价体系，也是反映成本结构的定价体系。由于二部定价法中"基本费"是不管使用量的多少而收取的固定费，所以有助于企业财务的稳定；由于二部定价法具有以收支平衡为条件实现经济福利最大化的性质，现在几乎所有受管制的行业（特别是电力、城市煤气、自来水、电话等自然垄断行业）都普遍采用这种定价方法。

2. 平均成本定价法

平均成本定价法是指政府在保持企业收支平衡的情况下，采取尽可能使经济福利最大化的定价方式。从理论上看，按公共产品的边际成本定价是最理想的定价方式，但这种定价方式会使企业长期处于亏损状态，必须依靠财政补贴维持运行，长此以往，很难保证企业按质按量地提供公共产品。因此，在成本递减行业，为了使企业基本保持收支平衡，公共定价或管制定价一般采取按高于边际成本的平均成本定价。

3. 负荷定价法

负荷定价法是根据不同时间段或时期的需要制定不同的价格。在电力、煤气、自来水、电话等行业,按需求的季节、月份、时区的高峰和非高峰的不同,有系统地制定不同的价格,以平衡需求状况。在需求处于最高峰时,收费最高;而处于低谷时,收费最低。

案例 5-1 精析

【案例 5-1】

水价上涨带来的思考

从 2010 年 1 月 1 日起,广州市自来水全面涨价;4 月 1 日,南京市上调水价后,无锡市、扬州市、常州市等地水价上调方案也提上日程;4 月 27 日,上海市发展和改革委员会举行居民用水价格听证会;5 月 6 日,沈阳市物价局召开调整自来水价格和污水处理费征收标准听证会。总的来说,水价上调在全国大部分城市已经是大势所趋。

讨论:

(1)结合上述资料,从经济生活角度说明此次水价上调的原因。

(2)面对成本价格的上涨,供水企业健康发展不能一味靠涨价。运用经济与生活知识,为供水企业的发展提出几条合理化建议。

七、国有资产管理

(一)国有资产概述

1. 国有资产的概念

国有资产是指法律上确定为国家所有并能为国家提供经济和社会效益的各种经济资源的总和,即属于国家所有的一切财产和财产权利的总称。

2. 国有资产的分类

(1)经营性国有资产和非经营性国有资产。经营性国有资产是指以保值为基础,以增值为目的,直接投入企业用于生产经营活动的国有资产。非经营性国有资产是指不直接参与商品生产和流通,由国家机关、军队、社会团体、文化教育和科研机构等行政事业单位占有使用的国有资产。非经营性国有资产不具有保值增值的特点,是国家履行行政管理职能和社会管理职能的物质基础。

(2)有形资产和无形资产。有形资产是指具有价值形态和实物形态的资产,如房屋、建筑物、机器设备及各种自然资源等;无形资产是指不具有实物形态而有经济价值形态的资产,主要有政府信誉、特许权和版权等专利权。

(3)资源性国有资产和开发利用形成的国有资产。资源性国有资产是指在人们现有的认识和科技水平条件下,通过开发利用能给人们带来经济价值的国有自然资源;开发利用形成的国有资产是指国家通过加工、改制、开发利用形成的国有资产,一般包括房屋建筑物、机器设备、器具、工具、技术和知识产权等。

(4)境内国有资产和境外国有资产。境内国有资产是指在一国国境范围内的国有资产,是一国国有资产的主体;境外国有资产是指一国拥有的在国境范围以外的国有资产。

(二)国有资产收入

1. 国有资产收入的概念

国有资产收入是指国家凭借其所拥有的资产产权取得的财政收入,即经营和使用国有资产的企业、事业单位和个人交给资产所有者——国家的一部分收入。国家在这里是以国有资产所有者的代表而不是以社会管理者的身份取得收入。

2. 国有资产收入的形式

(1)经营性国有资产收入。经营性国有资产收入主要包括企业上缴的利润、租金、股利和国有资产产权转让收入等。

（2）行政事业单位的国有资产收入。行政事业单位国有资产收入的形式主要有事业收入、行政事业单位国有资产的转让收入、事业单位的投资性收入等。

（3）资源性国有资产收入。资源性国有资产收入主要包括矿产资源管理收入、水资源管理收入、土地资源管理收入、海洋资源管理收入、草原资源管理收入、河流航道使用费收入、森林采伐管理收入及其他资源管理收入等。

（三）国有企业亏损补贴

国有企业在生产经营中如果收不抵支就会出现亏损。产生亏损的原因有很多，但总的来说，无非是两个方面的原因：一方面是由执行国家的有关经济政策造成的，称为政策性亏损；另一方面是由于企业自身经营管理不善造成的，称为经营性亏损。这两种亏损的性质不同，相应的亏损弥补方法也有所区别。

1. 政策性亏损的弥补

政策性亏损不是企业主观原因造成的，根据社会经济职能的履行由社会共同支付费用的原则，应由国家财政予以补贴。政策性亏损补贴一般由财政部门会同相关主管部门，根据有关政策规定，核定补贴范围、补贴形式和确定实施补贴时间。

补贴的形式分为定额补贴和计划补贴两种。定额补贴是按产品核定单位亏损补贴额，再乘以销量来确定补贴总数；计划补贴是按计划核定的亏损总额给予补贴。无论哪种方法都需要财政部门认真核定，并编制年度国有企业政策性亏损补贴计划。对核批到企业的亏损补贴，一般都实行"亏损补贴包干，超额不补，减亏分成或全部留用"的办法，以促进企业挖掘内部潜力，减少亏损，提高国有资产经营收益。

2. 经营性亏损的处理

对国有企业的经营性亏损，国家财政原则上不予补贴，由国有企业自负盈亏。国有资产管理部门应以积极的态度对待企业出现的经营性亏损，及时帮助企业具体分析出现经营性亏损的原因，分别不同情况，采取相应的措施，改善企业经营管理，扭亏为盈。对确属于国家宏观调控需要、遇到暂时经营困难的，国家可适当给予追加投资，帮助企业解决实际困难。对处于竞争性行业或国有经济退出部门的企业，因经营不善发生亏损，可采取转让、拍卖直至破产等形式，实现国有资本的退出和国有资源的优化配置。

任务四　税收负担、税负转嫁与税负归宿

一、税收负担

（一）税收负担的概念

税收负担简称税负，指的是纳税人因纳税而相应地减少了纳税人的可支配收入，从而对其造成经济利益的损失或使其承受的经济负担的程度加重。

从现象上看，税收负担表现为因国家征税使纳税人承担了一定量的税额，从而给纳税人造成了经济利益上的损失。但在更深层次上，税收负担是国家、企业、个人对创造的国民收入分割份额确定归属的问题，其实质是国民收入分配中国家与纳税各方的分配关系，以及由国家与纳税人之间的分配关系派生出来的纳税人之间的分配关系。

（二）税收负担的分类

1. 不同的经济层面分类

税收负担从不同的经济层面看，分为宏观税收负担与微观税收负担，具体包括以下内容：

（1）宏观税收负担。从国民经济总体看，税收负担水平反映一国社会成员税收负担的整体

状况。其衡量指标是宏观税率，一般是指一定时期内（一年）的国税收入总额与同期国民（国内）生产总值的比率。

（2）微观税收负担。从纳税人个体看，税收负担水平反映具体纳税人因国家课税而做出的牺牲。其衡量指标是公司、个人所得税负担率。

宏观税收负担与微观税收负担二者具有紧密的内在联系。微观税收负担是基础，宏观税收负担是微观税收负担的综合反映。

2. 具体的表现形式分类

税收负担从具体的表现形式看，分为名义税收负担和实际税收负担，具体包括以下内容：

（1）名义税收负担。名义税收负担又称为法定税收负担，是从税制规定看纳税人应承担的税收负担水平，表现为纳税人依据税法应向国家缴纳的税款与课税对象的比值。名义税收负担可以用名义税负率来衡量。

（2）实际税收负担。在税收征管过程中考虑影响纳税人向政府实际缴付税款的各种因素后，纳税人实际承受的税负水平，一般表现为纳税人实纳税额与课税对象的比值。影响纳税人实际税收负担的因素有税收扣除、减免、退税等合法因素和税收偷逃、以费代税等不合理或不合法因素。实际税收负担可以用实际税负率来衡量。

3. 税收负担的转嫁分类

根据税收负担是否可以转嫁看，分为直接税收负担和间接税收负担两类，具体包括以下内容：

（1）直接税收负担。直接税收负担是指纳税人直接向国家纳税而承受的税收负担。

（2）间接税收负担。在存在税负转嫁机制的条件下，纳税人依法直接向国家缴纳的税款，并不意味着最终全部由纳税人自己负担，纳税人有可能通过某些途径全部或部分地将税收负担转嫁出去。这样，被转嫁者虽然没有直接向国家缴税，却实际负担了一部分由他人转嫁过来的税款，这种税收负担就成为间接税收负担。

（三）影响宏观税收负担的因素

1. 经济发展水平

经济发展水平是税收负担的最根本的决定因素。一国宏观税负水平的高低关键要看本国经济效益水平和人均国民收入水平的高低。

作为税收体制中的动态要素，税负的高低说到底应由税源决定。发达资本主义国家的税负水平一般高于发展中国家，主要原因就在于发达资本主义国家的生产力发达，社会财富丰富，人均国民收入高，能够为国家征税提供广阔的税源；而广大发展中国家，由于历史和现实的原因，生产力发展水平相对较低，社会财富并不丰富，人均国民收入较少，难以为国家征税提供充足的税源，因而其宏观税负水平相对低一些。很明显，如果一国生产力发展水平较低，即使影响其宏观税负水平的其他因素已达到理想化目标，该国的宏观税负水平也不会很高。一国宏观税负水平的确定，不仅应立足于本国的经济发展水平，还应充分考虑到对经济发展实际的影响效果，要有利于经济的运行，促进国民经济的稳定增长和微观经济效益的提高。税负过高，超过纳税人的承受能力，会直接影响纳税人在投资、消费及储蓄领域里的信心，会助长有条件的纳税人为减轻税负而向国外进行税收移民或者偷逃税行为，在一定程度上影响经济的发展。

2. 国家职能定位

由于人们对政府与市场关系的认识处于不断深化的过程中，不同的国家或政府，以及不同时期的同一国家与政府，其职能范围是不同的。政府职能的变化必然影响到宏观税负水平。通常来说，随着政府职能的扩大，政府的财政支出势必会增加，宏观税负水平也将相应地呈上升趋势。

3. 经济体制与财政体制的模式

（1）经济体制不同，宏观税负也就不同。传统计划经济体制下，政府不仅担负着社会管理职能,而且承担着大量的经济建设任务,所以宏观税负水平也就很高。随着我国不断完善现代税收制度,持续推进减税降费,按国际可比口径计算,我国宏观税负水平已从 2016 年的 28.1% 降至 2020 年的 24.4%,税收占国内生产总值比重从 17.5% 降至 15.2%,已处于世界较低水平。在全面建设社会主义现代化国家新征程中,政府公共服务保障水平需要不断提高,宏观税负宜保持总体稳定,为推动高质量发展提供坚实财力保障。

(2)一国税收制度对宏观税负水平也有影响。税制对宏观税负的影响主要体现在以下四个方面:

第一,税种设置。当各税种税率保持在一个较合理的程度上,税种设置较多,将使得征税范围变宽,税基扩大,宏观税负水平就会得以提高。

第二,税制设计。在税制设计中,主体税种和辅助税种的不同选择和搭配对宏观税负水平的影响也比较明显。以商品税作为主体税种,尽管税负可能转嫁,在一些方面或个别环节存在不公平,但对宏观税负水平的影响相对来说要小一些。以所得税作为主体税种,由于所得税尤其是个人所得税具有累进性,对经济变化的反应比较敏感,因而对宏观税负水平的影响相对来说要大一些。

第三,税率。从税率角度考虑,税收体系中适度的整体税率同宏观税负水平具有方向趋同的关系:整体税率提高将会引起宏观税负水平的提高;反之,宏观税负水平则下降。

第四,税基。从税基角度考虑,扩大税基,会使税收收入增加,引起宏观税负水平提高;缩小税基,则会造成税收收入的减少,使宏观税负水平降低。值得一提的是,作为税制要素中的两个重要因素,税率和税基的设计如何,不但直接影响到宏观税负水平的高低,而且会对税负公平产生重要影响。

第五,税收征管机制。一国税收征管机制的高效性对减少偷逃税现象、维护税收和宏观税负水平的稳定性发挥着非常重要的作用。

(四)宏观税收负担指标

1. 我国衡量宏观税负的指标

目前,我国对宏观税负的认识有三个口径:

(1)小口径的宏观税负。小口径的宏观税负是指税收收入占 GDP 的比重。小口径的宏观税负最能真实、具体地表明政府财政能力的强弱,但不能准确地反映我国宏观税负的全貌。

(2)中口径的宏观税负。中口径的宏观税负是指财政收入占 GDP 的比重,即预算内收入,包括税收收入和其他财政收入。

(3)大口径的宏观税负。大口径的宏观税负是指政府收入占 GDP 的比重。大口径的宏观税负能衡量整个国民经济的负担水平,考察企业的负担程度,全面反映政府从微观经济主体取得收入的状况和政府参与国民收入分配的受信任程度。但政府收入并没有全部形成财政可支配财力,不能反映政府的财力状况或财政能力。

2. 国际衡量宏观税负的指标

(1)税收总额占国内生产总值的比率(T/GDP)。在国际通行做法中,一般将 T/GDP 即国内生产总值税收负担率作为衡量宏观税负的标准。

(2)世界各国税负的分类,具体包括以下三种类型:

第一,高税负国家,这些国家国内生产总值税收负担率一般在 35%～45%,主要是指经济发达国家,如英国、瑞典、德国、法国、意大利等。这些国家的高税负政策通常是随着国家经济力量的增强逐步演进而成的。它们之所以实行重税,有以下两个重要的条件:一是这些国家都属于发达资本主义国家,人均国民生产总值在世界各国中是较高的,个人及法人的税负承受能力较强,国家有充分的余地征收较多的税收以满足财政支出需要。二是这些国家的公共服务及社会福利支出较大,特别是社会保障的享受面广、标准高,加之国家其他职能的需要,造成了政府庞大的财政支出,需要大量的财政收入。

第二,中等税负国家。这些国家国内生产总值税收负担率一般在 20%～30%,一般是指发展中国家,非洲和拉美诸国多属此类。这一类国家由于经济发展水平较低,个人及法人的税负承担能力较差,政府的税收收入受税源的影响常常呈不足状态,并且受税收征管体制的限制,税负占国内生产总值的比值不太容易提高。

第三,轻税负国家。国内生产总值税收负担率多为 15% 左右,不超过 20%。轻税负国家通常包括三类:一是经济不发达国家,国民生产总值少,税源少,造成财政收支紧张;二是实行低税模式的国际避税港,如巴拿马、列支敦士登等国家和地区,这些国家和地区一般行使单一税管辖权,税种少、税基窄、税率低,税收负担水平较低;三是以非税收入为主的资源国,如石油输出国,因为其税收占财政收入的比重很低,因而其税负水平也就比较低。

视频

报告称八成民企反映税收负担较重

(五)合理的税收负担水平

确定合理的税收负担水平是一国税收制度设计所要解决的中心问题。从宏观上判断一国税负水平是否合理,主要有如下两个标准。

1. 经济发展标准

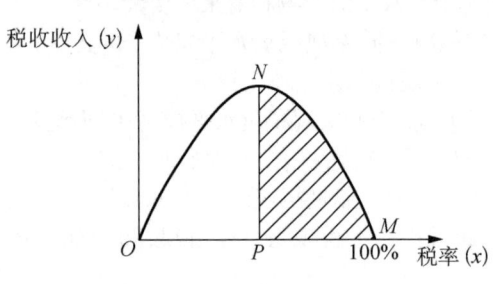
图 5-7 拉弗曲线

美国供给学派代表人物阿瑟·拉弗所提出的拉弗曲线较为形象地说明了经济发展、税收收入和税率之间的内在联系。如图 5-7 所示,随着税率增加,税收先增加后减少。图中阴影部分表示税率禁区,税率进入禁区后,税率与税收收入呈反比关系。

拉弗曲线实际上体现的是税收负担与经济增长或发展的关系。因为税率过高导致税收收入下降,源于税收负担过重抑制了经济活动,损害了税基。

2. 政府职能标准

一国总体税负水平的高低,要视政府职能范围的大小而定。因为政府的职能范围不同,对税收的需要量也不一样。从各国的实践看,随着社会经济的发展,政府职能范围有所扩大,公共支出需要也不断增加,而税收作为筹集财政资金的主要手段,相应地也呈现了一种日益增长的趋势。但在经济发展达到一定高度后,税负水平也会出现相对稳定的状态。

案例 5-2 精析

【案例 5-2】
拉弗曲线的应用

资料一:2021 年 1~8 月累计,全国一般公共预算收入 150 088 亿元,同比增长 18.4%。其中,中央一般公共预算收入 70 467 亿元,同比增长 18.9%;地方一般公共预算本级收入 79 621 亿元,同比增长 17.9%。全国税收收入 129 627 亿元,同比增长 19.8%;非税收入 20 461 亿元,同比增长 10.4%。

资料二:1974 年,美国经济学家拉弗在一次午餐中向

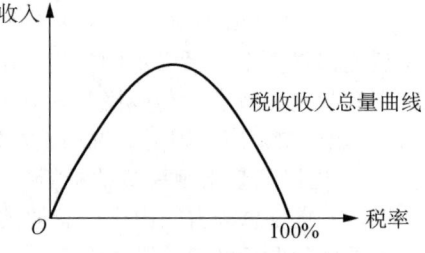
图 5-8 拉弗曲线

当时的一位白宫官员解释税率和税收的关系时,在餐桌上画出了拉弗曲线,如图 5-8 所示。

讨论:

(1)资料一、资料二分别反映了什么经济现象?

(2)结合资料一,说明拉弗曲线对我国经济发展的启示。

二、税负转嫁与税负归宿

(一)税负转嫁与税负归宿的概念

税负转嫁是指纳税人将其所缴纳的税款以一定方式转嫁他人承受的过程。商品交换是税负

转嫁的基础。税负归宿是指经过转嫁后税负的最终落脚点。在这一环节,税收承担者已不能把其所承受的税负再转嫁出去。

(二) 税负转嫁的方式

1. 前转

前转也称顺转,是指纳税人通过提高商品的销售价格将税负转嫁给购买者。这是税负转嫁中最为普通的一种形式。如在产销环节对消费品征税,生产厂商就可以通过提高该消费品的出厂价格,把税负转嫁给批发商,批发商再将税负转嫁给零售商,最后零售商又把税负转嫁给消费者。从这一过程看,虽然名义上的纳税人是生产厂商,而实际的税收负担者是各种商品和劳务的消费者。税负前转是税收转嫁的最典型也是最普遍的形式。

2. 后转

后转也称逆转,是指纳税人通过压低商品购进价格将税负转嫁给供应者。如政府在零售环节对某种商品征税,但该种商品由市场供求关系所决定,不能因征税而相应地提高价格,零售商就可以通过压低进货价格而将税收负担向后转嫁给批发商。同样批发商也可通过压低进货价格把税收负担转嫁给制造商,制造商再通过压低原材料和劳动力的价格,把税收负担转嫁给原材料和劳动力的供应者。

3. 辗转转嫁

辗转转嫁是指从进行课税后到实现最后归宿的这一过程中,税负的转移可以发生数次,具体又可分为向前辗转转嫁(如从木材加工商到家具生产商,最终把税负转嫁给消费者)和向后辗转转嫁(如从家具生产商到木材加工商,最终把税负转嫁给林木生产者)。

4. 混合转嫁

混合转嫁又称为散转,是指同一税额一部分前转,另一部分后转。例如,政府对汽车销售商征收的税收,一部分可以通过抬高售价,将税收前转给消费者;一部分可以通过压低进价,将税收后转给汽车生产者。

5. 消转

消转又称为转化或扩散转移,是指纳税人通过改进生产工艺、改善经营管理或改进生产技术等方式,使纳税额在生产发展和收入增长中自我消化,不归任何人承担。从税收转嫁的本意说,消转并不能作为一种税负转嫁方式。

6. 税收资本化

税收资本化也称税收还原,指要素购买者将所购资本品(主要指固定资产)的未来应纳税款在购入价中预先扣除,由要素出售者实际承担税负。其实际上是税负后转的一种特殊形式。

(三) 影响税负转嫁和归宿的因素

1. 商品的需求弹性和供给弹性

(1) 税负转嫁的主要途径是价格的变动,转嫁的幅度取决于供求弹性。

(2) 需求弹性对税负转嫁的影响表现在:①需求弹性较大的商品,商品价格更多地取决于买方,税负不易转嫁。②需求弹性较小的商品,商品价格更多地取决于卖方,税负容易转嫁。

决定商品需求弹性大小的因素一般有:①该商品替代品的数量和相似程度。一般而言,如果某种商品存在较多的替代品,且功能较为近似,则该商品的需求弹性就会较大,转嫁就较困难;反之,商品的替代品较少,或功能不相似时,该商品的需求弹性就较小,向消费者转嫁税负就更为容易。②商品对消费者而言是必需品还是非必需品。如果某商品对于消费者来说很重要,如基本生活必需品,价格上升就不会对该种商品的需求量产生很大的影响,这时的需求弹性相对较小,卖方向消费者转嫁税负就比较容易;反之,某商品并不十分必需,消费者可以根据自己的收入和商品的价格来决定是否有必要购买该种商品,这类商品的需求弹性较大,因此向消费者转嫁税负的困难较大。③商品用途的广泛性和耐用性。一种商品的用途越多,使用寿命越长,其需求弹性越大;而一种商品的用途越少,而且是使用寿命非常短的非耐用品,其需求弹性越小。

（3）供给弹性对税负转嫁的影响表现在:①供给弹性较大的商品,生产者有较大的灵活性,税负容易转嫁。②供给弹性较小的商品,生产者没有较大的灵活性,税负不容易转嫁。

决定商品供给弹性大小的因素有两个:时间和该商品的性质。一般来说,商品的长期供给弹性大于短期供给弹性。因为就供给方而言,短期内产量对价格的反应能力有限,要改变供给量只能依靠调整可变投入,如劳动力、原材料等;而从长期看,供给方通过改变生产计划和固定资产投入,如土地、厂房建筑物、机器设备等,可以极大地增强产量的变动能力。

从商品的性质看,供给弹性取决于三个因素:①该商品生产的难易程度。在一定时期内,容易生产的商品,当价格变动时其产量变动的速度快,因而供给弹性较大;较难生产的产品,则供给弹性较小。②商品的生产规模和规模变化的难易程度。一般而言,生产规模大的资本密集型企业,其生产规模较难变动,生产调整的周期长,因而其产品的供给弹性小;而规模小的劳动密集型企业,则应变能力强,其产品的供给弹性大。③生产成本的变化。如果随着产量的提高,单位成本只有少量提高,该商品的供给弹性较大;而如果单位成本随着产量的提高而明显上升,则供给弹性较小。

（4）税负转嫁的程度取决于征税后的价格变动。仅就税负转嫁的基本形式——前转进行讨论,如图 5-9 所示。

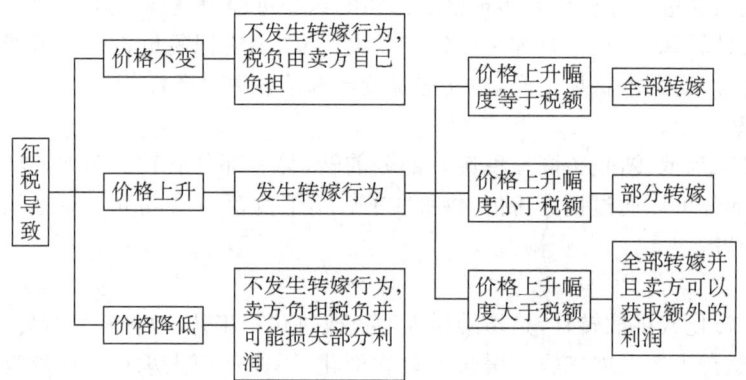

图 5-9　税负转嫁程度与税后价格变动

2. 税负转嫁与被征产品的价格决定模式

一般而言,价格决定模式主要有市场定价和计划定价两大类。一般来说,计划价格一经确定,短期内不会改变。虽然政府也有可能根据市场的变化,对计划价格做一些相应的调整,但是计划价格的变动始终是不受市场各种变量影响的。因此,在计划价格下,税收难以通过变动的价格而发生税负转嫁。

3. 税负转嫁与税收方式

（1）税种对税负转嫁的影响。税收制度中有直接税（如所得税、财产税）和间接税（主要是流转税）两种分类。一般认为,在商品流转过程中直接对商品征收的税负,即流转税或间接税,较容易进行税负转嫁;而在分配过程中对企业利润和个人征收的税,即收益税或直接税,则较难加以税负转嫁。间接税较为容易转嫁,是因为商品课税后会改变该商品的边际成本。

（2）课税范围对税负转嫁的影响。课税范围广的商品税容易转嫁（难以找到不征税的替代商品）;课税范围窄的商品税不易转嫁（容易找到不征税的替代商品）。这是因为,课税范围越广,涉及大部分甚至全部可作为替代品的商品或生产要素,就越不易产生对商品或生产要素购买的替代效应,需求就越缺乏弹性,因此,被课税商品或生产要素的价格就可能提高,税负较易向消费者转嫁;

反之,若课税范围越窄,对商品或生产要素购买的替代效应越大,需求富有弹性,购买者可以去购买无税或低税的商品来替代被征税的商品,课税商品价格较难提高,税负也难向消费者转嫁。

课税范围对税负转嫁的影响具体体现在以下方面:①就同类商品而言,如同类商品中各种商品都含税,税负易于转嫁;如只有其中某些商品含税,且该商品有其他代用品,则税负不易转嫁。②就不同种类商品而言,对生产资料课税,税负流转次数多,较易转嫁;税负流转次数少,较难转嫁。③就征税区域而言,如果某税在相邻的几个区域都课征,消费者则无从选择,税负较易转嫁;如果只在某一区域课征,则税负较难转嫁。

(3)课税对象对税负转嫁的影响。由于各种商品具有不同的供给与需求弹性,所以选择不同的商品作为课税对象就会对税负的转嫁和归宿产生不同的影响。如果选择供给弹性大、需求弹性小的商品作为课税对象,那么承担赋税的主要是消费者;反之,若选择供给弹性小、需求弹性大的商品作为课税对象,税负主要由生产者承担。

(4)计税依据对税负转嫁的影响。从量税和从价税对供给和需求曲线的变动有着不同的影响,自然对税负的转嫁和归宿有着不同的影响。从量税使供给或需求曲线平行移动;而从价税因为是按一定的比例征收,因此会改变原有的供给、需求曲线的斜率。

应知考核

一、单项选择题

1. 税收的"三性"是一个完整的统一体,(　　)是税收的核心特征。
   A. 合法性　　　　　　　　　　　　　B. 固定性
   C. 无偿性　　　　　　　　　　　　　D. 强制性

2. "纳税人必须依法纳税,征税机关必须依法征税",这是税收(　　)的要求。
   A. 合法性　　　　　　　　　　　　　B. 固定性
   C. 无偿性　　　　　　　　　　　　　D. 强制性

3. 以商品或服务的流转额为征税对象征收的一种税叫(　　)。
   A. 所得税　　　　　　　　　　　　　B. 流转税
   C. 间接税　　　　　　　　　　　　　D. 增值税

4. 下列税种中,主要对生产经营者的利润和个人纯收入发挥调节作用的税种是(　　)。
   A. 所得税　　　　　　　　　　　　　B. 流转税
   C. 行为税　　　　　　　　　　　　　D. 资源税

5. 按(　　)的不同,税收可分为从量税、从价税和复合税。
   A. 征税对象　　　　　　　　　　　　B. 税负能否转嫁
   C. 计税依据　　　　　　　　　　　　D. 税收管理与使用权限

二、多项选择题

1. 下列税种中,由海关负责征收的有(　　)。
   A. 关税　　　　　　　　　　　　　　B. 船舶吨税
   C. 进口环节的增值税和消费税　　　　D. 房产税

2. 下列各项中,具有间接税特征的有(　　)。
   A. 增值税　　　　　　　　　　　　　B. 企业所得税
   C. 消费税　　　　　　　　　　　　　D. 关税

3. 下列税种中,属于行为税的有(　　)。
   A. 印花税　　　　　　　　　　　　　B. 城市维护建设税
   C. 车辆购置税　　　　　　　　　　　D. 船舶吨税

4. 下列税种中,属于中央税的有(　　)。
   A. 关税　　　　　　　　　　　　　　B. 消费税

C. 车辆购置税   D. 增值税

5. 假设某税种的税率为 10%，张三的应税收入为 999 元，李四的应税收入为 1 001 元。当起征点为 1 000 元时，下列说法正确的有(　　　)。

    A. 张三应纳税额为 0 元   B. 李四应纳税额为 100.1 元

    C. 李四应纳税额为 0.1 元   D. 张三应纳税额为 99.9 元

三、判断题

1. 税收的客体是国家。   (　　　)
2. 纳税人、征税对象、税率是构成税收制度的三个最基本的要素。   (　　　)
3. 商品交换是税负转嫁的基础。   (　　　)
4. 纯电动乘用车和燃料电池乘用车属于车船税的征税范围，对其征车船税。   (　　　)
5. 《中华人民共和国环境保护税法》于 2016 年 12 月 25 日起施行。   (　　　)

四、简述题

1. 简述税收的含义和职能。
2. 简述税收体系与分类。
3. 简述我国现行税收的原则。
4. 简述税制构成要素的内容。
5. 简述影响税负转嫁和归宿的因素。

◆ 应 会 考 核 ◆

■ 观念应用

【背景资料】

树立纳税意识

资料一：发达国家有这样一句名言："在我们这里，除享受阳光和空气外都要纳税。"

我国宪法规定："中华人民共和国公民有依照法律纳税的义务。"

某年 9 月，A 市税务局开展了"依法诚信纳税　共建和谐社会"的税收宣传活动。

资料二：如图 5-10 所示，回答问题。

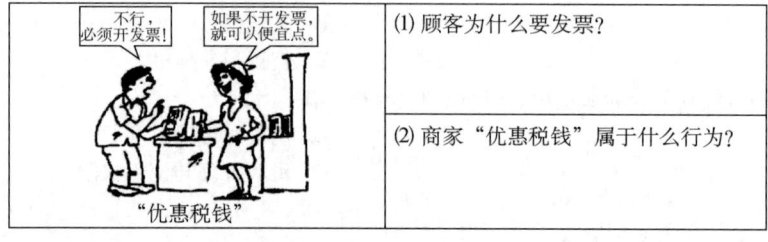

图 5-10　税收宣传

【考核要求】

根据资料一，回答：作为一名普通公民，我们应该如何为国家的税收作出自己的贡献？

根据资料二，回答图 5-10 中的问题。

■ 技能应用

【背景资料】

财政与税收收入

资料一：2019 年，全国一般公共预算收入 190 382 亿元，同比增长 3.8%。其中，全国中央一般公共预算收入 89 305 亿元，同比增长 4.5%，占一般公共预算收入的比重为 46.9%；地方本级一般公共预算收入 101 077 亿元，同比增长 3.2%，占一般公共预算收入的比重为 53.1%。具体资料如图 5-11 所示。

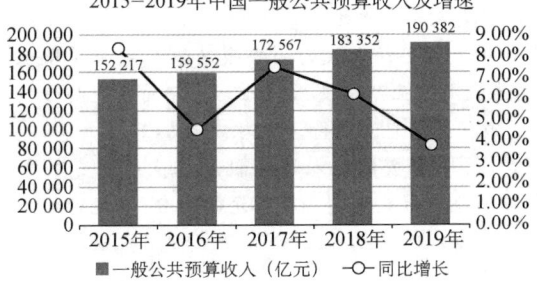

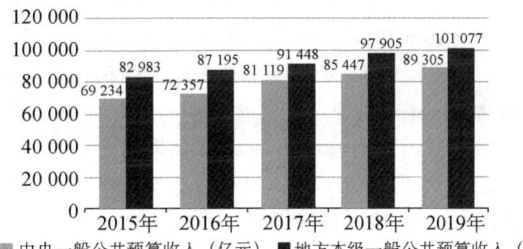

图 5-11 2015—2019 年全国公共预算情况比较

2019 年全国税收收入 157 992 亿元，同比增长 1%，占一般公共预算收入的比重为 82.99%；2019 年全国非税收入 32 390 亿元，同比增长 20.2%，占一般公共预算收入的比重为 17.01%。2019 年中国税收收入中，国内增值税税收收入遥遥领先，为 62 346 亿元；其次为企业所得税，税收收入为 37 300 亿元。具体资料如图 5-12 所示。

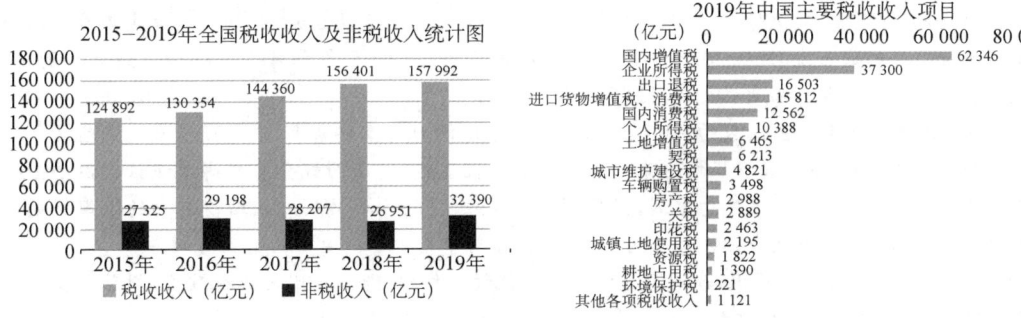

图 5-12 2015—2019 年全国税收收入情况

资料二：图 5-13 为拉弗曲线，该曲线大体上解释了税收收入与税率的关系。

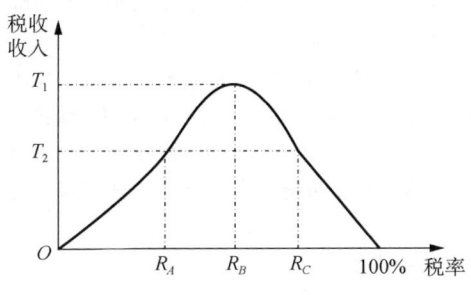

图 5-13 拉弗曲线

【技能要求】

1. 从资料一中概括我国财政运行中存在的问题，并分别用数据予以证明。

2. 为解决地方债务问题，国家某课题组为政府提交了三套方案：一是提高税率，增加税收种类；二是厉行节约，严格控制新债；三是加印钞票，减少民生支出。在上述三个方案中选择两个不恰当的方案，并运用资料二的信息以及经济生活知识，分别说明实施这两个方案的后果。

■ 案例分析

【案例情境】

2021 年降成本将持续合理降低税费负担

税费是企业运营的主要成本之一，减税降费是促进企业发展、激发市场主体活力的重要政策工具。近年来,为实现经济高质量发展和促进经济复苏,我国相继出台了增值税税率下调并档、放宽小微企业标准并加大优惠力度、提高科技研发费用税前加计扣除比例等一系列减税降费政策。

从统计数据看,近几年减税政策的执行成效显著:2020 年上半年约九成的小规模纳税人免征了增值税;2019 年 749.1 万户小微企业受惠于所得税优惠政策,重点税源企业研发支出"十三五"期间实现两位数以上的增速……这份令人满意的答卷也让我们对 2021 年的减税政策充满期待。

2021 年政府工作报告中涉减税政策主要有三项:一是,将小规模纳税人增值税起征点从月销售额 10 万元提高到 15 万元;二是,对小微企业和个体工商户年应纳税所得额不到 100 万元的部分,在现行优惠政策基础上,再减半征收所得税,该部分所得的税负仅为 2.5%;三是,延续执行企业研发费用税前加计扣除 75% 的政策,并将制造业企业税前加计扣除比例提高到 100%。

对比不难发现,2021 年的减税政策在变与不变中发挥着税收调控的积极作用。

第一,不变的是税收助力市场主体纾困发展和促进科技进步的初衷。在继续坚持积极财政政策总基调不变的背景下,从 2016 年的减税降费,到 2017 年的进一步减税降费,继而 2018 年实施更大规模的减税降费,2019 年的实质性减税降费……2021 年的减税政策在充分保证制度性减税的持续性的同时,回应了市场对减税降费的预期。

第二,变的是政策组合的调整和力度的加强。2020 年,受疫情影响,政府强化了阶段性政策,主要是延长前期出台的减税降费政策执行期。2021 年的减税政策,强化了制度性减税,并加大了优惠力度。以小规模纳税人的增值税起征点为例,从 2018 年开始的每月 3 万元,到 2019 年每月 10 万元,再到今年的 15 万元。起征点的逐步提高会大幅度扩大减税政策的覆盖范围。

小微企业在我国占到企业总数的 70% 以上,是国家经济活力的重要来源,也是吸纳就业的主力军。扶持好这部分企业的发展,中国经济市场主体"青山常在、生机盎然"的局面就会基本得以保证。但小微企业抵御经济波动和行业竞争冲击的能力较弱,因此,新"政策红包"的主要接收者以增值税中的小规模纳税人和企业所得税中的小微企业及个体工商户为主,表明国家对市场中小微主体的关注与倾斜。

2021 年,继续为市场主体纾困,我国将持续合理降低税费负担,进一步优化减税政策,规范降低重点领域涉企收费,落实落细减税降费红利。

根据国家发展改革委等四部门印发的《关于做好 2021 年降成本重点工作的通知》,坚持统筹兼顾与突出重点相结合,坚持阶段性政策与制度性安排相结合,坚持巩固成果与提质扩面相结合,坚持降低显性成本与降低隐性成本相结合,保持必要的纾困支持力度,推动政策红利直达市场主体,增强发展信心。降低实体经济企业成本工作部际联席会议将重点组织落实好 8 个方面 19 项任务。

通知强调,深化金融让利有效支持实体经济,营造适宜的货币金融环境,引导金融资源精准滴灌,优化企业金融服务。着力降低制度性交易成本,纵深推进"放管服"改革,维护公平竞争市场环境。合理降低企业人工成本,延续部分阶段性降低企业用工成本政策,加强职业技能培训提升劳动者素质。降低企业用能用地成本,包括降低企业用电成本,降低企业用地成本,降低房屋租金成本。

【分析要求】

阐述推进"放管服"①改革后,减税降费的措施。

项目实训

【实训内容】

透视非税收入,看财政现象

2021 年上半年全国非税收入 16 655 亿元,同比增长 17.4%。拉动非税收入增长的主要因素:一是随着增值税、消费税较快恢复,附征的教育费附加等专项收入增长 27.7%,拉高全国非税收入增幅 6.9%;二

---

① 2015 年 5 月 12 日,国务院召开全国推进简政放权放管结合职能转变工作电视电话会议,首次提出了"放管服"改革的概念。"放管服",就是简政放权、放管结合、优化服务的简称。"放"即简政放权,降低准入门槛。"管"即创新监管,促进公平竞争。"服"即高效服务,营造便利环境。2020 年 5 月 22 日,国务院总理李克强代表国务院向十三届全国人大三次会议作政府工作报告中提出,深化"放管服"改革。

是国有资源(资产)有偿使用收入增长12.2%,拉高全国非税收入增幅4.4%;三是对部分垄断行为的行政罚款等带动罚没收入增长27.9%,拉高全国非税收入增幅3.1%。行政事业性收费同比增长17.1%,其中,一季度增长26.3%,二季度增幅明显回落至8.9%,一季度增幅高,主要是部分2020年末收入集中在2021年初入库。财政部门扎实执行各项降费政策,加大各类违规涉企收费整治力度,着力减轻企业负担。

【实训目标】

培养学生分析问题和解决问题的能力。

【实训组织】

以学习小组为单位,回答以下问题:

1. 什么是非税收入?

2. 非税收入一般包含哪些内容?

3. 非税收入和税收收入的差异性体现在哪些方面?

【实训成果】

1. 考核、评价资料采用PPT展示与学生讨论相结合的方式。

2. 采用学生和教师共同评价的方式评分,并完成实训报告,如表5-13所示。

表5-13　　　　　　　　　　**实训报告**

项目实训班级:	项目小组:	项目组成员:
实训时间:　年　月　日	实训地点:	实训成绩:
实训目的:		
实训步骤:		
实训结果:		
实训感言:		

公　债

理解：公债、公债规模、公债市场的概念；公债市场的功能、公债现货市场和期货市场。

熟知：公债的分类、公债的承受能力和偿付能力、公债的发行与管理。

掌握：公债与财政；公债经济效应。

技能 目标

能够掌握公债的基本知识、基本原理，学会运用本项目的知识解决现实的基本问题，并具备分析现实的公债市场环境的能力。

素质 目标

运用所学的公债知识研究相关案例，培养和提高学生在特定业务情境中分析问题与决策设计的能力；结合行业规范或标准，强化学生的职业道德素质。

思政 目标

能够正确理解"不忘初心"的核心要义和精神实质；树立正确的世界观、人生观和价值观，做到学思用贯通、知信行统一；通过公债知识，分析发行公债的目的和意义以及所产生的经济效应，用理性的观点分析公债和财政的关系。

项目 引例

2021 年我国政府债券行业发展现状分析

2020 年，为应对新冠肺炎疫情对国内经济造成的影响，国内"宽财政＋宽货币"联手，再加上积极的财政政策三管齐下，扩大预算财政赤字、增加地方政府专项债券发行额度、发行万亿抗疫特别国债，使得 2020 年我国政府债券发行量再创新高。目前，我国的国债偿还数额是作为到期年度的财政支出的一个项目列入此年的支出预算，从正常财政收入之外的资金来源是有限的，而国债每年都在发行，每年也都有到期的债券须要还本付息，所以就要避免偿债高峰年的产生，制定合理的期限，使国家每年都保持一个较稳定的偿债能力，确保国家信用。

财政部网站公布了 2021 年 3 月地方政府债券发行和债务余额情况。2021 年 1～3 月，全国发行地方政府债券 8 951 亿元。其中，发行一般债券 5 210 亿元，发行专项债券 3 741 亿元；按用途划分，发行新增债券 364 亿元，发行再融资债券 8 587 亿元。地方政府债券平均发行期限 7.9 年，其中一般债券 7.3 年，专项债券 8.6 年。地方政府债券平均发行利率 3.41％，其中一般债券 3.39％，专项债券 3.44％。

还本付息情况，1～3 月，地方政府债券到期偿还本金 3 513 亿元。其中，3 月当月到期偿还本金 2 884 亿元。发行再融资债券偿还本金 2 941 亿元，安排财政资金等偿还本金 572 亿元。1～3 月，地方政府债券支付利息 1 690 亿元。其中，3 月当月地方政府债券支付利息 761 亿元。

从 4 月份开始，地方政府债券发行量逐步增大。从中国债券信息网信息来看，4 月 1 日起，湖南、浙江、甘肃、海南、山东、重庆、河南、辽宁、深圳等十余个省市相继安排发行地方政府债券。

引例 反思

(1) 为什么要发行政府债券？

(2) 未来，政府债券发展将呈现哪些趋势？

知识精讲

任务一 公债概述

一、公债的概念

公债是指国家或政府以债务人的身份,采取信用的方式,向国内外取得的一种债务。它是国家财政收入的一种特殊形式,是调节经济的一种重要手段。但公债与税收等收入形式不同,它具有自愿、有偿、灵活的特点。公债与公司债券、金融债券都属于债券。

世界上许多国家的中央政府与地方政府都有权发行公债。①中央政府发行的公债又称国债,它是中央政府借以筹措财政资金的重要方式,其收入列入中央政府预算,资金的使用调度权归中央政府。公债包括记账式公债和储蓄公债两大类,一般个人投资者购买的是储蓄公债,其中又包括凭证式储蓄公债和电子式储蓄公债。我国 2021 年 3 月 10 日发行的第一期储蓄国债就是凭证式公债,凭证式公债一般在银行柜台购买,手机银行和网上银行都不支持购买,所以投资者需要前往银行网点排队。②地方政府发行的公债称为地方公债,它是地方政府为筹措财政收入而发行的,其收入列入地方政府预算,资金的使用调度权归属地方。财政部发布 2021 年 4 月地方政府债券发行和债务余额情况,数据显示,2021 年 4 月,全国发行地方政府债券 7 758 亿元,截至 2021 年 4 月末,全国地方政府债务余额 266 047 亿元,控制在全国人大批准的限额之内。我国《预算法》规定,地方政府无权发行公债。

二、公债的特征

公债是国家取得财政收入的一种形式,与其他财政收入形式相比,有其明显的特征。

(1) 有偿性。有偿性是指通过发行公债筹集的财政资金,政府必须作为债务如期偿还。除此之外,还要按事先规定的条件向认购者支付一定数额的利息。

(2) 自愿性。自愿性是指公债的发行或认购建立在认购者自愿承购的基础上。认购者买与不买,购买多少,完全由认购者自己根据个人或单位情况自主决定,国家并不能指派具体的承购人。

(3) 灵活性。灵活性是指公债发行与否以及发行多少,一般完全由政府根据国家财政资金的丰裕程度灵活加以确定,而不通过法律形式预先加以规定。

【注意】 公债的有偿性、自愿性和灵活性是统一的整体,缺一不可,只有同时具备三个特征,才能构成公债。

视频

国债

三、公债的产生与发展

(一) 公债的产生

公债最早产生于公元 5～7 世纪的地中海沿岸国家。中世纪以后,地中海沿岸的意大利城市热那亚、威尼斯等地,由于其优越的地理位置,成了世界商业中心。与商业的发展相适应,信用制度也迅速发展起来。在中世纪以前的奴隶社会末期由高利贷者发展起来的银行,由于利息率太高,无法满足商人低利率贷款的要求,威尼斯和热那亚的商人首创了信用组合。这种信用组合又逐步演变为后来的划拨银行,一种比高利贷先进的专门从事信用的行业便应运而生。与此同时,由于封建制国家的职能有所扩大,加上财政管理不善,入不敷出,财政收支矛盾加剧。于是,划拨银行便以高出一般的利率贷款给国家,这样就产生了公债。到 16、17 世纪,手工工场向机器大工厂过渡,社会劳动生产率大大提高,加上海上贸易和殖民地战争,商人和高利贷者从国内外获得了大批货币财富。这批积累起来的货币资本超过了工厂手工业生产发展的需要,在大量多余资本找不到理想投资场所时,资本所有者便把闲置的货币资本投放到能保证获得高收入的公债上。同时,国家通过举债的实践,认为用发行公债的办法来解决财政困难要比增加税收容易得多,因此,公债很快在欧洲资本主义各国得到广泛的发展。

公债虽然很早以前就产生了,但只是到资本主义社会才得到迅猛的发展。而且,公债作为政府筹集财政资金的重要形式以及发展经济的重要杠杆,已经成为当今世界各国财政不可缺少的组成部分。政府财政收不抵支是公债产生的必要条件,而闲置资本的存在则为公债产生提供了可能性。

(二) 公债的发展

公债的产生,对资产阶级极为有利。资本主义商品经济的发展是公债强有力的经济基础,同时,公债往往又是同国家财政困难相联系的。因此,公债虽然早在中世纪就已经产生,但是公债的急速增长是在资本主义财政形成以后的两次世界大战期间。两次世界大战期间,参战各国军费迅速增长,税收已远远不能满足战争需要,于是公债成了筹集军费的重要途径,资本主义各国的公债总额猛增。

到20世纪70年代,资本主义世界各国奉行凯恩斯主义的赤字财政政策。根据凯恩斯的理论,增加政府开支,削减联邦税收,虽然会出现财政赤字,但整个社会的有效需求提高后,可以刺激、推动经济的发展。而弥补财政赤字的有效办法是发行公债。因此,公债增长的速度越来越快,资本主义国家公债的发行达到了空前的规模。

我国公债最早出现在清朝末年。我国第一次发行的国内公债是1898年清王朝发行的昭信股票,总额为1 100万两银子。1911年,清王朝又发行一次公债。北洋军阀时代和国民党时期政府也多次发行公债。旧中国的公债基本上属于资本主义公债的类型,但带有半封建半殖民地的色彩。

中华人民共和国成立以来,我国先后多次发行公债:1950年发行了人民胜利折实公债;1954—1958年连续5年发行国家经济建设公债;1981年至今每年都发行公债。2020年因为疫情的原因,储蓄公债发行较少,一共才发行了4批。根据财政部发布的2021年公债发行计划,当年发行的公债分为储蓄公债和记账式公债两种,从1~12月份都有公债发行。财政部2021年在香港发行200亿元人民币公债(自2009年起,财政部持续在香港发行人民币公债)分三期发行,规模分别为80亿元、60亿元、60亿元。记账式公债目前是我国发行量最大的一类公债,每个月都会有多批记账式公债要发行,分为贴现式和附息式。相比储蓄公债来说,记账式公债的利率要低一些。

四、公债的分类

(一) 按公债的发行地域分类

根据公债的发行地域不同,可将其分为国内公债和国外公债。

(1) 国内公债。国内公债是指本国政府以债务人的身份向本国境内的居民或单位所发行的公债。

(2) 国外公债。国家在国外发行的公债称为国外公债。

(二) 按公债的本位分类

根据公债的本位不同,可将其分为货币公债和实物公债。

(1) 货币公债。货币公债是指以货币为本位发行的公债。按照货币的种类,又可以进一步将货币公债分为本币公债和外币公债。本币公债是指以公债发行国本国的货币为本位的一种货币公债。外币公债则是指以某种外国货币为本位发行的一种货币公债。货币公债是商品货币经济的产物。货币公债具有债务收入来源的普遍性和简便性等特征。因此,在市场经济条件下,各国发行的公债大多是以货币为本位的。

（2）实物公债。实物公债是以实物为本位的公债。按照确定本位的具体方法,实物公债又可以进一步分为直接以实物为本位的公债和间接以实物为本位的公债,直接以实物为本位所发行的公债,其计量比较简便,因为这种公债的本位往往是一种实物。间接以实物为本位的公债也称折实公债。我国于 1950 年所发行的"人民胜利折实公债"就是一种折实公债。

（三）按偿还的期限分类

根据公债的偿还期限不同,可将其分为短期公债、中期公债和长期公债。

（1）短期公债。短期公债的期限一般在 1 年以内,主要是为了调剂国库资金周转的临时性余缺,并具有较大的流动性。

（2）中期公债。中期公债的偿还期限为 1 至 10 年(包含 1 年但不含 10 年),因其偿还期限较长从而使国家对债务资金的使用相对稳定。

（3）长期公债。长期公债的期限在 10 年以上(含 10 年),可以使政府在更长时期内支配财力,但持有者的收益将受到币值和物价的影响。

（四）按公债的应募条件的性质分类

根据公债的应募条件的不同性质,可将其分为强制公债和自由公债。

（1）强制公债。强制公债是指在发行公债时,凡符合政府规定的应募条件者均必须购买公债。按照强制公债的具体推销办法,又可以进一步区分为直接强制公债和间接强制公债。直接强制公债是指依政府预先确定的条件直接强行摊派到应募者头上的公债,如按应募者财产的多少强行摊派等。间接强制公债是指政府以公债代替现金,用以支付薪金或购买物品。

（2）自由公债。自由公债是指政府在发行时不附带任何应募条件,而由企业或居民自由认购的公债。它是现代世界各国公债的普遍形式。真正意义上的自由公债,一般是指政府在金融市场上出售的公债。一般来说,政府对这种公债不施加任何强制手段或附带条件,从性质上看,政府所处的借贷地位与一般企业或个人并不完全相同。现在世界各国大多发行自由公债。

（五）按公债的流动特点分类

根据公债的流动特点不同,可将其分为上市公债和非上市公债两类。

（1）上市公债。上市公债是指可以在市场上公开买卖的公债。其基本特征是自由认购、自由买卖,即投资者除了在公债的发行市场上按规定购买公债以外,还可以在证券交易所或其他合法的证券交易市场按行市买卖公债,其行市或价格由该证券(公债)的供求关系状况决定。

（2）非上市公债。非上市公债是指不能在市场上公开买卖的公债。有些非上市公债是在发行市场上公开发售的,但发行完毕后,直到债务期满,政府并不允许这类公债上市流通转让。因此,非上市公债与上市公债的主要区别在于前者不允许在流通市场上自由买卖、转让。

（六）按公债的发行主体分类

根据公债的发行主体不同,可将其分为中央政府发行的公债、政府关系债和地方政府债券。

（1）中央政府发行的公债。中央政府发行的公债,包括用于融通国库资金、弥补预算资金不足的国库券和以扶持社会经济发展为目的而发行的各种专项债券。

（2）政府关系债。政府关系债是指由政府某些特许机构或特殊法人发行的主要用于铁路、交通、基础设施、中小企业发展、技术开发等特定公共项目的债券。

（3）地方政府债券。地方政府债券,即各级地方政府为筹集地方建设性投资所需资金而发行的债券。

（七）按公债的形态分类

根据公债的形态不同,可将其分为附息债和贴现债。

（1）附息债。附息债又称剪息债，是指券面上附有息票，在规定的时期以息票兑换的形式支付利息的债券，其中又分为发行利率固定不变的附息债券和发行利率随市场利率浮动的利率债券。

（2）贴现债。贴现债券面上不附有息票，而是采用低于面额的价格发行，发行价格与偿还金额之差即为利息。

（八）按公债有无担保分类

根据公债有无担保的区别，可将其分为政府担保债和非政府担保债。

（1）政府担保费。政府担保债主要适用于以公共设施、技术开发和政策扶持目标相一致的政府关系债和地方政府债券。

（2）非政府担保债。本利的支付由政府作担保的公债叫政府担保债；反之，为非政府担保债。

（九）按公债是否记名分类

根据公债是否记名的区别，可将其分为现货债与注册债。

（1）现货债。现货债是指公债债券本身是权利化了的纸制物，一般为不记名债券。

（2）注册债。注册债又称登记债，是指按照一定的法律规定，在注册机关准备的注册簿上记上公债债权人的姓名及权利等内容，由注册机关定期向债权人发放利息收据，在本利支付场所进行支付，其转让也是由公债债权人向注册机关提出申请转移手续来进行，注册债同时也是记名债。

（十）按公债募集方式分类

根据公债募集的方式不同，可将其分为公募债券和私募债券。

（1）公募债券。公募债券是指以不特定的多数投资者为对象广泛募集的债券。

（2）私募债券。私募债券是指发行时不面向一般投资者，而仅向与发行人有特定关系的投资者募集，又称缘故债券。

除此以外，我们还可以从其他角度进行分类：按照公债有无担保划分，可以将公债分为有担保公债和无担保公债；按照公债交款方式划分，可以将公债分为分期付款公债和一次性付款公债；按照公债债务收入的用途划分，可以将公债分为生产性公债和非生产性公债等。依照不同标准，从不同的角度对公债进行分类具有重要意义。每一类公债都有其特点；同时，每一种分类都不是绝对的，其中大部分可以相互交叉，因而可以有不同的组合。政府在发行公债时，可以选择不同组合，以适应不同的需要，提高公债的发行和管理效率。

五、公债的功能

从财政角度看，公债是财政收入的补充形式，是弥补赤字、解决财政困难的有效手段，是筹集建设资金的较好方法。当国家财政一时支出大于收入、遇有临时急需时，发行公债比较简捷，可济急需。从长远看，公债还是筹集建设资金的较好形式。一些投资大、建设周期长、见效慢的项目，如能源、交通等重点建设，往往需要政府积极介入。

从经济的角度看，公债是政府调控经济的重要政策工具，主要表现在以下方面：①调节积累与消费，促进两者比例关系合理化。公债采用信用的方式，只是获得了一定时期内资金的使用权，没有改变资金的所有权，适当发行公债，可以使二者的比例关系趋于正常。②调节投资结构，促进产业结构优化。③调节金融市场，维持经济稳定。公债是一种金融资产、一种有价证券，公债市场可以成为间接调节金融市场的政策工具；调节社会总需求，促进社会总供给与总需求在总量和结构上的平衡。

六、公债市场

（一）公债市场的概念

公债市场是证券市场的重要组成部分,它是政府债券以及人们对既发债券进行转让、买卖和交易的场所。公债市场通常由发行市场(一级市场)和流通市场(二级市场)组成。公债一级市场和二级市场是紧密联系、相互依存的。一级市场是二级市场的基础和前提,只有具备了一定规模和质量的发行市场,二级市场的交易才有可能进行。同时,二级市场又能促进一级市场的发展,二级市场为一级市场所发行的债券提供了变现的场所,从而增强了投资者的投资热情,有利于新债券的发行。

（二）公债市场的功能

（1）公债市场为政府的发行和交易提供了有效的渠道。

（2）公债市场可以进一步引导资金流向,实现资源要素的优化配置。

（3）公债市场是传播和获取经济信息的重要场所。

（4）公债市场还能够为社会闲置资金提供良好的投资场所。由于政府债券风险小、投资收益回报稳定,成为投资者青睐的理想对象。

（5）公债作为财政政策工具,公债市场具有顺利实现公债发行和偿还的功能。

（6）公债作为金融政策工具,公债市场具有调节社会资金运行和提高社会资金效率的功能。

（三）公债现货市场和期货市场

1. 公债现货市场

公债现货交易是指交易双方在成交后立即实行交割,或在极短的期限内办理交割的一种交易方式。现货交易是买卖双方谈妥一笔交易,马上办理交割,当场钱货两清。当然,除了当日交割之外,还有次日交割等交易种类,都属于现货交易的内容。现货交易的特点包括:成交和交割是同时进行的;现货交易是实物交易,没有对冲;现货交易在交割时,买方必须支付现款,所以又称为现金现货交易;现货交易主要是一种投资行为,一般不列入投机范围。

2. 公债期货市场

公债期货交易是指以标准化的公债交易合约为标的的金融商品,是公债期货的买卖双方通过交易所,约定在未来特定的交易日,按照约定的价格和数量交收对象债券的交易方式。公债期货市场就是买卖公债期货合约的交易场所。公债期货交易与现货交易相比具有显著的特点,具体包括:①交易的对象是期货合约,而不是现实的债券。②对冲交易多,实物交割少。③交易者众多,市场活跃,流通性好。④采用有形市场形式,实行押金制度。

【案例 6-1】

积极发挥财政职能,推进公债市场健康发展

案例 6-1 精析

近年来,财政部对推行公债活动市场化改革进行了多方面的努力。在努力推进公债发行市场化改革方面,做到:①努力提高公债透明度,目前已经做到凭证式公债、记账式基准期限公债和主要券种年度发行计划的公布。②组建公债承销团。实施了银行间市场承销团制度并在记账式、凭证式公债发行中全面引入,财政部还将组建统一的记账式公债承销团。③采用了招标发行公债。现阶段,记账式公债全部通过招标方式发行,并根据市场发展的需要推出了混合式招标方式,同时实施公债预发行制度。④丰富公债品种。目前我国已有多种长、中、短期公债,并已开始发行基准利率公债。同时,财政部正在研究公债品种丰富的问题,包括储蓄公债和定向公债。随着公债余额管理的实施,财政部还将大力发行短期公债。⑤努力推动市场统一,增加跨市场公债发行。自 2002 年起,财政部加大跨市场公债发行力度。2005 年,实现了全部记账式公债跨市场发行。

在进行公债流通市场创新方面,做到:①实施公债净价交易,以剔除应计利息对公债收益率的影响,保

证公债利息免税政策的实施。②开展公债柜台发行与交易试点工作,推出公债买断式回购业务,财政部还将研究建立公债做市商制度,以构建多层次的市场框架,为进一步提高公债市场的流动性服务。③提高跨市场公债转托管效率。④提前赎回未到期公债。随着经验的积累,更加市场化的一些方式也会加以运用。应当说,财政部在促进公债市场发展方面的作用是十分显著的。

讨论:为什么财政部应在公债市场化发展中起作用?

任务二 公债与财政关系

公债从产生起就与财政赤字紧密相连。公债发行、偿还的整个运行过程,都与国家财政收支、财政赤字有着密切的联系。

一、公债与财政收入

公债的作用首先是弥补财政赤字,此外,还可以筹集建设资金,调节经济运行,主要是调节货币流通量。现实生活中,国家发行公债可以用于弥补赤字,也可以用于固定资产投资等专项用途,还可以用于偿还到期的公债。从广义上来说,公债也是财政收入的一部分,但在许多市场经济国家中,一般不把公债列为正常收入看待。公债和税收都是市场经济体制下组织财政收入的手段,但公债和税收还是有一定区别的。

1. 税收是公债的信用基础

公债是政府根据需要创造出来的金融商品,其所包含的价值,是以财政税收作为担保的,即国家在公债发行时所承诺的公债价值,在兑现时以财政税收作为物质保证。只要国家继续存在,购买公债的投资者肯定可以获得稳定的收益。正因为公债有财政税收作为信用基础,公债才能成为有价证券市场中最具安全性的"金边债券"。

2. 公债是财政收入重要的补充

公债最初就是因为税收不能满足财政支出需求而产生的,现在公债已成为世界上大多数国家政府除税收之外筹集财政资金的重要渠道。在现代财政中,公债作为税收的补充,主要表现在两个方面:一是补充税收数量的不足。向国内居民举借债务,成为大多数国家财政弥补税收不足最常用的方法。二是弥补税收在调节收入分配结构方面的不足。税收具有强制性和无偿性。税法的制定要通过比较严格的立法程序,一旦确定,就不宜经常更改和变动。公债则可以根据需要随时发行,而且可以专门针对特殊的对象发行定向公债,在调节分配结构时比较灵活,弥补了税收在调节收入分配结构方面的局限性。

3. 公债一般自由认购

税收具有强制性,而公债一般是自由认购的。虽然公债也有强制公债,但强制公债一般是在战争时期及其他紧急情况下才发行的,正常情况下,公债一般采用自由认购的方式。

4. 公债具有有偿性

国家征税无须承担偿还义务,具有无偿性,而公债属于借贷性质,国家要承担还本付息的责任。因此,从财政成本效益来看,税收优于公债,这是公债在财政收入形式中只能作为辅助手段的一个原因。

二、公债与财政支出

(一)财政支出规模直接影响公债的发行规模

公债作为弥补财政收支差额的重要手段,其规模大小受财政支出的影响很大,作为财政收入主体的税收,其规模主要取决于经济规模、增长速度和税收制度三项因素。这三项因素的可预见性相对较强,年度与年度之间的变化比较容易把握,而支出的可变性比较大,不可预见的因素也较多,年度与年度之间的变化很大,常常超过收入规模。因此,支出的扩大往往意味着公债当年发行规模的扩大。公债的发行规模与财政支出规模呈正相关。

(二)现有的公债规模将影响将来的财政支出规模

公债发行规模的扩大,意味着可供财政支配的资金增多,为扩大财政支出创造了条件;其次,财政发行的公债是有偿的,是未来财政收入的预支,到期必须还本付息。因此,当期发行规模必然会影响到将来的财政支出。从大多数国家的实践来看,往往是财政支出规模的扩大导致了公债发行规模的扩大,而公债发行规模的扩大又把财政支出提升到一个新的台阶,形成财政支出和公债发行规模相互推动、共同扩张的局面。

(三)财政支出结构影响公债的结构

发行什么种类的公债,主要取决于用于财政支出的具体用途。若是用于生产建设性投资,则应发行中长期公债;若是为了解决临时性的资金周转需要,则可以发行1年期以内的短期公债。支出需求是多样性的,公债结构也应该是长、中、短期相结合的,公债的灵活性能充分满足支出多样性的需求。另外,为了适应现实经济生活中的通货膨胀现象,在公债的利率结构方面也需要加以调整,即处理好固定利率的公债和浮动利率的公债之间的比重问题。浮动利率公债的发行有利于减少投资者和筹资者双方的风险,通货膨胀率上升,浮动利率跟着上调,有利于投资者获利;反之,通货膨胀率下降,浮动利率下调,有利于减轻财政支出的负担。

三、公债与财政赤字

(一)财政赤字是发行公债的重要原因

财政赤字是指财政年度中出现了财政支出大于财政收入的差额,公债的发行就是为了弥补这个差额。弥补财政赤字的办法虽然很多,如增加税收、压缩财政开支等,但增加税收、压缩财政支出都很困难,而用公债来弥补财政赤字是一种最方便、最灵活、最有效的手段,因此,世界各国通常都用发行公债的方法来弥补财政赤字。财政赤字是公债发行的重要原因,反过来,发行公债引起的利息支付又会加大财政赤字,因此,财政赤字与公债有着互相促进、互为因果的关系。

筹集财政资金、弥补财政赤字是公债的初始职能。在现代经济生活中,公债还被许多国家作为调节经济的杠杆,如用以调节市场货币流通量、稳定经济等。因此,出于调节经济的目的而发行的公债,并非财政赤字所致。所以,财政赤字是发行公债的重要原因,但不是唯一的原因。

(二)公债是弥补财政赤字的理想方式

公债的发行及时、灵活、方便,是弥补财政赤字的理想方式。首先,用发行公债筹集财政资金,较课税来得及时、迅速,而且什么时间发行,主动权掌握在国家手中。其次,根据财政收支不同性质的矛盾,以及财政支出的不同需要,国家可以发行形式多样的公债。例如,为弥补财政季节性收支差额,可发行短期公债;为弥补年度财政收支差额,可发行中期公债;为解决国家重点建设项目的资金不足,可发行长期建设公债;为偿还旧债,可发行新债等。

许多资本主义国家都由银行以"创造信用"的方式来承购公债。这样,公债的发行就会导致货币供应量的增加,从而成为财政赤字到通货膨胀的中间过渡。若公债发行量适度,公债发行对象主要为个人,即通过公债形式把居民个人手中的闲置货币集中起来,则不会增加货币供应量。

(三)平衡国际收支

任何国家在与其他国家及国际组织、机构的经济贸易往来中,如收入不足以抵充支出,就会出现国际收支逆差,这将影响该国的货币汇率和经济实力,除了动用外汇储备之外,最有效、最迅速地扭转局面的办法就是对外发行公债,用以平衡国际收支。

任务三 公债规模

一、公债规模的概念和影响因素

公债规模通常是指年末公债余额,而年末公债余额是由两部分构成的:一是,以前年度发行的至本年末尚未偿还的部分;二是,本年度新发行的至年末尚未偿还的部分。公债规模的大小并不仅仅是一个绝对量的表现,还受多种因素的影响和制约。

(一)政治因素

影响公债规模的首要因素是国家需要资金的多少。国家需要的资金量大,发行量就大;反之,发行量则小。当前不举借公债的国家很少,但发行规模上却有很大差异。首先,和各个国家的财政状况有直接关系,还取决于该国奉行的公债政策,即适度偏小、以偿还能力为限,还是越多越好、以满足需要为宜。其次,政治局势。剔除强制发行的因素,人们对政府的信赖程度,特别是政治局势是否安定,是承购者自愿购买公债的重要原因。

(二)经济因素

社会经济发展水平的高低决定了国家运用公债政策的程度。只有商品经济的发展达到一定的水平,社会物质财富才会有相当的积累;国民生活普遍富足,社会游资充斥,国家才有可能大规模举借债务。也只有经济发展了,各种金融机构才可能发挥其助国举债的功能。公债规模的大小主要取决于公债的承受能力和偿付能力。

二、公债的承受能力

(一)中央财政的承受能力

公债发行与财政收支的关系最为直接,也最为密切。首先,发行公债一般是为了弥补某一时期的财政赤字,保证一定规模的财政支出,从而满足经济增长的资金需求;其次,偿还公债也主要依靠以后年度的财政收入偿还。衡量公债发行主体承受力的主要指标是公债依存度和公债偿债率。

1. 公债依存度

公债依存度是指财政年度内公债发行数额占财政支出总额的比率,其计算公式为:

$$公债依存度＝年度公债发行额÷年度财政支出总额×100\%$$

这一指标反映了财政支出中有多少是依靠发行公债来筹措的。当公债发行量过大、依存度过高时,表明财政支出过分依赖债务收入,财政处于脆弱状态,并会对财政的未来发展构成潜在威胁。这是因为公债收入是一种有偿性的收入,国家财政支出主要应当依赖于税收,债务收入只能作为一种补充性收入。因此,公债规模的合理与否可以根据这一指标来判断。

2. 公债偿债率

一般以一定财政年度的还本付息额与财政收入的比值作为公债的偿债率指标,其计算公式为:

$$公债偿债率＝年底还本付息额÷年度财政收入总额×100\%$$

偿债资金可能来源于预算收入划出的部分、公债资金投资创造的收益或借新债还旧债,但最终都是来源于财政收入。这一指标反映了中央政府偿还公债的能力。偿债资金的来源主要有:①增加税收。②发行货币。③动用历年结余。④借新债还旧债。偿债能力越强,对公债的承受能力也就越大。因此,公债流量与公债的偿债能力有着直接的关系。

(二) 公债发行对象的承受能力

(1) 应考虑整个国民经济的承受能力。举借公债实质上是一种社会再分配,它直接或间接地取走了可用于社会再生产的资金。如果举债过多,就会影响正常的分配与再分配,对经济和社会的发展造成危害。

(2) 应考虑公债购买者的承受能力。我国公债的购买者主要是个人、企事业单位以及各类金融机构,他们各自的承受能力是确定公债合理规模的重要依据。衡量公债发行对象承受能力的指标有很多,其中最主要的指标是国民经济承担率,该指标从宏观上反映了整个国民经济的债务承担能力。国民经济承担率是当年公债余额占当年国内生产总值的比重,其计算公式为:

$$国民经济承担率 = 当年公债余额 \div 当年国内生产总值 \times 100\%$$

当年公债余额占当年国内生产总值的比重越大,则国民经济的债务承受能力越弱。

三、公债的偿付能力

确定公债发行量还必须考虑公债的偿付能力,最为重要的是考虑公债承受能力与公债偿付能力的对比状况。通常认为,当公债负担持续几年小于偿债能力时,公债负担便是安全的;而在持续出现公债负担大于或者等于偿债能力的现象时,就应缩小公债规模。

偿付能力是指国家财政在一定时期可以用于偿还公债本息的能力。它虽然与国家经济发展水平和财政收入规模有着直接的联系,但决定偿付能力的只是中央财政收入中扣除一般支出后的部分,这是因为国家财政只能支配国民收入中的一部分,偿付公债只能从国家财政收入中支付。再进一步分析,一个国家的财政收入必须用于满足社会一般公共需要和其他方面的需求,不可能全部用于偿还债务。如果将满足社会一般公共需要和其他方面需要的支出称为财政一般支出,从国家职能上讲,这些一般支出在一定时期必定有一个最低的极限值;财政支出若低于该极限值,国家财政将无法行使其应有的职能。因此,公债的最大偿付能力就是国家财政收入中扣除最低限度的一般支出后的财力。

四、公债的发行与管理

(一) 公债期限长短的配套

期限长短不等的公债,对于债权人和债务人的利益是不同的。一般情况下,发行长期公债对于政府比较有利,长期公债偿还期限长,政府除每年付息外,在短期内不需筹措还本资金,因而不致增加财政负担。但是,在严重通货膨胀的情况下,债券期限越长,公债贬值的程度就越大,债券持有者的损失就越大。若政府发行长期公债时能考虑到通货膨胀的因素,在还本付息时采取一些弥补措施,那么,利率较高的长期公债对于购买者还是有吸引力的。短期公债具有流动性大、风险小、发行容易的特点。因此,债券期限长短的合理配套以及债权人与债务人利益的有机统一就能使公债的发行经常化。

在进行公债期限结构选择的同时,还必须结合公债利率结构的分析。公债期限结构选定的目标是:公债期限长短的配套能够满足财政支出的需要;而公债利率结构的选择是,既能满足财政的公债利息成本最低的要求,又能使公债顺利发行。

1. 预期利率的变动与公债期限长短的选择

如果人们预期利率将上升,那么债券购买者就不会倾向于购买长期债券;而对于公债的发行者来说,则希望能在利率上升前借到钱。如预期利率将上升,公债发行者则应该选择多发行长期公债,因为公债的利率在发行时就已经确定,公债到期时,虽然市场利率上升,但公债的偿还付息仍可按原定较低的利率支付。同理,如果人们预期利率下降,债券购买者就会倾向于购买长期公债,而对于公债发行者来说,这时不宜多发行长期公债,应以发行短期公债为好。因此,对于公债管理者来说,必须结合预期市场利率的变动来选择公债的期限。

2. 预期通货膨胀率的变动与公债期限长短的选择

如果预期通货膨胀率上升,公债购买者在选择长期公债时就会很谨慎,一般倾向于选择短期公债,所以对于公债发行者来说,在制定长期公债利率时必须考虑预期通货膨胀率上升的因素,否则公债难以推销。如果预期通货膨胀率保持稳定,则不会对公债利率结构产生影响。实际上,长期公债与短期公债各有利弊,无论是对于公债的发行部门还是对于公债的持有者,一个期限长短混合、配套合理的公债结构,肯定优于期限单一的公债结构。

（二）公债发行价格的确定

一般来讲,公债发行有平价、溢价、折价三种不同形式。采取何种发行价格形式,除了公债期限这一既定条件外,关键还取决于公债票面利率和市场利率的差异。公债发行价格的计算公式为:

$$发行价格＝(票面金额＋票面金额×发行利率×期限)÷(1＋市场利率×期限)$$

（1）平价发行。平价发行是指公债的发行价格与公债票面金额相等。政府按票面金额取得收入,到期按票面金额还本,公债发行收入与偿还本金支出相等。在市场化发行情况下,当市场利率与公债票面利率不一致时,平价发行会使发行者承担高利率成本,出现公债销售不畅。

（2）溢价发行。溢价发行是指公债发行价格高于公债票面金额。政府按票面金额的溢价取得收入,到期按票面金额还本,公债发行收入高于偿还本金的支出。公债之所以能够溢价发行,是因为公债票面利率定得较高,超过市场利率。于是,公债就成为供不应求的投资品,这样其发行价格可望提高,直至其收益率与市场利率基本一致为止。

（3）折价发行。折价发行是指公债发行价格低于公债票面金额。政府按票面金额的折价取得收入,到期按票面金额还本,公债发行收入低于偿还本金的支出。折价发行,可能是由于一开始公债票面利率定得太低,引起公债销售不畅,于是降低发行价格才能完成发行任务。

（三）公债的发行方式

公债可以采用公募和私募两种方式发行。公募是指中央财政向不特定的社会公众公开发行公债。私募是指中央财政不公开发行公债,只是向少数投资者发行。这些少数投资者通常是资产雄厚的大金融机构、大企业。私募受发行对象的限制,公债推销虽然数额不大,但购买者集中,一次性购买量较大。当政府需要通过公债将某些特定主体的国民收入集中到财政手中时,用私募方式最为有效。现代经济国家大多采取公募方式,因为它体现了开放性和市场性原则,通过众多投资者的市场选择,达到对社会资金的合理配置,为公债良性循环创造了条件。

公募又可分为直接公募发行和间接公募发行。直接公募发行是指中央财政直接向投资者推销公债,但其发行成本较高,只有在公债品种比较单一时适用。间接公募发行就是通过金融中介机构参与推销公债,具体有承购包销、公开招标、公开拍卖等。

（1）承购包销。承购包销是指中央财政和承购包销团签订承购包销合同销售公债,由承销人向投资者分销,未能售出的余额由承销人自行认购。这种方法通过承销合同确定发行者和承销人的权利和义务,两者具有平等的关系,承销团承担推销的风险。政府与承购包销团协商决定发行价格,讨价还价的结果往往是一个接近市场供求状况的利率水平。承购包销团在确定承销份额上,可采用固定份额和变动份额两种。固定份额方法适用于金融体制比较稳定的情况,承销人对自己应承担的份额心中有数,有利于及早安排资金。变动份额方法适用于金融体制变动较大的情况,承销人可根据情况灵活变动资金。

（2）公开招标。公开招标是指由发行人提出含有公债发行条件和所需费用的标的，向投标人发标，投标人直接竞价，然后发行人根据竞价结果发行公债。公开招标方式确定的价格或利率是由市场供求状况决定的，体现了市场公平竞争原则。根据所竞标的的不同，公开招标分为价格招标和利率招标。价格招标是指公债的利率与票面价格之间的联系固定不变，投标人根据固定利率对未来金融市场利率变化的预期加以投标，投标价格可低于面值，也可高于面值。招标人将投标结果按其价格高低排列确定中标者，依次配售，售完为止。若中标者的认购额超过了预定发行规模，则按比例配售。所有中标者根据各自不同的投标价格购买公债，这种方式称为第一价格招标，最有把握中标的是报价最高的投标人，但容易产生垄断招标；反之，所有中标者都按统一价格购买公债，这种方式称为第二价格招标，最有把握中标的仍是报价最高的投标人，但其认购价格接近市场价格水平，削弱了少数投标人垄断市场的可能性。利率招标即发行人只确定发行规模和票面价格，发行利率由投资者投标确定。发行人以投标人报出的最高利率作为公债的发行利率，从报出的最低利率开始依次选定投资认购额，直至售完预定发行数额。如果中标人以某一利率中标，其认购额超过了预定发行规模，则按比例配售。利率招标对所有中标人都按统一利率发行。

（3）公开拍卖。公开拍卖是指在拍卖市场上按照例行的经营性拍卖方法和程序，由发行人公开向投资者拍卖国债。公开拍卖完全由市场决定公债的发行价格和利率。目前，大多数发达国家皆采用这种方式。根据叫卖顺序的不同，公开拍卖分为公开叫卖升序排列和公开叫卖降序排列。公开叫卖升序排列是指拍卖人按照不断上升的价格顺序向一组投标人招标，在拍卖过程中，当报出第一价格时，有关投标人报出其认购数额，招标人公布全部需求数量，然后不断提高价格，继续公布各个价格的需求数量，直到全部需求小于招标数额为止。当达到这一点时，招标人可以确认前次价格是完成全部发行的最高价格。公开叫卖降序排列是指拍卖人按不断降低的价格顺序报价，公债以逐渐降低的价格出售，直到全部需求小于招标数额为止。公开拍卖方式能使信息交流更为畅通，投标人易于知道国债的公认价值，避免成功投标人总是吃亏的不正常现象。

（四）公债的偿还

发行的公债到期以后就要还本，同时还要支付利息。各国一般通过制定公债偿还制度对公债的偿还以及与偿还相关的各个方面做出具体的规定，以保证公债的正常运行。

公债的偿还是指近期偿还公债本金与支付利息。其中，还本通常是政府按照债券面额偿还；付息则是按期、按条件支付。公债的偿还方式主要有：①一次偿还法。它是指政府对定期发行的公债，在债券到期后一次还本付息的方法。②购销偿还法。它是指政府按市场价格在公债流通市场上买入公债而销售债务的方法。实践中，这种方法多以短期的上市公债为主。③调换偿还法。它是指政府发行新公债来换回公债持有者手中的旧公债而注销债务的方法。对于政府而言，它的债务数量并没有减少，只是债务期限延长了而已。对于投资者而言，其债权人的地位未变，增加的只是新债权。④比例偿还法。它是指政府在公债的偿还期内，对所有公债债券号码进行抽签确定的每年按一定比例轮流分次偿还的方法。

（五）公债种类的配套

不同种类的公债有各自不同的特点，种类齐全的公债，能把社会上各种性质的闲散资金吸引到公债市场上来，既能满足各种闲散资金的投资需要，又能满足财政的需要。

从我国目前的情况来看，公债品种比较单一，公债的流通市场不够活跃。公债的品种与公债的流通市场有密切的关系，如果公债的品种单一，公债的流通市场也就不兴旺。而公债的二级流通市场与公债的一级发行市场也有密切的关系。要使公债的发行长期化、正常化，就必须建立一个发达的流通市场，而在发达的流通市场中，须有品种较多的公债。因此，对于公债管理者来说，必须要研究市场中各种资金的性质，结合财政的需要，发行品种多样的公债，为使流通市场健全发达而提供品种多样的金融商品。

（六）公债使用方向的控制

为了使公债的发行能正常、持久地进行，使公债真正地成为国家筹集资金、加快建设的手段之一，必须明确国家债务收入的使用方向，严格债务收入的使用。因此，在财政预算上，应将债务收入单列，专款专用，明确投资方向，以收定支。同时，对投资项目进行科学的测算，严格考核其经济效益，有偿使用，有借有还、谁借谁还，做到以债养债，以减轻公债还本付息所带来的财政负担。

（七）公债的市场运行机制

1. 完善一级市场发行体系

根据目前公债市场发展的实际情况，形成一个科学、合理的公债期限结构，实行长中短结合，既能满足投资者的多种需要，也有利于公债发行任务的顺利完成。在发行时间上要改变目前公债发行的不确定性。要借鉴国际惯例，根据中央预算的资金需要，提早发布阶段性的公债发行时间表，使之步入更规范化的轨道，便于各类投资者及早调动资金。要根据机构投资者的布局和现状，建立一个相对固定的承销团制度，进一步明确承销机构的权利和义务，鼓励承销机构建立自己的分销网络，从而形成和建立起相对稳定的公债发行机制。同时，要进一步探索并采取多种市场化的发行方式。公债发行的原则及未来的方向是进行市场化，但要根据我国现状，探索多种渠道与形式。

2. 理顺二级市场的框架体系

把银行间债券交易场所发展成机构间的场外交易市场，按照规范的场外交易规则进行交易，可以提高公债的流动性；拓展二级市场的参与主体，任何投资者都可以通过中央公债登记公司的托管结算系统参与公债投资，在货币市场与资本市场之间搭建一条以公债为媒介的渠道，可以为社会资金的流动性提供保证，也便于央行货币政策顺畅地传递。参与广泛、流动性强的公债二级市场可以为中央政府低成本、高效率地发行公债提供最可靠的保障。充分利用现有交易所的交易网络，引导一些中小投资者购买公债，稳定、规范并促进交易所的公债交易，使之成为一个零售性的场内交易市场。

在上述场外、场内市场发展的基础上，建立统一的公债托管结算系统，有利于确保公债市场乃至整个金融市场的安全、高效运行，也有利于建立公债发行市场的良性循环机制。

任务四　公债经济效应

一、公债对财政收支的影响

（一）公债对财政收入的影响

1. 公债对当年财政收入的影响

财政为了满足政府实现其职能的需要，必须拥有一定量的财政资金。一般来说，政府正常的财政收入主要是税收，如果当年正常的财政收入能够满足当年正常的财政支出的需要，就无须寻求其他途径增加资金。如果当年正常的财政收入不能够满足当年正常的财政支出的需要，就需要寻求其他途径增加资金。这样，公债就成为政府增加财政收入的手段之一。政府举借公债的直接经济效应是形成政府当年财政收入的增量。

2. 公债对今后年度财政收入的影响

公债形成当年财政收入的增量，这是一种直接影响，对于今后年度财政收入就不存在这种直接影响，因为作为债务收入不能直接计入今后年度的财政收入中。从经济运行的角度看，通过公债收入的使用,这种影响还是存在的。

(二)公债对财政支出的影响

1. 公债对当年财政支出的影响

公债对当年财政支出的影响表现在两个方面:直接影响和间接影响。

(1)所谓直接影响,是指由于公债发行而使得财政当年债务的还本付息支出增加。如果公债发行是短期的,在发行当年就必须偿还,这样,公债发行在形成当年财政收入增量的同时,也形成当年财政支出增量。如果还要考虑公债的利息支出,公债形成的财政支出增量还将大于财政收入增量。

(2)所谓间接影响,是指由于公债发行使得财政当年债务支出以外的其他支出增加。政府支出的日益膨胀是现代社会发展的一个明显趋势,要满足这种倾向,在税收约束较强的情况下,公债就必然成为扩张支出的主要来源。这就是政府举借公债具有间接扩大支出的作用。

2. 公债对今后年度财政支出的影响

(1)公债对今后年度财政支出的直接影响,是指公债增加了今后年度的财政偿债支出。由于公债大部分是一年以上的中、长期债务,这就使今后年度财政支出产生一个增量,即对该公债的还本付息。这种增量取决于公债的发行额、利率和期限。

(2)公债对今后年度财政支出的间接影响,是指由于公债发行而使得财政在今后年度债务支出以外的其他支出增加。这种影响的基础在于财政支出的许多项目具有单向刚性。因为财政支出增加与扩大容易,而减少与压缩财政支出却比较困难。

二、公债对货币供给的影响

(一)公债发行对货币供给的影响

1. 中央银行承购公债的货币效应

中央银行作为货币发行的银行、银行的银行和政府(国家)的银行,在国家货币政策中起着关键的作用。中央银行由于其特殊地位与职能,在货币供给方面充当着控制闸门的角色。政府发行公债由中央银行直接承购,等于央行向财政部提供信用而创造了货币,一般对货币供给起着扩张效应。中央银行直接承购公债增加其资产项目,同时财政存款又是央行的负债项目,这样央行的资产负债项目等额增加。如果财政把这笔货币资金拨付给部门、企业及个人,就使商业银行的存款增加,货币供给量扩大。考虑商业银行具有扩张信用和创造派生存款的机制,即使有存款准备金制度,货币供给量也可能扩大许多倍。

2. 商业银行承购公债的货币效应

商业银行承购公债的目的是持有一定量的流动资产,因为政府债券信誉高,规模大,在市场上的变现能力较强。如果商业银行现金资产不足,就可以随时通过出售公债来补充准备金。同时,持有公债也符合营利性要求,能够获得一定的利息收益或转让的价格差收益。

商业银行承购公债的货币效应是看商业银行购买公债资金的来源,主要有两个方面:一方面是收回已发放的贷款。收回贷款压缩货币供给量与购买公债使财政扩大货币供给量的效果是一致的,一般不改变货币供给量。另一方面是动用超额准备金购买公债。政府运用公债资金,结果会扩大货币供给量。商业银行用超额准备金购买公债,是把潜在的货币扩张能力作了现实的释放。当然,商业银行还可以向中央银行再贷款来购买公债,结果仍然是扩大了货币供给量。

3. 非银行部门承购公债的货币效应

非银行部门的范围广泛,包括企事业单位、投资基金、机构投资者、个人投资者等。它们投资公债的目的可能各不相同,投资公债的品种也不一样,但是,把它们看成是同质的经济主体,其购买公债的货币效应就可能是一致的。作为非银行部门,它们购买公债的资金来源不外乎是存款和现金,甚至两者兼有。购买公债后,这些现金与存款转化为财政部在中央银行的存款,减少货币供给量。政府运用公债后,进行一些支出拨付,又增加商业银行的存款,增加货币供给量。如果不考虑货币购买力转移中货币结构的变化,即现金与存款比例的改变,一般来说,最终将不改变社会的货币供给量。

(二) 公债流通对货币供给的影响

公债在其期限之内进行流通,对货币供给会产生一定的影响。

1. 公债在同类主体之间转让的货币效应

公债在同类主体之间转让有两种情况:①公债在非银行部门之间的转让是一种常见的公债交易形式,如在我国证券交易所的公债市场上,大量的参与者都是非银行部门,它们相互之间通过证券交易所进行公债的现货交易和其他方式交易,只是一种货币购买力的转移,一般不会影响货币供给的扩大或缩小。②对于公债在商业银行之间的买卖,商业银行购买公债的资金来源主要是收回已发放的贷款和动用超额准备金。利用前者购买不会改变货币供给量;利用超额准备金购买,通过相互之间的转移,最终会扩张货币供给量。

2. 公债在不同类主体之间转让的货币效应

公债在不同类主体之间转让有三种情况:①公债在商业银行与非银行部门之间的转让。②公债在中央银行与商业银行之间的转让。③公债在中央银行与非银行部门之间的转让。

(三) 公债偿还对货币供给的影响

1. 以税偿债的货币效应

政府征税,纳税人在商业银行的存款就会减少,社会上的货币数量减少。同时,政府在央行的财政存款增加。可以说,纳税人资金作为税款流向政府的影响,实际上是社会存款货币转变为央行的基础货币,是一种收缩效应。

2. 借新债还旧债的货币效应

在此先不考虑政府运用发行公债收入的扩张效应。如果政府举借新债与偿还旧债的对象是一致的,相当于公债的直接调换,不影响货币供给量。如果新债的发行对象是非银行部门,偿还的旧债是商业银行或央行,结果是减少货币供给量。如果新债的发行对象是商业银行,偿还的旧债是非银行部门或央行,结果对货币供给的影响是中性或潜在的投放能力得到现实释放。如果新债的发行对象是央行,偿还的旧债是非银行部门或商业银行,结果是扩大货币供给量。

◾ 应 知 考 核 ◾

一、单项选择题

1. 公债是指(　　)。
   A. 中央政府与地方政府的债务总额　　　　　B. 一国政府债务
   C. 国债　　　　　　　　　　　　　　　　　D. 所有公共部门的债务

2. 中期公债是指(　　)。
   A. 3～5 年的公债　　　　　　　　　　　　B. 2 年以上 5 年以下的公债
   C. 1 年以上 10 年以下的公债　　　　　　　D. 以上都不对

3. 公债依存度是指(　　)。
   A. 当年公债发行额占当年财政收入的比重　　B. 当年公债累计余额占当年财政支出的比重
   C. 当年公债发行额占当年财政支出的比重　　D. 当年公债累计余额占当年 GDP 的比重

4. 公债的偿债率是指(　　)。
   A. 累计还本付息额占国民收入的比重　　　　B. 当年还本付息额占当年国民收入的比重
   C. 当年还本付息额占当年财政收入的比重　　D. 当年还本付息额占偿债资金的比重

5. 主要用于铁路、交通、基础设施、中小企业发展、技术开发等特定公共项目的债券是(　　)。

  A. 国内公债   B. 国外公债

  C. 政府关系债   D. 项目债券

二、多项选择题

1. 下列各项中,属于公债的特点有( )。

  A. 有偿性   B. 固定性

  C. 自愿性   D. 期限性

2. 按不同的债务契约形式,公债可以分为( )。

  A. 公债券   B. 记账式债券

  C. 记名式债券   D. 合同型借款

3. 公债的发行价格有( )。

  A. 平价发行   B. 溢价发行

  C. 折价发行   D. 以上都不对

4. 偿付公债的资金来源主要有( )。

  A. 预算结余   B. 政府行政性收费

  C. 税收   D. 政府投资收益

5. 外债的形式有( )。

  A. 政府贷款   B. 国际金融机构贷款

  C. 出口信贷   D. 补偿贸易

三、判断题

1. 我国预算法规定地方政府无权发行公债。   ( )

2. 中期公债通常是指 1 年以上 10 年以下的公债。   ( )

3. 当一国没有财政赤字时,公债也就无用武之地。   ( )

4. 公债负担率是指当年公债发行额占当年财政支出的比重。   ( )

5. 社会公众购买公债一般没有货币效应。   ( )

四、简述题

1. 简述公债的概念和特征。

2. 简述公债的功能。

3. 简述公债市场的概念和功能。

4. 简述公债对财政收支的影响。

5. 简述国外公债的概念。

■ 应 会 考 核 ■

■ 观念应用

【背景资料】

我国使用公债资金建设 1 600 多个社区服务中心

  2005 年 8 月 1 日,中华人民共和国国家发展和改革委员会(以下简称国家发改委)社会发展司司长李守信称,全国社区服务设施公债资金建设项目试点工作自 2003 年开始,已有 59 个项目、1 606 个社区服务中心列入计划并开始建设,到年底将有大部分社区服务中心投入使用。

  李守信司长在大连召开的全国社区服务设施公债资金建设项目经验交流会上谈到,这是我国首次使用公债资金建设社区服务设施。中央和地方政府一共投入资金 14 亿元,受惠社区居民有 5 300 多万人,同时提供服务性就业岗位 28.7 万个。由于在社区服务中心建设过程中坚持满足群众需求,中央和地方政府各部门密切协调,把社区建设当作社会稳定和谐的着力点和着眼点,公债社区建设项目总体进展不错,管理很好。辽宁大连、江苏苏州和河南新乡等城市通过公债资金投入,一些社区综合服务能力、软件和硬件建设能力都有很大提高,尤其是在帮助下岗失业人员就业和解决困难群众生活方面发挥了很好的作用。

  李守信司长还指出,加强社区服务设施建设仍要提高认识,认真规划,充分了解社区群众的需求,坚决消除社区行政化和追求社区服务营利两种不良倾向,使社区服务中心真正成为方便和服务群众生活、有效行使政府公共服务职能的地方。

【考核要求】

为什么我国公债资金使用的方向要发生变化? 变化的方向正确吗?

■ **技能应用**

【背景资料】

2021 年 8 月,一年期公债收益率同比增长率为－8.03%。2021 年 9 月,一年期公债收益率为 2.38%。

图 6-1　一年期公债收益率

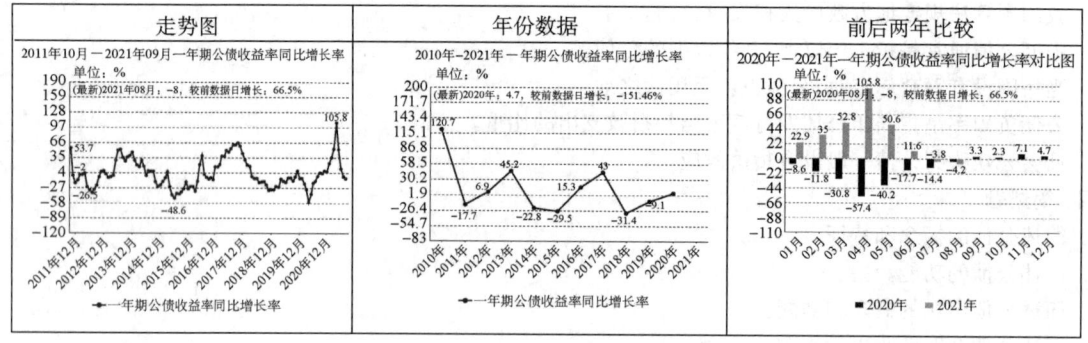

图 6-2　一年期公债收益率同比增长率

【技能要求】

一年期公债是一种短期调节财政、个人资金余缺的有期手段,通过图 6-1 和图 6-2 分析它具有哪些特点。

■ **案例分析**

【案例情境】

波多黎各无力偿还公债

据 BBC 2015 年 6 月 30 日报道,波多黎各总督亚历杭德罗·加西亚·帕迪拉(Alejandro Garcia Padilla)29 日表示,这个美国在海外的自治领地政府无力偿还高达 720 亿美元的公债,并可能在与议会就寻求解决方案举行紧急磋商前违约。加西亚在全国电视讲话中表示,他将寻求颁令暂停还款,并组成小组对债务进行重组。

波多黎各自 2006 年起就陷入经济衰退。波多黎各议会星期二(6 月 30 日)将就 98 亿美元的预算案进行投票。该预算案将削减 6.74 亿美元开支,并节支 15 亿美元用于偿还债务。加西亚总督在讲话中呼吁美国国会准许负债累累的波多黎各政府申请破产,并将偿付欠债的时间推迟数年。加西亚在电视讲话中说,即使我们增加收入并削减开支,由于债务沉重,而且问题较大,有关做法不会解决任何问题。根据美国破产法案,波多黎各目前无法重组债务。据路透社报道,美国白宫 29 日表示,将敦促国会修改法案,允许波多黎各宣布破产。

作为美国海外的自治领地,波多黎各居民都是美国公民,却没有与美国其他州或市一样的地位。这意味着波多黎各不能像 2013 年密歇根州的底特律一样,通过申请破产保护来进行债务重整。波多黎各的债务状况令人联想起希腊的债务危机。

【分析要求】

根据上述资料,请分析是什么原因造成波多黎各无力偿还 720 亿美元公债。

项目实训

【实训内容】

学生自愿组成小组,模拟公债购买和偿还情况。

【实训目标】

培养学生分析问题和解决问题的能力;体验公债购买和偿还过程。

【实训组织】

将学生分成若干组,每组 7 人,每个人扮演不同的角色,体验不同的购买和偿还过程。

【实训成果】

1. 考核、评价资料采用 PPT 展示与学生讨论相结合的方式。

2. 采用学生和教师共同评价的方式评分,并完成实训报告,如表 6-1 所示。

表 6-1　　　　　　　　　　　实训报告

项目实训班级:	项目小组:	项目组成员:
实训时间:　年　月　日	实训地点:	实训成绩:
实训目的:		
实训步骤:		

（续表）

实训结果：
实训感言：

政 府 预 算

知识目标

理解：政府预算的概念、组成。

熟知：政府预算形式；我国预算形式的改革和发展。

掌握：政府预算程序；财政平衡理论；财政管理改革。

技能目标

能够掌握政府预算的基本知识、基本原理；具备解读和分析我国政府预算的能力；能够结合我国的实际分析政府预算的现实意义。

素质目标

运用所学的政府预算知识研究相关案例，培养和提高学生在特定业务情境中分析问题与决策设计的能力；结合行业规范或标准，强化学生的职业道德素质。

思政目标

能够正确理解"不忘初心"的核心要义和精神实质；树立正确的世界观、人生观和价值观，做到学思用贯通、知信行统一；通过政府预算知识，能够了解政府预算工作的程序，在今后的相关工作中发挥自身的才能，为今后的职业能力培养根基。

项目引例

中央部门集中向社会公开 2021 年预算：政府过紧日子，百姓过好日子

2021 年 3 月 24 日，102 个中央部门向社会"晒"出 2021 年部门预算，全面反映 2021 年部门收支总体情况和财政拨款收支情况。

"2021 年，落实政府过紧日子要求，压减一般性支出，把钱用在刀刃上。"这一行字醒目地出现在财政部预算扉页。"过紧日子"成为今年中央部门预算的重要关键词。"从预算中可以看出各中央部门如何落实党中央决策部署，努力实现'十四五'开好局、起好步。"中国财政科学研究院研究员白景明表示，今年《政府工作报告》明确，各级政府都要节用为民、坚持过紧日子，确保基本民生支出只增不减，助力市场主体青山常在、生机盎然。今年在公开预算时，102 个中央部门全部说明了贯彻落实过紧日子压减支出等情况。财政部重点压减了机关公用经费和行政管理、教育培训等项目支出中的非急需非刚性支出。2021 年财政部一般行政管理事务预算数比 2020 年执行数下降 39.80%，机关服务预算下降 51.54%。同时，财政部 2021 年"三公"经费预算数比 2020 年压缩 6.66%，进一步压减因公出国（境）任务、公务用车费用和公务接待费支出。国家发改委行政运行经费 2021 年年初预算数为 17 840.48 万元，比 2020 年执行数减少 2 958.94 万元，降低 14.23%；国家铁路局 2021 年机关运行经费财政拨款预算 1 615.41 万元，比 2020 年减少 1 301.11 万元，下降 44.61%。

统计显示，按照党政机关坚持过紧日子有关要求，2021 年安排中央本级"三公"经费财政拨款预算 51.87 亿元，比 2020 年预算减少 3.3 亿元，下降 6%，其中：因公出国（境）费下降 0.6%；公务用车购置及运行费下降 6.8%；公务接待费下降 5.8%。"政府过紧日子，是为了让百姓过好日子。在财政收支紧平衡的情况下，中央部门进一步大幅压减非急需非刚性支出，把更多财政资源腾出来，用于改善基本民生和支持市场主体发展"。

引例反思

（1）为什么要对百姓公开政府预算？

（2）如何理解"预算公开是预算管理制度改革的核心要求，对实现国家治理体系和治理能力现代化具有重要推动作用"。

（3）国家鼓励大学生自主创业，那么你会公开你的财务预算资料吗？

知识 精讲

任务一　政府预算概述

一、政府预算的概念

政府预算是经过法定程序编制和批准的政府年度基本财政收支计划，是政府进行财政分配和财政宏观调控的重要手段。政府预算收支活动制约着政府活动的范围和方向，它规定了政府主要财力的来源、结构和方向，体现了国家发展国民经济和各项社会事业的方针、政策。政府预算收支的有效期限，即预算编制和执行所依据的法定界限，称之为预算年度或财政年度。我国预算年度的期限为当年的1月1日至12月31日。按照法定程序，在每个预算年度开始以前，由财政部门估算的政府年度财政收支计划的预计数称为预算草案；政府预算草案经过立法机关审查批准以后，才能成为具有法律效力的政府预算。

二、政府预算的组成

政府预算按政府级次分为中央政府预算和地方政府预算，按照《中华人民共和国预算法》，实行一级政府一级预算，全国设立五级预算，分别是中央，省、自治区、直辖市，设区的市、自治州，县、自治县、不设区的市、市辖区，乡、民族乡、镇。

中央政府预算是指经法定程序批准的中央政府的预算收支计划，主要表现为中央政府的预算收支活动，在政府预算管理体系中居于主导地位。地方政府预算是指经法定程序批准的地方各级政府的财政收支计划的统称，包括省级及省级以下共四级预算，在政府预算管理体系中居于基础性地位。地方总预算由各省（直辖市、自治区）总预算汇总而成。

按照预算收支管理的范围和要求，各级预算分为总预算、部门预算与单位预算。部门预算是政府预算的基础，基层预算单位是部门预算的基础。

根据经费领拨关系，中国各级政府的单位预算分为一级单位预算、二级单位预算和基层单位预算。一级预算单位是与同级政府总预算直接发生预算资金缴拨款关系的单位；如果一级预算单位之下还有被管辖的下级单位，则该一级预算单位又称为主管预算单位。二级预算单位是与主管预算单位发生预算资金缴拨款关系，下面还有所属预算单位的单位。基层预算单位是与二级预算单位或主管预算单位发生预算资金缴拨款关系的单位。

三、政府预算形式

随着政府职能范围的扩大，财政活动内容的增多，预算的形式、方法也复杂多样，出现了多种预算形式。

（一）按预算编制分类

根据预算编制形式范围的不同，可将其分为单式预算和复式预算。

1. 单式预算

单式预算是指将预算年度内全部的财政收入与财政支出汇编在一个预算内，形成一个收支项目安排对照表，而不区分各项财政收支的经济性质的预算形式。单式预算能从整体上反映某一年度财政收支的状况，便于了解政府财政的全貌，也便于立法机关审批和社会公众了解，但是它不利于政府对复杂的财政活动进行深入分析和管理。在第二次世界大战前,世界上大多数国家都采用单式预算的组织形式。

2. 复式预算

复式预算是指将预算年度内的全部财政收支按收入来源和支出性质的不同,分别编成两个或两个以上的预算,从而形成两个或两个以上的收支对照表。

(1) 复式预算的形式有:①双重预算,即按经济性质把财政收支分别编入经常预算和资本预算。经常预算反映政府在一般行政上的经常收支,而资本预算反映政府的资本投资和国家信用。这是复式预算的典型形式。②多重预算,即由一个主预算和若干个子预算组成,如日本的中央预算包括一般会计预算、特别会计预算和政府有关机构预算,此外还有一个财政投融资预算(属预算外)。目前,大多数西方国家以及不少发展中国家都实行复式预算。

(2) 编制复式预算的优点有:①便于考核预算资金的来源和用途。②有利于分析预算收支对社会需求的影响。

(3) 编制复式预算的缺点有:①由于把国家信用收入作为资本预算的正常收入项目,这就使得资本预算不论整个预算的收支状况如何总是平衡的。这就很容易地使资本预算成为财政赤字的隐蔽所。②经常预算支出的资金来源主要是税收收入。西方国家的税收收入在整个预算收入中占很大比重,这样容易掩盖支出浪费的现象。③把预算分为经常预算和资本预算两个部分,还会给预算编制方面带来一些困难,如经常预算和资本预算科目的划分标准很难统一等。

(二) 按预算内容和关系分类

根据预算内容和关系的不同划分,可将其分为总预算和单位预算。

(1) 总预算。总预算是指基于各级政府汇总的本级政府预算和下级政府预算所编制的预算。

(2) 单位预算。单位预算是指各级政府机关、社会团体、事业单位的经费预算和国有企业的财务收支计划。

(三) 按预算组成环节的层次分类

根据预算组成环节的层次不同,可将其分为中央预算和地方预算。

(1) 中央预算。由中央各部门(含直属单位)的预算组成。

(2) 地方预算。由各省、自治区、直辖市总预算组成。

(四) 按预算编制期限长短分类

根据预算编制期限长短的不同,可将其分为年度预算和中长期预算。

(1) 年度预算。政府预算通常按年度编制,即年度预算。预算年度是编制和执行国家预算的起止期限,通常为1年。世界各国主要采用历年制,即从1月1日到12月31日,以中国、法国等国为代表。

(2) 中长期预算。中长期预算是指从较长时期来考察预算收支是否平衡,现在世界上许多国家在编制年度预算之外再编制不同形式的中长期预算,从3年、5年甚至更长时间。

(五) 按项目是否考虑经济效果分类

根据项目是否考虑经济效果的不同,可将其分为项目预算、绩效预算和计划项目预算。

(1) 项目预算。项目预算是指只反映项目的用途和支出金额,而不考虑其支出经济效果的预算。

(2) 绩效预算。绩效预算是指以项目的绩效为目的、以成本为基础编制和管理的预算。绩效预算又称成本预算或部门预算。绩效预算以成本的观念来衡量工作成果,对于监督和控制财政支出、防止浪费有积极作用。

(3) 计划项目预算。计划项目预算是指在绩效预算的基础上,依据国家确定的目标,着重按项目安排和运用定量分析方法编制的预算。

【提示】　绩效预算和计划预算都是着眼于预算支出的成本效益分析的预算。不同的是绩效预算侧重于预算评估，其重点放在一个预算年度上。而计划项目预算侧重于计划的制订，它把政府活动规划结合起来考虑，属于滚动式预算。

（六）按预算方法分类

根据预算方法的不同，可将其分为零基预算和增量预算。

1. 零基预算

零基预算是指对每一年（或每一项目）预算收支的规模进行重新审查和安排，而不考虑基期的实际支出水平，即以零为起点而编制的预算。这种方法强调从头开始，从根本上分析研究所有项目（包括原有的和新的）和每一项目的全部支出（包括已支出和未支出）的成本和效益，在此基础上确定其预算收支数。

零基预算的优点是不受现行预算执行情况的约束，能够充分发挥各级管理人员的积极性和创造性，促进各级预算单位精打细算。同时，使政府可以根据需要确定优先安排的项目，减轻政府为满足不断增加的财政支出而增税或扩大债务的压力。其缺点是工作量大，需要较多高素质的管理人员。

2. 增量预算

增量预算是指财政收支计划指标在以前财政年度的基础上，按新的财政年度的经济发展情况进行调整后确定的预算。由于增量预算有前期的基础和参考，工作量减少且比较合理，各国主要采用此预算方法。

四、我国预算形式的改革和发展

中华人民共和国成立以来，我国预算长期采取单式预算的编制方法。随着经济体制改革的深入发展，1991年3月，七届四次全国人民代表大会通过的《中华人民共和国国民经济和社会发展十年规划和第八个五年计划纲要》中明确规定，"八五"期间我国预算实行复式预算制，在1992年中央和省（市）级预算开始按复式预算形式编制。其模式是，将各项预算收支按其不同的来源和资金的性质，划分为经常性预算和建设性预算两部分。其中将以管理者身份取得的一般收入和用于维护政府活动的经常费用，保障国家安全稳定，发展科学、教育、卫生等各项事业以及用于人民生活方面的支出，列为经常性预算；将以资产所有者身份取得的收入，以及政府特定用于建设方面的某些收入和直接用于国家建设方面的支出，列为建设性预算。1994年，国家又作了进一步的完善。1995年颁布的《中华人民共和国预算法实施条例》中明确规定，各项政府预算按照复式预算编制，分为政府公共预算、国有资产经营预算、社会保障预算和其他预算。

我国实行复式预算是适应经济体制改革需要和强化政府预算管理的必然后果。为了进一步提高我国的预算管理水平，我们应当吸取西方国家的一些预算制度的优点，不断完善我国的复式预算制。

任务二　政府预算程序

一、时间及依据

政府预算编制的组织程序按"自下而上、自上而下、两上两下、上下结合"的方式进行，大致过程如下：第一步，单位、部门提出概算；第二步，下达预算收支指标；第三步，编制汇总预算；第四步，审批预算。

根据部门预算改革的要求,国务院于每年 7 月份向省、自治区、直辖市政府和中央各部门下达编制下一年度预算草案的指示,提出编制预算草案的原则和要求。

各级政府编制年度预算草案的依据是:①法律、法规。②国民经济和社会发展计划、财政中长期计划以及有关的财政经济政策。③本级政府的预算管理职权和预算管理体制确定的预算收支范围。④上一年度预算执行情况和本年度预算收支变化因素。⑤上级政府对编制本年度预算草案的指示和要求。

各部门、各单位编制年度预算草案的依据是:①法律、法规。②本级政府的指示和要求以及本级政府财政部门的部署。③本部门、本单位的职责、任务和事业发展计划。④本部门、本单位的定员定额标准。⑤本部门、本单位上一年度预算执行情况和本年度预算收支变化因素。

中央预算草案经全国人民代表大会批准后,为当年中央预算。财政部应当自全国人民代表大会批准中央预算之日起 30 日内,批复中央各部门预算;中央各部门应当自财政部批复本部门预算之日起 15 日内,批复所属各单位预算。

地方各级政府预算草案经本级人民代表大会批准后,为当年本级政府预算。县级以上地方各级政府的财政部门应当自本级人民代表大会批准本级政府预算之日起 30 日内,批复本级各部门预算。地方各部门应当自本级财政部门批复本部门预算之日起 15 日内,批复所属各单位预算。

二、预算编制

(一) 预算收支内容

国家预算由预算收入和预算支出组成。

预算收入划分为中央预算收入、地方预算收入、中央和地方预算共享收入。预算收入包括:①税收收入。②依照规定应当上缴的国有资产收益。③专项收入。④其他收入。

预算支出划分为中央预算支出和地方预算支出。预算支出包括:①经济建设支出。②教育、科学、文化、卫生、体育等事业发展支出。③国家管理费用支出。④国防支出。⑤各项补贴支出。⑥其他支出。

(二) 预算编制内容

中央预算的编制内容包括:①本级预算收入和支出。②上一年度结余用于本年度安排的支出。③返还或者补助地方的支出。④地方上解的收入。

中央财政本年度举借的国内外债务和还本付息数额应当在本级预算中单独列示。

地方各级政府预算的编制内容包括:①本级预算收入和支出。②上一年度结余用于本年度安排的支出。③上级返还或者补助的收入。④返还或者补助下级的支出。⑤上解上级的支出。⑥下级上解的收入。

三、部门预算编制流程

(一) 中央部门预算的总流程

中央各部门编制、汇总和上报本部门的预算建议数;财政部业务司局按照其管理职能分别对部门预算建议数进行审核,并下达预算控制数;各部门根据预算控制数编制预算,上报财政部;财政部再对部门预算数进行审核汇总,报送国务院审定后报送全国人大批准;根据全国人大批准的预算,由财政部统一批复给各部门。

(二) 部门编报预算的流程

部门或单位在编报预算的过程中通过利用"中央部门预算编报子系统",编制和上报部门预算建议数,根据预算控制数编制和上报部门预算数。

（三）财政部审核和上报预算的流程

财政部在管理部门预算的过程中根据现行管理职能将部门预算拆分给各业务司局；各业务司局在自己的权限范围内审核各部门预算数据，给各部门下达部门预算控制限额；根据全国人大批准后的中央预算，预算司向各部门批复预算。

（四）财政部批复预算的流程

全国人大批准中央预算后，财政部在一个月之内将预算批复到各部门。政府预算的执行指经过法定程序批准的预算的具体实施过程，包括组织预算收入和拨付预算资金等内容。预算的执行原则是：统一领导，分级管理。各级预算由本级政府组织执行，具体工作由本级财政部门负责。执行机关有财政部门、税务部门、中国人民银行、海关等。

四、预算执行

政府财政部门负责预算执行的具体工作，主要任务是：①研究落实财政税收政策的措施，支持经济和社会的健康发展。②制定组织预算收入和管理预算支出的制度和办法。③督促各预算收入征收部门、各预算缴款单位完成预算收入任务。④根据年度支出预算和季度用款计划，合理调度、拨付预算资金，监督检查各部门、各单位管好用好预算资金，节减开支，提高效率。⑤指导和监督各部门、各单位建立健全财务制度和会计核算体系，按照规定使用预算资金。⑥编报、汇总分期的预算收支执行数字，分析预算收支执行情况，定期向本级政府和上一级政府财政部门报告预算执行情况，并提出增收节支的建议。⑦协调预算收入征收部门、国库和其他有关部门的业务工作。

政府财政部门应当加强对预算拨款的管理，并遵循下列原则：①按照预算拨款，即按照批准的年度预算和用款计划拨款，不得办理无预算、无用款计划，超预算、超计划的拨款，不得擅自改变支出用途。②按照规定的预算级次和程序拨款，即根据用款单位的申请，按照用款单位的预算级次和审定的用款计划，按期核拨，不得越级办理预算拨款。③按照进度拨款，即根据各用款单位的实际用款进度和国库库款情况拨付资金。

五、政府决算

政府决算是经法定程序批准的年度预算执行结果的会计报告，目的是总结和评价全年的预算收支活动，为过去一年预算收支的执行和管理提供信息。它对回顾一年来的预算执行过程起到关键作用，同时可以总结经验教训，弥补预算建立和执行环节的不足。

中国政府决算管理主要环节有：①政府决算的部署。②年终清理和结账。③政府决算的编制。④政府决算的审查和批准。

财政部应在每年的第四季度部署编制决算草案的原则、要求、方法和报送期限，制发中央各部门决算、地方决算及其他有关决算的报表格式，布置编制决算的工作。县级以上地方政府财政部门根据财政部的部署，编制本级政府各部门和下级政府决算草案的原则、要求、方法和报送期限，制发本级政府各部门决算、下级政府决算及其他有关决算的报表格式。地方政府财政部门根据上级政府财政部门的部署，制定本行政区域决算草案和本级各部门决算草案的具体编制办法。各部门根据本级政府财政部门的部署，制定所属各单位决算草案的具体编制办法。

政府财政部门、各部门、各单位在每一预算年度终了时，应当清理核实全年的预算收入、支出数据和往来款项，做好决算数据的对账工作，不得把本年度的收入和支出转为下年度的收入和支出，不得把下年度的收入和支出列为本年度的收入和支出；不得把预算内的收入和支出转为预算之外，不得随意把预算外收入和支出转为预算之内。决算各项数据应当以经核实的基层单位汇总的会计数据为准，不得以估计数据替代，不得弄虚作假。

各单位应当按照主管部门的部署,认真编制本单位的决算草案,在规定期限内上报。各部门在审核汇总所属各单位决算草案的基础上,连同本部门自身的决算收入和支出数据,汇编成本部门决算草案并附决算草案详细说明,经部门行政领导签章后,在规定期限内报本级政府财政部门审核。

财政部应当根据中央各部门决算草案汇总编制中央决算草案,报国务院审定后,由国务院提请全国人民代表大会常务委员会审查和批准。全国人大常委会一般在每年6月底的例会上审议中央决算草案。县级以上地方各级政府财政部门根据本级各部门决算草案汇总编制本级决算草案,报本级政府审定后,由本级政府提请本级人民代表大会常务委员会审查和批准。乡、民族乡、镇政府根据财政部门提供的年度预算收入和支出的执行结果,编制本级决算草案,提请本级人民代表大会审查和批准。

按照预算法及其实施条例的规定,县级以上各级政府决算草案经本级人民代表大会常务委员会批准后,本级政府财政部门应当自批准之日起20日内向本级各部门批复决算。各部门应当自本级政府财政部门批复本部门决算之日起15日内向所属各单位批复决算。县级以上地方各级政府应当自本级人民代表大会常务委员会批准本级政府决算之日起30日内,将本级政府决算及下一级政府上报备案的决算汇总,报上一级政府备案。

任务三　财　政　平　衡

一、财政平衡的概念

财政平衡是指在预算年度内政府预算收入与预算支出在总量上的对比关系。其对比结果有三种情况:收大于支,出现结余;支大于收,出现赤字;收等于支,绝对平衡。编制的政府预算作为一种平衡表,收入与支出是恒等的,就经济内容分析,收支绝对相等在理论上是成立的,而实际上是不存在的。现实中的财政平衡,常见的是预算结余和预算赤字,因此,财政平衡不过是一种理想状态,作为预算编制和执行的参照。

二、财政平衡的计算口径

财政平衡的计算口径实际上就是计算财政的结余或者赤字的口径,通常有以下两种:

第一口径:财政赤字或结余=(经常收入+债务收入)-(经常支出+债务支出)

第二口径:财政赤字或结余=经常收入-经常支出

两种计算公式的主要区别在于债务收入和债务还本付息支出是否计入算式中。第一种口径中,债务收入和债务还本付息支出列入算式中;第二种口径中,债务收入和债务还本付息支出没有列入算式中。

三、财政平衡与社会供求平衡

(一)财政平衡与社会供求总量平衡

在国民经济核算中,社会总供求的总量平衡恒等式计算公式为:

(消费)C+(储蓄)S+(税收)T+(进口额)M=(消费)C+(投资)I+(政府支出)G+(出口额)X

恒等式左边代表总供给的收入流量,右边代表总需求的支出流量。因此,恒等式可表述为:

$$收入流量=支出流量$$

从恒等式中可以看出,由于政府行为所引起的所有收入和支出,都融入社会收入总流量和社会支出总流量,从而成为社会总供给与社会总需求的重要组成部分。财政收支的平衡状态,必然影响社会总供求的平衡状态。当 $T>G$ 时,出现财政结余,使社会总供给大于社会总需求;反之,当 $T<G$ 时,出现财政赤字,使社会总需求大于社会总供给。如果财政赤字过大,又没有合适的弥补方式,就会造成需求的过分扩张,导致通货膨胀,从而影响社会经济生活的正常秩序。

根据上述恒等式,可以推导出财政结余或赤字的预算恒等式计算公式为:

$$（税收）T－（政府支出）G＝[（投资）I －（储蓄）S]＋[（出口额）X －（进口额）M]$$

即:

$$财政结余或赤字＝投资、储蓄账户的结余或赤字＋贸易账户的结余或赤字$$

通过分析财政平衡与社会总供求的关系可以得出以下结论:首先,财政平衡是社会总供求平衡中的一个组成部分,必须从国民经济的整体平衡来研究财政平衡。就财政本身研究财政平衡难以得出全面的结论。其次,国民经济整体平衡的目标是社会总需求的大体平衡,财政平衡是其中的一个局部平衡,就社会总需求平衡而言,财政平衡本身不是目的,而是一种手段。最后,公式中的消费、投资、储蓄、进出口属于个人和企业行为,是通过市场实现的,而财政收支属于政府行为,因此,财政收支平衡是政府进行宏观调控的手段。政府通过财政收支平衡可以直接调控社会总需求,间接调控社会总供给。

(二)财政平衡与社会总供求结构平衡

从实物形态的角度分析,财政平衡与社会总供求之间存在着结构上的平衡问题,即各种收入流量所代表的物资可供量的构成与各种支出流量所形成的对使用价值的不同需求的配比关系问题。在构成社会总供给的物资可供量中,既包括生产资料供给,也包括消费资料供给;同样,在构成社会总需求的使用价值的不同需求中,既包括生产资料需求,也包括消费资料需求。社会总供求之间不但要总量平衡,而且要结构平衡。

财政平衡中的收入流量代表了可供政府支配使用的生产资料和消费资料,支出流量代表政府形成的对生产资料和消费资料的需求,二者之间的供给结构和需求结构应该是对应的;否则,就会影响社会总供求结构的平衡。

对于社会总供求的结构不平衡,政府可以通过财政手段进行调控。对经济结构中的供大于求的部分,一方面采用提高税率手段限制供给量,另一方面采用增加政府补贴、扩大政府投资等手段刺激需求;对于经济结构中需求大于供给的部分,采用增加政府投资、降低税率等手段,增加有效供给。

任务四　政府预算改革

一、部门预算改革

部门预算是部门依据国家有关政策规定及其职能的需要,审核、汇总所属基层预算单位的预算和本部门机关的经费预算,经财政部门审核后提交立法机关批准的涵盖本部门各项收支的财政计划。

部门预算相对于传统的功能预算而言,发生的变化是:①扩大了预算的编制范围,有利于提高预算的综合性。②一个部门一个预算。③克服了代编预算的方式,提高了准确性。④建立新预算管理机制。

编制部门预算要求统一预算分配权,为此,财政部的内设机构及其职能也相应进行了重新设计。①由预算司作为统一管理预算的部门。②改变了原来按经费性质设置机构的做法,基本上做到了一个部门归口财政部的一个业务司。③统一了国有企业资产和财务管理,统一预算内外资金管理,编制综合预算,使预算编制、执行和监督相对分离,初步建立起分工合理、责任明确、相互制约的运行机制。④调整了预算批复的主体,由财政部预算司统一批复预算。⑤有利于及时批复预算。

1999年9月20日,财政部以财预字〔1999〕464号文下发了《关于改进2000年中央预算编制的通知》,从2000年起选择农业农村部、科技部、教育部、劳动和社会保障部四个部门,作为报送部门预算的试点单位,拉开了部门预算改革的序幕。2001年起,各地方也开始在一些部门试点编制部门预算。到2004年,全国各省级部门基本上都实行了部门预算。

为深化部门预算改革,财政部又推进了支出预算管理改革及强化预算基础管理两项基础工作。支出预算管理改革包括:

(1)基本支出预算管理。基本支出预算管理内容包括:①完善行政单位定员定额标准。对符合定员定额管理条件的事业单位,在总结试点经验的基础上做好相关制度、标准的制定工作。②推进实物费用定额试点工作。制定和完善实物费用定额标准,扩大试点部门,加快实现实物定额由"虚转"向"实转"的转变,建立定员定额与实物费用定额相结合的定额标准体系。③做好事业单位改革工作。按照事业单位体制改革的总体部署,积极研究事业单位经费的供给范围和供给方式,将符合条件的事业单位逐步纳入定员定额试点范围。

(2)项目支出预算管理。项目支出预算管理内容包括:①加强对经常性专项业务费的管理。选择一些符合条件的经常性专项业务费项目,明确界定其支出范围,并制定出相应的管理办法,切实加强对此类项目的预算管理。②积极探索项目支出预算滚动管理的合理途径。按照中央本级项目支出管理办法的规定,项目支出预算采取项目库管理方式,项目库分为中央部门项目库和财政部项目库。③强化预算基础管理。财政部于2001年印发了《中央部门项目支出预算管理试行办法》,2006年财政部又根据基本支出改革的进展情况,对基本支出管理办法进行修订,进一步完善"e财网"指标管理系统,建立中央行政事业人员的基础数据库,进一步加强结余资金管理。

二、国库集中收付制度改革

对现行财政国库管理制度进行改革,逐步建立和完善以国库单一账户体系为基础、资金缴拨以国库集中收付为主要形式的财政国库管理制度。

财政国库管理制度改革的指导思想是:按照社会主义市场经济体制下公共财政的发展要求,借鉴国际通行做法和成功经验,结合中国的具体国情,建立和完善以国库单一账户体系为基础、资金缴拨以国库集中收付为主要形式的财政国库管理制度,进一步加强财政监督,提高资金使用效率,更好地发挥财政在宏观调控中的作用。

财政国库管理制度改革的主要内容是:按照财政国库管理制度的基本发展要求,建立国库单一账户体系,所有财政性资金都纳入国库单一账户体系管理,收入直接缴入国库或财政专户,支出通过国库单一账户体系支付到商品和劳务供应者或用款单位。建立国库单一账户体系后,相应取消各类收入过渡性账户。预算单位的财政性资金逐步全部纳入国库单一账户管理。

在规范财政性账户开设的同时,规范收入收缴程序和支出拨付程序。财政收入的收缴分为直接缴库和集中汇缴。财政支出总体上分为购买性支出和转移性支出;按照不同的支付主体,对不同类型的支出,分别实行财政直接支付和财政授权支付。

建立以国库单一账户体系为基础、资金缴拨以国库集中收付为主要形式的财政国库管理制度,是对财政资金的账户设置和收支缴拨方式的根本性变革,是一项十分庞大和复杂的系统工程。

为逐步建立以国库单一账户体系为基础、资金缴拨以国库集中收付为主要形式的财政国库管理制度,加强财政管理监督,提高资金使用效率,2001 年,中国政府批准了财政部等部门制定的《财政国库管理制度改革方案》,要求在"十五"期间全面推行财政国库管理制度改革。

截至 2012 年年底,中央 166 个部门及所属 1.5 万多个基层预算单位,全国 36 个省(自治区、直辖市、计划单列市)、51 万多个地方预算单位实行了国库集中支付制度改革,资金支付范围涵盖公共财政预算、政府性基金和国有资本经营预算。截至 2012 年年底,中央财政国库动态监控范围已涵盖 166 个部门及所属 1.5 万多个基层预算单位,地方 35 个省(自治区、直辖市、计划单列市)本级及部分市县级财政部门建立了预算执行动态监控机制。

为严格控制公务活动开支,2007 年 5 月,财政部、中国人民银行联合召开了全国公务卡应用推广工作会议,并于 6 月份印发了《中央预算单位公务卡管理暂行办法》,启动了中央和地方公务卡改革试点工作。公务卡是指行政事业单位工作人员持有的,主要用于日常公务支出和财务报销业务的信用卡。截至 2012 年年底,绝大多数中央部门及所属 1 万多个中央基层预算单位,全国 36 个省(自治区、直辖市、计划单列市)38 万多个地方预算单位实行了公务卡制度改革。

三、预算外资金"收支两条线"改革

预算外资金是指各地区、各部门,全民所有制企业、事业、行政单位根据国家财政、财务制度的规定收取、提留和安排使用,不纳入国家预算管理的资金。1996 年,《国务院关于加强预算外资金管理的决定》中明确指出,预算外资金是财政性资金,并规定财政部门在银行设立预算外资金专户,实行收支两条线管理。

"收支两条线"管理是针对预算外资金管理的一项改革,其核心内容是将财政性收支纳入预算管理范围,形成完整、统一的各级预算,提高法治化管理和监督水平。对合理、合法的预算外收入,不再自收自缴,实行收缴分离,纳入预算或实行财政专户管理。取消各执收单位自行开设和管理的过渡收入账户,改为由财政部门委托的代理银行开设预算外资金财政汇缴专户,只用于预算外收入的收缴,不得用于执收单位的支出。对于支出,实行收支脱钩,即执收单位的收费和罚没收入不再与其支出安排挂钩,单独编制支出预算,由财政部门通过正常途径安排。财政部 2001 年 11 月 15 日发布了《关于深化收支两条线改革进一步加强财政管理的意见》。

2010 年 6 月 1 日,财政部决定,从 2011 年 1 月 1 日起,将按预算外资金管理的收入(不含教育收费,以下简称预算外收入)全部纳入预算管理。

四、政府采购制度改革

政府采购制度是指各级政府为了开展日常政务活动和为公众提供公共服务,以公开招标、投标为主要方式从市场上为政府部门或所属公共部门购买商品、工程和服务的一种制度。政府采购制度具有公开性、公平性和竞争性的特征。公开竞争是政府采购制度的基石,它体现了公平的原则,通过竞争,政府能买到具有最佳价格和性能的物品和劳务,节约财政资金,使公民缴纳的税收产生最大的效益,同时又体现了效率原则。

(一)实施政府采购制度的现实意义

我国目前正处在社会主义市场经济逐步建立的转轨时期,建立和完善政府采购制度具有十分重要的现实意义。

1. 建立政府采购制度是市场经济体制的内在要求

市场经济讲求效益原则,要求使社会资源得到有效的合理配置。建立政府采购制度要保证政府的采购行为实现效益最大化,同时在公平竞争的市场中进行,增加政府行为的透明度。我国社会主义市场经济的不断发展,为政府采购制度的建立提供了良好的外部环境;同时,政府是国内最大的单一消费者,政府采购的数量、品种和频率,对整个国民经济发展有着直接的影响。建

立政府采购制度,使政府行为规范化、法治化,既能较好地发挥政府的职能作用,又能弥补市场机制本身的缺陷。

2. 建立政府采购制度是提高财政资金使用效率的需要

政府采购大多以招标的方式进行,增加了采购的透明度,通常可以在保证质量的前提下以最低价格成交。这一方面节约了财政资金,另一方面由于实行政府采购的基础工作是要对各财政拨款的行政事业单位的现有资产存量进行摸底清查,建立资产档案,各单位无权自行调剂、报废和变卖,既可保证国有资产的安全性,又可避免重复购置,以节约财政资金。

3. 建立政府采购制度是改革财政支出方式的需要

建立政府采购制度通过改革财政支出方式,对部分财政购买性支出实现价值管理和实物管理相结合,能够更好地监督、控制财政资金的使用。政府采购是由政府委托专职部门实施的,专职部门根据政府各职能部门、事业单位的实际情况,对其所需的办公用品、车辆设备购置与维护、工程项目、会议用品及服务统一购买,据实发放,由过去单一的资金拨付制改为资金管理与实物管理相结合的财政支出制度,强化了财政监督管理力度,使政府资源得到合理配置。

4. 建立政府采购制度是防止产生腐败的需要

建立政府采购制度,增加了政府采购行为的透明度,从根本上杜绝了分散采购、自由采购中的不法行为,如以权谋私、吃回扣、请客送礼等,在保证采购质量、堵住财政资金流失的渠道的同时,又能从制度上杜绝腐败行为的产生。

5. 建立政府采购制度是实现与国际接轨的需要

我国是世界贸易组织(WTO)成员国,必须向其他成员国开放政府采购市场。另外,我国政府于1996年向亚太经济合作组织(APEC)提交的单边协议计划,明确最迟于2020年与各APEC成员国对等开放政府采购市场。为此,必须建立政府采购制度,做好足够的准备,为对外开放政府采购市场积累经验,培养人才。

(二)实施政府采购制度的必要条件

1. 专门的机构及人员

从各国的经验看,一般把财政部门作为政府采购中的一个重要管理机构。其职责主要有:制定政府采购法规或指南,管理招标事务,制定支出政策,管理和协调采购委员会的工作等。由于政府采购是一项专业性、系统性较强的工作,因而要由一批专门的人才来执行。

2. 明确规范的采购原则

一般建立政府采购制度的国家都把货币价值最大化,公开、公平竞争,透明度,效率,防止腐败等作为政府采购普遍遵循的原则。

3. 法定的采购程序

采取招标方式或者非招标方式,要视采购对象的数量、金额或特点而定。但无论采取哪种方式,都要遵循严格的法定程序。

4. 权威的仲裁机构

仲裁的主要内容是招投标和履约双方在一些程序、协议条款和运作方式上产生的各种疑义。

(三)政府采购的范围、方式和程序

1. 政府采购的范围

政府采购的范围较广,内容庞杂。一般按政府采购对象的性质将其内容分为三大类:①货物包括原料产品、设备和器具。②工程包括建造房屋,兴修水利,改造环境、交通设施和铺设地下水管等。③服务包括专业服务、技术服务、资讯服务、营运服务、维修、培训、会务等。

2. 政府采购的方式

政府采购的方式包括公开招标、邀请招标、竞争性谈判、单一来源采购、询价等,其中,公开招标是最基本的方式,即邀请所有潜在的供应商参加投标,采购部门通过事先确定并公布的标准从所有投标者中评出中标供应商,并与之签订采购合同的一种采购方式。

3. 政府采购的程序

政府采购的程序一般包括三个阶段,即:①确定采购要求。②签订采购合同。③执行采购合同。

(四)改革进程

我国的政府采购制度是在社会主义市场经济的大背景下逐步发展起来的。自1996年以来,我国的政府采购制度改革经历了研究探索、试点初创、全面试点、全面实施四个阶段,采购范围和规模不断扩大,经济效益和社会效益大幅提高,法律框架基本形成,管采分离(采购管理机构与操作机构分离)的管理体制初步建立,调控经济和社会发展的政策功能逐步显现。1996—1997年为研究探索阶段,财政部提出了把推行政府采购制度作为我国财政支出改革方向的政策建议,上海市、河北省、深圳市等地开展了试点工作;1998—1999年为试点初创阶段,财政部制定发布了《政府采购管理暂行办法》;2000—2002年为全面试点阶段,财政部在国库司内设立了政府采购管理处,2002年全国政府采购规模突破了1 000亿元;2003年至今为全面实施阶段,2003年1月1日,《中华人民共和国政府采购法》正式实施,标志着政府采购制度改革试点工作结束,进入了全面实施阶段。

十几年来,全国政府采购规模增长迅速。1998年全国政府采购金额仅为31亿元,2013年达到16 381.1亿元,比2012年增加2 403.4亿元,增长了17.2%。2020年全国政府采购规模为36 970.6亿元(人民币,下同),较上年增加3 903.6亿元、增长11.8%,占全国财政支出和GDP的比重分别为10.2%和3.6%。

【案例7-1】

减少政府采购的腐败现象

案例7-1精析

政府招标采购制度是目前世界公认的最为合理的公共财政支出制度,美国1761年就颁布了《政府采购法》,英国政府也于1782年设立了专门负责政府采购的文具公用局。其后,许多国家纷纷效仿。我国1996年开始试行政府采购制度,目前已被中央和地方各级政府广泛采用。实行政府采购是我国财政支出管理的一项重要改革,对市场经济的发展具有多重积极意义。政府采购在我国受到特别重视的一个关键原因在于,这项制度有望解决前一段普遍存在却一直无法有效遏制的公共支出中决策或经办人员收受回扣现象。因此,政府采购被称为从源头上防止腐败的"阳光采购"。

然而,近年来,社会上对曾经寄予厚望的"阳光采购"不乏失望之声。有的批评政府采购仍然存在暗箱操作,只是更换了操作主体;有的批评政府采购是"变许多人的分散腐败为少数人的集中腐败"等。

讨论:如何减少政府采购中腐败现象的产生?

■ 应知考核 ■

一、单项选择题

1. 我国预算年度的起始期限为(　　)。
   A. 当年的1月1日至12月31日　　　　　　B. 当年的4月1日至次年的3月31日
   C. 当年的10月1日至次年的9月30日　　　D. 当年的7月1日至次年的6月30日
2. 我国预算草案在当年3月份之前确定,预算编审的组织程序按照(　　)的方式进行。
   A. 自上而下、自下而上、两下两上、上下结合　　B. 自下而上、自上而下、两上两下、上下结合
   C. 自上而下、自下而上、一下一上、上下结合　　D. 自下而上、自上而下、两下两上、上下分离
3. 我国的国家金库由(　　)代理。
   A. 中国人民银行　　　　　　　　　　　　B. 中国人民建设银行
   C. 财政局　　　　　　　　　　　　　　　D. 税务局

4. 政府预算是政府的( )财政收支计划。
   A. 多年度　　　　　　　　　　　　　　　B. 年度
   C. 季度　　　　　　　　　　　　　　　　D. 月度
5. 目前,大多数西方国家以及不少发展中国家都实行( )。
   A. 零基预算　　　　　　　　　　　　　　B. 增量预算
   C. 单式预算　　　　　　　　　　　　　　D. 复式预算

二、多项选择题

1. 预算收入包括( )。
   A. 税收收入　　　　　　　　　　　　　　B. 国有资产收益
   C. 专项收入　　　　　　　　　　　　　　D. 其他收入
2. 预算支出包括( )。
   A. 经济建设支出　　　　　　　　　　　　B. 教育、科学、文化、卫生、体育等事业发展支出
   C. 国家管理费用支出　　　　　　　　　　D. 国防支出
3. 根据预算编制的形式范围不同,财政预算分为( )。
   A. 单式预算　　　　　　　　　　　　　　B. 复式预算
   C. 总预算　　　　　　　　　　　　　　　D. 单位预算
4. 按预算方法不同,财政预算分为( )。
   A. 零基预算　　　　　　　　　　　　　　B. 增量预算
   C. 单式预算　　　　　　　　　　　　　　D. 复式预算
5. 政府采购需要的条件包括( )。
   A. 专门的机构及人员　　　　　　　　　　B. 明确、规范的采购原则
   C. 法定的采购程序　　　　　　　　　　　D. 权威的仲裁机构

三、判断题

1. 目前,世界上大多数国家实行多级预算。　　　　　　　　　　　　　　　　　　（　　）
2. 复式预算是把全部财政收支按经济性质分别列入两个或两个以上的表格中。　　（　　）
3. 中国的政府预算体系由四级预算组成。　　　　　　　　　　　　　　　　　　（　　）
4. 中国的预算年度采用跨年制。　　　　　　　　　　　　　　　　　　　　　　（　　）
5. 预算草案最终要由国务院审查批准才具有法律效力。　　　　　　　　　　　　（　　）

四、简述题

1. 简述财政预算的组成。
2. 简述财政预算的形式和原则。
3. 简述财政预算的程序。
4. 简述财政国库管理制度改革的主要内容。
5. 简述实施政府采购制度的现实意义。

■ **应会考核** ■

■ **观念应用**

【背景资料】　　　　　　　　**2021年上半年黑龙江省公共财政预算收支**

2021年上半年黑龙江省一般公共预算收入完成664.2亿元,比上年同期增长25.6%,增幅比一季度提高12.1%,增速位居全国前列。全省13个市(地)增速全部超过25%,平均增长30.2%,超过一季度9.8个百分点;全省70个按县级财政体制管理的县(市、区),有67个增幅超过10%,平均增长36.4%,超过一季度7.8%。

今年1月至5月,黑龙江省新增减税降费18.3亿元,有效助力全省市场主体焕发生机。依法依规强化税收征管,全省地方级税收收入完成441亿元,增长15.8%,增幅比一季度提高8.2%。从区分税种看,15个实现收入的税种中"13增2降",其中,在实体经济生产经营不断向好等拉动下,增值税、企业所得税分

别增长 14.7%、10%；在投资项目落地开工等拉动下，契税、土地增值税分别增长 43.2%、39.1%。从区分重点行业税收看，14 个重点行业"11 增 3 降"，其中，石化制造业增长 52.3%，食品工业增长 24.1%，房地产业增长 25.3%，建筑业增长 22.1%，批发和零售业增长 23.1%。

财政支出坚持严管控、保重点，有力保障了各项重大决策落实。严格管控公务接待、因公出国、公车、会议、楼堂馆所等一般性支出；同时，加大财政资源统筹力度，持续向"二十九个突破"等重点任务聚焦发力。

上半年，黑龙江省一般公共预算支出完成 2 477.2 亿元，增长 0.4%，增速比一季度提高 2.6%。全省财政民生支出 2 150.5 亿元，占一般公共预算支出比重达 86.8%，有力保障常态化疫情防控、教育、就业、养老、医疗、住房等领域民生实事落实。省属高校化债工作圆满完成，疫苗接种持续推进，退休人员养老金、低保和特困供养标准等进一步提高。

黑龙江省省级财政统筹政府债券和中央省级专项资金 398 亿元，支持"百大项目"开春即开工、夏季大会战，财政资金到位率达到 78.6%；筹集涉农资金 1 149.6 亿元，重点推进黑土地保护、发放惠农补贴、乡村振兴等涉农工作，确保农业生产抢抓节令、不误农时，为今年粮食产量稳定在 7 500 万吨以上奠定了坚实基础；强化保基本民生、保工资、保机构运转、保企业职工基本养老金发放、保政府性债务付息偿还等"五保"支出预算审核，按月摸排执行风险，多措并举坚决防控政府性债务风险，兜牢"五保"支出底线，确保基层财政平稳运行。

【考核要求】

结合资料中黑龙江省财政收支的情况，对财政的作用加以说明。

■ **技能应用**

【背景资料】

财政收支在国民经济中的作用

财政部公布 2021 年中央财政预算。收入方面，2021 年中央一般公共预算收入预算数为 89 450 亿元，比上年执行数增长 8.1%。财政部解释，2021 年一般公共预算收入增幅较高，主要是根据经济恢复水平、价格水平和继续落实减税降费政策等因素预计。由于受疫情影响，2020 年收入基数较低，2021 年一般公共预算收入恢复性增长。支出方面，2021 年中央一般公共预算支出预算数为 118 885 亿元，加上使用以前年度结转资金 1 270.61 亿元，2021 年中央一般公共预算支出为 120 155.61 亿元。其中，中央本级支出预算数为 35 015 亿元，比 2020 年执行数减少 57.2 亿元，下降 0.2%，如加上使用以前年度结转资金 820 亿元，支出为 35 835 亿元。中央对地方转移支付预算数为 83 370 亿元，比 2020 年执行数增加 31.33 亿元，如加上使用以前年度结转资金 450.61 亿元，中央对地方转移支付为 83 820.61 亿元。

【技能要求】

1. 财政收入是财政支出的保证，影响财政收入的因素是什么？

2. 结合 2021 年中央财政预算，分析财政在国民经济发展中的作用。

■ **案例分析**

【案例情境】

国有资本收益上缴公共财政

资料一：根据十八届三中全会决定和中共中央、国务院印发《关于深化国有企业改革的指导意见》的有关要求，提高国有资本收益上缴一般公共预算比例，2020 年提高到 30%，更多用于保障和改善民生。截至 2018 年，已累计调入一般公共预算 2 556 亿元，其中，2018 年调入资金 754 亿元，调入比例为 25%。为了落实十八届三中全会精神，2019 年继续加大调入力度，调入比例提高到 28%，调入规模达到 970 亿元。今后，财政部将按照中央文件精神，继续研究调整一般公共预算比例问题，更多用于保障和改善民生。

资料二：近年来，随着文化市场不断发展，一些地方抓住文化产业发展机遇，发掘自身独特的历史文化资源，通过市场运作成功地打造旅游文化品牌。但也有一些地方政府盲目开发的做法却屡见不鲜，如号称 300 亿元的中华文化标志城，最初声势浩大，最后落寂收场，其原因是无视历史事实，凭空臆造"历史人物"，搞旅游开发，把文学作品中虚构的人物作为"文化名人"来开发等，盲目搞文化旅游的做法，并没有得到消费者和市场的认可。

【分析要求】

1. 结合资料一,分析说明提高国有资本收益,上缴公共财政比例做法的合理性。

2. 结合资料二,分析说明地方政府应如何正确开发文化资源,发展文化产业。

▪ 项 目 实 训 ▪

【实训内容】

资料一:2014年重新修订的《预算法》规定,经人民代表大会批准的预算,非经法定程序不得调整;各级政府、各部门、各单位的支出必须以经批准的预算为依据,未列入预算的不得支出。

为贯彻落实依法治国精神,按照新修订的预算法,国务院出台了《关于深化预算管理制度改革的决定》,财政部发布了《关于进一步加强财政支出预算执行管理的通知》,地方各级政府为预算法的落实进行了积极的探索。

资料二:2017年,我国GDP增速为6.8%,2018年为6.6%,2019年我国GDP增长目标调低为6.3%。面对经济下行的压力,2019年政府工作报告对积极的财政政策做了加力增效的部署,其中,2019年财政预算拟安排财政赤字2.76万亿元,比上年增加3 800亿元,赤字率从上年的2.6%提高到2.8%(财政赤字率指财政赤字与GDP之比。国际上财政赤字率的安全警戒线为3%)。

【实训目标】

培养学生分析问题和解决问题的能力。

【实训组织】

以学习小组为单位,回答以下问题:

1. 结合资料一和所学财政知识,说明政府应该如何强化预算管理。

2. 结合资料二和所学经济知识,分析现阶段我国增加财政赤字的合理性,并说明应该如何用好财政资金。

【实训成果】

1. 考核、评价资料采用PPT展示与学生讨论相结合的方式。

2. 采用学生和教师共同评价的方式评分,并完成实训报告,如表7-1所示。

表7-1　　　　　　　　　　　　　实训报告

项目实训班级:	项目小组:	项目组成员:
实训时间:　年　月　日	实训地点:	实训成绩:
实训目的:		

实训步骤：

实训结果：

实训感言：

财　政　政　策

知识 目标

理解：财政政策的概念、类型、目标、功能。

熟知：财政政策工具的概念及作用方式；财政政策的调控原理；政府间转移支付。

掌握：财政管理体制的概念及构成；现行财政管理体制；财政政策配合；不同阶段财政政策的实践。

技能 目标

能够掌握财政政策的基本知识、基本原理；解读我国的宏观财政政策；能够结合我国的实际分析我国财政政策实践在每个阶段的现实意义。

素质 目标

运用所学的财政政策知识研究相关案例，培养和提高学生在特定业务情境中分析问题与决策设计的能力；结合行业规范或标准，强化学生的职业道德素质。

思政 目标

能够正确理解"不忘初心"的核心要义和精神实质；树立正确的世界观、人生观和价值观，做到学思用贯通、知信行统一；通过财政政策知识，了解我国财政政策的具体实践，学会理论与实践的融合，注意创新能力培养，形成完美的职业态度和职业认同。

项目 引例

积极财政政策如何提升效能

2020年，政府工作报告指出，"积极的财政政策要更加积极有为"；2021年，中央经济工作会议强调要"提质增效、更可持续"；同年，中央经济工作会议强调"提升政策效能"，显示出中央对积极的财政政策高度重视。

2021年，在实施积极的财政政策中，充分体现出"提质增效、更可持续"的要求，有力推动经济向运行稳中加固、稳中向好方向发展。下半年，积极的财政政策如何发力广受关注。"当前国内外环境依然错综复杂，不确定性不稳定性因素比较多。"财政部部长刘昆近日表示，下半年要统筹疫情防控和经济社会发展，保持财政政策的连续性、稳定性和可持续性，助力巩固经济稳中向好态势。

"当前全球疫情和外部环境复杂严峻，国内经济恢复仍然不稳固、不均衡，对财政政策提出更高、更具体的要求，以有效应对经济下行风险，促进经济持续稳定恢复。"中国财政科学研究院研究员白景明表示。

财政政策保持对经济恢复必要的支持力度，必须在政策操作上更加精准有效，根据经济发展需要优化支出结构。"财政政策要精准发力，特别是要兜牢民生底线、支持国家重大战略。在税收政策方面，要把支持小微企业和制造业作为两大着力点，助力'补链强链'。"白景明说，支持打好关键核心技术攻坚战、支持全面实施乡村振兴战略等都将是下半年积极财政政策的发力重点。

中国社科院财经战略研究院财政研究室主任何代欣也认为，未来一段时间，地方财政运行压力犹存，积极的财政政策要持续发力兜牢基层"三保"底线。

"积极的财政政策要提升政策效能，还要在一些打基础、利民生的领域发挥长期作用。比如，全面推进乡村振兴、落实'三孩'生育政策、加强污染防治和生态建设等重大任务，都需要进一步加强财力保障。"何代欣说。

引例 反思

（1）什么是积极的财政政策？

（2）积极财政政策还需要哪些政策给予配合？

任务一　财政政策概述

一、财政政策的概念

财政政策作为政府宏观调控经济的重要手段，是为政府的经济发展目标服务的，是政府调节经济的一系列手段和措施的总称。在市场经济中，政府调控在市场失灵领域发挥着重要作用，为市场经济的正常运转提供保障。

二、财政政策的类型

（一）按财政政策对经济影响的不同分类

根据财政政策对经济的不同影响，可将其分为扩张性财政政策、紧缩性财政政策和中性财政政策。

（1）扩张性财政政策。扩张性财政政策是指通过财政分配活动来增加和刺激社会的总需求。扩张性财政政策的作用机理是通过减税和增加财政支出规模来扩大社会的投资需求和消费需求。扩张性财政政策的目的是提升经济，拉动经济增长，它通过减少税收、扩大财政支出和赤字来实行。

（2）紧缩性财政政策。紧缩性财政政策是指通过财政分配活动来减少和抑制总需求。在经济繁荣时期，国民收入高于充分就业的均衡水平，存在过度需求，这时政府通常采取紧缩性的财政政策，增加政府税收和减少政府支出。紧缩性财政政策的目的是收缩经济，避免经济过热，它通过增加税收、减少财政支出来实行。

（3）中性财政政策。中性财政政策是指财政的分配活动对社会总需求的影响比较温和，财政收支总量在原有基础上只作小幅度调整，而主要对收入结构或支出结构作适度调整，对总需求既不产生扩张性效应，也不产生紧缩性效应的政策，在维持社会总供求对比的既定格局条件下，保持社会总供求的同步增长。中性财政政策的目的是维持经济稳定，对经济发展起中性作用，它通过维持财政收支平衡来实行。

（二）按财政政策实施手段的不同分类

根据财政政策实施手段的不同，可将其分为国家预算、税收、公债、财政投资、财政补贴、公共支出等方面的财政政策。

（1）国家预算。国家预算是指国家通过预算形式加以运用的财政政策工具。运用国家预算实现财政政策目标是通过以下几方面进行的：确定预算收支规模和收支差额；调整和变动预算支出结构；预算本身的设计与编制方式，如复式预算较单式预算更能明确反映和贯彻财政政策目标，更具有政策工具的特征。

（2）税收。税收具有广泛性、整体性等特点。其调节可以通过调整税种、征税范围、税率、税收优惠措施等，从而影响生产者或消费者改变生产或消费行为。

（3）公债。公债作为组织财政收入的一种辅助手段，其"金边债务"的特点使得其在调节经济活动、实现政策目标方面起着其他手段不能替代的作用，可以调节国民收入使用结构及流通中的货币量。

（4）财政投资。国家安排的财政预算内投资具有针对性强、作用直接、政策性强等特点。财政投资在国民收入分配格局中已发生重大变化，投资主体多元化、投资决策分散化，对协调全社会的资金使用、提高资金的总体使用效率具有特别重要的意义，将直接增加社会总需求，影响产业结构。

（5）财政补贴。财政补贴是与价格、工资等分配手段相配合发生作用的，具有调节灵活的特点。

（6）公共支出。公共支出是国家在预算中安排的行政、国防、社会事业等支出的总称。公共支出对国民经济和社会发展有着长期的、潜在的重要作用且支出刚性较强，可以调节生产和消费、产业结构、收入分配等，对经济和社会全局构成重大影响。

（三）按财政政策对调节经济周期作用的不同分类

根据财政政策对调节经济周期的作用不同，可将其分为自动稳定和相机抉择的财政政策。

（1）自动稳定的财政政策。自动稳定的财政政策本身具有内在的调节功能，能够根据经济波动情况，无须借助外力而自动地发挥稳定作用。财政政策的自动稳定性主要表现在两个方面：一是税收的自动稳定效应；二是公共支出的自动稳定效应。税收的自动稳定效应表现为通过税收增加，收紧政策；税收减少，扩张政策。公共支出的自动稳定效应表现为公共支出扩大，扩张政策；公共支出减少，紧缩政策。

（2）相机抉择的财政政策。相机抉择的财政政策分为扩张性财政政策、紧缩性财政政策和中性财政政策三类，是政府有意识地利用财政政策工具根据经济形势进行调节的行为。

三、财政政策的目标

财政政策的目标主要有经济增长、充分就业、物价稳定和国际收支平衡。

（一）经济增长

经济增长通常是指在一个较长的时间跨度上，一个国家人均产出（或人均收入）水平的持续增加。经济增长率的高低体现了一个国家或地区在一定时期内经济总量的增长速度，也是衡量一个国家或地区总体经济实力增长速度的标志。经济增长通常用国内生产总值增长率指标来度量。一般来说，发展中国家年经济增长率在3%以内为低速增长，4%～6%为中速增长，大于6%为高速增长。

（二）充分就业

充分就业一是指有劳动能力并愿意工作的社会成员都能获得就业机会；二是指在岗的劳动者在法定工作时间内能够得到充分、有效的利用，不存在"隐性失业"（指员工被减少薪水、无薪休假、缩减工时、削减福利等弹性工作安排）。充分就业的衡量指标是失业率。失业率的高低是判断总供给和总需求是否平衡的主要标准之一。一般来说，失业率在4%以下，就被认为经济体系已达到充分就业水准。

（三）物价稳定

稳定物价（又称稳定币值）就是要抑制住通货膨胀、避免通货紧缩、维持币值的稳定。稳定物价衡量指标是物价上涨率或通货膨胀率。政府调控所要达到的稳定物价的目标，主要是防止和克服物价在短期内的大幅波动和严重的通货膨胀。通行的标准是，物价年上涨率在2%以下为稳定，3%～5%为平和，一旦超过5%，则预示着经济总量和经济结构可能失调，需要采取措施加以控制，而达到两位数时，治理通货膨胀就要成为压倒一切的任务。

（四）国际收支平衡

国际收支平衡是指一国国际收支净额即净出口与净资本流出的差额为零，即国际收支净额＝净出口－净资本流出＝0。

一般来说，顺差意味着该国的外汇收入超过支出，外汇收入增加，意味着国内市场的货币供应量增加。同时，顺差也意味着商品量的输出大于商品量的输入，相对地减少了国内市场的商品量供给；反之，逆差意味着该国的外汇支出超过收入，外汇收入减少，意味着国内市场的货币供给量减少。同时,逆差也意味着商品量的输入大于商品量的输出,相对地增加了国内市场的商品量供给。

四、财政政策的功能

在不同的经济发展阶段,财政政策的功能是不完全相同的。但随着生产力水平的提高和经济的发展,财政政策的功能也在进一步增强,主要表现在以下三个方面。

(一)导向功能

导向功能是指在特定的政策目标下,政府通过运用各种财政政策工具,引导经济主体的行为,从而使国民经济向预定政策目标靠近。财政政策首先要配合国民经济总体政策和各部门、各行业政策,提出明确的政策目标,其次要通过制定特定的财政政策措施来引导人们的经济行为和国民经济的发展方向。

(二)协调功能

协调功能是指根据国家预定的目标或者针对经济生活中导致偏离目标的经济行为,政府通过运用财政政策工具进行调节,使之有利于目标的实现。财政政策的协调功能源于财政的本质属性和基本职能。

(三)控制功能

控制功能是指对经济生活中一些不利于社会经济发展的因素,通过财政政策手段对其进行有效的控制,从而使经济目标实现。市场机制是经济组织的有效方式之一,但也存在很大的负面影响,并不能完全依靠市场对经济进行调节,特别是宏观经济领域中的问题,如经济过热、财政赤字、贸易赤字等,都需要国家制定有关政策,通过运用财政政策工具对之进行有效的控制,进而实现政府对整个国民经济发展的控制。

任务二 财政政策工具

一、财政政策工具的含义及作用方式

财政政策是政府宏观调控的重要手段,主要通过预算、税收、补贴、投资、公债、转移支付等工具,发挥优化资源配置、调节收入分配、稳定经济等方面的功能。

财政政策工具也称为财政政策手段,是指国家为实现一定的财政政策目标而采取的措施。财政政策工具包括国家预算、税收、公债、财政投资、财政补贴、公共支出等。其各自的作用方式如图 8-1 所示。

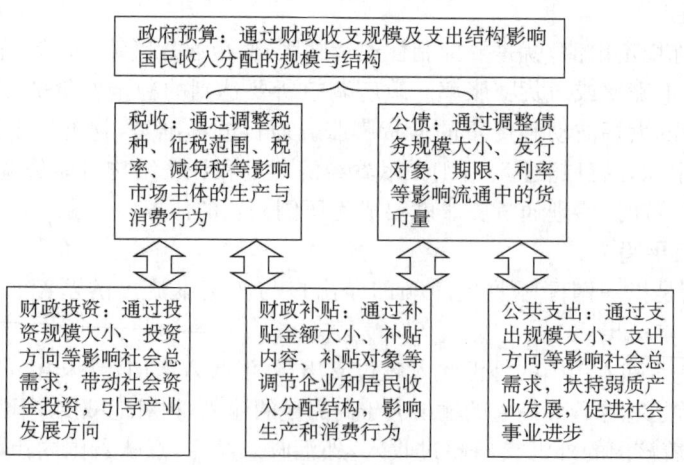

图 8-1 财政政策工具

二、财政政策的调控原理

财政政策综合运用了各种财政工具,发挥稳定经济、优化资源配置、调节收入分配等方面的职能作用。改革开放以前,我国也运用预算、税收、财政支出、补贴、公债等工具调节经济发展,但没有形成完整的财政政策。财政政策的运用并不是直接干预经济发展。政府实施宏观调控必须尊重市场经济的原则和规律,充分发挥市场机制配置资源的基础性作用,调控的目的主要是弥补市场机制的不足或失灵。在实践中,我国逐步由采用行政手段干预经济转向通过产业政策、财政政策、货币政策等经济手段进行间接调节,改变了直接干预的方式。从调控工具看,每一种财政工具都有着不同的特点、不同的作用方式,它们之间不同的政策组合具有不同的效果。财政政策调控经济的经济学原理,具体如图8-2所示。

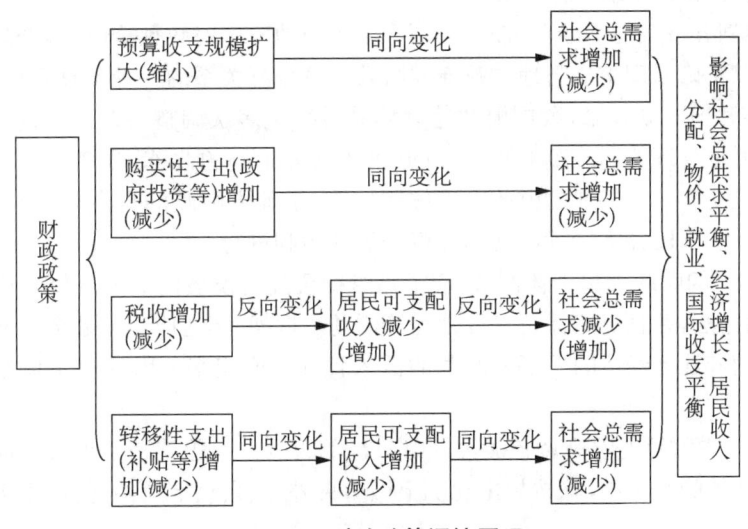

图 8-2　财政政策调控原理

针对不同的经济环境、不同时期的财政政策目标,可以采取不同的政策类型。图8-3中具体列出了财政政策类型及相应的政策工具、政策目标。

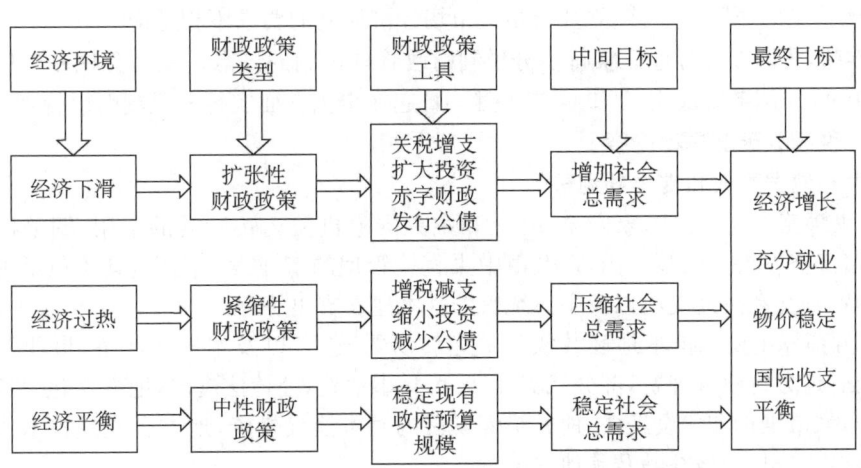

图 8-3　财政政策类型及相应的政策工具、政策目标

任务三 财政管理体制

一、财政管理体制的概念及构成

财政管理体制简称财政体制，是指处理国家各级政权之间、国家与企事业单位之间、国家与居民之间财权财力分配关系的组织制度，具体包含政府预算管理体制、税收管理体制、企业财务管理体制、基建财务管理体制和行政事业财务管理体制等。

二、现行财政管理体制

（一）分税制的概念和改革的背景

分税制是在划分事权的基础上，按税种划分中央与地方的财政预算收入，合理确定中央与地方的财权财力，以正确处理中央与地方政府间财政预算分配关系的一种预算管理体制。

中华人民共和国成立以来，我国财政管理体制进行了多次调整与改革。进入 20 世纪 80 年代，我国加快了财政管理体制改革的步伐，以放权让利为中心的改革，改变了计划经济体制下以高度集中、统收统支为基本特征的财政管理体制，扩大了地方财政的自主权，调动了地方各级政府的积极性，保证了国民经济持续发展和改革开放的顺利进行。

1988 年起实行的财政大包干体制，适应了当时社会经济发展的需要。但它毕竟不是一种科学、合理、规范的办法，并且仍然保持着计划经济的基本框架，不适应建立社会主义市场经济体制的要求，其缺陷随着社会经济的发展和改革的深入日渐显露出来。财政包干体制的缺陷主要表现在以下方面：

（1）削弱了中央财政的宏观调控能力。财政包干的最大问题就是把地方政府应上缴中央的收入包死，地方增加的收入中，除按规定比例上缴中央外，其余全部留给地方，中央财政收入的增长缺乏弹性。

（2）强化了地方利益机制。财政包干刺激了地方发展高税利企业，在一定程度上助长了地区封锁和盲目建设，不利于国家产业结构的调整和资源的合理配置。

（3）弱化了效率优先、兼顾公平的原则。财政包干体制类型多、不规范，不能很好地体现效率优先、兼顾公平的原则，这与建立社会主义市场经济体制的要求不相适应。

1992 年起，我国在部分地区实行了分税制财政管理体制的试点。在对分税制地区总结经验的基础上，1993 年国务院决定从 1994 年 1 月 1 日起在全国全面实行分税制财政管理体制。

（二）分税制改革的基本内容

1. 中央与地方事权和支出的划分

（1）中央预算主要承担国家安全、外交和中央国家机关运转所需的费用，调整社会经济结构、协调地区经济发展的政策支出，以及由中央直接管理的事业发展支出，具体包括中央行政管理费、国防费、外交和援助支出以及中央统管的基本建设支出等。

（2）地方预算主要承担本地区政权机关运转所需支出，以及本地区经济、事业发展所需支出，具体包括：地方行政管理费，部分武警经费，民兵事业费，公检法支出，地方文化、教育、卫生等各项事业费，城市维护和建设经费，地方统筹发展的基本建设投资，地方企业的技术改造和新产品试制费，支农支出，价格补贴及其他支出。

2. 中央与地方收入的划分

为进一步理顺中央与地方财政分配关系，支持地方政府落实减税降费政策、缓解财政运行困

视频

分税制改革

难,按照党中央、国务院决策部署,就实施更大规模减税降费后调整中央与地方收入划分改革制定如下方案。

(1) 中央与地方收入划分的基本原则包括以下内容:

第一,保持现有财力格局总体稳定。调动中央与地方两个积极性,稳定分税制改革以来形成的中央与地方收入划分总体格局,巩固增值税"五五分享"等收入划分改革成果。

第二,建立更加均衡合理的分担机制。按照深化增值税改革、建立留抵退税制度的要求,在保持留抵退税中央与地方分担比例不变的基础上,合理调整优化地区间的分担办法。

第三,稳步推进健全地方税体系改革。适时调整完善地方税税制,培育壮大地方税税源,将部分条件成熟的中央税种作为地方收入,增强地方应对更大规模减税降费的能力。

(2) 中央与地方收入划分的主要改革措施包括以下内容:

第一,保持增值税"五五分享"比例稳定。《国务院关于印发全面推开营改增试点后调整中央与地方增值税收入划分过渡方案的通知》确定的 2～3 年过渡期到期后,继续保持增值税收入划分"五五分享"比例不变,即中央分享增值税的 50%、地方按税收缴纳地分享增值税的 50%。进一步稳定社会预期,引导各地因地制宜发展优势产业,鼓励地方在经济发展中培育和拓展税源,增强地方财政造血功能,营造主动有为、竞相发展、实干兴业的环境。

第二,调整完善增值税留抵退税分担机制。建立增值税留抵退税长效机制,结合财政收入形势确定退税规模,并保持中央与地方"五五"分担比例不变。为缓解部分地区留抵退税压力,增值税留抵退税地方分担的部分(50%),由企业所在地全部负担(50%)调整为先负担 15%,其余 35% 暂由企业所在地一并垫付,再由各地按上年增值税分享额占比均衡分担,垫付多于应分担的部分由中央财政按月向企业所在地省级财政调库。合理确定省以下退税分担机制,切实减轻基层财政压力。具体办法由财政部研究制定。

第三,后移消费税征收环节并稳步下划地方。按照健全地方税体系改革要求,在征管可控的前提下,将部分在生产(进口)环节征收的现行消费税品目逐步后移至批发或零售环节征收,拓展地方收入来源,引导地方改善消费环境。具体调整品目经充分论证,逐项报批后稳步实施。先对高档手表、贵重首饰和珠宝玉石等条件成熟的品目实施改革,再结合消费税立法对其他具备条件的品目实施改革试点。改革调整的存量部分核定基数,由地方上解中央,增量部分原则上将归属地方,确保中央与地方既有财力格局稳定。具体办法由财政部会同税务总局等部门研究制定。

(3) 中央与地方收入的划分的工作要求包括以下内容:

第一,加强组织领导。财政部要加强对中央与地方收入划分改革工作的组织协调,抓紧制定具体实施办法。各省级人民政府要结合本地实际,进一步建立健全中央与地方收入划分改革工作的协调机制,明确责任分工,强化协同配合,督促指导本级部门和辖区内市县全面贯彻落实。国务院有关部门要全力配合改革,协助做好对各地区各行业改革落实情况的跟踪监测。

第二,严肃财经纪律。财政部要会同有关部门认真审核、严格把关,防止一些地方人为干预税收、突击做基数。各地区要按本方案要求推进改革,严肃查处干预企业经营、操纵税源分布、地方市场保护等违规行为,防止为了短期和局部利益,搞违规政策洼地。各级税务机关要做好改革后税收征管工作,严厉打击虚开发票和偷逃骗税行为,坚决堵塞征管漏洞。

第三,推进配套改革。本方案确定的中央与地方收入划分改革措施到位后,各省、自治区、直辖市及计划单列市人民政府要结合本地实际,进一步改革和完善省以下财政管理体制,理顺省以下各级政府间收入划分关系,均衡省以下地区间财力,促进基本公共服务均等化。

视频

经济增长和
国家财力
实现双赢

三、分税制改革存在的问题及完善思路

（一）现行分税制存在的问题

1. 中央与地方事权划分不清晰

现行分税制将财力作为改革的重点，在改革方案中未对事权划分进行必要调整，使改革未能全面触动旧体制的根基，进而引起其自身运行中的一些问题，具体包括：①分税制运行之初基本维持了旧体制下政府间的事权范围，并且保留了按行政隶属关系划分企业所得税归属和财政支出范围的做法，还固化了本该逐渐淡化的政企关系，这显然不利于经济体制改革目标的顺利实现。②政府事权包括社会管理权和经济管理权，现行分税制在社会管理权的划分上是基本清楚的，但对经济管理权的划分不够明确，也不够科学、合理。③现行分税制在运行中仍存在中央出政策、地方出资金的情况，反映出中央与地方之间的事权划分仍然是模糊交叉的，财权和事权仍不统一，这就不利于分税制分级财政管理的实施与完善。

2. 中央与地方收入划分尚不够科学

分税制改革尽管采取分税的办法来划分中央与地方的收入，但在确定企业所得税归属时，仍保留了按企业行政隶属关系划分的做法，即中央企业的所得税归属中央收入，地方企业的所得税归属地方收入。这种做法从利益关系上固化了企业与各级政府间的行政隶属关系，不利于资源优化配置和现代企业制度的建立，并由此产生的负面效应有：①强化了旧体制下形成的地方保护主义倾向。②强化了国有资产地方政府所有的观念，有违国有资产国家统一所有的原则，也不利于国有资产的科学管理。③在一定程度上保留了地方政府盲目发展高利产业的利益机制，不利于产业结构的优化调整。

3. 地方税体系不健全

现行分税制尽管在地方税体系建设上迈出了重要步伐，但离地方税体系的目标模式尚有较大的差距，主要表现在：①地方税主体税种缺位，规模过小，难以支撑地方财政运行局面。②地方税税权较小，地方政府难以利用必要的税收管理权来调节本地经济，并实施本级财政管理。

4. 转移支付制度不规范

中央对地方的转移支付制度已初步建立起来，但受改革阶段性等因素的影响，这一制度尚存在一些不规范、不科学的问题，具体包括：①转移支付方式不规范。②现行税收返还数额的确定仍未完全摆脱基数法，尽管一些地区采取了不同程度、不同形式的因素法，但还很不成熟，有待于进一步完善。③现行税收返还制度尚难体现中央的宏观调控意图，对地方政府行为倾向的调节作用有限。

（二）完善现行分税制的基本思路

（1）按照市场经济的要求合理划分各级政府的事权，为划分财权提供科学、可靠的依据具体包括：①要按照社会主义市场经济的要求对政府事权和企业事权合理定位，推进政府机构改革，尽快转变政府职能，将政府事权范围控制在市场失效的领域和宏观经济层次。②要按照区域性原则和受益性原则来划分各级政府间的事权，即按区域性原则明确各级政府管理本地区社会事务、提供区域性公共产品的责任和权利；按受益范围确定各级政府的经济管理事权，将区域性的基础设施建设、产业结构调整及其他与本地区相关的宏观经济管理事权划归地方政府。③进一步落实地方政府统筹本地区社会经济发展的权利，凡是需由地方政府开发的事业，都应由地方政府自行规划和决策。

（2）按照分级财政管理的要求划分税种。税种划分应体现的原则要求具体包括：①主体税种合理配置原则。②责任与受益对等原则。③经济分权原则。

（3）加强地方税建设，形成与地方政府职能相适应的地方税体系，具体包括：①实行分税制

后,中央财政收入增加,其中一部分收入通过转移支付的办法返还地方。②要合理分配税权,形成与国家政权结构相统一、有利于分级财政管理的税权结构。③要加强地方税法制建设,推进地方税征管制度,形成高效、科学、严密的地方税征管体系。

(4)建设科学的转移支付制度。一要完善转移支付额的确定办法,用因素法来取代基数法;二要完善转移支付方式,既要采用一般性补助方式,又要有针对性地采用专项补助方式,以充分发挥转移支付的调节功能。

四、政府间转移支付

(一)政府间转移支付的概念

政府间转移支付是指一个国家的各级政府之间在既定的职责、支出责任和税收划分框架下财政资金的无偿性转移,在各级政府之间形成的财力缴补关系。

(二)政府间转移支付的类型

政府间转移支付可以分为财力性转移支付和专项转移支付两大类。

(1)财力性转移支付又称一般性转移支付、无条件拨款或均衡补助,是根据地区均等化目标加以设计,其目的在于促进基本公共服务的地区均等化,所以有时又称为均等化补助。财力性转移支付可以弥补地方政府一般性财力不足,地方政府对于它的使用拥有较大的自主权,有利于地方政府实现范围广泛的政策目标和普遍改善地方居民的福利水平。

(2)专项转移支付又称专项拨款或专项补助,是指上级政府要求下级政府必须达到一定的标准,按照上级规定的项目和用途使用资金,才可得到拨款。专项转移支付可进一步区分为非配套补助和配套补助两种形式,前者不要求接受方提供配套资金,后者要求接受方提供一定比例的配套资金。

任务四　财政政策实践

一、财政政策配合

在现代宏观经济调控中,财政政策与货币政策被称为政府的左右手,因而财政政策与货币政策的协调配合就显得格外重要。

(一)货币政策的基本理论

1. 货币政策的类型

货币政策是指国家为实现特定的宏观经济目标而制定的货币供应和货币流通组织管理的基本准则。它是由信贷政策、利率政策和汇率政策等构成有机整体的政策体系。一般从总量调节出发,同财政政策的分类相似,货币政策的基本类型包括扩张性货币政策、紧缩性货币政策和中性货币政策三种。

(1)扩张性货币政策。扩张性货币政策也称膨胀性货币政策,是指货币供应量超过经济运行过程对货币的实际需要量,对总需求增长有刺激性作用的货币政策。

(2)紧缩性货币政策。紧缩性货币政策是指货币供应量小于货币的实际需要量,对总需求增长有抑制作用的货币政策。

(3)中性货币政策。中性货币政策是指货币供应量大体等于货币需要量,对社会总需求与总供给的对比状况基本不产生影响的货币政策。

2. 货币政策的目标

货币政策目标是指中央银行制定和实施某项货币政策所要达到的特定经济目标,也是货币政策所要达到的最终目标,主要包括终极目标和中间目标。

(1) 终极目标。终极目标是指中央银行实行一定的货币政策在未来时期要达到的最终目的。货币政策的实质是正确处理经济发展与稳定货币的关系,各国央行货币政策的终极目标主要是稳定物价、促进经济增长、实现充分就业和国际收支平衡。货币政策在经济发展中要同时满足上述四项目标的要求,事实上是不可能的,所以各国都以其中一项作为主要目标。经济发展比较快速稳健的国家,都将稳定物价作为货币政策的首要目标或唯一目标。1990 年,新西兰率先提出,货币政策应以控制通货膨胀为唯一目标,其后有美国、英国、加拿大和澳大利亚等 10 多个国家接受了控制通货膨胀的货币政策。

(2) 中间目标。中间目标是指中央银行为实现其货币政策的终极目标而设置的可供观测和调控指标的目标。主要有货币供给量和利率,在一定条件下,信贷量和汇率等也可充当中介指标。其货币供应量是中央银行重要的货币政策操作目标,它的变化也反映了中央银行货币政策的变化,对企业生产经营、金融市场,尤其是证券市场的运行和居民个人的投资行为有重大的影响。当货币供应不足时,市场商品价格下跌、生产减少、投资乏力、经济紧缩;当货币供应过量时,其结果刚好相反。当然,上述所言不足或过量都是有限度的,否则货币供应量极易成为通货紧缩或通货膨胀的源泉。

3. 货币政策的工具

西方国家一般将法定存款准备金率、再贴现比率和公开市场业务作为国家控制货币供应量的货币政策工具,俗称货币政策的"三大法宝"。具体内容包括:①法定存款准备金率是指各金融机构要将吸收的存款缴存中央银行时依据的比率,中央银行通过调整存款准备金率来调整商业银行的贷款规模和派生存款规模。②再贴现比率是指商业银行向中央银行办理再贴现时使用的比率。中央银行通过调整再贴现比率来调整商业银行的贷款规模。③公开市场业务是指中央银行通过在金融市场上公开买卖有价证券控制货币供应量和利率的政策行为,是多数发达国家中央银行控制货币供给量的重要工具。

目前,我国中央银行的货币政策工具主要包括:①中央银行对商业银行(专业银行)的贷款。②存款准备金制度,即专业银行将吸收的存款按一定的比例缴存中央银行。③利率,即中央银行根据资金松紧情况确定调高或调低利率。④公开市场业务,即中央银行通过买进或卖出有价证券,吞吐基础货币,调节货币供应量的活动。

(二)财政政策与货币政策的关系

党的十九大报告明确提出了"创新和完善宏观调控,发挥国家发展规划的战略导向作用,健全财政、货币、产业、区域等经济政策协调机制"的要求。在市场经济体制下,财政政策与货币政策是国家对国民经济进行宏观调控最主要的手段,其目标总体上是一致的,但也有明显的差异。这就决定了它们在宏观经济调控中必须注意协调配合,才能有效地调控经济的良性运行和均衡发展。

1. 财政政策与货币政策的共性

财政政策与货币政策有着诸多的共同点,它们在目标、管理、环节和运行等方面存在着内在联系。

(1) 目标的统一性。财政政策与货币政策都属于为实现宏观经济目标所采取的经济政策,它们的调控总体目标是统一的,即促进经济增长、保持物价稳定、实现充分就业和促进收支平衡。

(2) 管理的影响性。财政政策直接影响着财政收入和财政支出,其结果是节余。赤字或基本平衡,对社会总需求具有重大的影响;货币政策直接影响着货币供应量和信贷投放量,是社会总需求的动态反映。

视频

存款准备金率全面降1个点

（3）环节的分配性。财政和货币都属于再生产过程中的分配环节,体现再分配的不同层次。在不兑现信用货币的情况下,会出现超越当年国民收入再分配的结果,从而导致货币超量发行,或是在社会总供给过剩或相对过剩时可能出现支出紧缩、银行借贷、货币供给过少,以致出现社会总需求不足的现象。

（4）运行的联系性。在经济运行方面,社会资金、货币流通的统一性和货币资金在各部门之间的相互流动性,使财政、信贷和货币发行具有不可分割的内在联系,如果任一方发生变化都会引起其他方面的变化,最终引起社会总需求和总供给的变化。

2. 财政政策与货币政策的差异

财政政策与货币政策既有共同之处,又有一定的区别。其区别主要体现在实施主体、作用机制、运用方式、调节重点、使用工具、调节范围和政策时滞等方面。

（1）实施主体的差异。财政政策是由政府财政部门具体实施,而货币政策则由中央银行具体实施。尽管某些西方国家的中央银行在名义上归属财政部领导,但大多数国家的货币政策则由中央银行独立操作的。

（2）作用机制的差异。财政政策更多地偏重公平,其主要责任是直接参与国民收入分配并将集中起来的国民收入在全社会范围内进行再分配,从收支上影响社会总需求的形成。而货币政策则更多地偏重效率,其主要责任是通过信贷规模的伸缩来影响消费需求和投资需求,进而引导资源流向效益好的领域。

（3）运用方式的差异。财政政策可由政府通过直接控制和调节来实现,要控制总需求可通过提高税率、增加财政收入、压缩财政支出等方式实施。而货币政策是中央银行运用各种调节手段影响商业银行的行为,商业银行则相应调整对企业和居民的贷款规模,从而影响社会需求。因此,货币政策运用的间接性较强,财政政策运用的直接性较强。

（4）调节重点的差异。财政政策调节直接作用于社会经济结构,间接作用于供需总量平衡,主要通过扩大或缩小支出规模达到增加或抑制社会总需求的目的。而货币政策调节则直接作用于经济总量,间接作用于经济结构,主要通过货币投放和再贷款等措施控制基础货币量,实现对社会总需求的直接调节。

（5）使用工具的差异。财政政策与货币政策在调控经济运行的工具方面有着较大的不同,如财政政策工具主要包括财政体制、税收制度、收费政策、公共预算、政府公债、财政补贴和财政贴息等。而货币政策工具主要包括货币供应量、存款准备金、利率、再贴现率和公开市场操作等。

（6）调节范围的差异。财政政策的调节范围较为广泛,其调节范围包括经济领域和非经济领域。而货币政策的调节范围基本限于经济领域,其他领域则是次要的,如缩小收入分配差距方面,财政政策可利用累进税率和财政补贴等手段来发挥作用,货币政策则无能为力,甚至货币政策的利息机制还在一定程度上扩大这种差距。

（7）政策时滞的差异。财政政策从确定到实施的过程较为复杂,外部时滞较短,对经济所产生的作用较为直接,如调整税率时企业的收支状况就会立即发生变化。而货币政策运用较为方便,外部时滞较长对经济目标起间接调控作用。

（三）财政政策与货币政策的优劣

1. 财政政策与货币政策的优势

财政政策的优势相对于货币政策而言,主要表现在:①在调节公平分配、结构调整、经济增长、资源配置和充分就业等方面,作用更显突出。②在弥补市场缺陷上,对私人不愿投资(如各类公益事业)和不适合投资(如自然垄断行业)的领域,能更有效地调整和优化经济结构,发挥优化资源配置的功能。③通过税收优惠、转移支付等能更有效地调整和优化经济结构,促进区域经济协调发展。④通过财政收支的变化直接影响社会总需求,运用财政补贴等手段可实现政府的特殊调控。⑤财政支出可直接刺激消费和投资,且具有手段多、力度大和见效快等优点。

货币政策的优势相对于财政政策而言,主要表现在:①货币政策有利于稳定物价和平衡国际收支,尤其在经济体制转轨时期更显突出。②通过货币供求总量的调整,能够保持社会经济总供给与总需求的基本平衡。③通过存贷款基准利率、法定存款准备金率和再贴现率,对调节物价总水平的作用突出。④通过利率调整可调节国民的消费与储蓄,如通过高利率鼓励储蓄、低利率刺激消费和投资的需求。⑤货币政策的操作是一种经济行为,对经济的调节作用比较平缓,有利于发挥市场机制作用,且具有灵活性等优点。

综上所述,从宏观调控的财政政策与货币政策两个主要手段来看,财政政策在公平分配、结构调整、经济增长、资源配置和充分就业等方面较货币政策更有优势,而货币政策的优势在于稳定物价和平衡国际收支。

2. 财政政策与货币政策的缺陷

财政政策的缺陷相对于货币政策而言,主要表现在:①财政政策对社会总需求的调节不如货币政策直接,前者一般只是改变总量中的比例和分布,后者则直接作用于总量。②对经济的调节作用容易对市场机制形成冲击,震动较大,不易形成"微调"的效果。③财政政策的作用过程主要是经济干预,不是靠经济行为主体的竞争、市场供求关系和市场机制,因而对提高资金的使用效率缺少刺激。④财政政策的制定是经济决策和政策决策的过程,需要经过一定的法定程序,实行起来灵活性较小。

货币政策的缺陷相对于财政政策而言,主要表现在:①货币政策难以解决国民收入分配不公的问题。②在弥补市场机制的缺陷和推动各部门经济的协调发展等方面,不如财政政策直接和有效,如货币政策对推动那些私人不愿投资和不适合投资的事业发展的作用不如财政政策明显或直接。③由于货币政策存在传导环节多、时间长、易受各种因素的干扰等情况,在调整经济结构和促进区域经济协调发展方面难以直接、有效地发挥作用,特别是在国民经济结构严重失衡的情况下,单靠货币政策难以有效地解决问题。

(四)财政政策与货币政策的配合

1. 财政政策与货币政策配合的基本方式

财政政策与货币政策各自具有的优势和缺陷,以及存在的共性和差异,决定了两大宏观经济政策在制定和实施中的互补性。两大政策目标如果不能协调配合,必然会造成政策效果的相悖,导致宏观经济运行失控。总体上说,两者协调配合的模式有多种,从实践上可概括为以下六种方式:

(1)"松与紧"结合的政策。"松与紧"结合的政策即指在财政政策与货币政策运用上采取一松一紧或紧松的有机结合。其政策内容主要包括:①积极财政政策和紧缩货币政策,前者可刺激需求、有效克服经济萧条的问题,后者可避免过高的通货膨胀,但长期运用该政策组合会累积大量的财政赤字。②紧缩财政政策和积极货币政策,前者可抑制社会总需求、防止经济过热、控制通货膨胀,后者可保持经济的适度增长。财政政策与货币政策"松与紧"结合的政策方式,适用于在控制通货膨胀的同时保持适度经济增长的情况。我国于1979年采取了该政策方式。

(2)"双紧缩"结合的政策。"双紧缩"结合政策即指紧缩财政政策与紧缩货币政策的有机结合。紧缩财政政策主要通过增加税收、削减财政支出减少消费和投资,抑制社会总需求;紧缩货币政策主要通过提高法定存款准备金率等来增加储蓄,以减少货币的供应量,抑制社会投资和消费需求。财政政策和货币政策"双紧缩"结合的政策方式用来治理需求膨胀与通货膨胀,但如果调控力度过大或过猛,也可能造成通货膨胀、经济停滞甚至滑坡等问题。我国于1985年采取了该政策方式。

(3)"双积极"结合的政策。"双积极"结合的政策即指积极的财政政策与积极的货币政策的有机结合。积极的财政政策主要通过减税和扩大财政支出规模来增加社会总需求,积极的货币政策主要通过降低法定存款准备金率、利率等工具来扩大信用规模和增加货币供应量。在社会总需求严重不足、生产能力难以保障和生产资源大量闲置的情况下,宜选择该种政策组合方式,从而刺激需求、增加投资、扩大就业。但应注意其调控的力度,如果过大或过猛可能会带来严重的通货膨胀。我国 1998 年和 2008 年采取了该政策方式。

(4)"双稳健"结合的政策。"双稳健"结合的政策即指中性财政政策与中性货币政策的有机结合。该方式强调两大政策工具的稳健取向,财政政策主要保持财政收支的基本平衡或增量平衡,货币政策则力图保证货币供应量或利率的稳定。这种"双稳健"政策的重点在于掌握财政政策与货币政策调控的力度,该紧则紧,该松则松,手段灵活搭配,有机组合,主要适用于社会总供求基本均衡、经济运行比较平稳而经济结构调整成为主要任务的情况。但由于经济波动是市场经济发展的客观规律,所以一旦经济运行发生变化,就应对"双稳健"结合的政策方式及时做出调整。我国在连续实施 7 年"双积极"结合的政策后于 2004 年采取了该政策方式。

(5)"适度从紧"的政策。"适度从紧"的政策即指紧缩货币政策与稳健财政政策的有机结合,重点是把握财政政策与货币政策的调控力度,该紧则紧,该松则松,将其政策工具灵活搭配、有机组合。"适度从紧"的政策方式宜于在总需求过旺、经济结构不合理、财政赤字过大和通胀居高不下的情况下采用。我国于 1996 年及"九五""十一五"时期采取了该政策方式,旨在抑制通货膨胀。

(6)"适当积极"的政策。"适当积极"的政策即指积极财政政策与稳健货币政策的有机结合。我国针对东南亚金融危机的冲击和国内发生严重的自然灾害,以及国民经济运行中呈现出投资需求、消费需求和出口需求不足的情况下,于 1998 年实施了该政策方式。从实施的效果看,基本上实现了扩大内需、拉动经济增长等预期目标。

2. 财政政策与货币政策配合的简要分析

从上述几种政策组合可以看出,所谓的"松"或"紧"实际上是指财政政策与货币政策在资金供应上的"松"或"紧"。即凡是使社会资金供应增加的措施,如减税、增加财政支出、降低法定存款准备金率与利率、扩大信贷支出等,都属于积极政策措施;反之,都属于紧缩政策措施。

具体采取何种政策组合,则取决于国家宏观经济运行状况及政府所要达到的政策目标。一般而言,如果社会总需求明显小于总供给,就应采取积极政策措施,以扩大社会总需求;反之,则采取紧缩政策措施,以抑制社会总需求的增长。

此外,还应看到,财政政策与货币政策对总供给也有着积极的调节作用,在社会总需求大于总供给的情况下,既可用紧缩政策来抑制总需求,也可通过积极政策来促进总供给的增长。因此,财政政策与货币政策在实际运用中应根据经济状况适时进行协调,这样才能达到有效调控国民经济运行的目的。

二、不同阶段财政政策的实践

(一)1993—1997 年实施的从紧财政政策

1993—1997 年,我国政府为应对经济过热和通货膨胀,实施了适度从紧的财政政策,即紧缩性财政政策,实现了反周期调节的预期目标,促进了经济的稳定增长。这是我国社会主义市场经济体制建设中首次有效运用财政政策进行宏观调控的成功范例,也标志着政府宏观调控方式从行政手段为主向经济手段为主的重大转变,财政政策开始成为保障宏观经济稳定、促进经济协调发展的重要调控工具。

1. "适度从紧"财政政策的实施背景

由于投资需求过度扩张,生产资料价格迅速攀升,国内生产总值增长率连续五个季度在两位数以上,超出了我国经济增长的正常范围,如图 8-4 所示。

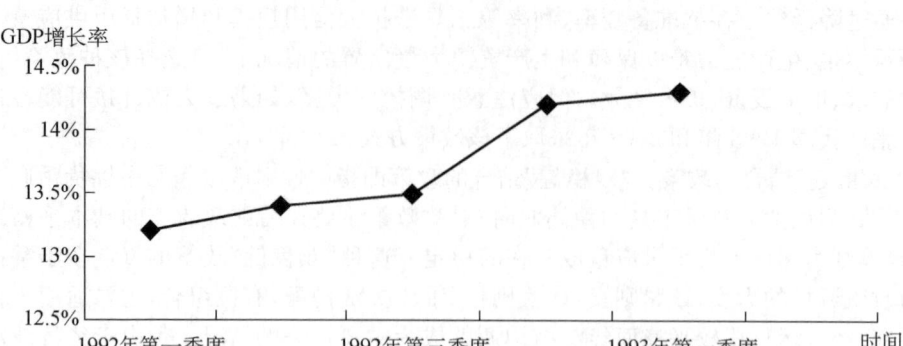

资料来源:中国经济信息网数据库。

图 8-4　1992—1993 年第一季度 GDP 增长率

1993—1996 年,我国宏观调控的着力点是控制通货膨胀,主要表现在以下三个方面:①四个"热"——房地产热、开发区热、集资热和股票热。②四个"紧张"——交通运输紧张、能源紧张、原材料紧张和资金紧张。③一个"乱"——经济秩序混乱,特别是金融秩序混乱。表 8-1 显示了1991—1995 年我国各种物价总指数的变化情况。

表 8-1　　　　　　　　　　1991—1995 年我国各种物价的总指数(上年＝100)

年份	商品零售价格总指数	居民消费价格总指数
1991	102.9	103.4
1992	105.4	106.4
1993	113.2	114.7
1994	121.7	124.1
1995	114.8	117.1

资料来源:国家统计局网站。

2. "适度从紧"财政政策的内容和特点

财政部门采取了一系列的措施,具体包括:①通过适当压缩财政开支逐步减少财政赤字,控制固定资产投资规模和社会集团购买力,采取有效措施促进增加有效供给,缩小社会供求总量的差额。②通过税制改革,调整税种结构和税率,严格控制税收减免,清理到期的税收优惠政策,进一步规范分配秩序。③实行分税制财政管理体制改革,提高中央财政收入占全国财政收入的比重,增强中央财政的宏观调控能力。④整顿财经秩序,健全规章制度,强化财税监管,加大执法力度,大力打击逃税骗税和设"小金库"等违法违纪行为,加强对预算外资金使用情况的监督检查。⑤支持汇率改革,实行以市场供求为基础的、单一的、有管理的浮动汇率制,完善出口退税制度,促进外贸出口增长。

3. "适度从紧"财政政策的成效

在货币政策的配合下,1996 年国民经济成功实现了软着陆,既有效地抑制了通货膨胀,挤压了过热经济的泡沫成分,又保持了经济的快速增长。1996 年国内生产总值增长 9.6％,物价指数比上年增长 6.1％,形成了"高增长、低通胀"的良好局面。对此,国际上的评价是非常高的,说中国避免了一次经济灾难。在这一时期财政投资和税收是财政调控的重要杠杆。

（二）1998—2004 年实行积极的财政政策

积极的财政政策在类型上属于扩张性的财政政策,是在特定时期采取的应对经济下滑的宏观调控政策。

自1997年7月起,爆发了一场始于泰国后迅速扩散到整个东南亚并波及世界的东南亚金融危机,东南亚许多国家和地区的汇市、股市轮番暴跌,金融系统乃至整个社会经济受到严重创伤。1997年7月至1998年1月仅半年时间,东南亚绝大多数国家和地区的货币贬值幅度高达30%~50%,最高的印尼卢布贬值达70%以上。同期,这些国家和地区的股市跌幅达30%~60%。据估算,在这次金融危机中,仅汇市、股市下跌对东南亚国家和地区造成的经济损失就达1 000亿美元以上。受汇市、股市暴跌影响,这些国家和地区出现了严重的经济衰退。

1998年,由于亚洲金融危机的影响,加上国内商品供求矛盾逐步由卖方市场转向买方市场,需求不足的问题成为主要矛盾。经济增长明显受到需求不足的制约,实际上就是通货紧缩。1997年以前,中国经济面临的最大问题是通货膨胀,因此没有治理通货紧缩的经验。在国际上,也是治理通货膨胀的经验比较多,一般都是采取"关水龙头"的做法,包括控制银行货币投放量、提高利率、控制财政支出等。对于治理通货紧缩,最关键的是扩大需求,使社会总供给与社会总需求趋向平衡。为此,党中央、国务院果断决策,及时调整宏观调控政策,由"适度从紧""稳中求进"转向了"扩大内需",实施了积极的财政政策,实质上就是扩张的财政政策,主要是通过发行长期建设国债、增加财政赤字、扩大政府支出,特别是增加投资性支出等来扩大需求,拉动经济增长。其中,国债、税收和投资是财政调控的重要杠杆,主要措施包括以下方面:

（1）发行长期建设国债,带动全社会固定资产投资。1998—2004年累计发行9 100亿元的长期建设国债,集中力量建成了一批关系国民经济发展全局的重大基础设施项目,同时带动社会投资特别是民间资本的跟进。

（2）调整税收政策,刺激需求增长。对涉及投资、消费及进出口的税收政策及时作了相应的调整,分别实行了对符合国家产业政策的技术改造项目的国产设备投资按40%的比例抵免企业所得税,对国家鼓励发展的外商投资项目和国内投资项目的进口设备在规定的范围内免征关税和进口环节增值税,停征固定资产投资方向调节税,恢复征收居民储蓄存款利息个人所得税,分3年将金融保险企业营业税税率由8%降至5%,以及多次提高出口货物增值税退税率等政策措施。

（3）调整收入分配政策,改善居民消费心理预期。连续四次调整机关事业单位职工工资,建立艰苦边远地区津贴制度,实施机关事业单位年终奖金制度。同时,增加社会保障投入,提高社会保障水平。

（4）规范收费制度,减轻社会负担,推动、扩大消费。1998年以来,取消行政事业收费项目1 805项,共减轻社会负担1 417亿元;农村税费改革不断深化,农民负担明显减轻。

（5）支持国民经济战略性调整,促进国有企业改革和产业结构优化。在稳健的货币政策的配合下,积极的财政政策基本完成了预期的宏观调控目标,加强了基础设施建设,调整了经济结构,促进了企业技术改造,提高了居民的收入,更重要的是拉动了经济增长。国债投资每年拉动GDP增长1.5~2个百分点,平均每年拉动1.8个百分点,从单一的投资拉动到扩大投资和刺激消费并重,使我们掌握和积累了应对通货紧缩趋势的经验。这一时期,中国经济增长速度基本上保持在7%~9%之间,又一次实现了国民经济软着陆,从而避免了中国经济的大起大落。

（三）2005—2008 年开始实施稳健的财政政策

从2003年开始,我国的宏观经济运行出现了一些新的情况。2003年第一季度GDP增长速度达9.9%,全年为9.1%;2004年第一季度GDP增长速度为9.8%,第二季度为9.6%,第三季度为9.1%,第四季度为9.5%,全年为9.5%。同时,从2003年开始,物价也走出通货紧缩的阴影，由负增长变成正增长。2004年，居民消费价格总水平上涨3.9%。

这些数据说明，我国经济走出了通货紧缩的阴影，经济增长进入新一轮周期的上升阶段，呈现出加速发展的态势，但同时存在经济结构不合理、经济增长方式粗放等问题，具体表现在两个方面：一是如钢铁、冶金、房地产、建材等行业发展太快，出现了局部过热现象；二是经济社会发展中还有能源、交通、农业、教育、公共卫生、社会保障等许多薄弱环节亟待加强。党中央、国务院很敏锐地看到了宏观经济运行中存在的问题，从2003年起，及时采取了一系列的宏观调控政策，初步消除了经济发展中的不稳定、不健康因素，避免经济出现大的波动。但一些深层次问题还没有完全解决，主要是粮食增产和农民增收的机制尚不完善、固定资产投资反弹压力大、能源和运输瓶颈约束依然突出等。

积极的财政政策的实质是扩张性的财政政策，当通货膨胀逐渐成为影响宏观经济发展的压力时，继续实施这一政策，不仅不利于控制固定资产投资的过快增长，而且易于形成逆向调节；不仅不利于减缓通货膨胀的趋势，而且易于加剧投资与消费比例失调程度，加大经济健康运行的风险和阻力。因此，积极的财政政策应当适时转向。再加上当时投资规模很大，社会资金较多，也有条件调整财政政策的取向。另外，我国经济并非全面过热，农业、教育、公共卫生、社会保障等许多薄弱环节还亟待加强，而且没有强烈信号表明近期会发生高通货膨胀，因此，积极的财政政策不宜一下子转向紧缩的财政政策。在这种情况下，中央提出从2005年起实行稳健的财政政策。

实行稳健的财政政策的核心是松紧适度，着力协调，放眼长远。具体来说，要注重把握"控制赤字，调整结构，推进改革，增收节支"十六个字。

（1）控制赤字，就是适当减少财政赤字，适当减少长期建设公债发行规模，中央财政赤字规模大体保持在3000亿元左右。同时随着GDP的不断扩大，财政赤字占GDP的比重也会不断下降。继续保持一定的赤字规模和长期建设公债规模，是坚持"发展是党执政兴国的第一要务"的要求，也是保持一定宏观调控能力的需要。这样做的必要性是：①政策需要保持相对的连续性，公债项目的投资建设有个周期，在建、未完工程尚需后续投入。在经济高速增长和部分行业、项目对公债资金依赖较大的时候，刹车过猛会对经济造成较大的负面冲击。②按照"五个统筹"的要求，确实有许多"短腿"的事情要做，保持一定的赤字规模，有利于集中一些资源，用于增加农业、教育、公共卫生、社会保障、生态环境等公共领域的投入。③保持一定的调控能力，有利于主动地应对国际国内各种复杂的形势。

（2）调整结构，就是要进一步按照科学发展观和公共财政的要求，着力调整财政支出结构和公债资金投向结构。资金安排上要区别对待，有保有压，有促有控。对与经济过热有关的、直接用于一般竞争性领域的"越位"投入，要退出来、压下来；对属于公共财政范畴的、涉及财政"缺位或不到位"的，如需要加强的农业、就业和社会保障、环境和生态建设、公共卫生、教育、科技等经济社会发展的薄弱环节，不仅要保，还要加大投入和支持的力度，努力促进"五个统筹"和全面协调发展。

（3）推进改革，就是转变主要依靠公债项目投资拉动经济增长的方式，按照既立足当前，又着眼长远的原则，在继续安排部分公债项目投资，整合预算内基本建设投资，保证一定规模中央财政投资的基础上，适当调减公债项目投资规模，腾出一部分财力，用于大力推进体制和制度改革创新，为市场主体和经济发展创造一个相对宽松的财税环境，建立有利于经济自主增长的长效机制。推进改革的内容包括：推进增值税转型改革，推进内外资企业所得税合并，改革和完善农业税费制度，完善出口退税制度；大力支持推进教育、社会保障、医疗卫生、收入分配四项改革，以进一步鼓励和扩大消费。

（4）增收节支，就是在总体税负不增或略减税负的基础上，严格依法征税，确保财政收入稳

定增长,同时严格控制支出增长,在切实提高财政资金的使用效率上花大力气,下大功夫,具体包括:①依法加强税收征管,堵塞各种漏洞,切实做到应收尽收。依法清理和规范税收优惠政策,严格控制减免税。②严格控制一般性支出,保证重点支出需要,各项财政支出都要精打细算。③在继续深化预算管理制度改革的基础上,积极探索建立财政资金绩效评价制度,加强监督检查,严格管理,坚决制止铺张浪费、花钱大手大脚的行为,把该花的钱花好、管好、用好,切实提高财政资金使用的规范性、安全性和有效性,通过提高财政资金的使用效率来替代一定的财政资金的增量需要。④科学使用预算执行中的超收,一般不能做刚性支出和投资安排。

(四) 2008 年末—2013 年起实行积极的财政政策

1. 政策转向的背景

起点:美国房地产市场上的次级按揭贷款危机。这是一场发生在美国,因次级抵押贷款机构破产、投资基金被迫关闭、股市剧烈震荡引起的风暴。它致使全球主要金融市场隐约出现流动性不足危机。美国"次贷危机"是从 2006 年春季开始逐步显现的。2007 年 8 月,席卷美国、欧盟和日本等世界主要金融市场。引起美国次级抵押贷款市场风暴的直接原因是美国的利率上升和住房市场持续降温。次级抵押贷款是指一些贷款机构向信用程度较差和收入不高的借款人提供的贷款。利息上升导致还款压力增大,很多本来信用不好的用户感觉还款压力大,出现违约的现象,对银行贷款的收回造成严重影响。美国次贷危机的成因及发展如图 8-5 所示,美国次贷危机的形成过程如图 8-6 所示。

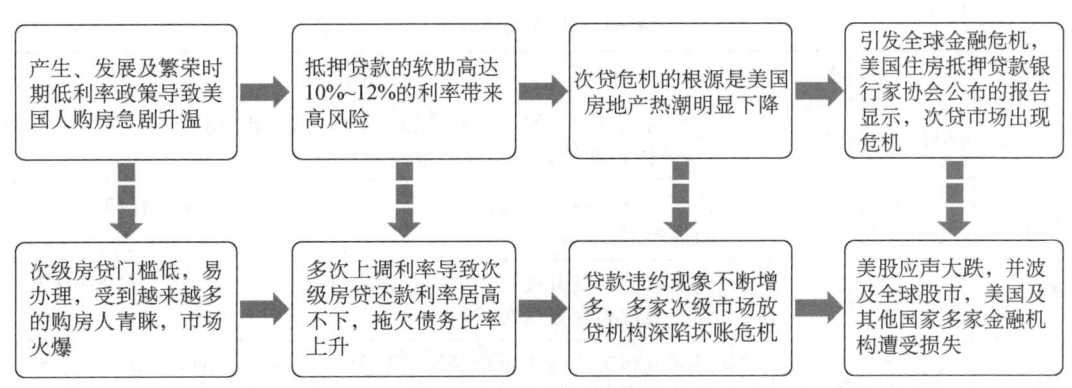

图 8-5 美国次贷危机的成因及发展

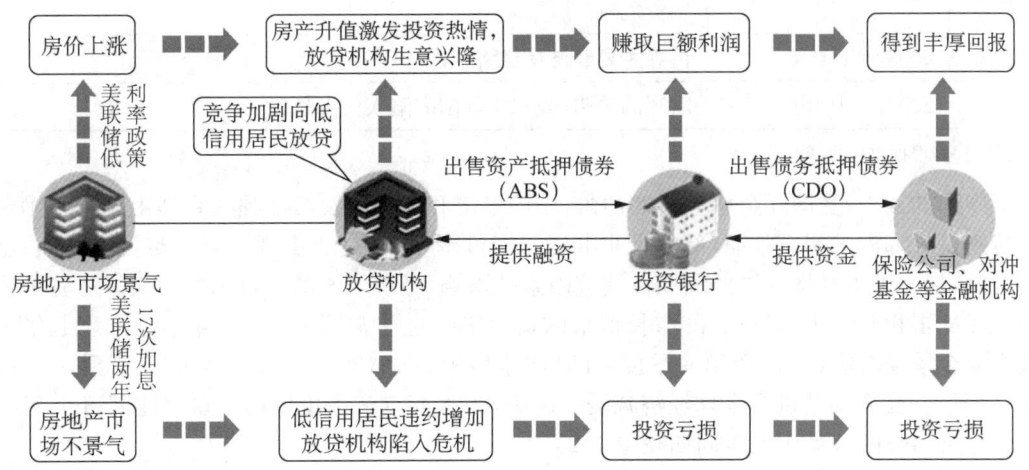

图 8-6 美国次贷危机的形成过程

发展：2006年年底开始出现美国次贷危机的苗头，从苗头发生、问题累积到危机确认，特别是到贝尔斯登、美林证券、花旗银行和汇丰银行等国际金融机构对外宣布数以百亿美元的次贷危机损失。进入2008年，由美国次贷危机引发的全球性金融危机愈演愈烈，并开始对全球实体经济造成严重影响。

对全球经济的影响：由于金融衍生品市场牵连广泛，源于美国的金融风险通过各类渠道扩散到全球。随着信贷急剧紧缩、市场信心迅速恶化，实体经济也受到严重影响，金融危机逐渐转变为全球性经济危机，世界各国的经济都出现不同程度的放缓或衰退，失业率明显上升，结束了自2002年开始的经济上行周期。英国2008年第三季度GDP环比下降0.5%，是1992年以来经济增长首次出现萎缩，成为第一个陷入衰退的主要发达经济体。随着美国次贷危机向世界其他地区蔓延，北欧小国冰岛2008年10月陷入困境。在短短几周时间里，冰岛最大的三家银行相继宣布破产，政府无奈将其收归国有。三大银行的债务总额高达610亿美元，是冰岛GDP总额的近12倍。与此同时，冰岛股市持续暴跌，本币克朗也大幅贬值。由于无力独自应对金融危机，冰岛政府不得不积极寻求外国援助。欧盟、英国和日本都购入了美国的次级债相关证券，许多银行遭受了直接损失，如瑞士银行、英国汇丰控股、法国巴黎银行、法国兴业银行、日本瑞穗集团等。同时，美国房价下跌也使这些国家的房屋价格面临下行风险。欧盟、英国、日本以及中国都与美国有频繁的国际贸易，美国需求的下降和美元的持续贬值给这些国家的出口带来了负面影响。美国次贷危机对美国经济及全球经济的冲击如表8-2所示。

表8-2　　　　　　　　　　　　　　　　美国次贷危机冲击波

波次	时间	典型事件
第一波	2007年8～9月	不少与次贷相关的金融机构破产，美联储和欧洲央行联手救市并降息，美国抵押贷款风险浮出水面
第二波	2007年底至2008年初	花旗、美林、瑞银等因次级贷款出现巨额亏损，美国政府和六大房贷商提出"救生索计划"
第三波	2008年3月	美国第五大投资银行贝尔斯登资产管理公司破产，美联储为JP摩根大通银行接管提供融资
第四波	2008年7月	房利美和房地美两大房贷公司因严重亏损陷入困境，迫使美联储和财政部再次"救市"
第五波	2008年9月	雷曼兄弟宣布申请破产保护，美林被迫售予美国银行，美国国际集团融资危机
第六波	2008年下半年	世界主要经济体经济下滑
第七波	2009—2010年	欧洲的希腊、爱尔兰等国家陷入债务危机

资料来源：根据媒体报道编写。

对中国的冲击：受国际金融危机的冲击，中国经济和社会的发展面临一系列困难和不确定因素。特别是外部需求明显收缩，部分行业出现产能过剩，部分企业出现经营困难，就业与再就业矛盾突出，加上国内经济发展的周期性调整因素的影响，经济增长的下行压力巨大。尽管中国受到的直接冲击相对较小，但对经济增长带来的负面影响也非常明显，2008年第一季度起经济增速连续五个季度减缓，2008年第一季度GDP增速为10.6%，2009年第一季度下滑到6.2%，如表8-3所示。受金融危机及全球经济减缓的影响，2008年前三季度中国出口增速回落4.8%，净出口对经济增长的拉动比上年同期减少1.2%。

表 8-3   2008—2009 年中国经济增长速度变化情况

时间	2008 年				2009 年			
	一季度	二季度	三季度	四季度	一季度	二季度	三季度	四季度
GDP 增速	10.6%	10.1%	9.0%	6.8%	6.2%	7.9%	9.1%	10.7%

资料来源:国家统计局定期统计信息。

2. 政策实施的具体内容

财政政策转向的经济学分析:长期以来,出口与投资是拉动中国经济增长的主要力量。在外部环境影响下,只有通过增加国内投资、扩大国内消费来保持经济增长,避免经济衰退引起的就业困难、财政收入下降,企业倒闭引发的银行贷款风险、社会动荡等问题的发生。

2008 年 11 月 5 日,中国政府决定实行积极的财政政策和适度宽松的货币政策,出台了更加有利的扩大国内需求的措施,加快民生工程、基础设施、生态环境建设和灾后重建,提高城乡居民特别是低收入群体的收入水平,促进经济平稳较快增长。当日召开的国务院常务会议确定了进一步扩大内需、促进经济增长的十项措施,具体包括:①加快建设保障性安居工程。②加快农村基础设施建设。③加快铁路、公路和机场等重大基础设施建设。④加快医疗卫生、文化教育事业发展。⑤加强生态环境建设。⑥加快自主创新和结构调整。⑦加快地震灾区灾后重建各项工作。⑧提高城乡居民收入。⑨在全国所有地区、所有行业全面实施增值税转型改革。⑩加大金融对经济增长的支持力度。上述各项调控措施统称为"一揽子计划"。

2009 年起的新一轮积极的财政政策具有下列特点:①总结了 1998 年应对亚洲金融危机的积极财政政策的经验,措施更加全面,政府投资力度更大。②既着眼于拉动经济增长,又努力兼顾调整经济结构,加快转变经济增长方式。③财政政策发挥了主角作用,地位更加突出。需要指出的是:"一揽子计划"绝不是单纯的基本建设投资计划,其最直接、最重要的目标是扭转经济增速下滑趋势,保持经济平稳较快增长,其实质和核心是解决制约中国经济发展的结构性问题,加快转变发展方式,全面提升经济发展的质量和水平。

亮点:首先是政府投资充当主角。共计新增中央政府公共投资 1.18 万亿元,其中,2008 年第四季度、2009 年和 2010 年分别新增投资 1 040 亿元、4 875 亿元、5 885 亿元,如表 8-4 所示。其次是第一次放开地方政府举借公债,2009—2011 年每年由财政部代理发行 2 000 亿元地方政府债券弥补,并列入省级预算管理。再次是实施大规模的减税政策,主要是增值税转型(就是将中国现行的生产型增值税转为消费型增值税,也称作增值税改革或增值税转型改革。在现行的生产型增值税税制下,企业所购买的固定资产所包含的增值税税金,不允许税前扣除;而如果实行消费型增值税,则意味着这部分税金可以在税前抵扣。世界上采用增值税税制的绝大多数市场经济国家,实行的都是消费型增值税。因为它有利于企业进行设备更新改造,因而颇受企业的欢迎),2009 年这项改革减轻企业税负约 1 233 亿元。最后是实行了赤字财政政策,2009 年起财政赤字大幅增加,国债规模也大幅扩大,具体如表 8-5 所示。

表 8-4   2008—2011 年中央财政投资金额

年 份	2008	2009	2010	2011
中央财政公共投资额(亿元)	1 521	9 080	9 927	10 710
比上年增长率	13.2%	497.0%	9.3%	7.9%

资料来源:财政部 2008—2011 各年预算报告。

表 8-5　　　　　　　　　　　　　　**2008—2011 年全国财政赤字**

年　份	2008	2009	2010	2011
财政赤字额(亿元)	1 800	9 500	10 000	9 000
占 GDP 比重	0.6%	2.98%	2.5%	2%

资料来源：财政部 2008—2011 各年预算报告。

3. 政策成效

总体而言，中国政府应对这一场全球金融危机的影响所采取的措施是空前的，其效果突出表现为"四个一"，具体表现在以下方面：

（1）"一个回升"。生产增速稳步回升。统计显示，经初步核算，2009 年上半年国内生产总值（GDP）同比增长 7.1%。分季度来看，第二季度 GDP 增长 7.9%，增速逐季加快。规模以上工业生产增长更为明显。在工业行业中，大部分行业生产增长加快。

（2）"一个加快"。国内需求增长加快。扩大内需是经济企稳回升的动力和抓手。2009 年上半年，全社会固定资产投资同比增长 33.5%，增速比第一季度加快 4.7%。同期，社会消费品零售总额增长 15%，其中，商品房、汽车销售分别增长 31.7% 和 17.7%，成为内需增长中两个较为突出的亮点。

（3）"一个推进"。经济结构调整积极推进，表现在三个方面：①基础设施和基础产业进一步得到加强。②装备工业较快回升，2009 年上半年装备工业同比增长 6.7%，比第一季度加快 3 个百分点。③区域发展协调性有所增强，中西部地区投资和工业生产增长均明显加快。

（4）"一个改善"。民生继续得到改善。在经济困难的情况下，民生仍得到了进一步改善，具体包括：①就业基本稳定。②居民收入增长平稳。③社会保障支出进一步增加，2009 年上半年财政用于社会保障和就业的支出同比增长 29.2%，中央财政对城市和农村居民最低生活保障补贴支出分别增长 49.9% 和 140% 以上。

从性质上看，"一揽子计划"是以应对国际金融危机、促进经济平稳较快发展为主线，统筹兼顾，突出重点，全面实施促进经济平稳较快发展的经济刺激计划，属于扩张性的宏观调控政策。"一揽子计划"实施后，取得了农民得实惠、企业得市场、政府得民心、经济得发展的良好效果。

（五）2013 年末—2020 年进入经济新常态①后的财政政策

2013 年末，我国审视国际国内多方面因素，提出了我国经济进入新常态的判断，表现为以下几个主要特点：①经济增长速度从高速增长转为中高速增长。②经济结构不断优化升级，第三产业逐步超过第二产业，成为拉动经济增长的主要动力。③经济发展的驱动力由要素驱动、投资驱动转向创新驱动。

经济进入新常态的大背景是我国从改革开放以来经历了 30 多年的高速增长，随着劳动力、资源、土地等价格上升，依靠低要素成本驱动的经济发展方式已难以为继，同时，环境污染问题逐步凸显。从国际市场看，全球经济危机的大爆发反映出世界经济进入"大调整"与"大过渡"的时期，以前过多依靠外部需求的出口型发展模式急需转变。

针对上述新形势、新特征，中央提出适应新常态，继续实施积极的财政政策，深入推进供给侧

视频

大力实施
减税降费
保持较高
支出强度

----

① 习近平总书记第一次提及"新常态"是在 2014 年 5 月考察河南的行程中。当时，他说："中国发展仍处于重要战略机遇期，我们要增强信心，从当前中国经济发展的阶段性特征出发，适应新常态，保持战略上的平常心态。"经济新常态，就是人类经济发展肯定-否定-否定之否定波浪式前进的成果；经济学新常态，就是人类经济认识肯定-否定-否定之否定螺旋式上升的结晶。

结构性改革,综合运用多种手段去产能、去库存、去杠杆、降成本、补短板,由单纯刺激需求、扩大消费转向同时提高供给体系质量。党的十九大进一步提出我国经济已由高速增长阶段转向高质量发展阶段,进入转变发展方式、优化经济结构、转换增长动力的攻关期。

为此,积极的财政政策也不断地被调整和优化,呈现出与以往扩张性的财政政策不同的特点,具体包括:

（1）并非单纯拉动需求,而是从供给和需求两个方面综合调控。既拉动有效需求,同时又压减过剩产能,扩大优质增量供给,实现更高水平的供需平衡,具体包括支持农业供给侧改革,提高农产品品质,支持产能严重过剩的煤炭、钢铁、水泥、电解铝、平板玻璃、船舶等行业实施结构调整和产业升级。

（2）加大减税力度。主要是加快推进营业税改革步伐,全面推行营改增,累计减税近2万亿元。同时,2013—2017年共取消、免征、停征和减征1 368项政府性基金和行政事业性收费,为企业和个人减轻负担3 690亿元。

（3）扩大财政支出。继续适度扩大财政支出规模,财政赤字由2013年的1.2万亿元增加到2017年的2.38万亿元,赤字率虽然有所上升,但仍控制在GDP的3‰以内。加上盘活存量资金,极大地推动了投资和消费,保持经济中高速增长,推动发展向中高端水平迈进。

（4）通过税制改革、预算制度改革促进经济健康发展。将排污费改为环境保护税,创造性地发行置换债券、推广运用政府和社会资本合作模式(PPP)扩大投资资金来源,防范债务和金融风险,严格预算约束,推进支出全过程绩效管理,提高财政资金使用效率。

【案例8-1】

货 币 政 策

2006年1月至2021年1月我国消费者物价指数如图8-7所示。

案例8-1精析

图8-7　2006年1月至2021年1月我国消费者物价指数(CPI)

表8-6　　　　　　　　　2018—2020年存款准备金率调整一览表

公布时间	生效日期	大型金融机构			中小金融机构		
		调整前	调整后	调整幅度	调整前	调整后	调整幅度
2020年01月01日	2020年01月06日	13.0%	12.5%	−0.5%	11.0%	10.5%	−0.5%
2019年09月06日	2019年09月16日	13.5%	13.0%	−0.5%	11.5%	11.0%	−0.5%
2019年01月04日	2019年01月25日	14.0%	13.5%	−0.5%	12.0%	11.5%	−0.5%

（续表）

公布时间	生效日期	大型金融机构			中小金融机构		
		调整前	调整后	调整幅度	调整前	调整后	调整幅度
2019 年 01 月 04 日	2019 年 01 月 15 日	14.5%	14.0%	−0.5%	12.5%	12.0%	−0.5%
2018 年 10 月 07 日	2018 年 10 月 15 日	15.5%	14.5%	−1.0%	13.5%	12.5%	−1.0%
2018 年 06 月 24 日	2018 年 07 月 05 日	16.0%	15.5%	−0.5%	14.0%	13.5%	−0.5%
2018 年 04 月 17 日	2018 年 04 月 25 日	17.0%	16.0%	−1.0%	15.0%	14.0%	−1.0%

注：存款准备金是指金融机构为保证客户提取存款和资金清算需要而准备的在中央银行的存款，中央银行要求的存款准备金占其存款总额的比例就是存款准备金率。

讨论：
（1）图 8-7 中反映了哪些经济现象？
（2）表 8-6 中反映我国采取什么样的货币政策？分析说明图和表间的相互关系。

（六）2021—2022 年的财政政策

1. 2021 年的财政政策

2021 年是我国现代化建设进程中具有特殊重要性的一年，是我国"十四五"规划的开局之年，开启全面建设社会主义现代化国家新征程。2021 年财政工作有以下十大主要任务：①精准有效实施积极的财政政策，推动经济运行保持在合理区间。②强化财税政策支持和引导，坚定实施扩大内需战略。③推动创新发展和产业升级，提高经济质量效益和核心竞争力。④坚持尽力而为、量力而行，加强基本民生保障。⑤完善财政支农政策，支持全面推进乡村振兴。⑥坚持资金投入同污染防治攻坚任务相匹配，大力推动绿色发展。⑦做好重点领域风险防范化解工作，确保财政经济稳健运行、可持续。⑧坚持系统集成、协同高效，加快建立现代财税体制。⑨健全制度机制，进一步强化财政管理和监督。⑩深化对外财经务实合作，拓展国际合作新空间。

2. 2022 年的财政政策

2022 年财政工作的主要任务是围绕宏观政策要稳健有效、微观政策要持续激发市场主体活力、结构政策要着力畅通国民经济循环、科技政策要扎实落地、改革开放政策要激活发展动力、区域政策要增强发展的平衡性协调性、社会政策要兜住兜牢民生底线的要求，发挥好财政职能作用，找准政策发力点，加强政策协同。

（1）财政政策的重点把握。财政部发布 2021 年中国财政政策执行情况报告称，2022 年积极财政政策要提升效能，更加注重精准、可持续，要重点把握六个方面：①实施更大力度减税降费，增强市场主体活力。②保持适当支出强度，提高支出精准度。③合理安排地方政府专项债券，保障重点项目建设。④加大中央对地方转移支付，兜牢基层"三保"底线。⑤坚持党政机关过紧日子，节俭办一切事业。⑥严肃财经纪律，整饬财经秩序。

（2）财政政策的主要任务。2022 年财政工作有以下十大主要任务：①加强对市场主体支持，加大政策实施力度。②充分挖掘国内需求潜力，发挥财政稳投资促消费作用。③加强风险防控，牢牢守住不发生系统性风险的底线。④强化会计质量监督和注册会计师行业建设，切实履行好财会监督主责。⑤优化财政科技经费管理，增强产业链供应链韧性。⑥突出保基本兜底线，持续增进民生福祉。⑦保障农业农村优先发展，加快推进农业农村现代化。⑧完善生态文明财税支持政策，推动绿色低碳发展。⑨加快建立现代财税体制，提高财政管理水平。⑩深化对外财经交流合作,坚定维护和增进国家利益。

应知考核

一、单项选择题

1. 下列不属于财政政策目标的是(　　)。
   A. 充分就业　　　　　　　　　　B. 国际收支平衡
   C. 物价稳定　　　　　　　　　　D. 币值稳定

2. 紧缩性财政政策的目的包括(　　)。
   A. 增加税收　　　　　　　　　　B. 减少税收
   C. 扩大财政支出　　　　　　　　D. 赤字

3. 政府实行扩张性的财政政策通常需要安排更多的支出,政府增加支出的资金主要来自(　　)。
   A. 增加税收　　　　　　　　　　B. 压缩其他支出
   C. 向中央银行借款　　　　　　　D. 发行国债

4. 下列不属于扩张性财政政策的是(　　)。
   A. 扩大公共投资　　　　　　　　B. 结构性减税
   C. 增加农机消费的财政补贴　　　D. 降低利率

5. 2014 年,中央经济工作会议确定了要继续坚持"稳中求进"工作总基调,通过宏观经济政策实现"稳增长""调结构"与"促改革"三大目标。下列调控目标、调控政策、具体措施三者对应最恰当的是(　　)。
   a. 稳中求进——积极的财政政策——扩大营业税改增值税试点
   b. 稳增长——积极的财政政策——保持货币信贷的合理增长
   c. 调结构——稳健的货币政策——扩大企业创新的税收优惠
   d. 促改革——稳健的货币政策——逐步推进人民币汇率市场化
   A. b. c.　　　　　　　　　　　B. c. d.
   C. b. d.　　　　　　　　　　　D. a. d.

二、多项选择题

1. 货币政策的基本类型包括(　　)。
   A. 扩张性的货币政策　　　　　　B. 紧缩性的货币政策
   C. 中性货币政策　　　　　　　　D. 以上都对

2. 我国中央银行调节市场货币量的三大法宝包括(　　)。
   A. 存款准备金率　　　　　　　　B. 再贴现率
   C. 公开市场业务　　　　　　　　D. 再贷款利率

3. 积极的货币政策主要通过(　　)。
   A. 降低法定存款准备金率　　　　B. 利率
   C. 扩大信用规模　　　　　　　　D. 增加货币供应量

4. 财政政策的目标主要有(　　)。
   A. 经济增长　　　　　　　　　　B. 充分就业
   C. 物价稳定　　　　　　　　　　D. 国际收支平衡

5. 地方预算主要包括(　　)。
   A. 公检法支出　　　　　　　　　B. 地方文化
   C. 城市维护和建设经费　　　　　D. 价格补贴

三、判断题

1. 中性财政政策是指财政的分配活动对社会总需求的影响比较温和。　　　　　　　　(　　)

2. 自动稳定的财政政策本身不具有内在的调节功能。 （   ）

3. 经济增长通常用国内生产总值增长率指标来度量。 （   ）

4. 充分就业的衡量指标是就业率。 （   ）

5. 稳定物价的衡量指标是物价上涨率或通货膨胀率。 （   ）

四、简述题

1. 简述财政政策的概念和功能。

2. 简述财政管理体制的概念及构成。

3. 简述分税制改革存在的问题及完善思路。

4. 简述货币政策的概念及工具。

5. 简述财政政策与货币政策的关系。

▪ 应 会 考 核 ▪

▪ 观念应用

【背景资料】

财政货币政策齐发力，护航国计民生

2021 年以来，我国宏观政策跨周期调节能力不断增强，积极财政政策、稳健货币政策共同发力，为中国经济高质量发展、为百姓民生持续改善创造良好制度环境。

2021 年上半年，在经济持续稳定恢复、稳中向好的带动下，全国一般公共预算收入突破 110 000 亿元，支出超过 120 000 亿元，为民生改善提供了雄厚的财力保障，教育、社会保障和就业、卫生健康支出均在 10 000 亿元以上。

"十四五"开局之年，积极财政政策效能明显提升。截至 2021 年 6 月底，28 000 亿元的财政直达资金中，已经有 25 000 亿元分配到资金使用单位；七成以上用于养老、义务教育、基本医疗、基本住房等民生领域；已发行 10 144 亿元新增地方政府专项债券，投向了国家重大战略和重点领域。

积极财政政策提质增效，稳健货币政策精准发力，流动性保持合理充裕。2021 年 7 月中，全面降准落地，释放长期资金 10 000 亿元。金融支持重点倾向小微企业和个体工商户，上半年，有 3 830 万户小微经营主体获得了普惠小微贷款，同比增长 29.2%。

2021 年，全年新增减税降费规模预计超过 7 000 亿元，宏观杠杆率基本稳定，有效激发了市场活力。面向"十四五"，宏观政策保持着连续性、稳定性和可持续性，为中国经济高质量发展、为百姓民生持续改善创造良好制度环境。

【考核要求】

1. 财政货币政策是如何结合的。

2. 财政政策与货币政策的关系。

▪ 技能应用

【背景资料】

生财为根本、聚财要有度、用财讲效益

资料一：

2016—2020 年我国财政收支状况如表 8-7 所示。

表 8-7　　　　　　　　　**2016—2020 年我国的财政收支状况**

指标	2020 年	2019 年	2018 年	2017 年	2016 年
财政收入（亿元）	182 894.92	190 390.08	183 359.84	172 592.77	159 604.97
财政支出（亿元）	245 588.03	238 858.37	220 904.13	203 085.49	187 755.21

（续表）

指标	2020 年	2019 年	2018 年	2017 年	2016 年
财政收入增长速度	−3.9%	3.8%	6.2%	7.4%	4.5%
财政支出增长速度	2.8%	8.1%	8.7%	7.6%	6.3%

资料二：2012 年，我国继续实施积极的财政政策，进一步优化财政支出结构，把更多的财政资源用于改善民生和发展社会事业，增加公共建设支出，更有力地支持农村地区、欠发达地区、民族地区发展经济和改善民生，要更加注重推动经济发展方式转变和经济结构调整，保持经济平稳较快发展。

资料三：财政部数据显示，2019 年，全国财政收入比上年增长 3.8%。经济增长是财政收入的基础，经济决定财政，财政工作基本是围绕生财、聚财、用财三者进行的。"三财"之道，生财为根本、聚财要有度、用财讲效益。

【技能要求】

1. 结合资料一，简要说明 2020 年我国的财政收支状况。

2. 根据资料二，分析财政在社会经济生活中有何巨大作用。

3. 结合资料三，分析生财为根本、聚财要有度、用财讲效益分别指什么。

■ 案例分析

【案例情境】

积极的财政政策，推进各项财政工作

2020 年，面对严峻复杂的国内外环境，特别是新冠肺炎疫情严重冲击，各级财政部门深入贯彻党中央、国务院决策部署，坚决落实积极的财政政策要更加积极有为的要求，推动减税降费和财政资金直达机制等规模性助企纾困政策落地见效，经济持续稳定恢复，财政收入逐季好转。2020 年，全国一般公共预算收入 182 895 亿元，同比下降 3.9%。其中，中央一般公共预算收入 82 771 亿元，同比下降 7.3%；地方一般公共预算本级收入 100 124 亿元，同比下降 0.9%。全国税收收入 154 310 亿元，同比下降 2.3%；非税收入 28 585 亿元，同比下降 11.7%。2020 年，全国一般公共预算支出 245 588 亿元，同比增长 2.8%。其中，中央一般公共预算本级支出 35 096 亿元，同比下降 0.1%；地方一般公共预算支出 210 492 亿元，同比增长 3.3%。

【分析要求】

根据 2020 年全国一般公共预算收支情况，请分析 2020 年财政收支运行特点。

◢ 项目实训 ◣

【实训内容】

2020 年为应对疫情出台了一系列减税降费政策，预计为企业新增减负超过 25 000 亿元。请问这些政策发挥了哪些积极效应？2021 年政府在减税降费政策方面将有什么考虑？2020 年收支矛盾较为突出，财政部门采取了哪些措施克服困难、化解矛盾？

【实训目标】

加深学生对财政学的认识和理解，学会运用本项目的知识解决财政学的基本问题，从而提高学生的综合素质。

【实训组织】

将学生分成若干组，每组 7 人，每组设组长 1 名，组长负责组织本组成员进行实训，由组长将调查结果书面写成报告，并总结。（注意：教师提出活动前的准备和注意事项。）

【实训成果】

1. 考核、评价资料采用 PPT 展示与学生讨论相结合的方式。

2. 采用学生和教师共同评价的方式评分，并完成实训报告，如表 8-8 所示。

表 8-8   **实训报告**

项目实训班级：	项目小组：	项目组成员：
实训时间：　　年　　月　　日	实训地点：	实训成绩：
实训目的：		
实训步骤：		
实训结果：		
实训感言：		

货币与货币制度

知识目标

理解:货币的起源与形态演变。

熟知:货币的本质与职能;货币层次的划分;货币在经济中的作用。

掌握:货币制度及其内容;货币制度的演变。

技能目标

能够分析货币、货币制度与经济的关系。能够运用货币基础理论和基础知识解释货币的相关经济现象。

素质目标

具备收集资料、分析资料的能力,具备独立思考、团结协作的能力,注重团队的成绩与荣誉。培养与人沟通、言行举止得体等综合素质能力。

思政目标

能够正确理解"不忘初心"的核心要义和精神实质;树立正确的世界观、人生观和价值观,做到学思用贯通、知信行统一;通过货币与货币制度知识,学会分析问题和解决问题,深思货币及数字货币在现实经济社会中的作用。

项目引例

Q币是不是货币

货币是一切有价物的标准尺度。货币作为衡量商品价值的计算单位,使得经济社会可以用共同的标准来表示价值的大小。

Q币是腾讯公司基于QQ平台推出的一款虚拟货币。最初是为了方便QQ用户购买腾讯公司的各项服务而设置的。用户可以直接现金购买Q币,也可通过腾讯公司推出的某项活动赚取Q币。随着腾讯公司QQ平台的影响力不断扩大,Q币的适用面也逐步走出了QQ平台。

目前有一些非QQ平台的游戏(特别是私服和某些网络游戏)也收取Q币作为会员费,而项目运营者通过向第三方出售Q币来实现真实的盈利。所以,Q币的出现引起了财经界的关注。

那么,Q币究竟是不是货币也就成了财经界探讨的焦点。自腾讯公司推出Q币以来,关于Q币是不是货币的问题,一直是财经界和学术界探讨的问题。腾讯公司一直坚定地将Q币定义为"用于计算机用户使用腾讯网站各种增值服务的种类、数量或时间等的一种统计代码"。也就是说,Q币是统计代码而不是货币。

引例反思

什么是货币?货币是如何产生的?是不是人类社会一开始就有货币?货币有哪些职能?在现代经济社会中,货币发挥哪些作用?是否存在一个没有货币的世界?

任务一　货币的起源与形态演变

一、货币的起源

马克思指出：货币是商品交换的产物，是商品经济发展的必然结果。货币产生的根源在于商品本身具有价值与使用价值的双重属性。因此，要想准确地认识货币的起源，必须深刻理解商品、商品交换及商品经济的内涵。

（一）货币是商品交换的产物，是商品经济内在矛盾发展的必然结果

货币不是人类社会一开始就有的。在人类社会的初期，人们尽其所能，集体劳作，也只能维持生计，几乎没有剩余产品。当时并不存在商品交换，当然也不存在货币。但是，随着社会生产力水平的提高，剩余产品开始出现，社会分工和私有制也开始形成，进而商品生产和商品交换也开始出现。

（二）货币是商品价值形式发展的结果

在两种商品交换时，一种商品的价值通常通过另一种商品表现出来。这种商品价值的表现形式，通常被称为商品的价值形式。随着社会生产和商品经济内在矛盾的发展，商品的价值形式经历了由低级到高级、由简单到复杂的发展过程。即由简单的（或偶然的）价值形式，经过了扩大的价值形式、一般价值形式，最后发展到货币形式。

二、货币形态的演变

视频

中国货币史

货币形态又称货币形式，是指以什么货币材料来充当货币。充当货币材料的物体必须具备以下的特性：①普遍接受性，这是货币的典型特征。②价值稳定性，货币执行着衡量价值量的功能。③稀缺性。④便于携带和易于分割。⑤供给富有弹性。

不同货币形态适应了不同社会生产阶段和历史阶段的需要。从历史上看，货币形式从具体的商品逐渐变成抽象的符号，经历了一个由低级向高级不断演变的过程。

（一）实物货币

视频

贝 币

实物货币又称商品货币（Commodity Currency），是以自然界存在的某种物品或人们生产的某种物品来充当货币。它是人类历史上最古老的货币，是货币形态发展的最原始形式。中外历史上有许多实物商品充当过货币。古希腊曾以牛、羊等为货币；印度等曾以象牙为货币；埃塞俄比亚曾用盐作为货币；美洲土著人和墨西哥人曾以可可豆作为货币。在我国古代，龟壳、海贝、蚌珠、皮革、米粟、布帛、农具等都曾充当过货币。这些实物货币在当时既是作为交换媒介的货币商品，又是用于直接消费的普通商品。由于实物货币体积大、价值小、不易计量与分割、不便携带、不易保存，所以随着商品交换的发展，实物货币逐渐被金属货币所取代。相关内容如图9-1所示。

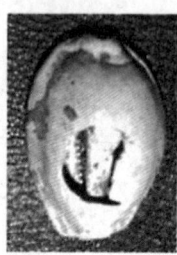

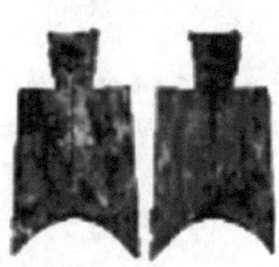

图9-1　我国古代使用的贝、刀币、布币

（二）金属货币

金属货币是以铜、银、金等金属作为币材的货币。严格来说,金属货币也是一种实物货币。金属冶炼技术的出现与发展是金属货币广泛使用的物质前提。金属货币具有价值含量高且稳定、易于计量、便于储藏和携带等优点。这种自然属性使其比一般商品更适宜于充当货币材料,所以,世界上几乎所有国家都采用过金属作为货币。金属货币经历了从贱金属到贵金属、从金属称量制到金属铸币制的发展过程。货币金属最初是贱金属铜和铁,多数国家和地区用的是铜,铁由于冶炼技术发展而价值较低,用于交易过于笨重,且易锈蚀不便保存,因此流通范围有限。随着经济的发展和财富的增长,需要用价值量大的贵重金属充当货币,币材向银和金过渡。19世纪上半叶,金、银代替了贱金属铜、铁,成为主要的货币。相关内容如图9-2所示。

图9-2　称量货币和铸造货币

金属称量制是直接以金属的自然形状流通,并以重量单位为流通计价单位的货币制度。如流通中的金锭、银锭、金元宝、银元宝等以斤、两、钱等重量单位为流通标准。金属铸币制是指将金属货币铸成一定形状,具有一定重量、一定成色的铸造货币,并标明计量单位的货币制度。最早的金属货币采用金属条块的形式,每次交易时都要鉴定成色、称量和分割,非常麻烦。随着商品交换的发展,金属货币由条块形式发展为铸币形式。铸币的出现是货币形式发展的一大进步,奠定了近代货币制度的基础。但是,金属货币也有自身的缺陷和不足,如其流通费用高,无法适应大宗交易的需要量;同时,社会经济的发展对金属货币需要的无限性与金属货币本身供应的有限性产生了巨大的矛盾。于是随着商品流通的发展,渐渐出现了代用货币。

视频

光绪元宝

（三）代用货币

代用货币(Representative Money)是指在贵金属流通制度下,由政府或银行发行的代替金属货币流通的纸质货币符号。早期的铸币面值与其实际价值是基本一致的,铸币使用频繁、容易磨损而成为不足值货币,但人们只关心铸币上标明的购买力,并不关注其实际的重量,仍按足值货币去使用,从而使铸币有了可用其他材料制成符号或象征来代替的可能性。后来,国家就发行了没有什么实际价值的纸质货币来代替金属货币。代用货币产生的可能性包含在货币作为流通手段的特性之中,它作为金属货币的替代物在市场上流通,充当商品交换的媒介,不但有足值的金属货币作为准备,而且可与所代表的金属货币自由兑换,因而被人们普遍接受。典型的代用货币是可兑换的银行券,它是在欧洲资本主义银行发展中出现的一种用纸印制的货币。最初,一般的商业银行均可发行银行券,它们要保证按面额随时兑换金币和银币。到19世纪,各国逐渐禁止商业银行发行银行券,而把发行权集中在中央银行。代用货币节省了金、银等币材的使用,携带方便,易于保管和计量,成本低廉,因而在近代货币史上持续了很长时间。但由于代用货币的发行须以足量的金银为保证,其发行量受到金属准备的限制,不能满足社会经济发展的需要。在第一次世界大战中,各国银行券普遍停止兑换金银,到20世纪30年代银行券完全不可兑换金银,从此代用货币基本退出了历史舞台,信用货币取代代用货币而成为现代的最主要货币。

视频

银元

（四）信用货币

信用货币(Credit Money)是以信用为保证,通过一定信用程序发行和流通的货币。它是代用

货币进一步发展的产物,其形态与代用货币一样也是纸质货币。信用货币自身没有价值,且不代表任何金属货币,它只是一种价值符号或信用凭证,通过国家强制力赋予它名义价值来进行流通,依靠政府信用和银行信用来发挥一般等价物的作用。目前,世界各国都采用这一货币形态。信用货币是通过银行信贷方式投入流通的,其主要形式是现金和存款货币。现金包括纸币和金属辅币,由中央银行经国家授权发行,是中央银行的负债。存款货币(Deposit Money)是指能够发挥货币作用的银行存款,包括支票存款、活期存款、定期存款等,由商业银行创造,是商业银行的负债。而广义货币还包括其他能充当支付手段和流通手段的各种信用凭证,如银行汇票、商业票据及其他短期证券等。信用货币在现代经济中发挥着十分重要的作用,尤其是银行信用创造的存款货币,已经成为现代经济中主要的货币形式。信用货币的发行完全摆脱了黄金准备的限制,政府掌握了发行货币的权利,可以控制货币发行量的规模,如果发行货币过多会导致通货膨胀,过少又会导致通货紧缩,对国民经济带来冲击和危害。

(五) 电子货币

电子货币(Electronic Money)是指通过计算机系统储存和处理的电子存款与信用支付工具。随着现代电子技术的迅速发展,电子计算机和互联网在金融业中得到普遍应用,各种形式的信用卡或银行卡正逐步取代现金和支票,成为经济生活广泛运用的支付工具。目前,以信用卡为代表的电子货币已经普及到人们的日常生活中,许多交易结算可以利用银行系统的计算机网络进行电子化转账支付或货币资金转移。电子货币是金融创新的一项重要成就,具有使用简便、安全、迅速、可靠等优点,是货币作为流通手段不断进化的表现,是信用货币发展的必然趋势,代表了货币未来的发展方向。银行信用卡正反面如图 9-3 所示。

图 9-3　银行信用卡的正面与反面

(六) 数字货币

数字货币是一种法定加密数字货币,是电子货币形式的替代货币。数字货币(Digital Currency)分两类:非 Cryptocurrency 货币(即数字黄金货币,如 Egold,以及公司发行的货币,如 Xrp)和 Cryptocurrency 货币(即比特币类的货币)。

数字货币不能完全等同于虚拟世界中的虚拟货币,因为它经常被用于真实的商品和服务交易,而不仅仅局限在网络游戏等虚拟空间中。它与支付宝、微信支付又具有本质上的不同,支付宝、微信支付和手机银行等其实都是电子货币,并非数字货币。

虚拟货币是指非真实的货币,现特指网络虚拟经济中的货币,发行者不是央行,也只能在特定的虚拟环境中流通。在虚拟跟现实有连接的情况下,虚拟的货币有其现实价值。知名的虚拟货币如百度公司的百度币,腾讯公司的 Q 币和 Q 点,盛大公司的点卷,新浪推出的 U 币米票(用于 iGame 游戏),侠义元宝(用于侠义道游戏),纹银(用于碧雪情天游戏)。而数字货币是可以被用于真实的商品和服务交易的,但只有国家发行的数字货币才是法定数字货币,像比特币是非法定数字货币。

任务二 货币的本质与职能

一、货币的本质

马克思通过对价值形式发展历史的考察，揭示了货币的起源，使我们清楚地看到了货币的本质，即货币是固定地充当一般等价物的特殊商品，是自发核算社会劳动的工具，它体现着一定的生产关系。

（一）货币是固定充当一般等价物的特殊商品

货币作为商品，具有价值和使用价值。这是它与其他商品的共性，也是与其他商品相交换的基础。货币作为一般等价物，是一种特殊的商品。这种特殊主要是由一般等价物的本质所决定的，即货币是表现一切价值的材料，具有与一切商品相交换的能力。

（二）货币是自发地核算社会劳动的工具

由于货币是一般等价物，是价值的象征，其他商品都要通过与货币的交换来实现其价值，所以货币就自发地成为核算商品生产者社会劳动的工具。商品生产者的私人劳动能否转化为社会劳动，主要取决于其私人劳动生产的产品能否顺利地转化为货币。

（三）货币体现着一定的生产关系

生产关系是指人们在生产过程中所形成的人与人之间的关系。商品生产者相互交换商品，实质就是交换各自的劳动，只不过因为他们之间的劳动不能直接表现出来，所以采取了商品的形式来进行交换。因此，商品只有转化为货币，生产者的私人劳动才能转化为社会劳动，被社会所承认。商品与货币的交换，实质上就是商品生产者相互交换等量抽象劳动的社会生产关系。所以，在一定的经济社会里，货币还体现着一定的生产关系。

二、货币的职能

货币的职能也就是货币在人类社会经济生活中所发挥的作用。一般认为，货币具有以下五种职能：价值尺度、流通手段、贮藏手段、支付手段和世界货币。其中，价值尺度和流通手段是货币的基本职能，其他三种职能是在商品经济发展中陆续出现的。

视频

货币职能

（一）价值尺度

价值尺度是指货币用以衡量和表现一切商品与劳务的价值时所执行的职能。货币在发挥价值尺度的职能时，只需要是观念或想象中的货币，而不需要现实的货币，即价值尺度实际上是一种观念形态，而不必用相应数量的货币摆放在商品旁边。货币作为价值尺度的作用就是为各种商品和劳务定价，即把商品和劳务的价值表现为价格。市场上商品的价格总是围绕价值上下波动。所以，商品价格与商品本身的价值呈正比，与货币本身价值呈反比。

（二）流通手段

流通手段是指货币在商品交换中起媒介作用时，所行使的流通媒介的职能。在商品交换中，货币作为交换的媒介，实现商品的价值。这种以货币为媒介的商品交换，就称为商品流通。货币在执行流通手段职能时，必须是现实的货币，而不能是观念或想象中的货币。流通中需要货币量（M）的多少主要取决于三个要素：价格（P）、待出售的商品数量（Q）、货币流通速度（V）。在金属货币制度下：$M = PQ/V$。但作为流通手段的货币不必要是价值十足的货币。

【注意】 价值尺度和流通手段是货币的两个最基本的职能，价值尺度和流通手段的统一是货币。

（三）贮藏手段

贮藏手段是指当货币退出流通领域后，被人们当作独立的价值形态和社会财富的一般代表保存起来，处于静止状态时，所发挥的职能。货币作为贮藏手段，必须是现实的货币。

（四）支付手段

支付手段是指货币作为交换价值的独立形态所进行的单方面转移，即货币在偿还债务或作单方面支付时所发挥的职能，例如，偿还债务、上缴税款、银行借贷、发放工资、捐款、赠与等。

（五）世界货币

视频

世界货币

世界货币是指货币越出国内流通领域，在世界市场上执行一般等价物的职能。随着经济的发展，商品流通必然要超出国界，在世界范围内形成大的商品流通市场，那么货币也必然随着流通领域的扩大，而跨越国界。进而，货币作为一般等价物的价值尺度、流通手段、贮藏手段、支付手段的职能在国际市场上发挥作用。

货币的五种职能并不是孤立的，而是具有一定的内在联系的，每一种职能都是货币作为一般等价物的本质反映。其中，价值尺度和流通手段是货币最早、最基本的职能，贮藏手段、支付手段、世界货币职能是价值尺度和流通手段职能的发展和延伸。

任务三　货币制度

一、货币制度的概念和内容

（一）货币制度的概念

视频

货币制度

货币制度简称币制，是指国家以法令的形式确定的该国货币流通的结构和组织形式，它使货币流通的各个因素结合为一定的统一体。货币制度是一个国家对货币的有关因素加以规定所形成的制度、规则，是货币运动的准则和规范。建立货币制度的目的就是要保证货币和货币流通的稳定，促使其能够正常地发挥各项职能。货币制度是随着货币的产生而产生的，是商品经济发展到一定阶段的产物。

（二）货币制度的内容

一般来说，货币制度主要内容包括：货币材料的确定，货币单位的确定，本位货币、辅币及其规格的确定，货币法定偿付能力的规定，货币发行准备制度。

1. 货币材料的确定

货币材料是指由法律规定以何种材料作为本位币币材，它是一国货币流通的基础，是建立货币制度的首要步骤。货币材料可以是金属，也可以是非金属。确定以什么材料作为货币材料，是由各国的生产力水平和经济条件决定的，不由国家自主选择。

2. 货币单位的确定

货币单位是指由法律规定货币单位的名称，货币单位的含金量、含银量（或值）。货币材料确定之后，就要确定货币的单位，其中包括货币单位名称的确定、货币单位值的确定。货币单位的值也就是币值，当铸币流通时，价值就是指国家通过法定程序规定本位币所含的纯金或纯银的数量。

3. 本位货币、辅币及其规格的确定

本位币也称主币，是指用法定货币金属按照国家规定的货币单位铸造成的货币，它是一国流通中的基本通货，是一个国家法定作为价格标准的主要货币。辅币则是指本位货币以下的小额货币，其面值大多为本位币的 1/10 或 1/100，主要供日常的零星交易和找零使用。

4. 货币法定偿付能力的规定

货币的偿付能力分为有限和无限法偿。关于货币法定偿付能力的规定是现代货币制度的重要内容。实际上,只要国家干预货币问题,就必然有法律对货币的支付能力进行规定。

5. 货币发行准备制度

货币发行准备制度是货币制度的一项重要内容,是为约束货币发行规模、维护货币的币值稳定而制定的一项制度,是一国货币运行的基础。货币发行准备制度,是指中央银行在货币发行时需要以某种金属或几种形式的资产作为其发行货币的准备,从而使货币的发行与某种金属或某些资产建立联系和制约关系。

在金属本位制度下,货币发行是以法律规定金属为准备的。例如,在银本位制度下,货币的发行是以白银作为准备的;在金银复本位制度下,货币发行是以黄金和白银同时作为准备的;在金本位制度下,货币发行是以黄金为准备的。在当今信用货币制度下,货币的发行准备主要体现为作为国际支付的准备金。例如,我国人民币发行是以黄金、外汇、在国际货币基金组织的普通提款权和特别提款权作为准备的。

二、货币制度的演变

16 世纪以后,随着资产阶级国家政权和资本主义制度的确立,国家货币制度才逐渐完善并得以规范统一。从货币形态上看,货币制度依次经历了金属货币制度和信用货币制度。其中,金属货币制度又可以进一步分为银本位制、金银复本位制和金本位制,其演变如图 9-4 所示。

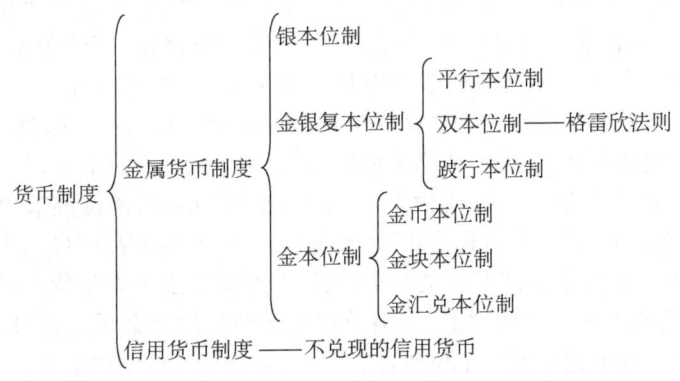

图 9-4　货币制度的演变

(一)银本位制度

银本位制是指以白银作为货币金属,以一定量的银币充当本位币的货币制度。银本位制主要适用于商品经济不够发达和黄金供应较少的时期,是较早的货币制度之一。

1. 银本位制的内容

在银本位制下,各国政府以法律形式规定以白银作为本位货币币材,白银和本位货币保持一定的关系不变,即一单位的本位币等于一定量的白银;银铸币享有无限法偿能力;规定银铸币的重量、成色、形状及货币单位;银铸币可以自由铸造与熔化,可以自由输出与输入;银行券可以与银铸币或等量白银自由兑换。

2. 银本位制的缺点

白银作为币材有两个方面的缺陷:一是白银价值不稳定,二是大宗交易或价值较大的交易使用不便。当社会经济发展到一定阶段时,就在客观上要求具有更大价值的黄金作为货币。

（二）金银复本位制度

金银复本位制是指金、银两种金属同时被法律承认作为本位币的货币制度。金银复本位制度是资本主义发展初期的货币制度,在16—18世纪西欧各国流行。

1. 金银复本位制的内容

在金银复本位制下,各国政府以法律形式规定黄金和白银同时被法律确定为本位货币币材;规定金银两种货币均为本位货币,即主币,享有无限法偿能力;规定金、银铸币的重量、成色、形状及货币单位;金铸币、银铸币可以自由铸造与熔化、自由输出与输入;金币、银币可以自由兑换;银行券可以与金、银铸币自由兑换。

2. 金银复本位制的类型

由于金币和银币同时作为本位货币,它们之间必须有一个比价才能方便商品交换的计价和商品的流通。因此,按照金银比价关系的形成方式不同,金银复本位制又可进一步分为平行本位制、双本位制和跛行本位制。

视频
劣币驱逐良币

（1）平行本位制。平行本位制是指金币与银币各按其实际价值流通,两币的交换比率由市场上生金与生银的比价确定。平行本位制是复本位制早期的形式。在此制度下,由于金币与银币的比价是由市场自发形成、确定的,从而金银比价关系极不稳定,且变动频繁,进而给交易和找零带来了极大的不便,造成了市场的混乱,于是产生了双本位制度。

（2）双本位制。双本位制是指金币与银币按国家规定比价流通,在此制度下,两币的交换比率不受生金、生银市场价格波动的影响。美国和欧洲大陆国家曾普遍采取此制度,它是复本位制的主要形式。双本位制克服了平行本位制金银比价不稳定的缺陷,但其结果是在社会上产生了官方比价和市场比价两种比价关系。官方比价是国家以法令形式确定的,比较稳定,而市场比价是市场自发决定的。两者常常出现偏离,于是产生了"劣币驱逐良币"的现象。由于这一现象是

视频
格雷欣法则

由16世纪英国伊丽莎白女王一世的财政大臣托马斯·格雷欣(Thomas Gresham)发现并提出的,所以这一现象发生的规律又被称为格雷欣法则(Gresham's Law)。格雷欣法则即劣币驱逐良币规律,在金属货币流通条件下,当一个国家同时流通两种实际价值不同,但法定比价不变的货币时,实际价值高于名义价值的货币(也称良币)必然被人们熔化、储藏或输出而退出流通领域,而实际价值低于名义价值的货币(也称劣币)反而充斥市场,作为商品交换的媒介。

（3）跛行本位制。跛行本位制即名义上金币、银币都被规定为本位货币,但金币可以自由铸造、自由熔化,而银币却不能。在此制度下,银币其实已经演化为金币的符号,起着辅币的作用。因此,跛行本位制是一种不完全的复本位制,是一种由金银复本位制向金本位制演变的过渡性货币制度。

3. 金银复本位制的缺点

复本位制是一种不稳定的货币制度,这是因为一般等价物要求垄断价值表现,即只能以一种商品作为其他一切商品价值的表现材料,而金银复本位制与货币的这一特性是矛盾的,这一矛盾的具体表现就是格雷欣法则。

（三）金本位制度

金本位制简称金本位,是以黄金作为本位货币的一种货币制度。在此制度下,流通中的金属货币除了金币以外,也有银币,但银币不再是本位货币,银币已经成了辅币。金本位制又可分为金币本位制、金块本位制和金汇兑本位制。

1. 金币本位制

金币本位制又称古典的或纯粹的金本位制,是金本位制的典型,是真正意义上的金本位制度。从世界范围来看,金币本位制是资本主义社会在自由竞争阶段的货币制度,盛行于1880—1914年。在金币本位制下,各国政府以法律形式规定以黄金作为货币金属,享有无限法偿能力;

规定金铸币的重量、成色、形状及货币单位;规定金币可以自由铸造与自由熔化、自由输出与自由输入。

(1) 金币本位制的特点是:①金币可以自由铸造、自由熔化,具有无限法偿能力;其他金属铸币则限制铸造。②辅币与银行券可以自由兑换金币。③黄金可以自由输出与输入,可以保持外汇行市的相对稳定,使世界市场统一。④货币储备全部都是黄金,并以黄金进行国际结算。

(2) 金币本位制被淘汰的原因:第一次世界大战时期,特别是战后,由于资本主义政治和经济发展的不平衡,黄金的自由流通、银行券的自由兑换和黄金的自由输出入遭到破坏,各国为阻止黄金外流,先后放弃了金币本位制。

2. 金块本位制

金块本位制又称生金本位制,是指国内不铸造、不流通金币,而流通代表一定重量黄金的银行券,黄金集中存储于政府,银行券只能在一定条件下向发行银行兑换金块的一种货币制度。该制度的主要特点是:不准申请铸造金币,不准金币流通。在这种制度下,市场上流通的是银行券,银行券在一定条件下可以兑换黄金。

3. 金汇兑本位制

金汇兑本位制又称虚金本位制,其特点是在国内既不铸造金币也无金币流通,银行券不能兑换黄金,只能兑换外汇,然后用外汇在外币发行国兑换黄金。

金块本位制和金汇兑本位制都是残缺不全的金本位制,是不稳定的货币制度。首先,两种制度都没有金币流通。其次,银行券不能自由兑换黄金,削弱了货币制度的基础。最后,发行准备和外汇基金存放他国,加剧了国际金融市场的动荡。

(四) 信用货币制度

信用货币制度,又称不兑现的信用货币制度,是指以不可兑换黄金的信用货币作为本位货币的货币制度,是当今世界各国普遍采用的货币制度。

1. 信用货币制度的内容

(1) 在信用货币制度下,没有金属本位币的铸造与流通。

(2) 社会上流通的是不兑现的银行券或者纸币。

(3) 不兑现的银行券体现着银行对持有者的负债,反映的是银行信用。纸币体现着中央银行作为发行人对持有者的负债,反映的是政府信用。

2. 信用货币制度的特点

(1) 信用货币一般是中央银行发行的本位货币,币材为纸,具有无限法偿能力。

(2) 货币不能兑换黄金,也不规定含金量,完全是信用发行。

(3) 货币的发行客观上受国家经济发展水平的制约,从而使国家对货币的供应实施管理。适量的货币流通和稳定的币值是经济发展的必要条件。

(4) 信用货币是通过银行信贷渠道投放的。无论是现金还是银行存款,都要经过银行向社会投放。

(5) 信用货币供应量不受贵金属量的制约,具有一定的弹性,政府可以根据经济运行状况进行一定的调节。

任务四　货币层次的划分

视频

货币层次

一、货币层次的划分依据

目前,大多数经济学家认为应根据金融资产的流动性来定义货币、划分货币,从而确定货币供应量的范围。所谓金融资产的流动性,也称货币性,它是指一种金融资产能迅速转换成现金而对持有人不造成损失的能力,也就是变为现实的流通手段和支付手段的能力,即变现力。它取决于买卖的便利程度和买卖时的交易成本。流动性程度不同的货币在流通中转手的次数不同,形成的购买力则不同,从而对商品流通和其他经济活动的影响程度也就不同。一般来说,货币层次越高,流动性越强,货币转化为现金或活期存款所需的成本越低,时间也越短。

二、货币层次的划分方法

各中央银行根据金融资产的流动性来划分不同层次的货币供应量,其具体做法如下:

1. 国际货币基金组织的货币供给口径

按照流动性的强弱,国际货币基金组织将货币划分为以下三个层次。

(1)现钞(M_0)。现钞不包括商业银行的库存现金,而是指流通于银行体系之外的现钞,即居民和企业手中持有的现金。因为这部分货币可以随时作为流通手段和支付手段,所以流动性最强,放在第一层次。

(2)狭义货币(M_1)。狭义货币包括M_0和银行活期存款,因为银行活期存款可以签发支票进行转账结算而直接成为支付手段,所以也具备极强的流动性。人们平时在各种统计资料上见到的货币,指的就是M_1。M_1作为现实的货币购买力对社会经济生活有着广泛而直接的影响,所以各国都将控制货币供给量的主要措施放在这一层面上,使之成为货币政策调控的主要对象。

(3)广义货币(M_2)。广义货币包括M_1和准货币。准货币一般指银行的定期存款、储蓄存款、外币存款,以及各种短期信用工具,如银行承兑汇票、国库券等。准货币本身虽然不像货币,但是在经过一定手续后能比较容易地转化为现实购买力,加大流通中的货币量,所以也称为近似货币。广义货币层次的确立,对研究货币流通总体状况具有重要意义,特别是对金融制度发达国家的货币计量,以及对未来货币流通走势的预测都有重要作用。

2. 美国的货币供应量指标划分

不同国家会有不同的货币层次划分,同一国家货币层次的划分也不是一成不变的,而是随着金融业的发展不断进行调整的。美国对货币层次划分的调整甚为频繁,仅1971年4月至1986年3月就做了大约8次调整。1998年4月联邦储备公报显示,美国联邦储备系统的货币供应量指标划分为以下四个层次:

(1)M_1=流通中的现金+旅行支票+活期存款+其他支票存款(如NOW账户、ATS账户等)。

(2)$M_2 = M_1$+储蓄存款(含货币市场存款账户)+小额(10万美元以下)定期存款(含零售回购协议)+零售货币市场共同基金余额(最低初始投资5万美元以下)+调整项(为避免重复计算)。

(3)$M_3 = M_2$+大额(10万美元以上)定期存款+机构持有的货币市场共同基金余额(最低初始投资5万美元以上)+所有存款机构发行的回购负债(隔夜的和定期的)+调整项。

(4)$L = M_3$+其他短期流动资产(如储蓄债券、商业票据、银行承兑汇票、短期政府债券等)。

3. 日本的货币层次划分

日本的货币供应量指标划分为以下四个层次:

(1)M_1=现金+活期存款(包括企业活期存款、活期储蓄存款、通知存款、特别存款和通知纳税存款)。

(2)$M_2 + CD = M_1$+准货币(活期存款以外的一切公私存款)+可转让存单。

(3)$M_3 + CD = M_2 + CD$+邮政、农协、渔协、信用组合和劳动金库存款+货币信托和贷放信托存款。

视频

M_2

（4）L（广义流动性）$=M_3+CD+$回购协议债券、金融债券、国家债券、投资信托和外国债券。

4. 我国的货币层次划分

中国人民银行结合我国的实际情况参照国际通行的原则，将我国货币供应量指标划分为以下四个层次：

（1）$M_0=$流通中的现金。

（2）$M_1=M_0+$企业活期存款+机关团体部队存款+农村存款+个人持有的信用卡类存款。

（3）$M_2=M_1+$城乡居民储蓄存款+企业存款中具有定期性质的存款+外币存款+信托类存款。

（4）$M_3=M_2+$金融债券+商业票据+大额可转让存单。

在上述四个层次中，M_1是通常说的狭义货币，流动性较强；M_2是广义货币；M_2与M_1的差额是准货币，流动性较弱；M_3是为适应金融创新的要求设立的，流动性最弱。

总之，以上各货币层次不同的划分方法，除了M_0与M_1各国较统一外，其余各个层次，包括使用的符号、各个符号包括的内容、货币层次的称谓等都是不相同的。例如，$M_0=$现金；$M_1=$现金+活期存款；$M_2=M_1+$准货币+可转让存单；$M_3=M_2+CD+$长于隔夜的限期回购协议和欧洲美元；$M_4=M_3+$定期存款+私人部门持有的建房互助会的股份；$L=M_3+$非银行公众持有的储蓄券+短期国库券+商业票据+银行承兑票据。

其中，活期存款一般不包括官方机构和外国银行在商业银行的存款。准货币是指活期存款以外的一切公私存款。M_4是英国英格兰银行公布的一个货币口径。L是美国联邦储备委员会使用的一个货币口径。

三、货币层次的划分意义

迄今为止，关于货币供应量层次的划分并无定论，但根据资产的流动性来划分货币供应量层次，已为大多数国家政府所接受。尤其是对狭义货币供应量M_1的划分，已被各国普遍接受。显然，这种划分在现代经济中具有重要的意义。首先，划分货币层次，进而统计和公布各层次货币供应量，对加强和改善宏观经济管理具有重要的意义。其次，通过对货币供应量指标的分析，可以观察分析国民经济的变动，考察各种具有不同货币性的资产对经济的影响，并选定一组与经济的变动关系最密切的货币资产，作为中央银行控制的重点。最后，有利于中央银行调控货币供应量，并及时观察货币政策的执行效果。

■■ 应知考核 ■■

一、单项选择题

1. 流通中的主币（　　）。
 A. 是1个货币单位以下的小面额货币　　　　B. 是有限法偿货币
 C. 主要用于小额零星交易　　　　D. 是一个国家的基本通货

2. 货币形态演变的历程是（　　）。
 A. 金属货币→实物货币→代用货币→信用货币→电子货币→数字货币
 B. 实物货币→金属货币→代用货币→信用货币→电子货币→数字货币
 C. 实物货币→信用货币→代用货币→金属货币→电子货币→数字货币
 D. 金属货币→信用货币→代用货币→实物货币→电子货币→数字货币

3. 货币在商品交换中起媒介作用时执行（　　）。
 A. 价值尺度职能　　　　B. 流通手段职能
 C. 贮藏手段职能　　　　D. 支付手段职能

4. 银行券属于（　　）。

　　A. 实物货币　　　　　　B. 商品货币　　　　　　C. 金属货币　　　　　　D. 信用货币

5. 出现"劣币驱逐良币"现象的货币制度是（　　）。

　　A. 金本位制　　　　　　B. 银本位制　　　　　　C. 金银复本位制　　　　D. 金块本位制

二、多项选择题

1. 货币制度的构成要素主要有（　　）。

　　A. 规定货币材料　　　　　　　　　　　　　　B. 规定货币单位

　　C. 规定流通中货币的种类　　　　　　　　　　D. 规定货币的法定支付能力

2. 我国流通的货币是人民币，人民币是（　　）。

　　A. 不兑现的信用货币　　　　　　　　　　　　B. 可兑现的信用货币

　　C. 中国人民银行发行的法定货币　　　　　　　D. 通过非信用程序发行的

3. 金币本位制的特点有（　　）。

　　A. 金币自由铸造　　　　　　　　　　　　　　B. 金币自由熔化

　　C. 黄金自由输入　　　　　　　　　　　　　　D. 黄金自由输出

4. 货币执行支付职能时的具体形式有（　　）。

　　A. 发放工资　　　　　　B. 缴纳税款　　　　　　C. 转移财富　　　　　　D. 银行借贷

5. 广义货币包括（　　）。

　　A. M_1　　　　　　　　B. M_2　　　　　　　　C. M_3　　　　　　　　D. 准货币

三、判断题

1. 银行券只在不兑现的信用货币制度下流通，在金属货币制度中不存在。　　　　　（　　）

2. 货币是特殊商品，因此，不具有特殊的使用价值。　　　　　　　　　　　　　（　　）

3. 存款货币的出现，打破了实体货币的观念，将货币由有形货币引向了无形货币。　（　　）

4. 电子货币是虚拟货币，是一种没有货币实体的货币。　　　　　　　　　　　　（　　）

5. 我国货币层次 $M_0 = M_1 +$ 可开支票的活期存款。　　　　　　　　　　　　（　　）

四、简述题

1. 货币的本质是什么？主要体现在哪几个方面？

2. 什么是货币？货币有哪些形式？简述货币的职能及各项职能的作用。

3. 什么是货币制度？货币制度的基本构成包括哪几个方面？

4. 简述格雷欣法则的内容。

5. 简述货币制度的历史演变过程；各种货币制度的基本内容、特点及缺陷。

五、计算题

　　假设某年某国实现商品价格总额 10 000 亿元，货币需要量为 2 500 亿元，为保证生产和流通正常运行，计算并分析：

1. 客观需要以每单位货币平均媒介商品交换次数是多少？

2. 若该国同期投放货币 2 000 亿元，会出现什么情况？

3. 若该国同期投放货币 2 500 亿元，但随着基础设施改善，货币周转加快，一枚货币媒介商品交易的次数为 5，会出现什么情况？

■ 应会考核 ■

■ 观念应用

【背景资料】

比 特 币

　　2009 年 1 月 3 日，中本聪，一个自称是日裔美国人，在位于芬兰赫尔辛基的一个小型服务器上挖出了比特币的第一个区块——创世区块（Genesis Block），并获得了首矿奖励——50 枚比特币。

　　通俗来说，比特币是一种由开源的 P2P（点对点）软件产生的电子数据。比特币的初始来源就是中本聪设计的比特币系统给出的奖励。比特币账户间的交易很像个人发送电子邮件，先要安装一个比特币客户端，账户就像是个人电子邮箱地址，而密码就像是比特币交易的个人私钥。

区块链是比特币的底层技术，为了保证比特币交易的准确性、公正性和可追溯，需要通过区块链技术记录和确认整个交易过程，就像银行系统准确记录每一笔资金的汇划金额、支付时间和交易对象。比特币交易系统每10分钟就将这段时间内全网所有的交易数据打包，存储在特定的区块文件中，并发送到每个节点，这些区块文件按照时间先后顺次排列，就成为区块链。

2020年3月13日，比特币的价格创下年内新低，一度跌破6 000美元关口。同年12月17日，比特币的价格突破23 000美元，创历史新高，9个月以来涨了将近4倍，比特币成为资本市场的新宠。

与此同时，一张央行数字货币在中国农业银行账户内测的照片被广泛传播，社会对于数字货币的关注度也迅速升温。央行数字人民币的全称是数字货币电子支付，对应的英文名是Digital Currency Electronic Payment（缩写为DC/EP）。它是一种基于区块链和密码技术的法定数字货币。目前，数字人民币研发工作正在稳妥推进，基本完成顶层设计、标准制定、功能研发、联调测试等工作，并遵循稳步、安全、可控、创新、实用原则，先行在深圳、苏州、雄安、成都及未来的冬奥场景进行内部封闭试点测试，以不断优化和完善功能。未来，央行数字人民币正式落地发行，将与法定货币等值，具有国家信用，其功能属性与纸钞完全一样，只不过是数字化形态。

【考核要求】
根据上述资料，结合所学的知识分析比特币与法定的数字货币的区别。

■ 技能应用
【背景资料】

数字人民币

2022年1月4日，数字人民币（试点版）App上架各大应用商店。面向个人用户开展试点的数字人民币官方服务平台提供数字人民币个人钱包的开通与管理、数字人民币的兑换与流通服务。2022年1月，微信正式接入，支持数字人民币支付。同月，京东、美团、饿了么、天猫超市、滴滴出行等49家平台也相继接入数字人民币系统。2022年8月23日，数字人民币（试点版）App上新"随用随充"功能，即银行卡账户资金与数字人民币钱包之间的自动充钱功能。2022年8月29日，厦门警方通过一起典型案例向广大市民群众预警，提防不法分子借"数字人民币"行骗。2022年9月，数字人民币App安卓版1.0.13.6发布，"子钱包"改名"钱包快付"。2023年7月，数字人民币App上线SIM卡硬钱包产品。9月15日，数字人民币App上线了生活缴费等功能。

【技能要求】
请问数字人民币是法定货币吗？为什么要推出数字人民币？

■ 案例分析
【案例情境】

人民币国际化问题

近几年，人民币在周边国家的流通情况及使用范围可分为三种类型：

第一种，在新加坡、马来西亚、泰国、韩国、日本等国家，人民币的流通、使用主要是伴随旅游业的兴起而得到发展的。中国有大批旅游者到这些国家观光旅游，因而在这些国家可以用人民币购买商品的购物店越来越多，可以用人民币兑换本国货币的兑换店和银行也开始出现。在韩国比较知名的购物商场、酒店、宾馆等每日都公布人民币与本地货币、本地货币与美元的比价。人民币与本地货币和美元一样，可以用于支付和结算。

第二种，在中越、中俄、中朝、中缅、中老等边境地区，人民币的流通、使用主要是伴随着边境贸易、边民互市贸易、民间贸易和边境旅游业的发展而得到发展的。人民币作为结算货币、支付货币已经在这些国家中大量使用，并能够同这些国家的货币自由兑换。

第三种，由于内地和港澳地区存在着密切的经济联系，每年探亲和旅游的人数日益增多，人民币的兑换和使用相当普遍。资料显示，在香港地区，很多宾馆、商场尤其是游人常去的购物点，每天都报出人民币与港币的汇率并直接受理人民币。

2020年人民币跨境收付金额合计为28.39万亿元，同比增长44.3%，创历史新高。2021年6月，在主要国际支付货币中人民币排在第五位。2021年一季度,在国际货币基金组织(IMF)官方外汇储备货币构成(COFER)中人民币排在第五位。

【分析要求】

1. 人民币是国际货币吗？为什么？
2. 人民币国际化的趋势是怎样的？需要哪些条件？

项目实训

【实训内容】

不同面值的人民币。

【实训目标】

认识中国人民银行统一发行的人民币,能够尝试辨别伪币;培养学生分析问题能力、解决问题的能力;培养学生资料查询、整理的能力。

【实训组织】

以学习小组为单位,收集第五套人民币(主币和辅币);查看人民币的真伪;收集或发现可能遇到的假币,进行辨别。

【实训成果】

1. 考核、评价资料采用PPT展示与学生讨论相结合的方式。
2. 采用学生和教师共同评价的方式评分,并完成实训报告,如表9-1所示。

表9-1　　　　　　　　　　　　　　　　**实训报告**

项目实训班级：	项目小组：	项目组成员：
实训时间：　年　月　日	实训地点：	实训成绩：
实训目的：		
实训步骤：		
实训结果：		
实训感言：		

信 用 和 利 率

知识 目标

理解:信用的概念、构成要素与特征;信用的作用;利息的概念、实质和作用。

熟知:信用的形式;信用工具;利息率的表示;利率的种类;资金融通的概念。

掌握:利息的计算、决定;影响利率变动的因素;利率的作用;资金融通的方式。

技能 目标

能够利用信用知识解释信用与相关经济的问题。具备分析和解决现实生活中信用问题的能力。具备按单利和复利、名义利率和实际利率进行计算的能力。能够应用利息和利率理论对现实金融问题进行分析。

素质 目标

具备收集资料、分析资料的能力;具备独立思考、团结协作的能力,注重团队的成绩与荣誉。培养与人沟通、言行举止得体等综合素质能力。

思政 目标

能够正确理解"不忘初心"的核心要义和精神实质;树立正确的世界观、人生观和价值观,做到学思用贯通、知信行统一;通过信用和利率知识,树立在经济社会信用的重要性,诚信是金,孔子说:"人而无信,不知其可也",坚守高度自重和内心的安全感与尊严感,从而塑造自己的品行、品格和品位。

项目 引例

一个商业信用融资的启发性案例

一家位于广州商业区、开业近两年的理发店,吸引了附近一大批稳定的客户。每天店内生意不断,加上店老板经营有方,每月收入颇丰,利润可观。由于经营场所限制,始终无法扩大经营。该店老板很想增开一家分店,但由于本店开张时间不长,投入的资金较多,无法再开一家。

该店老板在苦思开分店的启动资金时,灵机一动,想到购买 10 次卡和 20 次卡的方案:一次性预收客户10 次理发的费用,给予 8 折优惠;一次性预收客户 20 次理发的费用,给予 7 折优惠。对于客户来讲,如果不购理发卡,一次剪发要 40 元,如果购买 10 次卡(一次性支付 320 元,即 10 次×40 元/次×0.8=320 元),平均每次只要 32 元,10 次剪发可以省下 80 元;如果购买 20 次卡(一次性支付 560 元,即 20 次×40 元/次×0.7=560 元),平均每次理发只要 28 元,20 次剪发可以省下 240 元。

该店通过这种优惠让利活动吸引了许多新、老客户购买理发卡,两个月内该店共收到理发预付款达 7 万元,解决了开办分店的资金缺口,同时稳定了一批客源。

引例 反思

这种应用广泛的筹资方式,其实质就是通过信用的方式来融资,是一种信用融资。什么是信用?信用具有怎样的功能?信用有哪些形式?如何坚持坚守信用与诚信?

知识 精讲

任务一 信 用

一、信用的概念、构成要素与特征

(一)信用的概念

信用是指以偿还和付息为条件所形成的商品或货币的借贷关系,或债权债务关系。现代经济就是以多种信用形式、信用工具为纽带联结起来的信用经济。作为经济范畴的信用，从形式上看，是一种特殊的价值运动。信用存在的条件是偿还和付息，偿还是信用活动的基本条件。但在现实经济社会中存在的无息借贷活动，严格来讲不属于信用范畴。

（二）信用的构成要素

（1）信用的主体。信用主体即信用行为的双方当事人，信用的本质是借贷，借贷关系要建立，需要两个或两个以上的当事人，即至少一个债权人和一个债务人才能够建立起借贷关系。

（2）信用的客体。信用客体即信用行为的交易对象，它或以货币的形式存在，或以商品的形式出现，既可以是有形的，也可以是无形的。信用是通过一定的交易行为来发生实现的，就应当有被交易的对象，就是信用的客体。

（3）信用的工具。从理论上看，信用关系建立可以通过君子协议来完成，不一定非要书面协议，但一旦出现纠纷，没有书面协议，债权债务就无法得到法律的有效保护。

（4）信用的内容。在信用活动中，授信人以自身的财物为依据授予对方信用，受信人以自身承诺为保证取得信用。

（三）信用的特征

（1）暂时性。信用关系是一种债权债务关系，商品或货币的所有者让渡其使用权是暂时的，有一定的期限。

（2）偿还性。商品或货币的使用权暂时让渡是以偿还为先决条件的。

（3）收益性。债权人在让渡商品或货币的使用权时，要求偿还，并且是有偿的，即债务人到期时必须向债权人还本付息。

（4）风险性。债务人得到的是商品或货币本身，而债权人仅持有所有权或债权凭证，到期能否得到偿还和付息，在很大程度上取决于债务人的信誉和能力。

二、信用的功能

信用是商品经济发展到一定阶段的产物，信用的产生和发展又推动了商品经济的迅速发展。经济越发展，信用就越重要，经济对信用的依赖就越多，信用对经济的影响也就越大。信用对经济的作用，正是信用融资功能的具体体现。信用的功能主要有：①融通资金的功能。②调节社会资金的功能。③创造信用货币的功能。

三、信用的形式

信用形式是信用活动的具体表现形式。由于借贷当事人不同，借贷的目的和用途不同，信用的具体形式也就不同。按受信者的用途可分为固定资产投资信用、流动资金信用、消费信用、财政信用和投机信用；按偿还期限可分为短期信用、中期信用和长期信用；按受信者的性质可分为公共信用和私人信用；按信用主体可分为商业信用、银行信用、国家信用、消费信用和国际信用等。

（一）商业信用

1. 商业信用的概念

商业信用是指企业之间相互提供的与商品交易相联系的信用。其具体形式有赊销商品、分期付款、委托代销、预付定金、预付货款等，归纳起来主要有赊销和预付两大类，其中：赊销是商业信用的典型形式。所以，商业信用的实质就是商品生产者之间以某种合同形式表现的债权债务关系，它是现代信用制度的基础。

2. 商业信用的特点

（1）商业信用是以商品形态提供的信用，是买卖和借贷两种不同的经济行为的统一。

（2）商业信用是一种直接信用，有利于加强企业之间的联系。

视频

商业信用

（3）商业信用与产业资本的变动是一致的。

3. 商业信用的局限性

商业信用虽然在促进买卖双方成交、润滑整个生产和流通过程、促进经济等方面有明显的作用而被广泛应用于商品推销和国际贸易领域,但其局限性也是不应忽视的。商业信用的局限性主要表现在以下方面:

（1）规模受到授信企业拥有的货物与资金的数量的限制。

（2）在授信方向上受到限制。

（3）范围受到限制。商业信用只适用于有经济业务联系的企业之间相互提供。

（4）期限受到限制。商业信用的期限较短,一般不超过 1 年,只能满足短期资金融通的需要。

（二）银行信用

1. 银行信用的概念

银行信用是指银行或其他金融机构以货币的形式提供的信用。银行信用是在商业信用发展到一定阶段,在弥补商业信用局限性的基础上产生并发展起来的。它包括两个方面:

（1）通过吸收存款,集中社会各方面的闲置资金。

（2）通过发放贷款,对集中起来的闲置资金加以运用。

2. 银行信用的特点

（1）银行信用是一种间接信用。

（2）银行信用可以提供数量巨大且不受使用方向和使用范围限制的货币资金。

（3）银行信用具有信用创造的功能。

【提示】 任何经济单位必须先获得货币才能提供信用,唯有银行不仅是信用中介,而且可以派生存款,以满足社会需要。

3. 银行信用与商业信用的关系

银行信用虽然在信用规模、信用方向和范围等方面优于商业信用,更能适应社会化大生产的需要,但却不能取代商业信用。因为商业信用直接与商品生产和商品流通相联系,在商业信用可能解决的范围内,企业之间可以直接利用商业信用实现融资,然后通过票据承兑、贴现等方式,借助于银行信用扩大资金来源。因此,商业信用是信用制度的基础,而银行信用是信用制度的主导。

（三）国家信用

1. 国家信用的概念

国家信用也称政府信用,是指以政府为主体的借贷行为。它包括国家以债务人身份取得信用和以债权人身份提供信用两个方面。

2. 国家信用的形式

（1）国家信用就其内债而言的形式主要有:①公债券,即政府为弥补长期的财政赤字而发行的期限在 1 年以上的中长期债券。②国库券,即政府为解决短期内的支出需要而发行的期限在 1 年以下的短期债券。目前,我国既发行短期国库券,也发行长期的国库券,即不论期限长短都以国库券为名。

（2）国家信用就其外债而言的形式主要有:①国际债券,即政府委托金融机构在国际资本市场上发行的以外币标明面值的债券,目的是筹措中长期外汇资金。②政府借款,即一国政府向他国政府、国际金融机构、国外商业银行等借款。

3. 国家信用与银行信用的关系

（1）国家信用与银行信用的联系主要有:①国家信用与银行信用具有相同的资金来源方式,

都是通过信用的形式集中社会闲散资金。②在社会闲散资金总量一定的条件下,在量上有此消彼长的关系。如果国家信用扩张,银行信用就会相应紧缩,否则,会造成信用膨胀。

(2)国家信用与银行信用的区别主要有:①国家信用的范围要比银行信用大,可以动用银行吸收不了的资金。这是因为,政府债券发行一般采用推销或分配的方式,具有一定的强制性。②公债偿还期限较长,未到期前只能贴现,不能兑付,所筹集的资金稳定性较强,可用于长期性投资;而银行储蓄存款一般期限较短,即使是定期存款,如有需要也可以提前支取,相比之下稳定性要差一些,主要用于短期周转性贷款。③国家债券的利息作为财政支出项目由国家承担;而银行贷款的利息则由借款人承担,银行还可以从贷款与存款利息差额中获取收益。

4. 国家信用的作用

(1)国家信用是动员国民收入弥补财政赤字的重要工具。

(2)国家信用是商业银行调节资产结构的工具。

(3)国家信用是调节货币供应量、实施宏观调控的重要杠杆。

国家信用发行的国库券、公债券等,信誉和流动性都远高于其他信用工具,中央银行可以通过金融市场买卖国家债券,实施对货币供应量的调节,使财政政策和货币政策密切配合,实现宏观经济目标。

(四)消费信用

1. 消费信用的概念

消费信用是指企业、银行和其他金融机构向消费者个人提供的用于满足其生活消费需要的信用。消费信用的特点是先消费、后付款,旨在解决居民个人支付能力不足的困难,实现提前消费的目的,是一种暂不付款,凭信用获得商品的信用形式。

2. 消费信用的形式

消费信用的基本形式有以下三种:

(1)分期付款。分期付款是指消费者以分期付款的方式购买价格较高的耐用消费品,如房屋、汽车、家具、家电等。

(2)消费贷款。消费贷款主要是指银行和其他金融机构直接以货币形式向消费者提供消费贷款,再由消费者利用所得贷款购买消费品或支付旅游、高等教育等费用,如住房按揭贷款、助学贷款等。

(3)信用卡。信用卡是商业银行或信用卡公司对信用合格的消费者发行的信用证明。

3. 消费信用的作用

(1)消费信用对社会再生产具有一定的促进作用。

(2)消费信用在一定情况下也会对经济发展产生消极作用。

(五)国际信用

1. 国际信用的概念

国际信用是指各国银行、企业、政府之间相互提供的信用及国际金融机构向各国政府、银行、企业提供的信用形式,它反映的是国家与国家之间的借贷关系。随着世界贸易和世界市场的发展,原在国内存在的信用形式的范围逐渐扩大,扩展到世界范围就形成了国际信用。

2. 国际信用的主要形式

(1)出口信贷。出口信贷是指出口国银行对出口贸易所提供的贷款,以促进本国商品的出口。它可分为卖方信贷和买方信贷。卖方信贷由出口方银行向出口商提供贷款,出口商用来向进口商提供分期付款。买方信贷是出口方银行直接向进口商或进口方银行提供的信用。

(2)银行信贷。银行信贷是指进口商为从国外引进先进技术设备而从外国银行(或银团)取得的贷款。银行信贷要签订协议,进口商可以自由运用贷款,贷款不一定同特定的进口项目相联系。在国际贸易实务中,进口企业往往通过进口方银行出面取得贷款。

（3）政府信贷。政府信贷是指一主权国家政府对另一主权国家政府提供的信用。这种信用一般是非生产性的,如用于解决财政赤字或国际收支逆差,必要时还用来应对货币信用危机等。

（4）国际金融机构信贷。国际金融机构信贷主要是指国际货币基金组织、世界银行、国际金融公司等国际金融机构所提供的信用。这种信用一般有特定的用途,贷款期限较长,并且贷款条件优惠。

四、信用工具

（一）信用工具的概念

信用工具是用来证明债权债务关系的书面凭证,它是各种信用关系的具体反映和体现。

（二）主要信用工具

（1）商业票据。商业票据是指企业进行商品交易时,所开出的一种证明债权债务关系的书面凭证。

（2）支票。支票是指以银行为付款人的即期汇票。支票的出票人必须在付款银行拥有存款,并且签有支票协议。因此,支票是由银行的支票存款储户根据协议向银行开立的付款命令。

（3）银行票据。银行票据是指在银行信用的基础上产生的,由银行承担付款义务的信用流通工具。

（4）股票。股票是指股份公司发放给投资者,证明其所投入的股份金额并取得股息收入的凭证。

（5）债券。债券是指由债务人签发的,是证明债权人有按约定的条件取得固定利息和收回本金权利的凭证。债券是现代经济中一种重要的融资工具,主要分为公司债券、政府债券和金融债券。

任务二 利息与利率

一、利息

（一）利息的概念

利息是指借款者为取得货币资金的使用权,支付给贷款者超过借贷货币额的那一部分代价;或者说,是贷款者因暂时让渡货币资金的使用权,从借款者那里取得的超过借贷货币额的那一部分报酬。由于利息产生于货币的借贷,所以借贷货币额被称为母金或本金,利息则被称为子金或利金。利息是从属于信用的一个经济范畴。只要有信用关系存在,就必然存在利息。

决定利息的基本因素是借贷货币额的多少、借贷时间的长短和利率的高低。因此,计算利息的公式可以表示为:

$$利息＝借贷货币额（本金）×借贷时间×利率$$

（二）利息的实质

利息的性质决定于利息的来源,而利息的来源又是由信用关系的性质决定的。因此,利息的实质体现在以下三个方面:①利息是剩余价值的转化形式。②利息是财富的分配形式。③利息是借贷资本的价格。

（三）利息的作用

（1）利息是银行吸收存款和聚集资金的重要手段。依靠信用业务固有的经济办法,即对存款客户支付一定的利息,是银行聚集货币资金不可缺少的重要手段。

（2）利息是促进企业加强经济核算、提高资金使用效益的手段。

（3）利息是调整国家、银行和企业以及个人诸方面分配关系的工具。

（4）利息是调节资金供求、调节经济的一个重要手段。

（5）利息是银行实行经济核算和企业化经营的基础。合理的存贷利差是促进商业银行改善经营管理、实行企业化经营的一个重要条件。

二、利率

（一）利率的表示

利息水平的高低是由利率来表示的。利率是指一定时期内利息额同借贷货币额（本金）之间的比率,其计算公式为:

$$利率 = \frac{一定时期取得的利息额}{一定时期借贷的货币额} \times 100\%$$

利率通常以年利率、月利率和日利率来表示。年利率是以年为单位计算利息;月利率是以月为单位计算利息;日利率又称"拆息",是以日为单位计算利息。其相关计算公式为:

$$月利率 = 年利率 \div 12$$
$$日利率 = 年利率 \div 360$$

在我国,习惯上不论年息、月息和拆息都用厘作单位,但实际差别却很大。例如,年息5厘,是指 5%;月息5厘,是指 0.5%;日息5厘,是指 0.05%。国外一般习惯用年利率,而我国习惯用月利率。

（二）利息的计算

1. 单利

单利是指不论时间长短,仅按本金计算利息,所生的利息不再加入本金重复计算利息的一种计息方法。单利通常多用于中短期的资金借贷,其计算公式为:

$$R = P \cdot r \cdot n$$
$$S = P + R = P + P \cdot r \cdot n = P(1 + r \cdot n)$$

式中,S 表示本金利息之和,P 表示本金,R 表示利息,r 表示利率,n 表示期数。

做中学 10-1

一笔整存整取定期3年的储蓄,本金为1 000元,年息为5厘。到期时,银行应支付利息为:

$$R = P \cdot r \cdot n = 1\,000 \times 5\% \times 3 = 150(元)$$

到期时,银行应支付本利和为:

$$S = P + R = 1\,000 + 150 = 1\,150(元)$$

2. 复利

复利俗称利滚利,是指将经过一定时间所生的利息并入本金再次计算利息的一种计息方法。按复利计息,不仅本金要计算利息,而且应计利息也要作为继续计算利息的依据。长期投资一般采用复利计算利息,其计算公式为:

$$S = P(1 + r)^n$$
$$R = S - P = P(1 + r)^n - P = P[(1 + r)^n - 1]$$

做中学 10-2

一笔 5 年期的贷款,本金 10 000 元,年利率为 6%,到期本利和为:

$$S = P(1+r)^n = 10\ 000 \times (1+6\%)^5 = 13\ 382.26(元)$$

到期利息为:

$$R = S - P = 13\ 382.26 - 10\ 000 = 3\ 382.26(元)$$

3. 现值与终值

货币或资金的价值,可以从两个侧面来反映,即通过它的终值和现值得到体现。所谓终值(也称未来值),是指一笔货币金额在未来某一时点上的数值,这个金额也就是本利和。终值的计算方法也就是本利和的计算方法。所谓现值,则是指在未来某一时点上的一定金额的货币,按一定的利率水平折算出的现在的本金数值。从现值的计算方法来看,正好是终值计算方法的逆运算。终值是以现在的数值,按一定的利率、时间来测算未来预定期的数值;而现值则是以将来某一时点的数值为基础,按一定的利率、时间来测算现在的数值。

单利现值的计算公式为:

$$P = \frac{A}{1 + rn}$$

复利现值的计算公式为:

$$P = A \times \frac{1}{(1+r)^n}$$

式中,P 表示单利现值(本金)或复利现值(本金),A 表示终值(未来值),r 表示利率,n 表示期数。

做中学 10-3

某人三年后需要一笔 10 000 元的资金,现在的年利率为 6%,则其现在需要到银行存入多少钱才能三年后取得 10 000 元?

根据现值计算公式,得:

$$P = A \times \frac{1}{(1+r)^n} = \frac{10\ 000}{(1+6\%)^3} = 8\ 396.19(元)$$

(三)利率的种类

1. 按利率分类

根据利率是否随市场规律自由变动来划分,利率分为官定利率、公定利率和市场利率。

(1)官方利率又称法定利率,是指由一国货币管理当局或中央银行所规定的利率。我国目前的利率体系是以官定利率为主。

(2)公定利率是由金融机构或行业公会、协会等民间权威金融组织按协商的办法所确定的利率。公定利率只对参加该公会或协会的金融机构有约束作用,而对其他金融机构则没有约束作用。

(3)市场利率是按照市场规律而自由变动的利率,即由借贷资本的供求关系直接决定并由借贷双方自由议定的利率。

2. 按利息分类

根据利息在借贷期间是否固定分类,利率分为固定利率和浮动利率。

（1）固定利率是指在整个借贷时间内,不随货币资金供求状况而变动的利率。固定利率具有简便易行、借款成本稳定的优点,适宜于短期借贷。

（2）浮动利率又称可变利率,是一种在借贷期内可定期调整的利率。浮动利率一般适用于市场利率多变且时期较长的借贷业务。

3. 按通货膨胀分类

根据是否考虑通货膨胀分类,利率分为名义利率和实际利率。由于通货膨胀的原因,纸币有名义价值和实际价值之分,从而利率也有名义利率和实际利率之别。

（1）名义利率是指银行挂牌执行的存、贷款的利率,是以货币为标准计算出来的利率。

（2）实际利率是指名义利率剔除通货膨胀因素后的真实利率,是以实物为标准进行计算的利率,其计算公式为:

$$实际利率＝名义利率－通货膨胀率$$

【注意】 判断利率水平的高低,不能只看名义利率,必须以实际利率为依据。当物价上涨率高于名义利率时,实际利率就成为负数,称为负利率。负利率对经济起着逆向调节作用。

4. 按信用行为分类

根据信用行为的期限长短来划分,利率分为短期利率和长期利率。

（1）短期利率一般是指借贷时间在一年以内的利率。

（2）长期利率一般是指借贷时间在一年以上的利率。一般情况下,短期利率总是低于长期利率。

5. 按借贷期分类

根据借贷期内利率是否调整分类,利率分为基准利率和非基准利率。

（1）基准利率是指在利率体系中处于关键地位、起决定作用或指导作用的利率,属于官定利率。它既是一定时期利率水平的一般标准,又是中央银行实施金融调控的一种指示器,其变动会带动普通利率的相应变动。对于金融市场的参与者来说,注意观察基准利率的变动就可以预测整个金融市场利率的变化趋势。

（2）非基准利率在利率体系中均不处于关键地位,不起决定性作用。

三、决定和影响利率变动的因素

（一）平均利润率

利息来自利润,是利润的一部分,因此,平均利润率就成了决定利率的基本因素。利润被分割为两部分:①作为企业经营报酬的企业收入。②作为企业支付给货币所有者报酬的利息收入。平均利润率反映的是整个社会的平均利润水平。利率只能在平均利润率和零之间波动。

（二）资本的供求状况

当借贷资本供不应求时,利率会提高,贷者可以得到较多的收益;反之,当借贷资本供大于求时,利率则会下跌,借者可支付较少的利息,获得更多的利润。资本供求状况是影响利率变动的一个重要因素,决定着某一具体时刻利率的高低。

（三）物价水平

就借者来说,由于物价上涨,货币贬值,如果名义利率不变,等于实际利率下降了,归还时相当于减少了实际归还的货币量,从中得到了好处;而对于贷者,则受到了相应的损失。物价水平在一定程度上影响实际利率的水平,也是制定利率时要考虑的一个因素。

（四）经济政策

由于利率变动对经济的影响很大,因此,各国政府已把利率作为对经济活动进行宏观调控的重要工具。各国政府根据本国经济发展的状况和货币政策的目标,通过中央银行制定的利率影响市场利率,调节资金供求,调整经济结构和经济发展速度。

(五)其他影响因素

除上述因素以外,国际市场的利率水平、银行的经营成本、传统习惯、法律规定和国际协定等,都是影响利率变动的因素,它们交错在一起影响着利率的变化。

四、利率的作用

在现代市场经济的条件下,利率作为重要的经济杠杆,具有牵一发而动全身的效应,对一国的经济发展起着至关重要的作用。

(一)利率对消费和储蓄的影响

利率直接影响个人收入在消费和储蓄之间的分配。在收入一定的情况下,利率提高会促使人们减少当前消费,增加储蓄;利率降低,则会促使人们增加当前消费,降低储蓄。储蓄是利率的递增函数,消费是利率的递减函数。

(二)利率对货币流通的影响

一般情况下,货币供给与利率呈正比,货币需求与利率呈反比。利率从两个方面影响货币流通:①影响储蓄者对货币的供给。②影响筹资者对货币的需求。对于投资者来说,存款利率提高,会刺激他们供给货币的动机,使部分流通性货币转化为储蓄性货币;反之则相反。对于筹资者来说,贷款利率增加,会抑制他们货币需求动机,促使现实购买力缩减;反之则相反。

(三)利率对投资的影响

就实物投资而言,利率提高,意味着筹资成本增加,投资后的相对获利减少,这会抑制投资;反之,利率降低会减少投资的利息负担,会刺激投资的增加。利率对证券投资的影响主要是调节银行储蓄与有价证券的结构,以及对不同有价证券的选择。一般来说,银行利率与有价证券价格呈反比。

(四)利率对物价的影响

利率是借贷资金的价格,利息作为借贷资金的成本,也是商品价格的组成部分。利率提高,商品价格也会相应提高;反之则会下降。

(五)利率对国际收支的影响

利率对于资本可自由流动的国家的影响有:①提高利率,产生国与国间利差(本国利率高于外国利率),会促使外国资本流入,可改善该国国际收支逆差或加大国际收支顺差。②降低利率,产生国与国间利差(本国利率低于外国利率),会促使本国资本外流,改善国际收支顺差或加剧国际收支逆差。

五、利率发挥作用受到的限制

(一)利率管制

利率管制即国家对直接融资和间接融资活动中的利率施行统一的管理,由管理机构根据宏观经济发展的要求和对金融形势的判断,制定各种利率政策,且各金融机构都必须遵守和执行。利率管制作为国家宏观经济管理的一种手段,具有可控性强、作用大的特点。

(二)授信条件和限量

在一些国家中,如果信贷出现供不应求的现象,而银行又不愿或难以以提高利率的方式阻止过度需求时,通常可采用授信条件和限量的措施,其中包括授信配给制,即对信誉高、关系深的客户尽量维持授信量,但对其他求贷者则拒绝。

（三）经济开放程度

经济开放程度取决于两个方面:资金流通自由度与市场分割。在一国经济中,如果政府实行严格的外汇管制,限制资本的流出和流入,就会使一国的利率体系孤立起来,失去了与世界利率体系的有机联系。在此,利率体系就失去了汇率效应。

（四）利率弹性

利率弹性表示利率变化后其他经济变量对利率变化的反应程度。某一变量的利率弹性高,表示该变量受利率的影响大,对利率变动的反应灵敏,利率的作用就充分发挥出来。利率作用要充分发挥,必须具备的条件有:①市场化的利率决定机制。②灵活的利率联动机制。③适当的利率水平。④合理的利率结构。

六、资金融通

（一）资金融通的概念

资金融通即金融,它是通过资金有偿让渡促使价值增值的运动,或称为资金余缺调剂的信贷活动。在现代经济中,由于资金盈余者和资金不足者的存在,产生了资金融通的需要。信用提供了较好的资金融通的方式,就是资金供给者保留所有权,让渡使用权,满足资金需求者的要求,在一定时期后收回本金并获取利息。

（二）资金融通的方式

资金供给者与资金需求者相互之间融通资金可以借助金融市场直接进行,也可以通过中介机构间接进行,从而使融资活动区分为直接融通资金与间接融通资金,如图 10-1 所示。

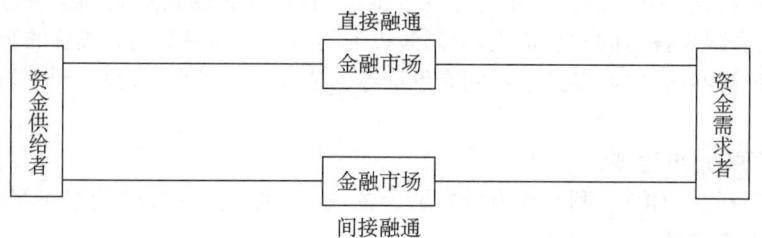

图 10-1　资金融通的方式

1. 直接融通资金

（1）直接融资的概念。直接融资是指资金供给者与需求者,在金融市场上相互直接进行的融资活动。其主要方式为:资金需求者在金融市场上发行股票或债券,从资金供给者手中直接融通货币资金。

（2）直接融资的特点。直接融资的特点是融资主体自主性大、融资过程公开性强、融资风险相对分散。在金融市场上直接融资使得融资主体,包括供应者和需求者,在数量、期限和工具等方面自由选择,比较灵活。

（3）直接融资的局限性。直接融资双方要受融资时间、期限和金额的限制,由于投资者对融资者的信用状况难作深入地了解,又缺乏信用中介的缓冲,故风险相对于间接融资要大一些。

2. 间接融通资金

（1）间接融资的概念。间接融资是指资金供给者与资金需求者通过金融机构进行的融资活动。在这里,资金供给者与需求者不构成直接的债权债务关系,而是分别与金融机构发生信用关系,成为金融机构的债权人或债务人。典型的间接融资形式便是银行信用形式,资金供给者将资金存入银行,然后由银行向资金需求者发放贷款。

（2）间接融资的特点。间接融资的特点是融资成本低、风险小、融资工具具有较强的流动性和信用度。通过金融机构融资,可以降低交易成本和信息成本。

（3）间接融资的局限性。间接融资是依赖于金融机构的融资行为。金融机构的服务意识、风险意识和管理水平会直接影响融资活动的活跃程度,而且由于金融机构本身也要获利,故对于投资者来说收益相对要少。

【案例 10-1】

案例 10-1 精析

企业间融资

11 月 13 日,天山区人民法院一审判令一份 32 万元的企业借贷合同无效,出借方本想通过诉讼惩罚赖账的企业,法院却说其无权索要利息和违约金。

筑路公司因企业资金周转困难而向名贵公司提出借款,约定筑路公司向名贵公司借款 30 万元,借款期限为 6 个月,到期后一次性还本付息,借款利息按照同期商业银行贷款利率计算。双方就借款相关事宜签订了借款协议书,并约定了借款期限、利息及违约责任。

截至次年 1 月,筑路公司共分三次向名贵公司借款累计 32 万元,筑路公司共开出了三份收款收据。期间双方还约定如发生任何影响名贵公司实现债权的事由,筑路公司除向名贵公司偿还借款本息外,还应向名贵公司支付违约金 10 万元。借款到期后,名贵公司多次索要未果,遂提起诉讼。然而,筑路公司却拿出了一份兼并重组意向协议书,证明名贵公司先期借资用于偿付筑路公司欠缴的社会统筹费用及其滞纳金,是双方兼并改制的情况下形成的。

天山区法院认为,企业借贷合同违反了有关金融法规,属无效合同。

讨论:案例中的融资属于什么信用形式? 有什么特点?

■ 应知考核 ■

一、单项选择题

1. 企业之间相互提供的与商品交易直接相联系的信用形式是（　　）。
   A. 商业信用　　　　　B. 消费信用　　　　　C. 银行信用　　　　　D. 民间信用

2. 债权人和债务人都是企业的信用形式是（　　）。
   A. 商业信用　　　　　B. 银行信用　　　　　C. 国家信用　　　　　D. 消费信用

3. 银行信用属于（　　）。
   A. 间接信用　　　　　B. 直接信用　　　　　C. 民间信用　　　　　D. 商业信用

4. 如果名义利率为 3%,通货膨胀率为 5%,则实际利率为（　　）。
   A. 13%　　　　　　　B. 8%　　　　　　　C. 2%　　　　　　　D. −2%

5. 利率是指（　　）。
   A. 利息额与利润的比率　　　　　　　　B. 利息额与货币供应量的比率
   C. 借贷期内所形成的利息额与所贷金额的比率　　D. 利息额与金融资产的比率

二、多项选择题

1. 国家信用的工具主要有（　　）。
   A. 中央政府债券　　　B. 地方政府债券　　　C. 金融债券　　　　　D. 公司债券

2. 银行信用与商业信用的关系表现为（　　）。
   A. 商业信用的广泛发展是银行信用产生的基础　　B. 银行信用的发展是商业信用产生的基础
   C. 银行信用与商业信用是替代关系　　　　　　D. 银行信用克服了商业信用的局限性

3. 商业信用的主要表现形式有（　　）。
   A. 商品赊销　　　　　B. 预付定金或货款　　C. 货币借贷　　　　　D. 分期付款

4. 下列关于利息的理解正确的有（　　）。
   A. 从债权人的角度看,是债权人贷出资金而从债务人处获得的报酬
   B. 从债务人的角度看,利息是债务人为获得货币资金的使用权所花费的代价
   C. 利息是债务人使用资金的"价格"

D. 利息来源于货币资金的自行增值

5. 根据名义利率与实际利率的比较，实际利率呈现三种情况，分别为（　　　）。
   A. 名义利率高于通货膨胀率时，实际利率为正利率
   B. 名义利率高于通货膨胀率时，实际利率为负利率
   C. 名义利率等于通货膨胀率时，实际利率为零
   D. 名义利率低于通货膨胀率时，实际利率为正利率

三、判断题

1. 债权债务是构成信用的基本要素。　　　　　　　　　　　　　　　　　　　　（　　）
2. 银行信用是一种直接信用。　　　　　　　　　　　　　　　　　　　　　　　（　　）
3. 信用产生于商品流通，又不局限于商品流通。　　　　　　　　　　　　　　　（　　）
4. 信用是一种借贷行为，信用关系即债权债务关系。　　　　　　　　　　　　　（　　）
5. 赊销和预收货款是商业信用的两种基本形式。　　　　　　　　　　　　　　　（　　）

四、简述题

1. 信用的形式有哪些？
2. 影响利率的因素有哪些？
3. 什么是资金融通？它有哪些方式？
4. 简述信用的构成要素和特征。
5. 简述利息的实质和作用。

五、计算题

1. 王某向我国某商业银行存入 30 000 元 3 年期定期存款。现行的存款利率如表 10-1 所示。

表 10-1　　　　　　　　　　　　　银行存款利率表

项　目	年利率
活期存款	0.35％
定期存款	
1. 一年	2.5％
2. 二年	3.1％
3. 三年	3.75％

试回答下列问题：
(1) 王某 3 年后应得利息是多少元？
(2) 如王某存入 1 年后，全部提前支取，可得利息多少元？
(3) 如银行按复利计算，以现行的 1 年期利率为标准，3 年期的定期存款可获利息多少元？（保留两位小数）

2. 一笔 10 万元的贷款，年利率为 5％，期限为 3 年，分别用单利和复利计算该笔贷款的本利和与利息额。

3. 某商业银行向某工业企业发放一笔贷款，贷款金额为 1 000 万元，期限为两年，利率为 10％。试用：单利和复利两种方法计算贷款到期，银行得到的本利和（结果保留 2 位小数），并说明单利与复利的区别。

◢ 应 会 考 核 ◣

■ 观念应用

【背景资料】

中国央行再次未跟随美联储降息

2020 年 3 月 15 日，美国联邦储备委员会紧急将联邦基金利率降至 0～0.25％，并推出 7 000 亿美元的大规模量化宽松计划，降息时点和幅度均超出预期。美联储降息后，加拿大、新西兰、韩国、挪威、中国香港

等国家和地区跟进了降息,市场则高度关注中国中央银行(以下简称央行)的操作。

3月16日,中国央行公告称,当日中国人民银行实施定向降准,释放长期资金5 500亿元。同时,开展中期借贷便利(MLF)操作1 000亿元,当日不开展逆回购操作。值得注意的是,MLF中标利率为3.15%,与上次持平。这意味央行暂时没有跟随美联储降息。

面对新冠疫情的影响,2月份以来货币政策更多采用结构性的货币政策,而在疫情逐步缓解后经济面临弱需求、紧信用的格局,总量的降息、降准政策在二季度仍然存在空间。受疫情影响1—2月份的数据较差,但已在市场预期之内。3月份的数据很关键,各方都会观察3月经济指标反弹幅度是否符合预期。预计后期央行降息概率偏大,但降息幅度是小步幅的。

随着国内疫情已进入稳定阶段,货币政策在前期"救急"之后,会向稳增长方向适度倾斜。二季度MLF利率有可能再度下调10个基点,主要目标是引导LPR持续下行。此外,为增强银行信贷投放能力,二季度央行还有可能再实施一次全面降准。

【考核要求】

根据上述资料,分析什么是LRP。

■ 技能应用

【背景资料】

小企业融资方式

"不敢想象A行这么大的银行居然也有这么贴近中小企业的融资服务。"——小型高科技企业老板

· 企业描述:小型高科技企业,生产的通信电源技术含量高、专业性强、性能优良,产品主要销售给国内大型通信设备制造商。

· 融资需求:由于该公司正处于起步阶段,研发资金投入较大,而公司规模小,自有资金有限,在扩大生产经营方面受到较大的阻碍。又由于该公司在行业中处于弱势,谈判和议价能力较弱,无法从其购货商和供应商处获得优惠的价格,经营成本居高不下,公司业务难以实现较大的突破——公司面临资金瓶颈。该公司管理者也意识到问题所在,但由于公司刚刚起步,规模小,效益尚未显现,且没有可供抵押的固定资产,因此,在融资方面频频碰壁。

· 转机:经业内人士介绍,该公司负责人得知A行有专门针对中小企业的融资产品,便与A行进行了接触。

· 解决方案:A行了解了该公司的融资需求和经营特点后,向其推荐了应收账款融资业务,即公司可以将其对购货商的应收账款转让给A行,A行按照应收账款金额给予一定比例的融资。该项业务无须企业提供额外的抵押担保,并且在企业供货后就可以得到融资,在购货商到期支付货款后再归还融资,整个过程既快捷又方便,企业可以放心地使用融资资金进行原材料采购和扩大经营,而无后顾之忧。

· 融资收获:该年3月份尝试着做了第一笔应收账款融资业务200万元之后,又陆续在A行办理应收账款融资业务,融资金额不断扩大,累计融资金额达3 000万元,融资余额超过1 000万元,成为A行首家应收账款融资余额超1 000万元的中小企业。

· 融资感受:"我一开始将信将疑,几乎不敢想象A行这么大银行居然也有这么贴近中小企业的融资服务。后来发现A行的服务完全超出我的预期,资金很快就到了公司的账户,而且A行也没有额外的条件和要求。"接受记者采访时,这家企业的老板对A行充满感激地说。

【技能要求】

以上融资属于什么信用形式?有什么特点?

■ 案例分析

【案例情境】

信用消费"盯上"老年人,退休金还够"剁手"吗?

如今,信用消费已经成为网购用户首选的支付方式,而市场红利也在逐渐消退。相关数据显示,中国近1.7亿90后中,超过4 500万人开通了花呗,平均每4个90后就有1人用花呗进行信用支付。花呗的贷款余额在2017年上半年就已经达到992亿元。京东世纪贸易发布的数据显示,京东白条91.94%的债务人年龄在40岁以内,从笔数和本金余额来看,30岁以下的债务人占比超过半数。截至2019年6月末,京东白条

应收账款余额达到了 411.32 亿元。从这些数据中，可以看到年轻消费群体一直是主流，老年人仍是一座待开发的金矿，但现在这种状况正在悄悄发生变化，老年人对于使用信用支付进行网购越来越青睐。

随着网络购物的不断普及，很多老年人被网购平台上提供的各种优惠活动或销售折扣所吸引，也纷纷开始进行网购。老年人认为，自己身边同龄的很多朋友在使用这种信用支付，自己不能落伍太多。于是，在这样一个网购的大环境下，很多老年人加入了网购大军。他们也常常会因为挡不住商家销售粮油、鸡蛋、日用品等提供的小恩小惠，而成为网购分期支付的重要客户群。同时，老年人在网购时的群体效应特别强烈，为了满减优惠或者信用支付的一点儿折扣，老年人可以扎堆研究如何薅取平台的羊毛，包括热衷于传播助力链，甚至借用别人账号注册开通信用支付，赚取更多的优惠。

为了优惠，不少老年人忘记了过去训诫晚辈量力而行、务实消费的忠告。不知道未来在信用消费应用的渗透和大势下，老年人的退休金是否还能支撑得起他们的网购消费呢？所以，我们在享受网络购物便利的同时一定不要忘了量力而行。

【分析要求】

1. 分析消费信用的作用。

2. 上述案例对你有什么启示，谈谈你的感想。

▪ 项目实训 ▪

【实训内容】

利率调整。

【实训目标】

通过对我国利率的调整分析，了解我国利率调整的现状，分析利率调整对我国经济的影响。培养学生分析问题能力、解决问题的能力；培养学生资料查询、整理的能力。

【实训组织】

以学习小组为单位，查找最近三年我国利率调整的数据；分组进行数据整理，分析我国利率调整的原因；判断我国利率调整的趋势；分析利率调整对我国经济的影响；汇报分析结果。

【实训成果】

1. 考核、评价资料采用 PPT 展示与学生讨论相结合的方式。

2. 采用学生和教师共同评价的方式评分，并完成实训报告，如表 10-2 所示。

表 10-2   实训报告

项目实训班级：		项目小组：		项目组成员：
实训时间：　　年　　月　　日		实训地点：		实训成绩：
实训目的：				

（续表）

实训步骤：
实训结果：
实训感言：

金 融 市 场

🐌 **知识 目标**

理解：金融市场的概念；金融市场的构成要素。

熟知：金融市场的分类，金融市场的功能，金融市场的组织方式。

掌握：货币市场和资本市场的概念、特点和类型。

🐌 **技能 目标**

能够运用金融市场工具进行金融市场操作。能够运用所学的理论、知识和方法分析解决金融市场的相关问题。

🐌 **素质 目标**

具备收集资料、分析资料的能力；具备独立思考、团结协作的能力，注重团队的成绩与荣誉。培养与人沟通、言行举止得体等综合素质能力。

🐌 **思政 目标**

能够正确理解"不忘初心"的核心要义和精神实质；树立正确的世界观、人生观和价值观，做到学思用贯通、知信行统一；通过金融市场知识，学会金融市场需要的基本技能和道德修养，树立自己的价值观念和守信的意念、职场成就感。

🐌 **项目 引例**

发明家的机器人

一位发明家发明了一种价格低廉的机器人，它能清扫房屋、洗车、割草等，可惜的是，发明家没有足够的资金投入生产。一位独居老人有大笔的存款，如果我们能让发明家和这位老人合作，把老人的资金提供给发明家，那么发明家的机器人就会有光明的前景，而经济和社会的福利也会得到改善。

金融市场和金融中介机构最基本的功能就是使这样的资金短缺者和资金盈余者相互合作，将资金从盈余者手中转移到短缺者手中。金融市场是总体经济运行中一个重要的组成部分，在经济发展中扮演着非常重要的角色。金融市场是资金融通机制的主要载体，通过参与金融市场活动，各经济主体实现调剂资金余缺的目的，同时使资金得到合理化配置。

🐌 **引例 反思**

金融市场有哪些功能和类型？相关的子市场又是如何运作的？

🐌 **知识 精讲**

任务一 金融市场概述

一、金融市场的概念

视频

金融市场

金融市场有广义和狭义之分。广义的金融市场是指资金供应者和资金需求者双方通过信用工具进行交易而融通资金的市场，也就是说，金融市场是实现货币借贷和资金融通、办理各种票据和有价证券交易活动的市场。狭义的金融市场往往特指证券的发行与买卖的场所。一般将金融市场理解为以金融资产为交易对象而形成的供求关系及其机制的总和。其具体内涵如下：

（1）金融市场是进行金融资产交易的场所，这个市场既可以是有形的，如证券交易所；也可以是无形的,如外汇交易员通过计算机网络构成看不见的市场进行着资金的调拨。

(2)金融市场交易的对象是金融资产。金融资产表现为各种金融工具或产品,如债券、股票等,代表持有人对实物资产或未来现金流的索取权,对于持有人来说是资产或者财富。交易双方的关系不是简单的买卖关系,而是建立在信用基础上的资金使用权的有偿转让。

(3)金融市场包含金融资产交易过程中所产生的各种运行机制,包括价格机制、发行机制、监督机制等,其中最主要的是价格机制。在金融市场上,最重要的价格机制是利率。

二、金融市场的构成要素

一个较完善的金融市场一般包括以下基本要素。

(一)金融市场业务活动的参加者

金融交易同其他交易一样要有交易双方,即货币资金的供应者和需求者,金融市场业务活动的参加者,一般有企业、金融机构、政府、个人、国外投资者和中央银行。

(1)企业。企业是金融市场运行的基础,也是整个经济活动的中心。金融市场活动的其他参加者都与企业有着密不可分的联系,金融市场又是企业筹集和运用资金的最好场所。金融市场成为企业筹集各种资金,运用闲置资金进行金融投资的理想场所。

(2)金融机构。金融机构是金融市场运行的主导力量。商业银行是金融市场上资金的最大供应者,它除了对客户提供各种放款与票据贴现外,也对有价证券进行投资。同时,商业银行也通过吸收存款以及发行金融债券、定期存单等形式筹集资金,成为资金的需求者。而各类专业银行则通常是通过发行股票、债券的方式筹集资金,除一部分用于专门的放款外,大部分用于有价证券投资。其他金融机构也通过各种方式从金融市场筹集资金或者向金融市场提供资金。

(3)政府。政府在金融市场上是资金的需求者。政府为了弥补财政赤字或刺激经济增长,利用国家信用工具来筹措资金,比如,在短期金融市场上发行短期政府债券——国库券,在长期金融市场上发行公债券等。政府也是资金的供给者。它通过地方财政、国有企业等公共部门向民间特定的领域和政策性金融机构提供稳定资金,来调整经济结构或影响整个经济活动的规模。

(4)个人。个人主要是金融市场的资金供给者。个人的货币收入大于支出的部分可以在金融市场上用于各种投资。他们可以根据投资目的不同而选择不同的金融资产。个人也是金融市场上的资金需求者。当个人收入或储蓄不足,在购买汽车、住房发生资金困难时,也可以从金融市场上通过消费贷款而取得资金,以实现自己的消费行为。

(5)国外投资者。随着金融市场向着国际化方向发展,国外投资者在各国金融市场进行筹资和投资的需求越来越大,这部分资金的流出或流入会对一国的金融市场产生重大影响。

(6)中央银行。中央银行是商业银行最后贷款人,要通过再贷款与再贴现的方式解决商业银行放款来源的不足;同时,它通过公开市场操作在金融市场上购入和出售有价证券,扮演资金供应者与需求者的双重角色。当然在这些活动中,中央银行更重要的是以资金供求的调节者和金融市场的管理者身份出现的。

(二)金融市场的交易对象

金融市场的交易对象是货币资金。货币资金是一种特殊的商品,作为特殊商品的货币资金是以金融工具的形式出现的。一个健全完善的金融市场,能够向参加者提供众多的可供选择的金融资产和金融工具,从短期的票据到国库券,再到长期的公债、公司债券和股票等一应俱全,以满足参加者各种不同的需求。

(三)交易价格

在金融市场上,交易对象的价格就是货币资金的价格。在借贷市场上,借贷资金的价格就是借贷利率。而在证券市场上,资金的价格较为隐蔽,直接表现出的是有价证券的价格,从这种价格反映出货币资金的价格。至于外汇市场，汇率反映了货币的价格。直接标价法反映了外币的价格，而间接标价法反映了本币的价格。在黄金市场上，一般所表现的是黄金的货币价格，如果反过来，就显示出单位货币的黄金价格。

三、金融市场的分类

按交易对象不同，金融市场可以分为货币市场、资本市场、外汇市场、黄金市场和金融合约市场。

（1）货币市场。货币市场是指融资期限在一年以下的金融交易市场，是金融市场的重要组成部分。货币市场就其结构而言，可分为短期借贷市场、同业拆借市场、商业票据市场、短期债券市场、大额可转让定期存单市场、回购协议市场等。

（2）资本市场。资本市场主要是指长期资金交易的场所，它包括证券市场和长期借贷市场。在证券市场上，交易的工具主要是股票、债券和投资基金。

（3）外汇市场。外汇市场是指由外汇需求者与外汇供给者以及买卖中介机构所构成的买卖外汇的场所或交易网络。在外汇市场上，既可以进行本币与外币之间的买卖，也可以进行以一种外币兑换成另一种外币，即不同币种的外币间的买卖。

（4）黄金市场。黄金市场是指集中进行黄金买卖和金币兑换的交易中心或场所。目前黄金是国际储备的工具之一，黄金市场被看作是金融市场的一个重要组成部分。国际黄金市场是世界各国集中进行黄金交易的一个中心，有固定的交易场所。目前，世界上重要的黄金市场有伦敦、纽约、苏黎世、芝加哥和中国香港，号称五大国际黄金市场。世界的黄金交易可以在24小时内不停地进行。

（5）金融合约市场。金融合约市场是指以特殊的金融合约为交易对象的市场，主要包括期货合约、期权合约、互换合约等。保险市场也应属于金融合约市场，因为保险市场是以保险单和年金的发行与转让为交易对象的场所，而保险单（即保险合同）实际上是一种特殊的金融合同。

四、金融市场的功能

金融体系最基本的功能是在不确定的环境下，便于资源进行跨时（Inter Temporal）和跨地（Cross Sectional）的配置。

（一）融通资金功能

融通资金是指将储蓄转化为投资，是金融市场最基本的功能。通过这个功能可以有效地筹集和调剂资金。金融市场是一种多渠道、多形式、自由灵活的筹资与融资的场所。金融市场通过各种金融商品的买卖，为融资双方提供了各种可供选择的机会，以适应广大公众不同的金融投资和融资需求。在金融市场上，金融工具多种多样，能适应不同资金供应者在利率、期限、方式等方面的要求，具有高度的选择性。

（二）资源配置功能

在金融市场上，随着金融工具的流动，相应地发生了价值和财富的再分配。金融是物资的先导，随着金融资产的流动，带动了社会物质资源的流动和再分配，将社会资源由低效部门向高效部门转移。金融市场中的供求双方通过竞争决定了金融资产的价格，或者说确定了金融资产要求的收益率。金融市场能够将资源从低效率利用的部门转移到高效率利用的部门，从而实现稀缺资源的合理配置和有效利用。

（三）流动性提供功能

金融市场为投资者出售金融资产提供了便利。由于这个特点，它对被迫或主动出售金融资产的投资者有很大的吸引力。如果缺乏流动性便利，投资者将被迫持有债务工具直至其到期或者持有权益工具直至公司破产清算,那么损失可能非常大。

(四)风险分散功能

风险是客观存在的现象,人们无法消灭风险,但可以利用金融市场分散风险、规避风险。金融市场为它的参与者提供了分散、降低风险的机会,利用组合投资,可以分散投资于单一金融资产所面临的非系统性风险,如金融衍生工具已成为各类经济主体进行风险管理的重要工具。

(五)信息反映功能

金融市场之所以有信息反映功能,是因为金融市场与高度发达的市场经济是一个国家中整个市场体系的枢纽。首先,金融市场是反映微观经济运行状况的指示器。其次,金融市场交易直接和间接反映国家货币供应量的变动。最后,金融市场有大量专门人才长期从事商情研究和分析,他们与各类工商企业保持着不间断的直接接触,能及时、充分了解企业的发展动态。

(六)公司控制功能

资金的转移和有效配置通常面临许多风险,需要有一套监控和激励机制来确保资金的高效使用。金融市场的信息生产功能主要解决投资决策作出前的非对称信息问题,即逆向选择;而监控与激励机制则主要解决投资决策作出后的非对称信息问题,即道德风险。金融市场的监控机制主要包括两类:①作为投资者的股东通过"用手投票"和"用脚投票"等方式对公司进行直接干预。②监控机制则是金融市场提供了激励公司管理层的有效机制,即对经理人的报酬采取股票期权制度,从而使职业经理人自身的效用最大化行为与公司的利润最大化重合起来。

(七)宏观调控功能

宏观调控功能是指金融市场作为政府宏观调节机制的重要组成部分,具有宏观控制经济的作用。中央银行利用金融市场宏观调控功能,通过公开市场业务,在金融市场上买卖有价证券,回笼货币,收缩货币供应量;当流通中货币量过少时,中央银行在金融市场上购买有价证券,增加货币供应量,从而使货币供给与需求相适应。中央银行货币政策对各个金融市场的影响如表 11-1 所示。

表 11-1　　中央银行货币政策对各个金融市场的影响

金融市场类型	受货币政策影响的相关因素	主要的机构参与者
货币市场	目前货币市场工具在二级市场的价值 货币市场新发行证券的收益率	商业银行、储蓄机构、货币市场基金、信用社、保险公司、金融公司、养老基金
债券市场	债券二级市场价值 正在发行债券的收益率	商业银行、储蓄机构、信用社、金融公司、货币市场基金、保险公司、养老基金
股票市场	股票预期收益率进而影响其市场价值 公司的收入预期进而影响其价值	股票共同基金、保险公司、养老基金
抵押贷款市场	住房需求进而影响住房抵押贷款需求 住房抵押贷款在二级市场的价值 新的住房抵押贷款利率 住房抵押贷款的溢价	商业银行、储蓄机构、信用社、保险公司、养老基金
外汇市场	货币需求影响货币价值,进而影响货币衍生产品价格	受到汇率风险影响的金融机构

【提示】　中央银行的货币政策、利率政策和信贷政策,都是国家宏观调控经济发展通常采用的手段。

五、金融市场组织方式

金融市场的组织方式就是把交易双方和交易对象通过金融机构这个媒介联系起来，共同确定交易价格，最终实现转让交易对象目的的形式。金融市场的组织方式主要有拍卖方式和柜台方式两种。

（一）拍卖方式

金融市场上的拍卖方式是指所有的金融交易都采取拍卖的方式成交，买卖双方通过公开竞价来确定买卖的成交价格。目前，公开竞价有两种方式：一种是人工拍卖，即由金融工具的出售方呼喊加手势报出要价，购买方之间激烈竞争报出买价，出价最高的购买方将最终获得所售金融工具；另一种是计算机自动撮合，即买卖双方不必直接见面，而是分别将欲买和欲售金融工具的价格输入计算机，由计算机按照时间优先、价格优先的原则自动配对，实现成交。

金融市场工具的拍卖在交易所内进行。拍卖方式可以分为单向拍卖和双向拍卖：①单向拍卖方式的交易双方中一方是一个交易群体。②双向拍卖方式的交易双方都是交易群体，交易双方在买卖某种交易工具时，以该种工具上次成交的价格为基础，分别提出各自的出价和要价。

（二）柜台方式

柜台方式是指通过作为交易中介的证券公司来买卖金融工具，而不是通过交易所竞价方式确定交易价格。这种方式中金融工具的买卖双方都分别同证券公司进行交易，或者将出售的金融工具卖给证券公司，或者从证券公司买进欲购买的金融工具。

在柜台方式组织的金融交易中，买卖价格不通过交易双方直接竞争来确定，而是由证券公司根据市场行情和供求关系自行确定。对于同意交易的某种金融工具，证券公司以双价制的方式进行挂牌，即同时报出该工具的买入价格和卖出价格，表示愿意以所报出价格买入或者卖出金融工具。证券公司一旦对某种金融工具报出双价，则在报出新的价格之前，不得拒绝以已经报出的买入或者卖出的价格来买卖该种工具。一般证券公司的报价中买入价格低于卖出价格，价差（Spread）就是证券公司的主要利润来源。

任务二　货币市场和资本市场

一、货币市场

（一）货币市场的概念和特点

货币市场是融资期限在一年以内的短期资金交易市场。在这个市场上用于交易的工具形形色色，交易的内容十分广泛。相对于资本市场来说，货币市场有以下特点：

（1）货币市场是短期的，而且是高流动性和低风险性的市场。在货币市场上交易的金融工具具有高度的流动性。

（2）货币市场是一种批发市场。由于交易额极大、周转速度快，一般投资者难以涉足，所以货币市场的主要参与者大多数是机构投资者。

（3）货币市场又是一个不断创新的市场。由于货币市场上的管制历来比其他市场要松，所以任何一种新的交易方式和方法，只要可行就可能被采用和发展。

（二）货币市场的类型

1. 同业拆借市场

同业拆借市场又称同业拆放市场，是指银行与银行之间、银行与其他金融机构之间进行短期（1年以内）临时性资金拆出和拆入的市场。

同业拆借市场的特点有：①对进入市场的主体有严格的限制，即必须是指定金融机构。②融资期限较短，最初多为 1 日或几日的资金临时调剂，是为了解决头寸临时不足或头寸临时多余等问题所进行的资金融通。③交易手段比较先进，手续简便，成交时间短。④交易额大，而且一般不需要担保或抵押。⑤利率由双方议定，可以随行就市。

同业拆借市场最早出现于美国，其形成的根本原因在于法定存款准备金制度的实施。同业拆借已成为银行实施资产负债管理的有效工具。同业拆借的期限较短、风险较小，许多银行把短期闲置资金投放于该市场，以利于及时调整资产负债结构，保持资产的流动性。特别是那些市场份额有限、承受经营风险能力脆弱的中小银行，更是把同业拆借市场作为短期资金经常性运用的场所，力图通过这种做法提高资产质量、降低经营风险、增加利息收入。

2. 银行承兑汇票市场

银行承兑汇票市场是指以银行承兑汇票作为交易对象所形成的市场。国际与国内贸易的发展是产生银行承兑汇票的重要条件，同时，银行承兑汇票的产生大大便利了国际与国内的贸易。目前，银行承兑汇票市场已成为世界各国货币市场体系中的重要组成部分。

3. 短期国债市场

短期国债也称国库券，是指由中央政府发行的、期限在 1 年以内的政府债券，期限通常为 3 个月、6 个月或 12 个月。最早发行短期国债的国家是英国。现在西方各国普遍发行大量短期国债，把它作为弥补财政赤字的重要手段。同时，一定规模的短期国债也是中央银行开展公开市场业务、调节货币供给的资金基础。短期国债的最大特点是安全性。与其他货币市场工具相比，短期国债的起购点比较低，面额种类齐全，适合一般投资者购买。短期国债的这些特点使它成为一种普及率很高的货币市场工具。

4. 可转让定期存单市场

可转让定期存单是指银行发行给存款人按一定期限和利率计息，到期前可以转让流通的证券化的存款凭证。它与一般存款的不同之处在于可以在二级市场进行流通，从而解决了定期存款缺乏流动性的问题，所以很受投资者的欢迎。其面额一般比较大（美国的可转让定期存单最小面额为 10 万美元），期限则多在 1 年以内，最早是由美国花旗银行于 1961 年推出的，并且很快为别的银行所效仿，目前已成为商业银行的重要资金来源。

5. 商业票据市场

商业票据是指由一些大银行、财务公司或企业发行的一种无担保的短期本票。所谓本票，是由债务人向债权人发出的支付承诺书，承诺在约定期限内支付一定款项给债权人。商业票据是一种传统的融资工具，但是它的迅速发展却是从 20 世纪 60 年代后期开始的。到 20 世纪 90 年代，商业票据已经成为美国数额最大的货币市场金融工具。

6. 回购协议市场

回购协议是产生于 20 世纪 60 年代末的短期资金融通方式，它实际上是一种以证券为抵押的短期贷款，其操作过程如下：借款者向贷款者暂时出售一笔证券，同时约定在一定时间内以稍高的价格重新购回；或者借款者以原价购回原先所出售的证券，但是向证券购买者支付一笔利息。回购协议主要以政府债券交易为主。回购协议中的出售方大多为银行或证券商，购买方则主要是一些大企业，后者往往以这种方式来使自己在银行账户上出现的暂时闲置余额得到有效利用。回购协议的期限大多很短，可以是 1 天到 1 年中的任意天数。

7. 共同基金市场

共同基金是指将众多的小额投资者的资金集合起来，由专门的经理人进行市场运作，赚取收益后按一定的期限及持有的份额进行分配的一种金融组织形式。而对于主要在货币市场上进行运作的共同基金，则称为货币市场共同基金。货币市场共同基金是美国 20 世纪 70 年代以来出现的一种新型投资理财工具。目前,在发达的市场经济国家,货币市场共同基金在全部基金中所占比重最大。我国货币市场共同基金正式创立于2003年。

二、资本市场

(一)资本市场的概念及特点

资本市场是融资期限在一年以上的长期资金交易市场。与货币市场相比,资本市场的特点主要有:①融资期限长。融资期限在1年以上,也可以长达几十年,甚至没有到期日。②流动性较差。在资本市场上筹集到的资金多用于解决中长期融资需求,因此流动性和变现性相对较弱。③风险大而收益较高。

(二)资本市场的类型

在资本市场上,资金供应者主要是银行、保险公司、信托投资公司、各种基金公司和个人投资者,资金需求方主要是社会团体、政府机构、企业等。资本市场主要包括证券市场和长期借贷市场。证券市场包括发行市场和流通市场两部分,其各自的交易方式均不相同。在证券市场上,交易对象主要是股票、债券、投资基金,它们的交易及运行机制各不相同。

1. 股票市场

股票是指股份公司发给投资人、证明其投入本公司资本并据此取得股息和红利的凭证,是证明股东权利和义务,并能转让的有价证券。资本市场的最大组成部分是股票市场。

(1)股票的发行市场。股票的发行市场又称一级市场,是指股份公司向社会增发新股的市场,包括公司初创期发行的股票和增资扩股所发行的股票。一级市场的整个运作过程通常由咨询与准备、股票销售两个阶段构成。

第一阶段:咨询与准备。咨询与准备是股票发行的前期准备阶段,发行人(公司)须听取投资银行的咨询意见并对一些主要问题作出决策,主要包括发行方式的选择、选定作为承销商的投资银行或证券公司、准备招股说明书、确定发行价格。发行公司着手完成准备工作之后,即可按照预定的方案发售股票。

首先是发行方式的选择。股票发行的方式一般可分为公募发行和私募发行两类。公募发行是指面向市场上大量的非特定的投资者公开发行股票。私募发行是指只向少数特定的投资者发行股票,其对象主要有个人投资者和机构投资者两类,前者如使用发行公司产品的用户或本公司的职工,后者如大的金融机构或与发行者有密切业务往来关系的公司。

其次是选定作为承销商的投资银行。公开发行股票一般都通过投资银行来进行,投资银行的这一角色称为承销商。在我国,承销商的职能由证券公司来承担。

再次是准备招股说明书。招股说明书是指公司公开发行股票的书面说明,是投资者了解和准备购买股票的依据。招股说明书必须包括财务信息、公司经营历史的陈述、高级管理人员的状况等。

然后是确定发行定价。发行公司和承销商可以将路演时投资者的关注度作为一个参考,并结合多种因素来考虑发行定价。发行定价是一级市场的关键环节。发行定价有平价、溢价和折价三种方式。平价发行是以股票票面所标明的价格发行;溢价就是按超过票面金额的价格发行;折价发行就是按低于票面金额的价格发行。

最后是举办路演。路演的本意译自英文 Road Show,是国际上广泛采用的证券发行推广方式,指证券发行商发行证券前针对机构投资者的推介活动,是在投融资双方充分交流的条件下促进股票成功发行的重要推介、宣传手段。路演的主要形式是举行推介会。随着网络技术的发展,这种传统的路演被搬到了互联网上,出现了网上路演,即借助互联网的力量来推广。网上路演现已成为上市公司展示自我的重要平台及推广股票的重要方式。

第二阶段：股票销售。发行公司着手完成准备工作之后，即可按照预定的方案发售股票。对于承销商来说，其销售股票的方式有：①全额包销。承销商买下全部股票，再按发行价推销。这种方式手续费高，承销机构风险最大。②余额包销。承销商将在规定期间内未销售出去的股票买下。③代销。在发行期间，承销商尽力销售，未销售出去的股票由发行人自行处理。此种方式承销商承担的风险最小，因此收取的佣金最低。

（2）股票的流通市场。股票的流通市场也称交易市场、二级市场，是不同的投资者之间买卖已发行的股票所形成的市场。二级市场可以分为有组织的证券交易所和场外交易市场。

第一，证券交易所。证券交易所是由证券管理部门批准的、为证券的集中交易提供固定场所和有关设施并制定各项规则以形成公正合理的价格和有条不紊的秩序的正式组织。交易所是一个有组织、有固定地点、有严格交易制度、集中进行竞价成交的场所。股份公司符合一定条件，其公开发行的股票可以在证券交易所挂牌交易，也称作上市。

第二，场外交易市场。场外交易是相对于证券交易所交易而言的，凡是在证券交易所之外的股票交易活动都可以称作场外交易。场外交易与交易所交易相比，没有固定的、集中的场所，无法实行公开竞价，其价格是通过协商达成的。场外交易受到的管制少，灵活方便，因而能够为中小型及具有潜质的公司股票提供交易渠道。

2. 债券市场

债券是指投资者向政府、公司或金融机构提供资金的债权债务合同，该合同载明发行者在指定日期支付利息并在到期日偿还本金的承诺，其要素包括期限、面值与利息、税前支付利息、求偿等级、限制性条款、抵押与担保及选择权（如赎回与转换条款）。

债券市场是一种直接融资的市场，即不通过银行等金融机构的信用中介作用，资金的需求者与资金的供给者，或者说资金短缺者与资金盈余者直接进行融资的市场。

（1）债券的发行。债券的发行按其发行方式和认购对象，可分为私募发行与公募发行；按其有无中介机构协助发行，可分为直接发行与间接发行；按定价方式，可分为平价发行、溢价发行和折价发行。

债券的私募发行是指面向少数特定投资者的发行。一般来讲，私募发行的对象主要有两类：一类是有所限定的个人投资者，另一类是指定的机构投资者。债券公募发行是指公开向社会非特定投资者的发行，充分体现公开、公正的原则。

直接发行是指债券发行人直接向投资人推销债券，而不需要中介机构进行承销。间接发行是指发行人不直接向投资者推销，而是委托中介机构进行承购推销。平价发行即债券的发行价格与票面金额相一致。溢价发行即债券的发行价格高于票面金额。折价发行即债券的发行价格低于票面金额。

在债券发行过程中，除了要确定发行方式、承销方式外，还必须确定发行利率和发行价格，这也是债券发行市场的重要环节。

（2）债券的流通。债券在二级市场上的交易，主要有三种形式，即现货交易、期货交易和回购协议交易。

债券的现货交易是指买卖双方根据商定的付款方式，在较短的时间内进行交割清算，即卖者交出债券，买者支付现金。现货交易按交割时间的安排可以分为三种：①即时交割，即于债券买卖成交时立即办理交割。②次日交割，即成交后的第二天办理交割。③限期交割，即于成交后限定几日内完成交割。

债券的期货交易是指买卖成交后，买卖双方按合同规定的价格在将来的指定日期（如3个月、6个月以后）进行交割清算。进行债券的期货交易，既是为了规避风险、转嫁风险，实现债券的套期保值，也是一种投机交易，要承担较大的风险。

债券的回购协议交易是指债券买卖双方按预先签订的协议，约定在卖出一笔债券后一段时期再以特定的价格买回这笔债券，并按商定的利率付息。这种有条件的债券交易形式实质上是一种短期的资金借贷融通。这种交易对于卖方来讲，实际上是卖现货买期货；对于买方来讲，是买现货卖期货。

3. 证券投资基金市场

证券投资基金是指通过发行基金股份（或收益凭证），将投资者分散的资金集中起来，由专业管理人员分散投资于股票、债券或其他资产，并将投资收益分配给基金持有者的一种利益共享、风险共担的集合投资方式。投资基金在美国称为共同基金或互助基金，在英国和我国香港特别行政区称为单位信托基金，在日本、韩国和我国台湾地区称为证券投资信托基金。

证券投资基金同样可以分为发行市场和流通市场两个层次。

（1）基金的发行市场。基金的发行市场主要从事基金的发行和认购，二者是同时进行的。在基金的发行市场上，从投资者角度上来说就是认购基金券，认购方式有两种：①认购开放型基金。②认购封闭型基金。无论是封闭型基金还是开放型基金，初次发行总额都要分成若干等额份数（即股份化），每份就是一个基金单位（或称1股）。

（2）基金的流通市场。基金的流通原则上与股票流通相似，但开放型基金的二级市场与股市有较大区别。在基金初次发行完毕后，持有基金券的投资者希望卖出基金变现，持有现金的投资者希望买进基金投资，这些都要在证券二级市场实现。基金券的流通是基金经理公司赎回或再次发行的行为。它的二级市场一般就是指定的柜台或交易网点，交易的价格等于基金单位净值加上或减去申购赎回费用。

任务三　外汇市场和衍生金融市场

一、外汇市场

（一）外汇市场的概念

外汇市场是指由各国中央银行、外汇银行、外汇经纪人和客户组成的买卖外汇的交易系统。外汇市场可以从狭义和广义两个角度来理解：狭义的外汇市场是指银行同业之间的外汇交易市场，包括外汇银行之间、外汇银行与中央银行之间以及各国中央银行之间的外汇交易；广义的外汇市场还包括银行同一般客户之间的外汇交易。

（二）外汇市场的功能

1. 实现购买力的国际转移

国际贸易和国际资金融通至少涉及两种货币，而不同的货币对不同的国家形成购买力，这就要求将本国货币兑换成外币来清理债权债务关系，使购买行为得以实现，而这种兑换就是在外汇市场上进行的。外汇市场所提供的就是这种购买力转移交易得以顺利进行的经济机制，它的存在使各种潜在的外汇售出者和外汇购买者的意愿能联系起来。

2. 提供资金融通

外汇市场向国际交易者提供了资金融通的便利。外汇的存贷款业务集中了各国的社会闲置资金，从而能够调剂余缺，加快资本周转。

3. 提供外汇保值和投机的市场机制

在以外汇计价成交的国际经济交易中，交易双方都面临着外汇风险。由于市场参与者对外汇风险的判断和偏好的不同，有的参与者宁可花费一定的成本来转移风险，而有的参与者则愿意承担风险以获取预期利润，由此产生了外汇保值和外汇投机两种不同的行为。

（三）外汇市场的交易方式

1. 即期交易

即期交易是指外汇买卖成交后,交易双方于当天或两个交易日内办理交割手续的一种交易行为。即期外汇交易是外汇市场上最常用的一种交易方式,即期外汇交易占外汇交易总额的很大部分。

2. 远期交易

远期交易又称期汇交易,是指交易双方在成交后并不立即办理交割,而是事先约定币种、金额、汇率、交割时间等交易条件,到期才进行实际交割的外汇交易。远期外汇交易产生的主要原因在于企业、银行、投资者规避风险的需要。

3. 掉期交易

掉期交易是指在买入或卖出即期外汇的同时,卖出或买进同一货币的远期外汇,以防止汇率风险的一种外汇交易。这种金融衍生工具,是当前用来规避由于所借外债的汇率发生变化而给企业带来财务风险的一种主要手段。

掉期交易与即期交易和远期交易有所不同。即期与远期交易是单一的,要么做即期交易,要么做远期交易,并不同时进行,主要用于银行与客户的外汇交易中。掉期交易的操作涉及即期交易与远期交易或买卖的同时进行,主要用于银行同业之间的外汇交易。一些大公司也经常利用掉期交易进行套利活动。

掉期交易的目的包括两个方面:①轧平外汇头寸,避免汇率变动引发的风险。②利用不同交割期限汇率的差异,通过贱买贵卖赚取利润。

二、衍生金融市场

衍生金融市场是一种以证券市场、货币市场、外汇市场为基础衍生出来的金融市场。它是利用保证金交易的杠杆效应,以利率、汇率、股价的趋势为对象设计出大量的金融商品进行交易,以支付少量保证金及签订远期合同进行互换、掉期等金融派生商品的交易市场。这里只简要介绍金融期货市场和金融期权市场的一些基础知识。

（一）金融期货市场

金融期货是指在特定的交易场所通过竞价方式成交,承诺在未来的某一日或期限内,以事先约定的价格买进或卖出某种金融商品的合同。其产生的根本原因是为了规避金融产品价格的频繁变化而带来的风险。

金融期货主要包括外汇期货、利率期货、股票指数期货三种。①外汇期货是最早出现的金融期货品种,是为了规避汇率风险而产生的。外汇期货是在外汇交易所内,交易双方通过公开竞价确定汇率,在未来的某一时期买入或卖出某种货币。②利率期货是指交易所通过公开竞价买入或卖出某种价格的有息资产,在未来的一定时间按合约交割。③股票指数期货是指以股票指数这种没有实物形式的金融商品为交易对象,买卖双方通过交易所竞价确定成交价格。

（二）金融期权市场

金融期权是期权的一种。期权是一种选择权,是一种能在未来某特定时间内或特定时点以特定价格买进或卖出一定数量的某种特定商品的权利。期权购买者在支付期权费后就获得了在合约规定的未来某特定时间,以协议价格向期权出售者买进或卖出一定数量某种金融商品或金融期货合约的权利。期权购买者在期权的有效期内或规定的特定履约日可以选择行使权利也可以选择放弃权利。期权出售者在收取期权费后,只要期权购买者要求行使其权利,就必须无条件履行合约。

按不同的划分标准,金融期权可以分为以下几类。

1. 场内期权与场外期权

金融期权未必是集中性的场内交易形式，也未必是标准化的金融期权合约的交易形式。只有场内期权是一种标准化的金融期权合约的交易，其交易数量、协定价格、到期日期及履约时间等均由交易所统一规定；场外交易是一种非标准化的金融期权合约的交易，其交易数量、协定价格、到期日及履约时间等均可由交易双方议定。

2. 现货期权与期货期权

现货期权是一种金融工具本身为期权合约标的物的期权；期货期权是一种以金融期货合约作为标的物的期权。

3. 欧式期权与美式期权

欧式期权与美式期权这两个术语源于欧洲和美洲的期权交易所不同的交易方式，现在与地理位置已经不相关了，但名称保留了下来。欧式期权是指期权购买者只能在期权到期日行使其权利；美式期权是指期权购买者既可在期权到期日行使权利，也可在期权到期日之前的任何一个营业日行使其权利。由于美式期权的这一灵活性，所以期权费要比欧式期权高。

4. 看涨期权与看跌期权

看涨期权是指依据买卖双方签订的合同，买方在协定期内有权按照双方协定价格向卖方买进一定数量的指定证券。看跌期权是指依据买卖双方签订的合同，买方在协定期内有权按照双方协定价格向卖方卖出一定数量的指定证券。看涨期权和看跌期权正好相反，看涨期权是获得买入某种证券的权利，而看跌期权是获得卖出某种证券的权利。相同的是，看涨期权和看跌期权都是获得了权利。

◾ 应 知 考 核 ◾

一、单项选择题

1. 狭义的金融市场是指(　　　)。
   A. 商品市场　　　　　　　　　　　B. 货币市场
   C. 证券市场　　　　　　　　　　　D. 衍生产品市场

2. 下列不属于货币市场的是(　　　)。
   A. 同业拆借市场　　　　　　　　　B. 商业票据市场
   C. 回购市场　　　　　　　　　　　D. 股票市场

3. 股票市场属于(　　　)。
   A. 货币市场　　　　　　　　　　　B. 资本市场
   C. 期货市场　　　　　　　　　　　D. 期权市场

4. 在证券市场上，交易的工具主要是股票、债券和投资基金的是(　　　)。
   A. 货币市场　　　　　　　　　　　B. 资本市场
   C. 外汇市场　　　　　　　　　　　D. 黄金市场

5. (　　　)是金融市场最基本的功能。
   A. 融通资金功能　　　　　　　　　B. 资源配置功能
   C. 流动性提供功能　　　　　　　　D. 风险分散功能

二、多项选择题

1. 金融市场业务活动的参加者主要有(　　　)。
   A. 企业　　　　　　　　　　　　　B. 金融机构
   C. 政府、个人　　　　　　　　　　D. 国外投资者和中央银行

2. 按交易对象不同，金融市场可以分为(　　　)。
   A. 货币市场　　　　　　　　　　　B. 资本市场

    C. 外汇市场　　　　　　　　　　　　　D. 黄金市场

3. 金融市场的组织方式主要有(　　　)。

    A. 拍卖方式　　　　　　　　　　　　B. 柜台方式

    C. 招标方式　　　　　　　　　　　　D. 投标方式

4. 下列属于货币市场的主要类型有(　　　)。

    A. 同业拆借市场　　　　　　　　　　B. 银行承兑汇票市场

    C. 短期国债市场　　　　　　　　　　D. 可转让定期存单市场

5. 在资本市场上,资金供应者主要有(　　　)。

    A. 银行　　　　　　　　　　　　　　B. 保险公司

    C. 社会团体　　　　　　　　　　　　D. 政府机构

三、判断题

1. 金融市场包含金融资产交易过程中所产生的各种运行机制,其中最主要的是发行机制。　　(　　)

2. 货币资金是一种特殊的商品,作为特殊商品的货币资金是以金融工具的形式出现的。　　(　　)

3. 保险市场是以保险单和年金的发行与转让为交易对象的场所。　　(　　)

4. 银行承兑汇票市场是以银行承兑汇票作为交易对象所形成的市场。　　(　　)

5. 凡是在证券交易所之外的股票交易活动都可以称作场内交易。　　(　　)

四、简述题

1. 简述金融市场的构成要素。

2. 简述金融市场的功能。

3. 简述货币市场的概念及特点。

4. 简述资本市场的概念及特点。

5. 简述证券投资基金市场的内涵及分类。

◢ 应 会 考 核 ◣

■ 观念应用

【背景资料】

中国银行的海外发展

    中国银行是中国持续经营时间最久的银行。1912 年 2 月,经孙中山先生批准,中国银行正式成立。从 1912 年至 1949 年,中国银行先后行使中央银行、国际汇兑银行和国际贸易专业银行职能,坚持以服务社会民众、振兴民族金融为己任,历经磨难,艰苦奋斗,在民族金融业中长期处于领先地位,并在国际金融界占有一席之地。1949 年以后,中国银行长期作为国家外汇外贸专业银行,统一经营管理国家外汇,开展国际贸易结算、侨汇和其他非贸易外汇业务,大力支持外贸发展和经济建设。改革开放以来,中国银行牢牢抓住国家利用国外资金和先进技术加快经济建设的历史机遇,充分发挥长期经营外汇业务的独特优势,成为国家利用外资的主渠道。1994 年,中国银行改为国有独资商业银行。2004 年 8 月,中国银行股份有限公司挂牌成立。2006 年 6 月、7 月,中国银行先后在香港联交所和上海证券交易所成功挂牌上市,成为国内首家"A＋H"发行上市的中国商业银行。继服务 2008 年北京夏季奥运会之后,2017 年中国银行成为北京 2022 年冬奥会和冬残奥会官方银行合作伙伴,成为中国唯一的"双奥银行"。2019 年,中国银行再次入选全球系统重要性银行,成为新兴市场经济体中唯一连续 9 年入选的金融机构。

    在 100 多年的发展历程中,中国银行始终秉承追求卓越的精神,将爱国爱民作为办行之魂,将诚信至上作为立行之本,将改革创新作为强行之路,将以人为本作为兴行之基,树立了卓越的品牌形象,得到了业界和客户的广泛认可和赞誉。

    【考核要求】

    根据上述资料,分析中国银行的发展变化的原因。如果以后在银行工作,我们将如何确立自己的世界观、人生观和价值观。

■ 技能应用

【背景资料】

一级市场和二级市场矛盾有望缓解

上海申银万国证券研究所市场研究人员认为,在沪深股市中,有一个长期存在的问题,就是一级、二级市场之间有着很大的价格落差,这样也就导致在一级市场发行的股票,到二级市场上市后,一般都会带来很丰厚的收益。由此,也就引发了一级、二级市场之间的矛盾:作为二级市场的投资者,对一级市场发行股票有一种近乎天然的反感,感觉这是其资产被吞噬,这种意识的绝对化就是反对股市扩容。而反过来,由于两个市场之间存在价差,投资一级市场往往具有很高的无风险收益,这又使得每每有新股发行,就有巨额资金集聚在一级市场,以期抢夺这部分收益。这部分资金视二级市场为利润的兑现点,其在一级、二级市场之间的"倒腾"行为,客观上成为股市资金外流的一个重要渠道,并且在一定程度上扭曲了资本市场的结构。

那么,为什么在一级、二级市场之间会存在很大的价差呢? 最根本的原因就在于发行没有实现真正的市场化,一级市场的发行价受到包括行政等因素的影响,通常定价会明显低于二级市场。这样,虽然确保了发行的成功,但因此也吸引了大量资金参与事实上的套利操作,使之失去了风险投资的本意。而且当新股在二级市场上市时,还很容易导致爆炒行为的出现,结果是加大了新股上市后的风险。这个问题,在很多年前就被人们认识到了,也曾经尝试过网上竞价发行的做法,应该说这样一来市场化是做得非常彻底了,但由于当时的条件所致(比如缺乏机构投资者),结果把二级市场的高投机行为转移到了一级市场,酿成了更大的风险。

随着新的 IPO 办法推出,其政策导向就是要提高、完善发行的市场化程度。现在看来,这个目的确实是在一定程度上得到了实现。虽然,由于在当前市场上,新股溢价的因素仍然存在,在一级市场申购新股仍然会有收益,但是不管怎么说新股上市时的差价收益是明显被压缩了。另外,再加上发行过程中对申购上限的限制,使得机构的大资金优势很难有效发挥,这样也就进一步降低了其申购收益。由此,一级、二级市场的矛盾也就在某种程度上得到了缓和。至少,当在一级市场申购新股不再能够获取暴利时,一种风险与收益对称的市场机制也就有了形成的初步条件。资本市场上的一大结构性矛盾,也就得到了一定的化解。

【技能要求】

1. 一级市场和二级市场存的矛盾是什么?
2. 如何解决一级、二级市场的矛盾? 请谈谈你的看法。

■ 案例分析

【案例情境】

从世界金融史看中国金融市场的发展

金融是现代经济的核心。任何一个国家或地区的崛起都离不开金融的助推和支撑。纵观 500 年世界近现代史,不同时期具有代表性的世界经济强国在崛起的进程中,金融,特别是金融市场对经济均发挥了很强的引领和加速作用。

工业革命不仅是技术创新的结果,而且是金融革命的结果,因为工业革命早期使用的技术创新大多在工业革命之前已出现,而技术革命既没有引发经济持续增长,也没有带来工业革命,其中一个重要原因是已存在的技术创新缺乏筹措大规模资金的金融市场。

从历史的发展来看,在 17 世纪,荷兰得益于国际贸易的飞速发展,最早建立了高效和健全的金融体系,并借此迅速崛起称霸世界。1609 年,荷兰成立世界第一家银行——阿姆斯特丹银行。该银行使阿姆斯特丹迅速成长为欧洲储蓄和兑换中心。到 1660 年,阿姆斯特丹成了一个多边支付体系的核心角色,世界上第一家证券交易所也在阿姆斯特丹成立。17 世纪中叶,阿姆斯特丹成长为欧洲的股票交易中心。银行和股票交易所的设立与发展,推动阿姆斯特丹迅速成为国际金融中心,加上其占主导的国际贸易地位,荷兰货币成为国际贸易结算货币。强大的金融体系进一步推动了荷兰贸易和经济的扩张,使 17 世纪成为荷兰的世纪。随着 17 世纪后半期英国"金融革命"取得巨大成功,英国同样凭借强有力的金融力量迅速崛起,并在

18世纪后半期替代荷兰,成为新的世界大国。1689年,英国政府为英法战争筹集资金,开始了"金融革命"。1694年,英国政府发行公债建立英格兰银行,随后,重新组建东印度公司,并成立南海公司。由此,三者和政府公债创造了一个能为政府大规模筹集资金的资本市场。到18世纪后半期,伦敦超越阿姆斯特丹成为新的国际金融中心。伦敦金融市场的繁荣,扩大和深化了政府债务市场,降低了英国政府的融资成本,从而可以更好地建设军队和发展经济。1816年,英国制定《金本位制度法案》,在世界上首先实行了金本位制,英镑逐渐成为国际货币。英国凭借其经济、军事和金融优势,促成了国际金本位体系在19世纪70年代的最终形成,并从此确立了英国的世界大国地位。英国的世界大国地位随着两次世界大战的爆发以及美国金融业的崛起而被其所取代。1944年,美国凭借其经济实力和金融竞争力,在布雷顿森林举行的货币会议上,和与会国一起通过了《布雷顿森林协定》,从此建立了以美元为中心的国际货币体系。该体系的核心是各国货币与美元挂钩、美元与黄金挂钩,这种"双挂钩"体制使得世界进入固定汇率制时代,促进了国际贸易发展,推动了世界经济在战后的恢复。

【分析要求】

1. 从大国崛起的简要历史叙述中,归纳出金融市场发挥的功能和作用。

2. 中国金融市场未来将如何推进改革。

项目实训

【实训内容】

股票市场交易。

【实训目标】

通过对股票交易过程的模拟,深入理解股票市场交易的风险性和收益性,提高自己投资的分析判断能力;培养学生分析问题能力、解决问题的能力;培养学生资料查询、整理的能力。

【实训组织】

以学习小组为单位,根据自己熟悉的领域分析一到两个行业;从行业中独立选出几只股票,说明理由;在股票模拟操作中买入并观察行情;写出每日操作心得;总结股票模拟操作中遇到的问题并加以改善。

【实训成果】

1. 考核、评价资料采用PPT展示与学生讨论相结合的方式。

2. 采用学生和教师共同评价的方式评分,并完成实训报告,如表11-2所示。

表11-2　　　　　　　　　　　　　实训报告

项目实训班级:	项目小组:	项目组成员:
实训时间:　　年　　月　　日	实训地点:	实训成绩:
实训目的:		

（续表）

实训步骤：
实训结果：
实训感言：

金融体系和金融机构体系

知识 目标

理解：金融体系的概念。

熟知：金融体系结构及分类；金融机构的分类。

掌握：金融机构体系；我国的金融机构体系。

技能 目标

能够具备分析我国目前金融机构体系的合理性和缺陷；能够用金融机构基础知识识别金融机构，初步掌握国际金融体系格局。

素质 目标

具备收集资料、分析资料的能力，具备独立思考、团结协作的能力，注重团队的成绩与荣誉；培养与人沟通、言行举止得体等综合素质能力。

思政 目标

能够正确理解"不忘初心"的核心要义和精神实质；树立正确的世界观、人生观和价值观，做到学思用贯通、知信行统一；通过金融体系和金融机构体系知识，为今后在金融机构工作奠定基础，培养职业情感，良好的心境，具有强烈的职业认同感、职业荣誉感和职业敬业感。

项目 引例

一起诈骗案引发的思考

20世纪90年代中期，在中国的某城市发生了这样一个诈骗案，骗子竟然在该城市的繁华市区开了一家"中国人民银行××街储蓄所"。这家储蓄所开了仅半个多月时间，诈骗金额竟高达上百万元，直至犯罪分子携款潜逃，这起案件才被揭发出来。事实上，早在1984年中国人民银行就开始单独行使中央银行的职能，而中央银行是不可能开办储蓄业务的。

引例 反思

广大民众对金融机构的认识是否正确？如何树立起金融风险控制的观念？

知识 精讲

任务一 金融体系

一、金融体系的概念

所谓金融体系就是指实现资金从储蓄者到使用者的融通、流动和转移的系统。对金融体系的理解有狭义和广义之分，从狭义来看，它是由金融机构、金融市场、金融工具、监管当局和金融制度所构成，与我们通常所说的金融部门或金融系统大致相当；从广义来看，金融体系还应包括实体经济部门的金融方面，即家庭、个人的储蓄和非金融性公司的融资方面，以及与公司融资相联系的公司治理结构和行为。一般来讲，经济学家们大多是在狭义的范畴内使用金融体系的概念。

二、金融体系结构及分类

金融体系结构一般是指金融机构和金融市场的相对规模、比例关系和所占地位。金融机构和金融市场是实现资金融通和流转的两种渠道,金融机构一方面吸收储蓄者的资金,另一方面将资金发放给用资者,充当资金融通的中介,资金供应者与资金需求者并不直接进行交易,故称以金融机构为中介的资金融通为间接融资或间接金融。

金融机构被称为金融中介,可以划分为银行和非银行金融机构,前者包括商业银行、专业银行、信用合作社;后者包括证券公司、保险公司、信托投资公司、财务公司、金融租赁公司、资产管理公司、投资基金、养老金和年金等。

金融市场是指市场参与主体借助金融工具直接进行货币资金融通或开展金融资产交易的场所或网络。市场参与主体主要是资金供给者和资金需求者,包括企业、金融机构、居民个人。

按照银行和金融市场在金融体系中的相对重要性,可以把各国金融体系分为两类,即银行主导型金融体系和市场主导型金融体系。①银行主导型的代表性国家有德国、日本、法国、比利时、葡萄牙、西班牙、意大利、新西兰、印度、阿根廷等。②市场主导型的代表性国家有英国、美国、加拿大、荷兰、澳大利亚、瑞典、南非、韩国、泰国、新加坡、马来西亚等。在每一类里面都有发达国家和发展中国家。

三、金融机构的分类

金融机构也称作金融中介或者金融中介机构,就是指专门从事各种金融活动的组织。金融市场上的各种金融活动都要借助于一定的金融机构来完成,金融机构是金融市场不可缺少的中介主体。一国社会经济条件对该国金融机构体系的构成具有制约作用,各国经济发展状况不同,便形成了不同的金融机构体系。因此,从不同的角度可以将金融机构分为不同的类别。

1. 常见分类

一般来讲,比较常见的分类有以下几种:

(1) 按照融资方式的不同,可以将金融机构划分为:①直接金融机构。直接金融机构是指在直接融资领域中为资金盈余者和使用者提供中介服务的金融机构,其主要业务一般包括证券的发行、经纪、保管、登记、清算、资信评估等,它一般不发行以自己为对象的融资工具,只是协助将筹资者发行的金融工具销售给投资者。②间接金融机构。间接金融机构是指一方面以债务人的身份从资金盈余者借入资金,同时以债权人的身份向用资者提供资金的金融机构,商业银行就是典型的间接金融机构。

(2) 按照金融机构是否经营存款业务,可以将金融机构划分为:①银行。银行可以接受活期存款,具有信用创造功能,可以发挥中介和支付手段的作用,资产业务则是承做短期贷款,以存款负债为基础进行资产运作。②非银行金融机构。非银行金融机构也称为其他金融机构,其资金来源是通过发行股票和债券等渠道筹集起来的,资产业务则主要是以非贷款类金融业务为主,如经营证券承销与经纪、各类保险、信托投资和融资租赁等金融业务。

(3) 按照是否以利润最大化为经营目标,可以将金融机构划分为:①商业性金融机构。商业性金融机构经营以利润最大化为目标,一般不承担国家的政策性融资任务,受到市场竞争规律的支配,如商业银行、证券公司和保险公司等。②政策性金融机构。政策性金融机构是指那些由政府或政府机构发起、出资创立、参股或保证的,不以利润最大化为经营目的,在特定的业务领域内从事政策性融资活动,以贯彻和配合政府的社会经济政策或意图为目的的金融机构。

2. 按经济活动类型分类

现实中的金融机构体系是一个非常多样、复杂的体系,想要明确、细致地逐一分门别类比较困难。联合国统计署统计分类处曾经制定国际标准产业分类法（ISIC），按经济活动类型的分类，把现今世界上的经济活动分成 17 个大类。金融机构就是其中一大类，这一大类包括：

（1）不包含保险和养老基金的金融中介活动。其可以划分为：①货币中介，主要包括中央银行的活动和其他货币中介，其他货币中介主要是指存款货币银行性质的活动。②其他金融中介，主要包括金融租赁活动、其他提供信用的活动（主要是指如农业信贷、进出口信贷、消费信贷等专业信贷的活动）、其他金融中介活动。

（2）保险和养老基金（不包括强制性社会保障）的活动。这方面主要包括生命保险活动、养老基金活动、非生命保险活动。

（3）辅助金融中介的活动。其主要包括金融市场组织和与金融中介有关的其他辅助活动。

3. 按中心产品分类

除按经济活动类型的分类外，还有按中心产品的分类，共分为九个大类。金融产品属于服务性质的产品。金融中介、保险及辅助服务包括的内容是：

（1）金融中介服务——不包括投资银行服务、保险和养老基金服务。其具体包括：中央银行服务，存款、贷款服务，中间业务的服务，金融租赁等。

（2）投资银行服务。其具体包括：投资银行服务，证券买卖服务，证券承销、包销服务等。

（3）保险和养老基金服务（不包括强制性社会保障）。其具体包括：生命保险和养老基金服务，意外伤害和健康保险服务，非生命保险服务等。

（4）再保险服务。

（5）金融中介辅助服务。其具体包括：与投资银行有关的服务，如合并与收购服务、公司理财和风险投资服务；经纪服务、证券交易的处理和结算服务；金融资产管理、信托、委托服务；与金融市场有关的营运服务和管理服务。

（6）保险和养老基金辅助服务。

4. 按交易主体分类

国民核算体系（SNA）对金融业从交易主体或资金收支角度进行划分，将金融机构划分为：①中央银行。②其他存款公司。③不是通过吸纳存款的方式而是通过在金融市场上筹集资金并利用这些资金获取金融资产的其他金融中介机构，如投资公司、金融租赁公司，以及消费信贷公司等。④金融辅助机构，如证券经纪人、贷款经纪人、债券发行公司、保险经纪公司以及经营各种套期保值的衍生工具的公司等。⑤保险公司和养老基金。

任务二　金融机构体系

一、银行机构

（一）中央银行

中央银行也称货币当局，是在西方国家银行业发展过程中，从商业银行中独立出来的一种银行。在当代经济社会中，几乎所有的国家或地区都有中央银行或类似中央银行的金融机构。中央银行是各国金融机构体系的中心和主导环节，对内代表国家对整个金融体系实行领导和管理，维护金融体系的安全运行，实施宏观金融调控，是统制全国货币金融的最高机构；对外是一国货币主权的象征。

各国国家中央银行的制度形式有四种：①单一的中央银行制度，即在一国范围内单独设立一家统一的中央银行，通过总分行制，集中行使金融管理权，多数西方国家是这种制度，如英国。②二元的中央银行制度，即在一国范围内建立中央和地方两级相对独立的中央银行机构，分别行使金融管理权,如美国、德国。③跨国中央银行制度,即几个国家共同组成一个货币联盟,各成员国不设本国的中央银行,而由货币联盟执行中央银行职能。④准中央银行制度,即一个国家或地区只设类似中央银行的机构,或由政府授权某个或某几个商业银行行使部分中央银行职能,如新加坡、中国香港。

(二) 商业银行

商业银行也称存款货币银行,一般以经营工商业存贷款为主要业务,并为顾客提供多种服务,通过办理转账结算实现国民经济中的绝大部分货币周转,起着创造存款货币的作用。在西方国家,商业银行以机构数量多、业务渗透面广和资产总额比重大而成为金融机构体系中的重要力量。它是最早出现的现代银行机构,居于其他金融机构不能代替的重要地位。1694年成立的英格兰银行,采用资本主义的股份制组建,在各个方面更接近于今天的商业银行,所以一般认为英格兰银行的建立标志着现代银行制度的初步建立。

(三) 专业银行

专业银行是指专门经营指定范围业务和提供专门性金融服务的银行。其特点有:①专门性。专业银行是社会分工发展在金融业的表现,其业务具有专门性,其服务对象是某一特定部门或领域。②政策性。专业银行的设置往往体现了政府支持和鼓励某一地区、某一领域发展的政策指向,其中开发银行、进出口银行等专业银行的贷款,具有明显的优惠性,如政府贴息和保险,以及借款期限和还款限期较长等。③行政性。专业银行的建立往往有官方背景,有的就是政府银行或政府代理银行。专业银行种类甚多、名称各异,这里仅介绍其中主要的几种。

1. 储蓄银行

储蓄银行是指专门办理居民储蓄,并以储蓄存款为主要资金来源的专业银行。储蓄银行的名称各国有所不同,有的甚至不以银行相称,如在美国称为信贷协会、储蓄贷款协会等,英国称之为信托储蓄银行,日本称之为储蓄银行等,但功能基本相同。由于储蓄银行直接服务于广大居民,因而其数量在各国都较多。储蓄银行既有私营的,也有公营的。

这类银行的服务对象主要是居民消费者,资金来源主要是居民储蓄存款,储蓄存款的金额虽比较零星分散,但存款期限比较长、流动性较小。资金运用主要是为居民提供消费信贷和其他贷款等,由于储蓄存款余额较为稳定,因此主要用于长期信贷和长期投资,如发放抵押贷款,投资政府债券、公司债券、股票等。

2. 抵押银行

抵押银行是不动产抵押银行的简称,是指专门从事以土地、房屋和其他不动产为抵押办理长期贷款业务的银行。抵押银行的资金来源,主要是发行不动产抵押证券募集。其长期贷款业务可分为两类:一类是以土地为抵押品的长期贷款,贷款的对象主要是土地所有者或农场主;另一类是以城市不动产为抵押品的贷款,贷款的对象主要是房屋所有者或经营建筑业的投资者。抵押银行有不同的名称,如法国的房地产信贷银行、美国的联邦住房放贷银行、德国的私人抵押银行和公营抵押银行。抵押银行有公营、私营和公私合营三种形式。

3. 农业银行

农业银行是指在政府指导和资助下,专门为农业、畜牧业、林业、渔业的发展提供金融服务的银行。农业银行在不同国家也有不同的名称,如美国的联邦土地银行、联邦中期信贷银行、合作社银行,法国的土地信贷银行、农业信贷银行,德国的农业抵押银行,日本的农林中央金库、农(渔)业协同组合联合会、农林渔业金融公库等。近年来,不少农业银行的业务范围逐渐超出单纯农业信贷业务的界限。有些国家已准许农业银行办理商业银行业务。

4. 开发银行

开发银行是指专门为经济开发提供投资性贷款的专业银行。这类银行是专门为满足经济社会发展长期投资需要而设立的银行。这类投资具有投资量大、见效慢、周期长、风险大等开发性特点，一般商业银行不愿意承担。开发银行多为国家或政府创办，不以营利为目的。开发银行是一种重要的专业银行，可分为三种：①国际性。国际性开发银行由若干国家共同设立，其中最著名的是国际复兴开发银行(简称世界银行)。②区域性。区域性开发银行主要由所在地区的成员国共同出资设立，如泛美开发银行和亚洲开发银行。③本国性。本国性开发银行由政府在国内设立，为国内经济的开发和发展服务，其资金来源主要是在国内发行债券。

5. 进出口银行

进出口银行是指专门为对外贸易提供结算、信贷等国际金融服务的银行。创建进出口银行的宗旨是推动本国进出口贸易，特别是大型机电设备的出口贸易，加强国际金融合作，广泛吸引国际资本，搜集国际市场信息。进出口银行一般是政府的金融机构，如日本的输出入银行、美国的进出口银行等。有些国家的进出口银行属半官方性质，如法国的对外贸易银行。由于进出口银行在经营原则、贷款利率等方面都带有浓厚的官方色彩，因而本质上是一种政策性银行。进出口银行的主要业务是提供各种出口信贷。

6. 住房信贷银行

住房信贷银行是指专门为居民购买住房提供金融服务的金融机构。美国称其为住房信贷体系，与农业信贷体系和进出口银行一样同属于联邦代理机构，具体包括联邦住房贷款银行委员会及其所属银行、联邦住宅抵押贷款公司、联邦住宅管理局、联邦全国抵押贷款协会等机构；日本称之为住宅金融公库，属于政府的金融机构；英国称之为住房协会，其资金来源主要是协会会员缴纳的股金和吸收存款(美国和日本的这类金融机构可以发行债券和接受政府资金)，住房协会吸收的股金和存款一律付息，利息通常高于银行，且有减免税优惠，这就使得住房协会对小额储蓄者具有很大的吸引力。

此外，还有专门为中小企业服务的银行、抵押银行、海外银行等专业银行。

二、非银行金融机构

(一) 投资银行

投资银行的称法流行于美国和一些欧洲大陆国家。除此之外，它还有许多名称，如英国称之为商人银行、法国称之为实业银行、日本称之为证券公司。所谓投资银行是指专门经营长期投资业务的银行，投资银行虽称为银行，但并不能办理商业银行的传统业务，也不同于信托公司或投资公司。

投资银行的资金来源主要靠发行自己的股票和债券。投资银行不得吸收存款，在一些国家虽准许投资银行吸收存款，但也主要是吸收定期存款。投资银行主要是作为证券发行公司和证券投资者的中介，其具体的业务主要有：①承销证券的发行。②经纪业务。③自营业务。④收费的银行业务。此外，有些投资银行也兼营中长期贷款、黄金与外汇买卖及租赁业务等。

视频

投资银行

(二) 投资基金

世界上最早的投资基金是英国于1886年成立的海外殖民信托基金。投资基金，在美国称为共同基金，在英国称为单位信托基金，在日本称为证券投资信托。所谓投资基金就是指通过发行基金股票或基金受益凭证将众多投资者的资金集中起来，直接或委托他人将集中起来的资金投资于各类有价证券或其他金融商品，并将投资收益按原始投资者的基金股份或基金受益凭证的份额进行分配的一种投资金融中介机构。

根据投资基金的组织形式不同，可以分为：①契约型投资基金。契约型投资基金是指基金的设定人(基金经理或基金管理公司)设计特定类型的基金，以信托契约的形式发行受益凭证，募集投资者的定期资金，进行运营和投资，它包括委托人(基金经理公司)、受托人(基金保管银行或公司)、投资人(受益人)三个当事人。日本、韩国、新加坡等国家的投资基金多属于这种类型。②公司型投资基金。公司型投资基金是指通过组建基金股份公司来发行基金股票、募集投资者的资金,由公司投资经理部门或委托其他投资管理公司操作投资,并以基金股息、红利形式,将收益分配给投资者,基金资产的保管与业务处理可以由公司本身负责,也可以委托银行办理。公司型投资基金的最大特点是基金与投资者之间的关系是股份公司与股东的关系。美国绝大部分投资基金属于此类型。

根据交易方式的不同,投资基金可以分为:①开放型投资基金。开放型投资基金就是基金股权是开放的,投资者随时可以购买基金(即申购),持股人也随时可卖出基金(即赎回)。②封闭型投资基金。封闭型投资基金是指一次发行一定数量股份,以后不再追加,一般不允许退股,只能在二级市场上转让。

(三)保险公司

保险公司是专门经营保险或再保险业务的专业性金融机构。西方国家的保险业十分发达,各类保险公司甚至已经成为各国最重要的非银行金融机构。保险公司的业务范围分为两大类:①财产保险业务,具体包括财产损失保险、责任保险、信用保险等业务。②人身保险业务,具体包括人寿保险、健康保险、意外伤害保险等业务。

按照保险种类分,有形式多样的保险公司,如人寿保险公司、财产保险公司、灾害和事故保险公司、老年和伤残保险公司、信贷保险公司、存款保险公司、再保险公司等。其中,人寿保险公司的规模最大,并且兼有储蓄银行的性质。保险公司的资金运用业务,主要是长期证券投资,如投资于公司债券和股票、市政债券、政府公债,以及发放不动产抵押贷款、保单贷款等。

(四)退休或养老基金会

这类机构是指雇主或雇员按期缴付工资的一定比例,在退休后,可取得一次付清或按月支付的退休养老金。退休或养老基金会是第二次世界大战后迅速发展起来的,目前普遍存在于市场经济国家。其资金来源,一方面来自雇员工资一定比例的扣缴及雇主的相应比例缴款,另一方面来自积聚资金的投资收益。

(五)邮政储蓄机构

邮政储蓄机构是一种与邮政部门关系密切的非银行金融机构,主要经营小额存款,其吸收的存款一般不用提缴准备金,其资金运用一般是存入中央银行或购买政府债券。这种金融机构的设立最初是为了利用邮政部门广泛的分支机构,提供廉价有效的邮政汇款服务,提高结算速度,加速资金周转,因此在各国发展比较普遍。近年来,邮政储蓄机构在朝两个方向发展:一种是逐步回归到商业银行性质;另一种是在政府支持下,变成一种公共事业,为社会提供各种服务,便利人们的生活。西方典型的邮政储蓄机构是英国在1861年创立的国民储蓄银行。

(六)信用合作社

信用合作社是指一般由个人集资联合组成,以简便的手续和较低的利率向成员提供信贷服务,是以互助为主要宗旨的合作金融组织。它们的资金来源于合作社成员缴纳的股金和吸收存款,贷款主要用于解决其成员的资金需要。起初,信用合作社主要发放短期生产贷款和消费贷款。现在,一些资金充裕的信用合作社已开始为解决生产设备更新、改进技术等提供中长期贷款,并逐步采取了以不动产或有价证券为抵押的贷款方式。

(七)信托投资公司

信托投资公司是一种以受托人的身份代人理财的金融机构。它的业务非常广泛,通常包括办理信托存款、办理信托贷款和投资、代理发行企业股票和国家债券、代理买卖和出租房地产、代管财产、办理遗产转让和代理保管业务等。其资金来源是客户委托存款、委托贷款、委托投资所集聚的资金和经济联合体的投资,其投资对象一般是股票、债券和不动产抵押证券。信托投资公司业务具有收益高、责任重、风险大、管理复杂等特点。目前,国际上信托投资公司的投资业务大多分为两类:一类是以某公司的股票和债券为经营对象,通过证券买卖和股利、债息获取收益;另一类是以投资者身份直接参与对企业的投资。

(八)金融公司

金融公司,也称作财务公司,是指通过发行商业票据、股票、中长期债券或从银行借款获取资金,对个人或企业发放小额贷款,满足借款人特定融资需要的金融机构。金融公司主要有三种,具体包括:①销售金融公司。此类金融公司往往与大企业结合在一起,或者为融资标的商品的制造厂商所拥有,或者为想购买这些商品的零售商所拥有,为促进销售这些商品而提供融资。②消费者金融公司。消费者金融公司,也称作小额贷款公司,主要为消费者提供购买家具、家用电器及房屋维修等的小额贷款,或者为消费者提供已到期的小额债务再融资。③企业金融公司。企业金融公司主要是通过购买或保管应收账款而向企业提供融资。这种金融公司也从事设备租赁业务,它们应企业的要求购买设备,并以事先商定的租金和租期将设备租给客户,为企业提供融资服务。

(九)金融租赁公司

金融租赁公司是专门经营租赁业务的公司,是租赁设备的物主,通过提供租赁设备而定期向承租人收取租金。金融租赁公司开展业务的过程是:①租赁公司根据企业的要求,筹措资金,提供以融物代替融资的设备租赁。②在租期内,作为承租人的企业只有使用租赁物件的权利,没有所有权,并要按租赁合同规定,定期向租赁公司交付租金。③租期届满时,承租人向租赁公司交付少量的租赁物件的名义货价(即象征性的租赁物件残值),双方即可办理租赁物件的产权转移手续,至此,租赁物件即正式归承租人所有,称为"留购";或者办理续租手续,继续租赁。金融租赁在发达国家已经成为设备投资中仅次于银行信贷的第二大融资方式。

金融租赁公司的主要业务有:①用于生产以及科、教、文、卫、旅游、交通等方面的动产、不动产的租赁、转租赁、回租租赁业务。②租赁业务所涉及的标的物的购买业务;出租物和抵偿租金产品的处理业务;向金融机构借款及其他融资业务。③吸收特定项目下的信托存款。④租赁项目下的流动资金贷款业务;外汇及其他业务。

任务三　我国的金融机构体系

我国目前形成了以中国人民银行为领导,商业银行为主体,多种金融机构并存、分工协作的金融机构体系。我国采用单一型中央银行制度的一元式机构设置,采取总分行制度。

一、银行机构

(一)中国人民银行

1983年9月,国务院决定中国人民银行专门行使中央银行职能。作为我国中央银行的中国人民银行,是在国务院领导下制定和实施货币政策并对金融业实施监督管理的国家机关。它是我国的发行银行、银行的银行和政府(国家)的银行,也是在国务院的领导下制定和执行货币政策、维护金融稳定、提供金融服务的宏观调控部门。

根据《中华人民共和国中国人民银行法》的规定,中国人民银行的具体职责有:①发布与履行其职责有关的命令和规章。②依法制定和执行货币政策。③发行人民币,管理人民币流通。④监督管理银行间同业拆借市场和银行间债券市场。⑤实施外汇管理,监督管理银行间外汇市场。⑥监督管理黄金市场。⑦持有、管理、经营国家外汇储备、黄金储备。⑧经理国库。⑨维护支付、清算系统的正常运行。⑩指导、部署金融业反洗钱工作,负责反洗钱的资金监测。⑪负责金融业的统计、调查、分析和预测。⑫作为国家的中央银行,从事有关的国际金融活动。⑬国务

视频

中央银行
的职能

院规定的其他职责。中国人民银行的分支机构是根据履行职责的需要而设立。作为派出机构，它们根据中国人民银行的授权，负责其辖区内的金融监督管理，承办有关业务。

2017年成立的国务院金融稳定发展委员会，"一行三会"（即：中国人民银行、中国银行业监督管理委员会、中国证券监督管理委员会和中国保险监督管理委员会）成为了历史，形成"一委一行两会"（即：国务院金融稳定发展委员会、中国人民银行、中国银行保险监督管理委员会简称银保监会①、中国证券监督管理委员会）的新格局形成。

（二）商业银行

中国工商银行、中国农业银行、中国银行和中国建设银行四家国有控股银行在我国金融机构体系中占据了主体地位。按照《中华人民共和国商业银行法》的规定，国有商业银行的业务经营范围包括：吸收公众存款；发放短期、中期和长期贷款；办理国内外结算；办理票据承兑贴现；发行金融证券；代理发行、代理兑付、承销政府债券；买卖政府债券、金融债券；从事同业拆借；买卖、代理买卖外汇；从事银行卡业务；提供信用证服务及担保；代理收付款项及代理保险业务；提供保管箱服务；办理经中国人民银行批准的其他业务。

1986年，国家决定重新组建股份制商业银行——交通银行。在这前后，陆续建立了一批全国性商业银行，如中信实业银行、中国光大银行、华夏银行、中国民生银行、广东发展银行、深圳发展银行②、招商银行、福建兴业银行、上海浦东发展银行等。

（三）政策性银行

政策性银行是指由政府投资设立的、根据政府的决策和意向专门从事政策性金融业务的银行。它们的活动不以营利为目的，并且根据具体分工的不同，服务于特定的领域，所以也有政策性专业银行之称。政策性银行在从事业务活动中，均贯彻不与商业性金融机构竞争、自主经营与保本微利的基本原则。其资金来源主要有以下渠道：①财政拨付。②由原来的各专业银行划出的资本金。③发行金融债券。目前，我国的政策性银行有3家：国家开发银行、中国进出口银行和中国农业发展银行。

1. 国家开发银行

中国国家开发银行成立于1994年，总部设在北京，是直属国务院领导的、政府全资拥有的国家政策性金融机构，经批准可在国内外设置必要的办事机构。2008年12月16日，国家开发银行转为国家开发银行股份有限公司，当日在北京挂牌，转型为商业银行。2015年3月，国务院明确国家开发银行定位为开发性金融机构。2019年7月，发布2019《财富》世界500强，国家开发银行排名67位。2019年9月1日，2019中国服务业企业500强榜单在济南发布，国家开发银行股份有限公司排名第9位。"一带一路"中国企业100强榜单排名第73位。2019年12月，国家开发银行入选2019中国品牌强国盛典榜样100品牌。

2. 中国进出口银行

中国进出口银行成立于1994年7月1日，总部设在北京，主要职责是执行国家产业政策、对外经贸政策、金融政策和外交政策，为扩大机电产品和成套设备等资本性货物出口提供政策性金融支持。其经办的主要业务包括：出口信贷的转贷、国际银行间及银团贷款业务、对外经济技术合作等项目。

3. 中国农业发展银行

中国农业发展银行为中央金融企业，是直属国务院领导的中国唯一的一家农业政策性银行，

---

① 2018年4月8日上午，中国银行保险监督委员会正式挂牌，中国银行业监督管理委员会和中国保险监督管理委员会成为历史。

② 2012年6月14日，深圳发展银行正式公告，深圳发展银行已完成吸收合并平安银行的所有法律手续，深圳发展银行和平安银行已经正式合并为一家银行——平安银行。

1994年11月挂牌成立,总部设在北京。其主要职责是按照国家的法律法规和方针政策,以国家信用为基础筹集资金,承担农业政策性金融业务,代理财政支农资金的拨付,为农业和农村经济发展服务。

二、非银行金融机构

目前,随着我国金融改革的不断推进和深化,非银行金融机构得到较为迅速的发展,不仅在数量上日益增多,而且在种类上也更加多样,使得金融机构体系分工不断细化和丰富。

(一)保险公司

1988年以前,保险业由中国人民保险公司独家经营。后来,我国保险业发展迅速,保险市场主体逐步增加。例如,中国太平洋保险公司、中国平安保险公司、华泰财产保险有限公司、新华人寿保险有限公司、泰康人寿保险有限公司等多家保险公司先后加入保险系统。其间,地方也有组建寿险公司的。1996年7月,中国人民保险公司改建为中国人民保险(集团)公司,简称中保集团,下设中保财产、中保人寿和中保再保险三家保险有限公司,实行产、寿险分业经营。根据《中华人民共和国保险法》确立的商业保险与社会保险分开经营的原则,17家地方寿险公司全部并入中保人寿保险有限公司。1998年10月,为进一步促进我国保险事业健康发展,撤销了中国人民保险(集团)公司,其上述三家子公司分别更名为中国人民保险公司、中国人寿保险公司、中国再保险公司;中保集团所属的其他海外经营性机构全部划归香港中国保险(集团)有限公司管理。根据《中华人民共和国保险法》的规定,保险公司积聚的资金,除用于理赔给付外,其余只限于银行存款、政府债券、股票、金融债券及证券投资基金。目前国内一共有人身保险公司91家、财产保险公司88家。这是已经在银保监会注册,并且有相关信息公开的正规保险公司。比较知名的人寿保险公司有中国人寿、太平洋保险人寿、平安人寿、新华人寿等,知名的财险公司有人保、平安财险、太保财险等。

(二)证券公司(投资银行)

证券公司又称券商,是指由证券主管机关批准设立的以经营证券业务为主的非银行金融机构。在我国没有投资银行的称谓,但为数众多的证券公司实际是金融机构体系中投资银行这一环节的主要力量。

我国证券公司的业务范围一般包括:代理证券发行业务;自营、代理证券买卖业务;代理证券还本付息和红利的支付;证券的代保管和签证;接受委托代收证券本息和红利;接受委托办理证券的登记和过户;证券抵押贷款;证券投资咨询业务等。1999年7月1日开始实施的《中华人民共和国证券法》明确了综合类证券公司和经纪类证券公司的分类管理原则。前者可从事证券承销、经纪、自营业务,而后者只能从事证券经纪类业务。2019年,全国133家证券公司总资产为7.26万亿元,净资产为2.02万亿元。截至2020年底,证券行业总资产为8.90万亿元,净资产为2.31万亿元,分别同比增加22.50%、14.10%。

(三)投资基金

我国的投资基金最早产生于20世纪80年代后期,1987年,中国银行和中国国际信托投资公司共同推出面向海外投资者的基金。1991年,武汉成立我国第一家面向国内投资者的"武汉证券投资基金"。1992年9月,中国国际信托投资公司与英国KB银行联合发起中国投资发展基金;10月,香港中银集团发起成立中银中国基金;11月,经中国人民银行批准,在淄博成立了淄博乡镇企业投资基金。

我国较为规范的证券投资基金产生于1997年11月《证券投资基金管理暂行办法》。2000年10月,证监会发布《开放式投资基金试点办法》,这标志着我国进入开放式基金试点的阶段。截至2020年11月底,我国境内共有基金管理公司132家,其中中外合资公司44家,内资公司

88家；取得公募基金管理资格的证券公司或证券公司资管子公司共12家，保险资管公司2家。以上机构管理的公募基金资产合计18.75万亿元。

风险投资基金在我国也有较大发展。风险投资主要服务于创业型的企业，其退出的机制有两种：一种是，所投资的企业完成IPO；另一种是，所投资的企业被收购。

（四）金融资产管理公司

1999年3月至10月，我国先后建立了四家由国家投资的特定政策性金融资产管理公司——华融、长城、东方、信达，分别收购、管理和处置从工、农、中、建四家国有独资商业银行剥离出来的不良资产。组建金融资产管理公司是为了达到三个目的：①改善四家国有独资商业银行的资产负债状况，化解潜在的金融风险，提高其国内外资信。②运用特殊的法律地位和专业化优势，通过建立资产回收责任制和专业化经营，实现不良贷款价值回收最大化，以最大限度保全资产、减少损失。③通过金融资产管理，对符合条件的企业实施债权转股权，支持国有大中型亏损企业摆脱困境，并按照现代企业制度的要求转换经营机制，建立规范的法人治理结构。

（五）信托投资公司

我国的信托投资公司是在经济体制改革后开始创办起来的。1979年，设立了中国国际信托投资公司，现已发展为金融、投资、贸易、服务相结合的综合性经济实体。后又陆续设立了一批全国性信托投资公司。信托投资公司中有相当一部分是由银行系统出资创办的，也有由国务院或国务院各部委创办的，更多的则是由各级地方政府出资组建的。我国信托投资公司的建立之初，虽以信托为名，但实际却是经营一般的商业银行业务。之后，我国多次对信托行业进行整顿规范。2007年，《信托公司管理办法》和《信托公司集合资金信托计划管理办法》出台，将原来的信托投资公司统一改称为信托公司，对信托公司自有资金的投资范围、信托业务的发展方向、信托资金的管理模式等涉及信托业发展、定位的核心问题作出了新的规定。

（六）信用合作社

信用合作社是农村信用合作社和城市信用合作社的统称。它们是群众性的合作制金融组织，是对我国银行体系的必要补充和完善，对我国城乡集体企业、个体工商户和居民个人之间的资金融通起了很好的作用。

信用合作社是合作制金融组织，是与股份制不同的产权组织形式。不同之处在于：①入股方式不同。股份公司一般自上而下控股，下级为上级所拥有；合作制则自下而上参股，上一级机构由下一级机构入股组成，并被下一级机构所拥有，基层社员是最终所有者。②经营目标不同。股份制企业以利润最大化为目标；而合作组织的主要目标是为社员服务。③管理方式不同。股份制实行一股一票，大股东控权；合作制实行一人一票，社员不论入股多少，具有同等权利。④分配方式不同。股份制企业的利润主要用于股东分红，积累要量化到某一股份；而合作组织盈利主要用于积累，积累归社员集体所有。

我国的农村信用合作社是在20世纪50年代中期组建起来的，改革开放后由中国农业银行建立，其隶属于农行，不具有合作的性质。在近些年的发展中，在经济比较发达地区，一些信用合作社实质上已发展成为小型商业银行。在经济发展比较落后的地区，大量信用合作社的处境相当困难，难以自负盈亏。

（七）财务公司

我国财务公司始于由企业集团组建的第一家企业集团财务公司，建立于1987年5月，为东风汽车工业财务公司。财务公司的宗旨和任务是，为本企业集团内部各企业筹资和融通资金，促进其技术改造和进步。财务公司在业务上受中国人民银行领导、管理、监督与稽核，在行政上则隶属于各企业集团，是实行自主经营、自负盈亏的独立企业法人。我国财务公司的业务有：存款、贷款、结算、票据贴现、融资性租赁、投资、委托以及代理发行有价证券等。从今后规范要求的角度看,财务公司的特点就是为集团内部成员提供金融服务,其业务范围、主要资金来源与资金运用都应限定在集团内部,而不能像其他金融机构一样到社会上去开拓生存空间。截至 2019 年,财务公司资产合计 7.6 万亿元,负债合计 6 万亿元,所有者权益超过 1 万亿元。

(八)金融租赁公司

我国的融资租赁业起源于 1981 年 4 月,最早的租赁公司以中外合资企业的形式出现,其初始动机是引进外资,1981 年 7 月成立了首家由中资组成的非银行金融机构——中国租赁有限公司。金融租赁公司的创建,大多是由银行、其他金融机构以及一些行业主管部门合资,如中国租赁有限公司、东方租赁有限公司等。

2007 年,当时的银监会修订了《金融租赁公司管理办法》,重新允许合格金融机构参股或设立金融租赁公司。随后,中国工商银行、中国建设银行、中国交通银行、民生银行和招商银行先后向银监会提交设立金融租赁公司的申请。2007 年 11 月,由中国工商银行独资设立的工银金融租赁公司开业,这是在商业银行退出租赁行业十余年后的再次进入,其他 4 家商业银行筹建金融租赁公司的申请也通过银监会批准,获准开业。允许商业银行开办融资租赁业务,有助于推动我国商业银行综合化经营,它有利于商业银行提升核心竞争力。商业银行的介入,也有助于提升融资租赁行业的整体发展水平。截至 2020 年底,全国共有 71 家金融租赁公司。

(九)邮政储蓄机构

1986 年 2 月,全国开办邮政储蓄业务,并在邮政总局下设立邮政储汇局。依照规定,邮政网点吸收的储蓄全部缴存中国人民银行;邮政储蓄存款成为中国人民银行的一项信贷资金来源。2007 年 3 月 20 日,中国邮政储蓄银行正式挂牌成立。2012 年 1 月 21 日,经国务院同意并经中国银行业监督管理委员会批准,中国邮政储蓄银行有限责任公司依法整体变更为中国邮政储蓄银行股份有限公司。2015 年,邮储银行引入十家境内外战略投资者,进一步提升了综合实力。在"2016 年全球银行 1 000 强排名"中,邮储银行总资产位居第 22 位,经营范围已由初期的人民币储蓄和汇兑业务,发展成本外币负债类业务、代理类中间业务和以债券投资与协议存款为主的资产类业务以及经营商业银行法规定的各项业务,拥有营业网点超过 4 万个,服务个人客户超过 5 亿人,拥有优异的资产质量和显著的成长潜力。2016 年,邮储银行在香港交易所主板上市,2019 年 12 月,邮储银行在上交所挂牌上市,圆满完成"股改—引战—A、H 两地上市"三步走改革目标。

■ 应 知 考 核 ■

一、单项选择题

1. 世界上第一家股份制银行是 1694 年成立的(   ),它的成立标志着现代商业银行的诞生。

   A. 德意志银行　　　　　B. 法兰西银行　　　　　C. 英格兰银行　　　　　D. 日本银行

2. 在一个国家或地区的金融监管组织机构中居于核心位置的机构是(   )。

   A. 社会性公律组织　　　　　　　　　　　B. 行业协会

   C. 中央银行或金融管理局　　　　　　　　D. 分业设立的监管机构

3. 在我国,执行中央银行职能的是(   )。

   A. 中国银行　　　　　B. 中国人民银行　　　　　C. 中国建设银行　　　　　D. 中国工商银行

4. 2003 年,随着(   )的成立,银行、证券、保险——中国金融业"分业经营,分业监管"的框架最终完成,新中国成立 50 多年来中国人民银行集货币政策与银行监管于一身的"大一统"时代也宣告结束。

   A. 中国人民银行　　　　　B. 保监会　　　　　C. 证监会　　　　　D. 银监会

5. 1986 年,国家决定重新组建的股份制商业银行是(   )。

   A. 交通银行　　　　　B. 中国银行　　　　　C. 中国农业银行　　　　　D. 中国工商银行

二、多项选择题

1. 银行类金融机构按其在经济中的功能可分为(   )。

A. 国有银行   B. 中央银行   C. 商业银行   D. 专业银行

2. 不以营利为目的的银行有（　　）。

A. 商业银行   B. 投资银行   C. 开发银行   D. 抵押银行

3. 非银行金融机构的构成庞杂，其中包括（　　）。

A. 保险公司   B. 投资公司   C. 信用合作组织   D. 基金公司

4. 投资银行的主要业务包括（　　）。

A. 为居民提供消费信贷和其他贷款   B. 代理证券还本付息和红利的支付

C. 证券抵押贷款   D. 代办发行或包销工商企业的股票和债券

5. 1994 年，为适应金融机构体系改革的需要，使政策性金融与商业性金融相分离，我国相继成立了（　　）等政策性银行。

A. 国家开发银行   B. 中国进出口银行   C. 中国农业发展银行   D. 交通银行

三、判断题

1. 单一的中央银行制度通过总分行制，集中行使金融管理权。　　　　　　　　　　（　　）
2. 中国香港实行跨国中央银行制度。　　　　　　　　　　　　　　　　　　　　（　　）
3. 在投资银行的称呼中，法国称之为实业银行、日本称之为证券公司。　　　　　（　　）
4. 中国农业银行是政策性银行。　　　　　　　　　　　　　　　　　　　　　　（　　）
5. 证券公司又称投资银行。　　　　　　　　　　　　　　　　　　　　　　　　（　　）

四、简述题

1. 金融体系的构成与分类是怎样的？
2. 金融体系是如何实现资源配置功能的？
3. 金融机构体系一般由哪些金融机构构成？
4. 试述我国当前金融机构体系的构成。
5. 我国的政策性金融机构的主要内容是什么？

■ 应会考核 ■

■ 观念应用

【背景资料】

重庆力帆财务有限公司票据风险案

昔日"摩托车大王"重庆力帆走到了破产境地，旗下财务公司所涉及的一系列票据风险也相继暴露。

继宝塔石化集团有限公司（以下简称宝塔石化）财务公司拒付案件之后，重庆力帆财务有限公司（以下简称重庆力帆）成为第二家大规模票据得不到兑付的集团财务公司，并在市场上造成较大的负面影响。

据悉，由于财务公司开具的票据为银行承兑汇票，该类票据此前在市场有较高的信誉度和较强的流通能力。然而，宝塔石化和重庆力帆两家集团企业的财务公司在票据兑付上暴露重大风险之后，一些企业和金融机构对此类票据出现了区别对待的情况。

1. 大批票据拒付

2020 年 9 月以来，各地法院密集公布了重庆力帆一批票据纠纷案件。9 月 16 日，重庆自由贸易试验区人民法院公布一则民事判决书，涉及上海士诺健康科技股份有限公司（以下简称士诺健康）与重庆理想制造汽车有限公司（以下简称理想制造）、重庆力帆的票据纠纷。上述判决书显示，2018 年 10 月 31 日，理想制造作为出票人签发了电子银行承兑汇票，承兑人为重庆力帆，该票据依次背书转让给重庆厚升机电有限公司和重庆阿普达空气净化设备有限公司。2018 年 12 月 24 日，重庆阿普达空气净化设备有限公司为支付货款，将该汇票背书转给士诺健康，汇票金额为 21 万元，到期时间为 2019 年 4 月 30 日。在该银行承兑汇票到期后，重庆力帆签收票据一直处于"结束，已结清"状态，却未支付票据款项。法院在判决中认为，重庆力帆的行为足以表明其拒绝付款的意思，持票人可向出票人理想制造和承兑人重庆力帆行使追索权。此外，公开信息显示，宁波福尔达智能科技有限公司等一批公司均持有重庆力帆未实际兑付的票据，上述公司也将重庆力帆告上法庭。

值得一提的是,作为国内钢铁集团排名前五的鞍钢股份有限公司于2019年8月1日发布公告称,该公司在销售商品过程中,收取的部分货款为金融机构开出的银行承兑汇票,其中3.38亿元银行承兑汇票逾期未偿付,该事件引发了市场的高度关注。其后证实,上述票据来自三家财务公司,重庆力帆就是其中之一。重庆力帆在纠纷案审理中称,其因为资金紧张,票据金额确实没有支付,公司正在面临企业重组,需要按照重组金额支付票据金额;同时,公司账户收支均受到银保监会监管,无法自行确定清偿的顺序和方式。

2. 财务公司票据"很受伤"

一位资深票据业内人士表示,宝塔石化和重庆力帆两家公司的票据案件对财务公司票据在整个市场上造成了很大的负面冲击。财务公司票据属于银行承兑汇票,与一般商票有很大区别。银行承兑汇票是银行信用,且兼具开票行和转贴现的信用,极少出现到期未偿付的情况。接连出现的财务公司票据风险让企业和银行在接受该类票据时更加谨慎,这也说明市场的信任度有所降低。

2019年7月,银保监会针对企业集团财务公司承兑汇票逾期未兑付风险事件专门发布了《关于进一步加强企业集团财务公司票据业务监管的通知》,进一步加强财务公司票据业务监管,防范票据业务风险。

【考核要求】

根据上述资料,分析票据业务是否是财务公司业务。

■ 技能应用

【背景资料】

广东省国际信托投资公司破产案

1999年1月10日,广东省国际信托投资公司(以下简称广东国际信托)由于严重资不抵债,向法院提出破产申请。当年1月16日,广东省高级人民法院认定,广东国际信托及其全资4家子公司因不能清偿到期境内外债务,符合法定破产条件,裁定进入破产还债程序,由法院指定的清算组接管破产企业。与此前发生的广东发展银行收购"中银信托"、关闭海南发展银行等金融机构市场退出案例不同的是:广东国际信托破产是中国首家金融机构破产案,是我国金融机构市场退出中首例通过人民法院宣布破产后进入退出程序的。它打破了我国金融机构不能破产的"神话"。

广东国际信托是1980年7月经广东省人民政府批准建立的企业,1983年被中国人民银行批准为非银行金融机构并享有外汇经营权,接着在1989年又被国家主管机关确定为全国对外借款窗口,并被称为广东省人民政府的"窗口公司"。20世纪80年代末期,广东国际信托的经营规模不断扩大,逐渐从单一经营信托业务,发展成为以金融和实业投资为主的企业集团,在广东省内的投资曾有3 000多项,经营规模在中国信托业中居第二位,成为广东省最大的非银行金融机构。但是长期以来,广东国际信托经营管理较为混乱,存在大量高息揽存、账外经营、乱拆借、乱投资等违规经营行为,致使不能支付巨额到期债务,严重资不抵债。1998年10月6日,中国人民银行对广东国际信托进行关闭处理。经过三个月的清算,初步查明广东国际信托的资产总额为214.71亿元,负债361.65亿元,资产负债率高达168.23%,资不抵债达146.9亿元。鉴于财务状况严重恶化,不能清偿到期债务呈连续状态,1999年1月,广东国际信托及其全资深圳公司、广东国际租赁公司和广信企业发展公司分别向广东省高级人民法院、深圳市中级人民法院和广州市中级人民法院提出破产申请。

广东省高级人民法院指定省政府有关部门成立破产清算组,负责对广东国际信托的破产清算工作。清算组聘请会计师事务所和律师事务所负责破产清算工作中的具体事务,包括对破产企业财产的接管、财务清理、对外债权追索、申报债权登记确认、破产财产的处理和分配方案的制订以及其他与保护债权人利益相关的事务。为了保证破产清算工作的顺利进行,法院与破产清算组、各中介机构经过研究、协商,明确了各自的分工和责任:法院负责依法裁判,保证程序合法、处理正确;清算组对清算工作负责,向法院报告工作,接受法院监督,并对所聘请的中介机构决定的各项事务享有充分的审查权、监督权和否决权;中介机构具体负责破产清算工作中的财会、法律、评估等专业事务。广东国际信托开了我国运用破产方式处置问题金融机构的先例,也给中外债权人和社会公众上了"风险教育"这一课。

【技能要求】

金融机构市场退出的方式主要有哪些?请分析说明。

■ 案例分析

【案例情境】

我国三家商业银行的倒闭

海南发展银行(简称海发行)于1995年8月18日开业,注册资本16.77亿元人民币(其中外币折合人民币3 000万元)。海发行由海南省政府控股,一共有包括中国北方工业总公司、中国远洋运输集团公司、北京首都国际机场等在内的43个股东。银行以兼并了5家信托投资公司,并向中国大陆募集股本的方式设立的。海发行并非只在海南省内经营,曾于1996年在广州市和1998年5月在深圳市设立过两家分行。海发行收息率为90%,没有呆滞贷款,与境外36家银行及403家分支行建立了代理关系,外汇资产规模达1.7亿美元。虽然兼并了28家信用社,托管了5家信用社的债权债务,使得海发行账面上实力增强——海发行的股本金增长为106亿元,存款余额为40亿元,债务为50亿元,但由于这些信用社大多是不良资产,海发行也背上了沉重的包袱,而且兼并后的海发行员工人数剧增为3 000多人,是原来的数倍。

1997年2月,汕头市13家城市信用社根据中国人民银行的批准同意合并成立汕头城市合作银行,并于1998年更名为汕头市商业银行股份有限公司(简称汕头商行),共有营业网点59个。后因高息揽存、挪用资金和账外贷款等一系列经营问题,出现支付危机。2001年,汕头商行放出的贷款中坏账资金高达40多亿元,无法向私人储户偿付的债务约15亿元,甚至包括企业和汕头市财政局等部门的大批资金。最终,汕头商行开业仅4年就被中国人民银行勒令于2001年8月起实施停业整顿至今,并遗留下大量历史问题。截至2008年6月30日,汕头商行资产总额13.98亿元,负债总额68.82亿元,净资产－54.84亿元,或有负债为1.84亿元。

2020年11月12日,在银保监会原则同意下包头商业股份银行(简称包商银行)进入破产程序,2021年3月9日被裁定破产。包商银行的总资产仅为4.47亿元,而负资产却高达2 055.16亿元,负债率达到罕见的99.8%。管理人接管包商银行后,经调查审阅,包商银行在破产清算申请前已无任何生产经营,也无任何在职人员,除继续履行合同项下的相关工作,也无其他业务,其实际资产价值较审计报告记载情况进一步降低。因此,包商银行已经明显资不抵债且无实际清偿能力。2020年4月30日,蒙商银行股份有限公司(简称蒙商银行)正式成立并开业。同日,包商银行接管组发布公告,包商银行将相关业务、资产及负债,分别转让至蒙商银行和徽商银行股份有限公司(简称徽商银行,系4家区外分行)。存款保险基金根据《存款保险条例》第十八条授权,向蒙商银行、徽商银行提供资金支持,并分担包商银行的资产减值损失,促成蒙商银行、徽商银行收购承接,保持金融业务连续运行。

【分析要求】

根据上述资料,说明如何加强金融机构的管理。

◤ 项目实训 ◢

【实训内容】

我国金融机构的职责划分。

【实训目标】

通过本项目的实训,认识我国现有的各种金融机构;培养学生分析问题能力、解决问题的能力;培养学生资料查询、整理的能力。

【实训组织】

以学习小组为单位,各组进行实地考察;各组选出两种以上与个人有关的金融业务并选择金融机构进行办理;分组讨论,加深对各种金融机构的认识。

【实训成果】

1. 考核、评价资料采用PPT展示与学生讨论相结合的方式。

2. 采用学生和教师共同评价的方式评分,并完成实训报告,如表12-1所示。

表 12-1　　　　　　　　　　　　　　　　**实训报告**

项目实训班级：	项目小组：	项目组成员：
实训时间：　　年　　月　　日	实训地点：	实训成绩：

实训目的：

实训步骤：

实训结果：

实训感言：

货币供求及均衡①

🌊 知识 目标

理解：货币需求的概念；货币供给的概念；货币均衡的概念；社会总供求平衡的概念。

熟知：货币供给及其理论；西方货币供给理论的主要内容；货币供给的形成；存款货币创造在量上的限制因素。

掌握：西方货币需求理论；马克思的货币需求理论；货币供给的决定机制；货币供给的运行机制；货币均衡与社会总供求平衡。

🌊 技能 目标

能够分析货币供求是否平衡的能力；针对具体的通货膨胀和通货紧缩现象提出解决对策的能力。

🌊 素质 目标

具备收集资料、分析资料的能力，具备独立思考、团结协作的能力，注重团队的成绩与荣誉。培养与人沟通、言行举止得体等综合素质能力。

🌊 思政 目标

能够正确理解"不忘初心"的核心要义和精神实质；树立正确的世界观、人生观和价值观，做到学思用贯通、知信行统一；通过货币供求及均衡知识，能够运用相关理论解释现实中存在的一些经济现象。

🌊 项目 引例

需求的影响因素的应用

假设甲为可口可乐的需求者，出现以下几种情况：①如果可口可乐的价格下降了1元。②如果他本月失业。③假定百事可乐的价格上升而可口可乐的价格不变。④如果某项医学研究表明，多喝可乐有害于身体健康。

🌊 引例 反思

上述引例会对甲的需求量造成什么影响？他的需求曲线又将发生怎样的变化？如何运用经济学原理解释需求现象。

🌊 知识 精讲

任务一 货币需求

一、货币需求的概念

货币需求是指宏观经济运行以及微观经济主体对货币的需求及需求因素的决定及其规律。具体而言，货币需求是指商品流通或商品交换对货币的需求。货币需求的实质是市场需求。市场和市场经济由多种系统和因素构成，其中，供给和需求是市场体制的重要构成部分。供给是指商品、劳务等有形物质和精神产品的供给；需求是指货币需求，统一形态的货币需求对应着各种各样、形形色色的商品和劳务供给。没有货币需求，也就不存在市场和市场需求问题。货币需求是市场体系的重要构成要素。

---

① 教师根据学生的前导课程选讲本项目部分内容，学生可自学。

二、西方货币需求理论

(一)古典学派的货币需求理论

1. 费雪方程式

1911年,美国耶鲁大学教授欧文·费雪(1867—1947)在其出版的《货币的购买力》一书中提出了著名的交易方程式,被称为费雪方程式。费雪认为,假设以M表示一定时期内流通货币的平均数量,V为货币流通速度,也就是每单位货币在一年内与商品交易的平均次数,P为各类商品价格的加权平均数,T为各类商品的实际交易数量,则有:

$$MV = PT \quad 或 \quad P = MV/T$$

这一公式说明,P的值取决于M、V、T这三个变量的相互作用。不过费雪分析,在这三个经济变量中,M是一个由模型之外的因素所决定的外生变量;V是由经济中影响个人交易方式的制度所决定的,由于制度性因素在短期内不变,因而可视为常数;交易量T对产出水平常常保持固定的比例,并且由于费雪认为工资和价格是完全有弹性的,所以,在正常年份整个经济的总产出总是维持在充分就业的水平上,故在短期内也可以认为是大体稳定的。因此,只有P和M的关系最重要。这样,P的值就取决于M数量的变化。

由于$MV = PT$,则:

$$M = PT/V = 1/V \cdot PT$$

这是费雪的货币需求函数。在货币市场均衡时,人们手持的货币数量M就等于货币需求量M_d,故可以用M_d来取代式中的M。如果用K来代替$1/V$,则$M_d = KPT$。这说明,仅从货币的交易媒介功能考察,全社会在一定时期一定价格水平下的总交易量决定了人们的名义货币需求量M_d。而名义货币需求则决定:①名义收入水平引致的交易水平。②经济中影响人们的交易方式、决定货币流通速度的制约因素。

由于所有商品或劳务的总交易量资料不容易获得,而且人们关注的重点往往在于国民收入,而不在于总交易量,所以这一方程式通常被写成下面的形式(被称为数量方程的国民收入形式):

$$MV = PY \quad 或 \quad P = MV/Y$$

式中,Y表示国民收入。

2. 剑桥方程式

由剑桥学派经济学家马歇尔和庇古等人发展起来的现金余额数量论也得出了与现金交易说完全相同的结论,但分析的出发点完全不同。它首先将货币视为一种资产,然后探讨哪些因素决定了人们对这种资产的需求,进而得出货币和价格水平同比例变化的货币数量论观点。但遗憾的是,他们在作出结论时把其他因素都忽略了,只是简单地断定人们的货币同财富的名义值成比例,财富又同国民收入成比例,所以货币需求就同名义国民收入成比例,即:

$$M_d = KPY$$

其中,K代表人们的持币比例,即人们经常在手边保存的平均货币量在他们的年收入中所占的比例,也代表了人们愿意以货币这种形式持有的名义国民收入的比例。

剑桥学派还假定,货币供给M和货币需求M_d会自动趋于均衡,于是便有:

$$M = KPY$$

这便是著名的剑桥方程式,如果把K看成常数,该方程式和费雪交易方程式就仅有符号的不同了,只需令$K = 1/V$,它们便基本一样了。

（二）凯恩斯及其学派的货币需求理论

按照凯恩斯的观点，作为价值尺度的货币具有两种职能：①交换媒介或支付手段。②价值贮藏。货币需求就是人们宁愿牺牲持有生息资产（如各种有价证券）会取得的利息收入，而把不能生息的货币保留在身边。凯恩斯把人们对货币的需求称为流动偏好。流动偏好表示人们喜欢以货币形式保持一部分财富的愿望或动机。持有货币可以满足三种动机，即交易动机、预防动机和投机动机。

（1）交易动机。交易动机是指人们为了应付日常交易的需要而持有一部分货币的动机。

（2）预防动机。预防动机是人们为了预防意外的支付而持有一部分货币的动机。

（3）投机动机。投机动机是人们为了抓住有利的购买生息资产（如债券等有价证券）的机会而持有一部分货币的动机。

在正常情况下，出于交易动机和预防动机的货币需求取决于收入水平的高低，出于投机动机的货币需求取决于利率水平的高低，于是，货币需求可以分为 M_1 和 M_2，L 表示流动性偏好函数，Y 和 r 分别表示收入和利率，相应的货币需求函数关系可写成：

$$M = M_1 + M_2 = L_1(Y) + L_2(r)$$

虽然我们可以分别研究货币需求的交易动机、预防动机和投机动机，但是个人出于哪种动机而持有货币是很难分得清楚的，同样一笔货币可以用于任何一种动机。这三种动机都会影响个人对货币的持有量，并且当其他资产形式的获益提高时，对于货币的需求将下降。

（三）货币主义的货币需求理论

1. 货币主义的货币需求理论

1956 年，弗里德曼发表了"货币数量说——新解释说"一文，标志着现代货币数量论的诞生。弗里德曼认为影响人们持有货币数量的因素主要有三类：①财富是影响货币需求的重要因素。②货币及其他各种财富的预期收益率是影响货币需求的另一因素。③其他因素，如财富所有者的特殊偏好等。

弗里德曼根据以上影响人们持有货币数量的因素提出了货币需求函数为：

$$M_d/P = f(Y_p, W, r_m, r_b, r_e, 1/p \cdot dp/dt, \mu)$$

其中，M_d/P 代表实际货币需求；Y_p 代表实际恒久性收入，即财富；W 代表非人力财富占个人总财富的比例；r_m 代表货币的预期名义收益率；r_b 代表固定收益的债券的预期名义收益率，包括债券利息与资本利得；r_e 代表非固定收益的证券的预期名义收益率；$1/p \cdot dp/dt$ 代表商品价格的预期变化率，即实物资产的预期名义报酬率；μ 代表反映主观偏好、社会风尚及客观技术与制度等因素的综合变量。

在上述影响货币需求的因素中，Y_p 和 r_m 与货币需求呈正向关系，W，r_b，$1/p \cdot dp/dt$，r_e 与货币需求呈反向关系。

2. 对货币学派货币需求理论的评价

货币学派的货币需求理论既是对古典学派货币数量论的继承，又是对其的发展；而它同时既是对凯恩斯主义货币需求理论的批判，又是对其的改进。它有机地结合了宏观经济运行和微观主体行为分析，是较全面的货币需求理论。与传统的货币数量论相比其有以下独特之处：①认为财富是收入的资本化价值。②影响实际货币需求的最主要因素是恒久性收入。③恒久性收入的波动较小。④货币需求量也是一个稳定的数值。⑤货币学派反对国家干预经济。

视频

货币学派

三、马克思的货币需求理论

马克思认为，一定时期社会对执行流通手段职能的货币需求量是一个客观必要的宏观总量，是由商品劳务量、商品劳务价格水平和货币流通速度（次数）三个因素决定的。因此，深入了解和剖析货币必要量,就必须对这三个因素作进一步的分析。

马克思的货币必要量理论建立的前提条件有:①马克思的货币必要量理论以其劳动价值论为基础。②马克思的研究总是以黄金作为货币来进行的。③马克思对于货币必要量的研究是基于简单商品流通这一前提的。

马克思的货币需求理论集中反映他的货币必要量公式中。其理论的假设条件是完全的金币流通。在此条件下,马克思进行如下论证,具体包括:①商品价格取决于商品价值和黄金价值,商品价值取决于生产过程,所以商品是带着价格进入流通的。②商品数量和商品价格的多少决定了需要多少金币来实现。③商品与货币交换后,商品退出流通,货币仍留在流通中。通过与媒介商品的交换,从而使一定数量的货币在市场中流通几次就可与几倍于其的商品进行交换。这一论证用公式为:

$$执行流通手段的货币必要量＝商品价格总额/货币的流通速度$$
$$M = PQ/V$$

【注意】　在一定时期内,执行流通手段的货币必要量主要取决于商品价格总额和货币流通速度两类因素,与商品价格总额成正比,与货币流通速度成反比。

【提示】　货币需求量的测算方法有:经验数据法、基本公式法、回归分析法、比例法。

任务二　货 币 供 给

一、货币供给的概念及其理论

(一) 货币供给的概念

货币供给是指时点上为社会经济运转服务的货币量,它由包括中央银行在内的金融机构供应的存款货币和现金两部分构成。

视频

货币供给

关于货币供给的概念,需要说明以下几点:

(1) 货币供给中所指的货币,关系到货币供给的具体内容,但迄今为止,经济理论界对此没有一个统一的认识。

(2) 货币供给是一个存量概念,货币供给量是指一国某一时点上的货币存量。

(3) 货币需要量虽是有客观数量界限的存量,但毕竟是一个预测量。而货币供给却是实实在在地反映在银行资产负债表上的一定时点上的银行负债总额。

(4) 货币供给量的大小在很大程度上为政策所左右,所以货币供给首先是一个外生变量。货币供给量的变化又受制于客观经济过程,还决定于经济社会中其他经济主体的货币收付行为。它同时是一个内生变量,即不为政策因素所左右的非政策性变量。

(二) 西方货币供给理论的主要内容

在现实生活中,货币供给与货币需求是相伴而生的。但在理论研究中,与货币需求理论相比,货币供给理论却是相对后起的。直到从 20 世纪 60 年代初期开始,现代意义上的货币供给理论才逐渐产生,并且,自此有许多经济学家诸如弗里德曼、施瓦茨、卡甘、乔顿等人对货币供给理论作出了重要贡献。在此,我们介绍西方国家主要的货币供给理论及其模型。

(1) 根据相关概念的计算公式为:

$$货币存量(M)＝通货(C)＋活期存款(D)$$
$$基础货币(H)＝通货(C)＋总准备金(R)$$
$$总准备金(R)＝活期存款法定准备金(R_d)＋定期存款法定准备金(R_t)＋超额准备金(R_e)$$

（2）弗里德曼—施瓦茨的货币供给模型。弗里德曼和施瓦茨关于货币供给量的决定因素的分析见于他们合著的《1867—1960 年的美国货币史》一书。他们的模型为：

$$M = C + D = \frac{C+D}{H} \cdot H = \frac{C+D}{C+R} \cdot H = \frac{\dfrac{C+D}{C \cdot R}}{\dfrac{C+R}{C \cdot R}} \cdot H$$

$$= \frac{\dfrac{1}{R} + \dfrac{D}{R} \cdot \dfrac{1}{C}}{\dfrac{1}{R} + \dfrac{1}{C}} \cdot H = \frac{\dfrac{D}{R} + \dfrac{D}{R} \cdot \dfrac{D}{C}}{\dfrac{D}{R} + \dfrac{D}{C}} \cdot H = \frac{\dfrac{D}{R}\left(1 + \dfrac{D}{C}\right)}{\dfrac{D}{R} + \dfrac{D}{C}} \cdot H$$

$$m = \frac{\dfrac{D}{R}\left(1 + \dfrac{D}{C}\right)}{\dfrac{D}{R} + \dfrac{D}{C}}$$

视频

基础货币

其中,基础货币 H 由中央银行决定,而影响货币乘数的变量在弗里德曼 — 施瓦茨的货币供给模型中简化为两个:存款准备金比率(D/R)和存款与通货的比率(D/C)。由方程式可看出决定货币存量的三个因素即是 H、D/R 和 D/C,称为"货币存量的大致的决定因素"。

从基础货币来看,它是非银行公众所持有的通货与银行的存款准备金之和。它们之所以还被称为高能货币,是因为一定量的这样的货币被银行作为准备金而持有后可引致数倍的存款货币。弗里德曼—施瓦兹认为高能货币的一个典型特征就是能随时转化为(或被用作)存款准备金,不具备这一特征就不是高能货币。

弗里德曼—施瓦兹利用上述分析方法,检验 1867—1960 年美国货币史得出的基本结论是:高能货币量的变化是广义货币存量长期性变化和周期性变化的主要原因;D/R 比率和 D/C 比率的变化对金融危机条件下的货币运动有着决定性影响,同时 D/C 比率的变化还对货币存量长期缓慢的周期性变化起重要作用。

二、货币供给的形成

（一）货币出自银行

由于货币供给量是存在于流通领域中被各经济单位(银行系统以外的个人、家庭、企业和机关团体等)所持有的货币存量,如果我们把经济单位划分为两个部分:一部分是个人、家庭为一部分,简称为个人;另一部分是企业、机关团体为一部分,简称为社会各单位,那么,流通中的货币是从哪里来的问题就转为个人手中的货币从哪里来和社会各单位的货币从哪里来两个问题。

（1）个人手持货币主要来自:①社会各单位发放的工资、奖励、抚恤金、补贴、稿酬等。②出售商品或提供劳务所得的收入。③来自银行等金融机构。这又包括借款所得、金融机构付给的利息、将个人持有的金银和外汇卖给银行。④非金融机构借款,包括民间借贷。⑤亲友赠送。

（2）社会各单位所持有的货币,在我国通称货币资金。如果我们作一次归类,它有以下五种情况:①通过销售商品从买主那里得来。②银行借款。③上级拨入。④同业拆入(包括对单位和个人借款、预收货款等)。⑤金融市场收入(包括发行股票和债券的发行收入和买卖有价证券的业务收入)。

【提示】 对个人和社会各单位货币收入来源分析说明,现实生活中的货币都出自银行,财政、企业单位、机关团体及个人等只是货币的运用者,不得发行货币,货币只由银行发行,又不断回归银行,所以银行是整个货币流通的中心环节。

（二）出自银行的货币都是信用货币

银行信用媒介的职能早为原始银行业所具备,它主要体现在银行的业务活动中。而近代银行作为信用媒介机构和信用创造机构的统一,其本质特征在于信用创造方面,即银行可以在一定范围内通过增加自身的负债去增加货币供给量,由此影响社会各种资源的配置、再生产诸环节的协调、各种经济杠杆的作用发挥以及币值本身的稳定。

三、货币供给的决定机制

(一) 由存款派生引出的货币乘数与货币供给模型

在说明存款货币创造机制时,我们常使用原始存款和派生存款这对概念。从一笔存款派生过程而言,即用微观方法剖析存款货币创造的机制,应该说,选定任何一点都是成立的。就这个意义来说,原始存款与派生存款的概念都是相对的。其实,货币乘数与信用扩张乘数虽都旨在说明存款派生的量,但是仔细分析,应有所区别。

(1) 货币乘数说明增加一个单位基础货币的供给可相应引起商业银行存款货币增加多少;而信用扩张乘数通常是指商业银行存款与法定存款准备金的比率。

(2) 货币乘数是包括商业银行缴存中央银行的存款准备金和流通中包括现金在内的中央银行对社会总负债的改变量;而信用扩张乘数只反映中央银行对商业银行负债的改变量,是中央银行全部负债数量的一部分。

货币乘数的具体内容在后续内容有详细的阐述。

视频

货币乘数

(二) 基础货币"质"和"量"的规定性

1. 基础货币"质"的规定性

基础货币也称高能货币或强力货币,又可称为货币基数。把基础货币通俗地定义为金融体系能够以其为基础创造出更多货币的货币。所以,从"质"的角度看,基础货币的显著特点有:①它是中央银行的负债。②有很强的流动性,即持有者能够自主运用,是所有货币中最活跃的部分。③派生性。④较高的相关度,即它的变化对货币供给变化起着主要决定作用。⑤可控性。

2. 基础货币"量"的规定性

基础货币一般都包括现金和商业银行的准备金两大部分。对于现金,计算口径略有差别。有的是指整个银行体系以外社会公众持有的现金,有的则是指中央银行体系以外社会公众与商业银行持有的现金。对于商业银行在中央银行的存款,也有人认为只指商业银行上缴的法定存款准备金,而另一些人则认为包括法定准备金与超额准备金。

从以上对基础货币质和量的分析,我们可以得出,基础货币的完整概念应该是指创造存款的商业银行和金融机构在中央银行的存款准备金与流通于银行体系之外的通货这两者的总和。前者包括商业银行在中央银行的法定存款准备金和超额存款准备金,用 R 表示,C 表示流通于银行体系之外的现金通货。基础货币"量"的组成通常用以下公式表示为:

$$B = R + C$$

(三) 基础货币变动与中央银行控制

基础货币的高能和强力作用,能向社会提供多倍于它的货币量,所以研究影响基础货币变动的因素尤为重要。如前所述,一般认为,基础货币主要由以下两个部分组成:一部分是存款准备金;另一部分是流通在银行体系以外的现金。那么,影响基础货币变动的因素,具体来说就是影响组成基础货币的两个方面的因素。

1. 影响商业银行存款准备金变动的因素

(1) 存款准备金比率。如果中央银行提高存款准备金的比率,商业银行上缴存款准备金则增多,基础货币量增加;反之,中央银行降低存款准备金的比率,商业银行上缴存款准备金则减少,基础货币量就减少。

（2）流通中的现金流量。流通中的现金流入银行系统的数量增加,能使商业银行上缴存款准备金随之增加;流通中现金流出银行系统,能使商业银行的上缴存款准备金减少。

（3）中央银行的行为。中央银行的行为包括中央银行买卖信用证券的数量以及中央银行对商业银行放款和贴现的松紧。中央银行通过公开市场业务买进有价证券,就能使商业银行的上缴存款准备金增加;反之,如果卖出有价证券,商业银行的上缴存款准备金减少。中央银行作为"最后的贷款者",如果它扩大或放松对商业银行的放款和贴现,商业银行在中央银行的存款准备金也能够增加;反之,会使商业银行的上缴存款准备金减少。

2. 影响流通在银行体系以外现金量变动的主要因素

影响流通在银行体系以外现金量变动的主要因素有:①公众收入增加和消费倾向。②物价变动状况。③经济发展和体制变动情况。④存款和现金比例的变化。⑤信用发展程度。从以上分析可看出,中央银行虽对基础货币的决定有重要作用,但影响基础货币的诸因素,并不都是同向推进的关系,而是在错综复杂的联系中呈现相互消长的趋势。

3. 中央银行对基础货币的控制

中央银行对基础货币加以控制的重要性在于:中央银行虽可运用法定存款准备率的变动作为限制专业银行信用扩张的工具,但在具体运用中也有其困难之处。

四、货币供给的运行机制

（一）现金运行机制

我国现金——人民币(钞票＋硬币)由中国人民银行发行,具体是由中国人民银行设置的发行基金保管库(简称发行库)来办理的。在运行过程中,可将其表述为:中央银行将现金从发行库调至商业银行的业务库,从而进入流通程序。单位或个人从银行提取现金后,进行购买或支付,然后商品的售出者或款项的收受人再将收取的现金存入商业银行。最后,现金由商业银行的业务库回笼到中央银行的发行库。

现金运行机制的特点有:①现金主要在银行之外流通,但现金在进入银行体系之后或走出银行体系之前,都不是在流通中的。②如果银行体系既不增加现金投入,也不组织现金回笼,那么无论现金如何流通,它只会发生持有人结构的变化,而不会有数量上的增减。③现金流通一般主要对应于小宗商品即消费品的交易。

（二）原始存款和派生存款

所谓原始存款,是指商业银行吸收的现金存款或中央银行对商业银行贷款所形成的存款,包括商业银行吸收到的增加其准备金的存款。商业银行的准备金的具体存在形式有:①商业银行持有的应付日常业务需要的库存现金。②商业银行在中央银行的存款。

所谓派生存款,是相对于原始存款而言的,是指由商业银行以原始存款为基础运用转账方式发放贷款或进行其他资产业务而引申出来超过最初部分存款的存款。派生存款这一概念具体解释有:①派生存款必须以一定量的原始存款为基础。②派生存款是在商业银行(或称存款货币银行)内直接形成的。③以原始存款为基础通过商业银行内的存贷活动形成的派生存款量。

（三）存款货币的创造与收缩过程

1. 几个假设

存款货币的多倍扩张和收缩,会受到多种因素的影响。为了简便分析,我们作如下假设:①整个银行体系由中央银行及至少两家商业银行所构成。②中央银行规定的法定存款准备率为20％。③准备金由商业银行的库存现金及在中央银行的存款组成。④商业银行只保留法定准备金,而不持有超额准备金,其余均用于贷款或投资。⑤公众不保有现金,即客户将全部货币收入都存入银行体系。

2. 产生多倍存款的过程

存款货币多倍扩张过程实际上就是商业银行通过贷款等行为，引起成倍的派生存款的过程。就整个银行体系而言，一家银行发放贷款，将使另一家银行获得存款，而这家银行也因此发放贷款，从而使第三家银行也获得存款。于是，通过整个银行体系的连锁反应，一笔原始存款将创造出数倍的派生存款。原始存款是创造派生存款的基础。

创造派生存款的前提条件有：①部分准备金制度。银行将所吸收存款按一定比例作为准备金的制度。在部分准备金制度下，银行可以在保留部分准备金的条件下，将客户存款的其余部分用于发放贷款。②非现金结算。以非现金流通方式进行的结算，即在银行存款的基础上，通过存款货币的转移完成债权债务的清偿，存款被社会当作货币来使用。

为了简化分析，我们作几个假定：整个银行体系由一个中央银行和至少两家商业银行所构成；商业银行只持有法定存款准备金，其余部分全部贷出，超额准备金为零，法定存款准备金率为10%；客户不持有现金，其收入的一切款项均存入银行，形成活期存款，不增加其定期存款和储蓄存款。

做中学 13-1

假设第一家银行接受了其客户存入的 10 000 元现金（原始存款）。在第一家银行原来持有的准备金正好满足中央银行规定的法定存款准备金比率的条件下，根据以上假设，该银行应再提取准备金 1 000 元，并将剩余准备金 9 000 元全部用于发放贷款。而取得贷款的客户又将款项用于支付，而收款人又将这笔款项全部存入开户的另一家银行——第二家银行。第二家银行存款增加了 9 000 元，并且在不保留超额准备金的假设下，它也将根据中央银行规定的法定存款准备金比率，提取准备金 900 元，然后，将剩余的 8 100 元用于贷放。以此类推，随着商业银行存贷机制的不断展开，存款货币派生出来，其派生过程如表 13-1 所示。

表 13-1　　　　　　　　　　　　商业银行体系存款货币的派生过程　　　　　　　　　　单位：元

银行名称	存款额	法定准备金	贷款额
第一银行	10 000	1 000	9 000
第二银行	9 000	900	8 100
第三银行	8 100	810	7 290
第四银行	7 290	729	6 561
……	…	…	…
合计	100 000	10 000	90 000

由此可见，在部分准备金制度下，第一家银行最初的 10 000 元原始存款，通过商业银行贷款业务，使银行系统的存款总额增至 100 000 元，其中有 90 000 元是由贷款转化的派生存款。

具体来看，各指标之间的数量关系为：

银行体系存款扩张的倍数＝1/法定存款准备金比率

银行体系的存款总额＝原始存款/法定存款准备金比率

派生存款＝银行体系的存款总额－原始存款

上述公式是在前述假定的基础上得出的，而现实的经济生活中，由于存在许多客观制约因素，所以银行的存款扩张能力要小得多。

3. 存款的多倍收缩过程

存款货币多倍收缩的过程与多倍扩张的过程正好相反。如果说存款货币的多倍扩张是由商业银行的准备金增加所引起的，那么存款货币的多倍收缩就是由商业银行的准备金减少引起的。通常，商业银行准备金的减少原因有：①存款人从银行提取存款。②中央银行向商业银行出售有价证券。

在准备金制度下，这种存款的减少必然引起准备金的不足，从而也必须收回贷款或证券等。于是，经过整个银行体系的连锁反应，存款总额将会成倍收缩。所以，存款货币的多倍收缩过程实际上是多倍扩张的反向过程。

（四）存款货币创造在量上的限制因素

通过上述分析，我们可以看出乘数（即扩张倍数）与法定存款准备率之间呈倒数关系，但事实并非如此简单。在以上分析中，我们只考虑了法定准备率这一个因素，实际上在商业银行存款创造的过程中，还要受诸如超额准备金、现金漏损率等因素的影响。下面我们继续考察和理解各种因素对存款创造倍数的限制。

1. 现金漏损率（c）

假设公众将所有货币收入都存入银行而不在手中保有现金，但事实上是不现实的，尤其是对于银行制度不发达的国家来说，人们总会将部分收入以现金形式保留在手中。这样就出现了现金漏损，即是指银行在扩张信用及创造派生存款的过程中，难免有部分现金会流出银行体系，保留在人们的手中而不再流回。由于现金外流，银行可用于放款部分的资金减少，因而削弱了银行体系创造存款货币的能力。这种现金漏损对银行扩张信用的限制与法定存款准备率具有同等的影响，因而当把现金漏损问题考虑进去后，银行体系创造存款的扩张乘数公式应扩展为：

$$k = \frac{1}{r+c}$$

2. 超额准备金率（e）

前面假设商业银行不持有超额准备金，而在实际经营中为了保持流动性，银行实际持有的准备金总是大于法定准备金，这种差额称为超额准备金。不过，为了实现利润最大化，其持有的超额准备金通常较少。我们从实证分析发现，银行的超额准备金与存款在数量之间也保持着某种有规律的关系，故对其可用超额准备率来表示。这样，银行体系创造存款的扩张乘数公式应为：

$$k = \frac{1}{r+c+e}$$

同法定准备率及现金漏损率一样，超额准备率的变化在存款创造时起着同等作用。如果超额准备率大，则银行信用扩张的能力缩小；如果超额准备率低，则银行信用扩张的倍数提高。

3. 定期存款准备金对存款创造的限制

由于经济行为主体既会持有活期存款，也会持有定期存款。当活期存款被转入定期存款时，尽管不致使原持有的准备金额有何下降，但这种变动会对活期存款乘数 K 产生影响。因为法律规定，银行对定期存款（D_t）也要按一定的法定准备率（r_t）提留准备金（定期存款的法定准备率往往不同于活期存款的法定准备率）。定期存款（D_t）与活期存款总额（D_d）之间也会保有一定的比率关系，当令 $t = D_t/D_d$ 时，则 $(r_t \cdot D_t)/D_d = r_t \cdot t$。也就是说，每一个货币单位的活期存款中就会有 $r_t \cdot t$ 作为法定准备漏出（假定对个人定期存款不保持超额准备），考虑到这部分对存款乘数的影响，从而乘数公式进一步扩展为：

$$k = \frac{1}{r+c+e+r_t \cdot t}$$

上面几种情况，是用抽象的方法分别说明 r、c、e、$r_t \cdot t$ 等因素对存款乘数 K 的影响。就实际情况来说，存款货币的扩张究竟能达到多少倍数，还得依整个国民经济情况、依所处的经济发展阶段而定。

（五）货币乘数

货币乘数是指货币供给的扩张倍数，它说明由于货币基数变化而引起的货币供应量增减的

幅度。货币供应量决定于货币基数和货币乘数，货币基数乘以货币乘数即为货币供应量。以 B 表示货币基数，m 表示货币乘数，货币供应量（M_s）模式为：

$$M_s = m \cdot B$$

货币乘数可分为单项和多项乘数模式。

（1）单项货币乘数模式是指以一种因素影响货币乘数变动所建立的模型。如以存款准备金率一种因素影响货币乘数为例，其数值的大小是存款准备金率的倒数，其计算公式为：

$$m = 1/r_d$$

式中：m 为货币乘数；r_d 为活期存款准备金率，它的大小由中央银行控制。这样，存款准备金率就成为中央银行控制货币供应量的重要工具。

（2）多项货币乘数模型是指以几种因素影响货币乘数变动所建立的模型。其数值大小由一定时期的现金漏损率（提现率）、超额准备金率、定期存款与活期存款的比率等因素决定，是超额储备率之和的倒数，其计算公式为：

$$m_1 = (1+k)/(r_d + e + k + t \cdot r_t)$$

式中：k 为现金与活期存款的比率；t 为定期存款与活期存款之比；r_t 为定期存款法定准备金率；e 为超额准备金与活期存款之比。

这就是说，一国影响货币乘数，进而影响货币供应量的因素是多项而不是单项的。同时也说明，影响货币乘数的除中央银行所能控制的 r_t 和 r_d 外，公众和商业银行通过 k、t、e 等因素的变化也能够影响乘数的变化和货币供应量的变动。

（六）基础货币

在现代信用货币制度下，流通中的货币是由价值符号代替的，纸币和有些信用货币由国家法律规定具有无限法偿能力，属于法定货币。信用货币由一国的中央银行供应和调节是通过变动基础货币进行的。当中央银行向商业银行扩大供应基础货币时，商业银行的派生存款创造能力就加强；当中央银行收缩基础货币供给或停止供给时，商业银行的信用创造能力就减弱，所以，基础货币又称高能货币。

视频

法定货币

做中学 13-2

假定某国 2021 年 9 月份的活期存款的法定准备金率为 10%，定期存款比率为 30%，定期存款的法定准备金率为 5%，超额准备金率为 4%，提现率为 7%。该国 2021 年的基础货币为 10 000 亿元。试计算：
①该国 2021 年 9 月份货币乘数。②该国 2021 年的货币供应量。

解：

$$货币乘数 = \frac{1+提现率}{活期存款准备金比率+定期存款准备金比率×定期存款比率+超额准备金率+提现率}$$

$$= \frac{1+7\%}{10\%+4\%+7\%+30\%×5\%} = 4.76$$

货币供应量 = 货币乘数 × 基础货币 = 4.76 × 10 000 = 47 600（亿元）

任务三　货币均衡

一、货币均衡的概念

货币均衡是指货币供给与货币需求的一种对比关系，是从供求总体上研究货币运行状态变

动的规律。简而言之,货币均衡是在一段时期内一国的货币供应量与经济运行中客观所需要的货币数量相适应的关系。可以表述为:

$$M^D = Pf(i,Y) = \theta Mh = M^S$$

在这个均衡等式中,货币需求是一个关于价格水平、利率和收入水平的函数;货币供给则是与高能货币和货币乘数有关系。在这里,特别要注意的是对货币均衡在两个层次上的区分,如图13-1所示。

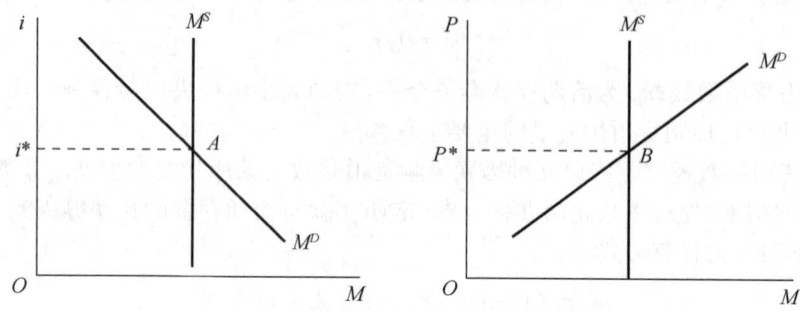

图 13-1　货币市场均衡与均衡利率水平

(一)浅层次的货币均衡

所谓货币均衡是指仅仅考虑货币市场均衡,即货币市场中货币供给与货币需求相等。如图13-1所示,分析货币市场均衡与均衡利率水平的关系时,M^D曲线的斜率是负的;分析货币市场均衡与均衡价格水平的关系时,M^D曲线的斜率是正的;而货币供给可以看作是一个外生变量,为一条垂直线。这仅仅是一个最为简单的框架模型,因为在上图中只是考虑到利率i、价格水平P与M^D的关系,但在现实生活中影响货币需求的因素有很多,经济学家们建立了各种不同的货币需求模型来分析利率i、收入水平Y、价格水平P等因素与货币需求M^D的关系,但事实上不可能通过这些公式具体统计出实际货币需求量的数值是多少。人们能够看到的货币需求量的数值实际上就是货币当局货币供给的数量,因为发行的货币总是以不同的形式为人们所持有。从这个意义上来说,单纯地分析货币市场的均衡并没有太大的实际意义,M^S曲线的移动总是能与M^D曲线交于一点,而这个均衡点和其对应的均衡利率或均衡价格水平并没有提供一个评判经济运行状态的标准。可以这么说,孤立于实际经济运行来分析货币均衡问题,得到的答案就是:货币市场"永远"都是均衡的,如图13-2所示。

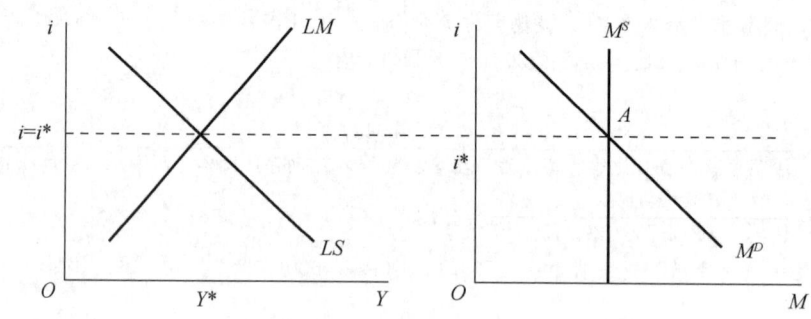

图 13-2　各种不同的货币需求模型

(二)深层次的货币均衡

深层次的货币均衡是指在社会总需求与社会总供给大致相当条件下的货币供求均衡。也就是在任务一中多次提到的两市场同时实现均衡。在两市场同时均衡的经典模型 IS-LM 模型的框架下,再放大观察货币市场均衡,将两者统一起来。

二、社会总供求平衡的概念

一国经济在运行过程中总产品的需求量等于供应量,此时的产出水平就是均衡产出水平,对应的价格水平就是均衡价格水平,它是社会总供给和社会总需求共同作用的结果,即为社会总供求平衡。

(一) 社会总供给

社会总供给简单地说可以理解为一国在一定时期内,在一定价格水平的条件下,企业和家庭(个人)愿意提供的产品总量。不同经济学派对社会总供给的认识也不尽相同。

古典学派在充分就业的条件下认为名义工资 ω 具有完全的弹性,当货币条件发生改变,价格水平发生变化时,名义工资会迅速调整,以保证实际工资(ω/P)。在劳动力市场上,实际工资决定着劳动供给和劳动需求的均衡,因为实际工资(ω/P)没有变化,所以劳动力市场的均衡在价格水平发生变化时,出清并没有被打破。社会总供给 Q^S 被看作是关于资本 K 和劳动 L 的函数,在 $Q^S(K, L)$ 中,假定 K 保持不变,则 Q^S 不会随价格水平发生变化,Q^S 曲线是一条垂直线。按照古典学派的这种分析,货币失衡引起的价格水平的变化并不会影响社会总供给量,如图13-3所示。

对此,凯恩斯学派提出了截然不同的看法。凯恩斯学派认为就业是非充分的,并且短期内名义工资 ω 是粘性的。当价格水平变动时,实际工资(ω/P)也将发生变化。如图13-4所示,假设价格水平由 P_0 下降至 P_1,则实际工资水平就由(ω/P_0)上升到(ω/P_1),此时企业的劳动需求将会减少,出现非自愿失业,社会总供给将由最初的 Q_0 减少到 Q_1,对应的均衡价格水平也将由最初的 P_0 下降到 P_1。凯恩斯学派的总供给曲线是一条斜线,这就意味着,货币因素的变化将会对实体经济产生影响,货币均衡和商品市场均衡都不可能孤立地实现。

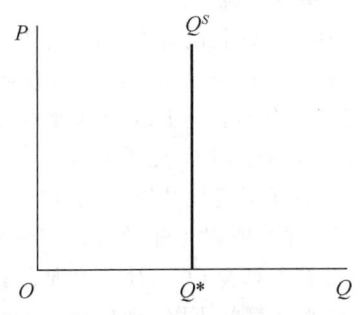

图13-3 古典学派观点

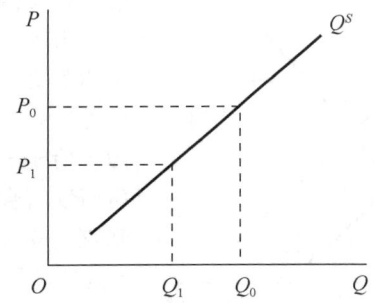

图13-4 凯恩斯学派观点

(二) 社会总需求

社会总需求通常是指一定时期内,一国的社会各方面实际占用或使用的全部产品之和。总需求曲线是一条向右下方倾斜的曲线,价格水平与总需求的关系如图13-5所示。

社会总需求曲线的形状相对简单,但是不同经济学派对影响总需求曲线的因素有着不同的认识:

货币学派分析总需求曲线移动是从交易方程式 $M \cdot V = P \cdot Y$ 入手,将价格水平 P 与商品和劳务的名义总量($P \cdot Y$)联系起来。弗里德曼假设在一段时间内货币的流动速度保持不变,如果货币供应量 M 增加一倍,那么总支出 $P \cdot Y$ 也将增加一倍,这也就是弗里德曼现代货币数量论的观点。他认为总支

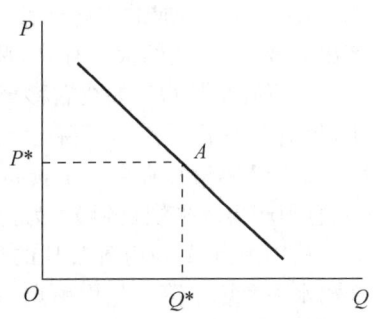

图13-5 价格水平与总需求的关系

出的变动主要取决于货币供应量的变动,采取财政拉动的方法增加总支出是行不通的。因为采取积极的财政政策增加政府支出会使私人支出减少,而这种增加具有完全挤出性,最终私人支出变动会完全抵消扩展性财政政策的效果。

凯恩斯学派则不是以交易方程式作为出发点来解释总需求是如何决定的,他们将总需求进行了细分。具体来说,最为简单的是在一个封闭的 经济环境中,社会总需求可以用一个简单的会计恒等式表示:$Q^D = C+I+G$。在开放经济条件下,社会总需求就是在既定的价格水平上,本国和外国购买者对本国产品的总需求量,即 $Q^D = C+I+G+(N-X)$。

一方面,凯恩斯学派通过分析价格水平 P 的变动会通过投资 I 和汇率 E 来影响总需求水平的过程,得出和货币学派一样的结论——总需求曲线向下倾斜。另一方面,凯恩斯学派认为货币因素会影响总支出的变化,如政府支出的增加($G\uparrow$)和税收减少,促使居民消费增多($C\uparrow$)和企业投资增加($I\uparrow$)等因素都会影响到总支出的变化。凯恩斯把这种个人预期带来的消费投资行为的变动也看作是影响总需求曲线的重要原因。对于挤出效应,凯恩斯学派承认其存在,但他们认为政府支出的增加只具有部分挤出效应,仍然会引起总需求的增加。

(三)社会总供求平衡

社会总供求平衡是一个动态和变化的过程,凯恩斯学派和古典学派在刚性和粘性工资上的争论,说到底就是关于时间的争论,古典学派和货币学派的经济学家都认为工资具有充分的弹性,工资和价格的调整过程是十分迅速的,无须采取任何宏观经济政策(按他们的观点也没有时间来采取任何政策)经济就将恢复到均衡水平。凯恩斯学派也看到了经济有恢复到充分就业均衡的倾向,但他们认为经济的这种反应是逐渐的,其中的时差可以利用财政政策和货币政策来加快经济恢复均衡的速度。基于这两种观点,社会总供求平衡从时间上可以区分为短期的社会总供求平衡和长期的社会总供求平衡。

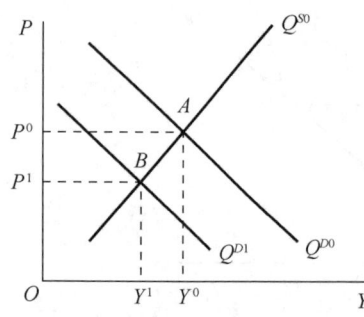

图 13-6　短期的社会总供求平衡

1. 短期的社会总供求平衡

由于信息不对称和货币幻觉的存在,在一个短时期内,货币量的改变带来的影响首先会被信息占优的一方察觉(如企业、政府等),信息处于劣势的一方不会马上改变自身的行动。假设一国政府通过公开市场业务,减少货币供应量,则名义工资(ω/P)将会上升,由于名义工资往往以合同等形式提前确定下来,在一定时期内是固定的,所以企业的劳动需求量将下降,社会总需求下降,Q^{D0} 曲线左移至 Q^{D1},社会出现大量的非自愿失业,社会总产出和价格水平都将下降,形成新的均衡点 B,以及对应的均衡价格水平 P^1、均衡产出水平 Y^1,如图 13-6 所示。

2. 长期的社会总供求平衡

在 B 点所形成的均衡从长期来看是会被打破的,因为总产出的减少,失业的大量存在,将导致名义工资下降,而名义工资的下降会使 Q^{S0} 曲线右移至 Q^{S1},在供给曲线移动的过程中,价格水平 P 进一步下降,产出水平开始恢复,但只要产出水平低于 Y^0,就存在名义工资 ω 下降和产出水平 Y 上升的趋向,直到产出水平恢复到 Y^0 为止,如图 13-7 所示。

从均衡点 A 到均衡点 B 的过程中,价格水平缓慢下跌而产出水平急剧下降。从均衡点 B 到均衡点 C 的过程中,价格水平迅速下降而产出水平开始回复,直至均衡打破前的充分就业水平上。最终的结果正如古典学派所预期的那样:货币

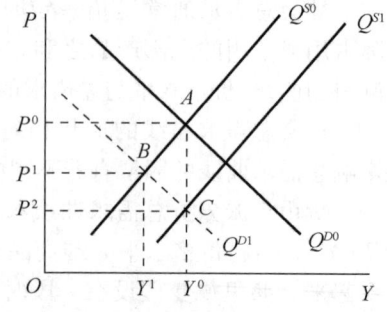

图 13-7　长期的社会总供求平衡

量的改变会影响价格水平 P 的变化,但产出水平仍然保持在原有充分就业的水平上。在社会总供求从均衡→失衡→再均衡的发展过程中,短期内,经济表现出凯恩斯学派的特征,而在长期内则表现出古典学派的特征。

三、货币均衡与社会总供求平衡

(一)货币均衡与社会总供求平衡的关系

分析货币均衡与社会总供求平衡的关系,首先要明白构成货币均衡的货币供给、货币需求与构成社会总供求平衡的社会总需求、社会总供给之间的关系。

现代商品经济的发展并不是要纯粹地追求社会总供给和总需求的绝对一致,事实上,现实的总需求略大于现实的总供给是现代商品经济发展的一个内在动因。在知道社会总供给形成货币需求,货币供给形成社会总需求的情况下,保持社会总供求平衡的关键在于一国货币当局如何通过控制货币供给量来协调实际货币需求与名义货币供给的关系。货币均衡与社会总供求平衡的关系,如图 13-8 所示。

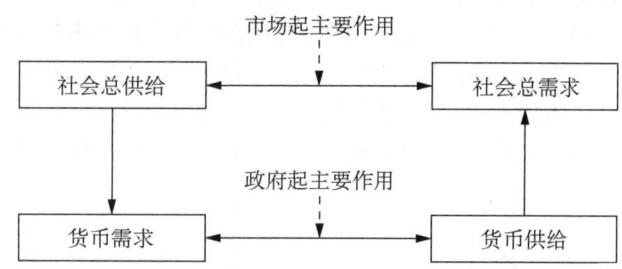

图 13-8　货币均衡与社会总供求平衡的关系

从图 13-8 中可以看出,一国货币当局对货币供给控制的作用十分明显,暂且不论是凯恩斯的后继者提出的"相机抉择"正确,还是货币学派的"单一规则"与实际情况更加吻合,他们所提出的理论背后都蕴含着相同的思想——货币供给与货币需求相适应。实现货币均衡是整个宏观经济平衡的关键。

(二)货币均衡与社会总供求平衡的实现

1. 封闭经济条件下

封闭经济条件下货币均衡与社会总供求平衡的实现相对简单,新古典经济学派经济学家希克斯和汉森提出的 IS-LM 模型就很好地描绘了在封闭经济条件下两市场均衡的实现。

在 IS-LM 模型中,IS 曲线(即商品市场均衡曲线)是投资与储蓄曲线,它描述的是在不同的产出水平和利率水平下商品市场所有均衡点的轨迹。在该曲线左下方区域代表总需求不足,右上方区域代表总需求过剩。LM 曲线为货币市场均衡曲线,它描述的是在不同的产出水平和利率水平下货币市场所有均衡点的轨迹。在该曲线左上方区域代表货币供给过剩,右下方区域代表货币供给不足。两曲线相交,即为均衡点,对应着均衡利率水平 i^* 和均衡产出水平 Y^*,如图 13-9 所示。

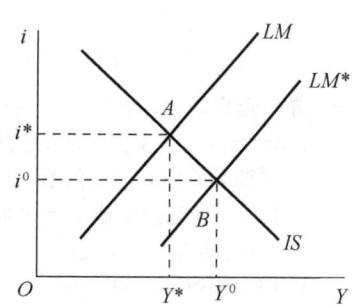

图 13-9　IS-LM 模型

在 IS-LM 模型框架中,假定 IS、LM 曲线最初相交于 A 点,现在该国的货币当局增加了货币供给,LM 曲线向右下方移动,于 IS 曲线相交于 B 点。在封闭经济的条件下,国内利率 i 会从 i^* 下降至 i^0,Y 会从 Y^* 增加到 Y^0,形成新的两市场均衡点 B。

2. 开放经济条件下

在开放经济的条件下,必须考虑国际收支的平衡,蒙代尔—弗莱明模型是分析这一问题的重要理论模型。在现实的经济生活中,货币均衡与内、外均衡的关系,以及货币均衡与内、外均衡的实现过程,会受到一国是固定汇率还是浮动汇率、是否有资本控制、本国利率变化能否引起其他国家利率变化等一系列因素的影响,不同的条件应用 *IS-LM-CM* 框架分析得出的结果是不一样的,但其原理是相同的。在此,我们以一国实行的是固定汇率,没有进行资本控制,资本可以在国与国之间自由流动,并且该国利率 i 不能影响到另一国利率 i^* 为假设前提,以此来说明开放经济条件下货币均衡与社会总需求平衡的实现。

很明显,如果该国国内的利率 i 高于或低于国外利率 i^*,由于资本具有趋利性,那么存在的套利机会将使人在两国之间进行资本的无风险套利,直到 $i=i^*$ 套利机会消失为止。$i=i^*$ 是在上面三个假设前提下的关键,我们将 $i=i^*$ 在 *IS-LM* 模型中描绘出来,称为资本流动线(Capital Mobility, CM)。将 *CM* 纳入 *IS-LM* 模型中,此时 *IS*、*LM*、*CM* 曲线的交点即为均衡点,表示该国在商品市场、货币市场和国际资本的流动都实现了均衡,此时的均衡利率水平为 $i=i^*$,如图 13-10 所示。

分析其实现过程,如果一国的货币当局增加了货币供给,*LM* 曲线向右下方移动,与 *IS* 曲线相交于 *B* 点,国内利率 i 会下降($i<i^*$),此时,本国居民就会向货币当局出售本币,而持有外币在国际资本市场上进行套利,个人的行为会抵消货币当局增加货币供给的作用,*LM* 曲线向左上方移动,使本国货币利率回升到 $i=i^*$ 的水平。均衡点会从最初的 *A* 点向 *B* 点移动,最终又回到 *A* 点位置,在此过程中货币当局的行为"唯一的作用"就是耗损了本国的外汇储备,如图 13-11 所示。

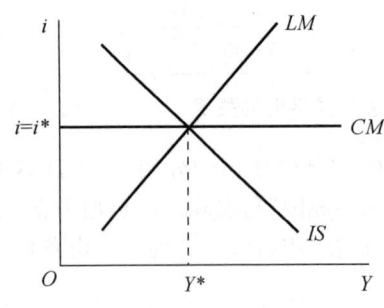

图 13-10　*IS-LM-CM* 模型

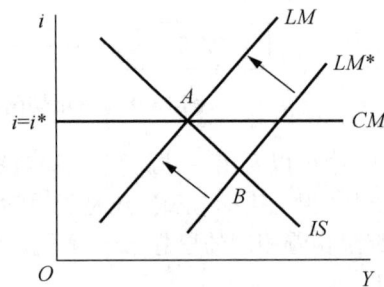

图 13-11　*IS-LM-CM* 的变动

比较上面的分析,可以看到,实行固定汇率安排的国家货币均衡与社会总供求平衡的实现,在封闭经济中,*LM* 曲线的移动是政策的外生变化;而在开放经济条件下,它则变成了对资本流动的内生反应,并且以增加货币供给来拉动经济的增长是失效的,至少货币政策的效果会大打折扣。

■ 应 知 考 核 ■

一、单项选择题

1. 正常情况下,流通中的货币总额(　　　)。
　　A. 与商品价格成反比关系　　　　　　　　B. 与流通中的商品数量成反比关系
　　C. 与货币流通速度成反比关系　　　　　　D. 是一个稳定的常量
2. 货币供给的真实源泉是(　　　)。
　　A. 中央银行发行的货币　　　　　　　　　B. 财政部发行的债券
　　C. 出口增加带来的外汇储备　　　　　　　D. 国民收入及其增量
3. 弗里德曼认为决定货币流通速度相对稳定的主要因素是(　　　)。
　　A. 恒久性收入　　　　B. 名义收入　　　　C. 物价水平　　　　D. 预期通货膨胀率
4. 目前,我国划分货币供给层次的依据是(　　　)。
　　A. 收益性　　　　　　B. 流动性　　　　　C. 安全性　　　　　D. 风险性

5. 基础货币不包含(　　　)。
 A. 流通于银行体系之外的现金   B. 商业银行在中央银行的存款准备金
 C. 商业银行的库存现金   D. 商业银行吸收的企业活期存款

二、多项选择题

1. 凯恩斯认为影响货币需求的因素有(　　　)。
 A. 收入   B. 利率   C. 财富结构   D. 税率
2. 经济主体对货币需要量的大小,主要取决于(　　　)。
 A. 居民一定时期的收入水平   B. 企业经营规模及货币收支流量
 C. 利率高低   D. 中央银行的货币政策
3. 货币需求量的测算方法有(　　　)。
 A. 基本公式法   B. 经验数据法   C. 回归分析法   D. 比例法
4. 治理通货膨胀一般可采取的货币政策措施有(　　　)。
 A. 提高法定存款准备金率   B. 增加再贷款
 C. 在公开市场上买进有价证券   D. 在公开市场上卖出有价证券
5. 马克思认为流通中货币需求量的决定因素主要有(　　　)。
 A. 待销售的商品数量   B. 单位商品价格
 C. 其他金融资产的收益率   D. 持有货币的流动性效用

三、判断题

1. 货币需求的实质是市场需求。   (　　　)
2. 持有货币可以满足三种动机,即交易动机、预防动机和投机动机。   (　　　)
3. 影响货币需求的因素中,Y_p 和 r_m 与货币需求成反向关系,$W, r_b, 1/p \cdot \mathrm{d}p/\mathrm{d}t, r_e$ 与货币需求成正向关系。   (　　　)
4. 马克思的研究总是以黄金作为货币来进行的。   (　　　)
5. 货币供给是一个流量概念。   (　　　)

四、简述题

1. 简述古典学派的货币需求理论。
2. 简述货币主义的货币需求理论。
3. 简述马克思的货币必要量理论建立的前提条件。
4. 简述西方货币供给理论的主要内容。
5. 简述存款货币的几个假设。

五、计算题

1. 设某国某年公众持有的现金为 1 000 亿元,商业银行持有的库存现金为 400 亿元,在中央银行的法定准备金 400 亿元,超额准备金为 200 亿元;该国法定存款准备金率为 16%,超额准备金率为 6%;现金漏损率为 6%;活期存款转为定期存款的比例为 20%,为这些定期存款而持有的准备比率是 10%。请问:该国基础货币为多少亿元? 货币乘数是多少? 货币供给量是多少?
2. 某国商业银行体系共持有准备金 300 亿元,公众持有的通货数量为 100 亿元。中央银行对活期存款和非个人定期存款规定的法定准备率分别为 15% 和 10%。据测算,流通中的现金漏损率为 25%,商业银行的超额准备率为 5%,而非个人定期存款比率为 50%。试求:活期存款乘数与货币乘数(这里的货币指狭义货币 M_1)。狭义货币供应量 M_1。

▚ 应 会 考 核 ▚

■ 观念应用

【背景资料】

供给的影响因素的应用

广州本田为汽车的供给者,假定出现以下三种情况:①加入贸易协定后,汽车行业的价格较加入贸易协定前整体下滑。②由于管理部门管理得当,使得企业的管理费用减少。③车间引进了用一条新的生产线,提高了劳动生产率。

【考核要求】

这三种情况会对其汽车的供给量造成什么影响？供给曲线又将怎样变化？

■ **技能应用**

【背景资料】

货币供应量的应用计算

某一时期中央银行规定商业银行活期存款与定期存款准备金率分别为16％与3％。假定银行体系准备金为20 000亿元,公众持有现金400亿元。根据以往的经验,银行体系现金漏损率为5％,超额准备金率为15％,活期存款转化为定期存款的比例为30％。

【技能要求】

1. 求基础货币量。

2. 求商业银行存款创造的派生倍数。

3. 求货币乘数。

4. 求该时期全社会货币供给量。

■ **案例分析**

【案例情境】

现在的银行比米店多

过去我们抨击资本主义"金钱至上",说他们的"银行比米店多"。而如今我们的大街小巷的银行也比米店多,因为我们生活的方方面面都离不开银行。

在现代社会,货币的供给是由银行"创造"的,这一点大家很难理解。我们一般认为,我们手中的货币是由印钞厂印刷出来的。人们不理解银行为什么能创造货币呢？现在就让我们看一看银行是怎样创造货币供给的。

我们把钱存入银行,银行不能将这些钱全部贷出去,因为我们随时有可能再到银行取我们自己的存款,银行留的这部分货币称作准备金。现在我们来看银行是怎样把钱"创造"出来的。例如,我国的法定准备率是1％,一个储户有1 000元存入中国工商银行,中国工商银行必须把100元留下交给中央银行——中国人民银行,它只能贷出900元；有一个人正好去中国工商银行去借900元买一台空气净化器,到了一家大卖场把900元交给收银员,这个大卖场又把这900元存入它的开户银行——中国农业银行,当中国农业银行收到这笔钱时它不能把这900元全都贷出去,必须把其中的90元(10％)上交人民银行,只能贷出810元；这时正好有一个人想买一个山地车,去农业银行借钱,当他借到810元后,去商场用它买到了山地车,这家商场又把这810元送到它的开户银行——中国建设银行。建设银行接到这笔钱后还要把法定准备金81元(10％)交给中国人民银行,他只能贷出729元。如此下去,储户的1 000元经过银行系统不断的存贷过程,最后变成多少钱呢？银行新增存款是10 000元。通过这个例子可以知道钱是怎样从银行"创造"出来的。中国人民银行并没有多印钞票,这就是银行通过信用活动创造出来的。所以,商业银行具有创造货币的功能。我们经济生活中的货币供应,是在银行循环往复的存贷过程中创造出来的。

为什么现在的银行比米店多,是因为每个银行都在"创造"货币。现代社会经济是一环一环扣在银行身上而加速运行的。当有一天大家都不到银行存钱,或把钱从银行取出来放到自己家里藏起来时,整个经济的"链条"就断掉了。

【分析要求】

1. 为什么银行能"创造"货币？

2. 为什么把钱放在家中保存对经济的危害性很大？

▪ 项目实训 ▪

【实训内容】

分析我国基础货币、货币乘数变化的原因。

【实训目标】

通过本项目的实训,使学生能通过分析掌握影响基础货币、货币乘数的因素;培养学生分析问题能力、解决问题的能力;培养学生资料查询、整理的能力。

【实训组织】

以学习小组为单位,将学生分组;搜集最近几年中国的基础货币、货币乘数的相关数据;分组讨论中国的基础货币、货币乘数发生变化的原因。

【实训成果】

1. 考核、评价资料采用 PPT 展示与学生讨论相结合的方式。

2. 采用学生和教师共同评价的方式评分,并完成实训报告,如表 13-2 所示。

表 13-2　　　　　　　　　　　　实训报告

项目实训班级:		项目小组:		项目组成员:	
实训时间:　　年　　月　　日		实训地点:		实训成绩:	
实训目的:					
实训步骤:					
实训结果:					
实训感言:					

通货膨胀和通货紧缩

知识 目标

理解:通货膨胀的概念、特点和衡量指标;通货紧缩的概念、类型。

熟知:通货膨胀和通货紧缩的成因。

掌握:通货膨胀和通货紧缩的效应及治理对策。

技能 目标

具备对通货膨胀和通货紧缩现象提出解决对策的能力;能够对通货膨胀和通货紧缩效应作出分析。

素质 目标

具备收集资料、分析资料的能力,具备独立思考、团结协作的能力,注重团队的成绩与荣誉。培养与人沟通、言行举止得体等综合素质能力。

思政 目标

能够正确理解"不忘初心"的核心要义和精神实质;树立正确的世界观、人生观和价值观,做到学思用贯通、知信行统一;通过通货膨胀和通货紧缩知识,培养自己的认知能力,学会发现问题、分析问题和解决问题的职业能力培养,提高业务能力,激发自己的职业素养和成就感。

项目 引例

美国财长耶伦:通货膨胀率将持续到2021年末,然后逐渐消退

美国财政部长珍妮特·耶伦表示,她仍然认为2021年的通货膨胀只是暂时的,尽管很可能会持续到年底。耶伦在回答议员提问时说:"我现在的判断是,我们最近看到的通货膨胀是暂时的,且不是局域性的。"耶伦在向众议院拨款小组委员会的线上听证会作证时说,"我预计,这种情况将持续数月之久,到今年年底为止,同比通胀率将仍保持高位。"美国4月份CPI增长4.2%,创十余年来的最高水平。耶伦称,物价大涨是因为消费支出变化且供应链瓶颈。她否认了有关拜登政府在基础设施和其他项目上的长期支出计划将显著刺激通货膨胀的说法。

引例 反思

什么是通货膨胀? 发生通货膨胀如何治理? 如何用通货膨胀来解释经济现象?

知识 精讲

任务一 通货膨胀及其治理

视频

通货膨胀

一、通货膨胀的概念和特点

通货膨胀是指在纸币流通条件下,货币流通量过多地超过货币必要量而引起的货币贬值、物价上涨的经济现象,它具有以下几方面特点。

(一)通货膨胀是纸币流通情况下特有的经济范畴

在金属货币流通条件下,不可能出现通货过多的现象,因为金属货币本身具有价值,可以贮

藏,过多的金属货币会自动退出流通界而成为贮藏货币,能自发调节货币流通量。在纸币流通条件下,纸币没有金属货币的优势,且能够在制度、技术上超发。当纸币流通量超过金属货币必要量时,过多的货币既无法像金属货币那样退出流通而形成储蓄,也不会与金属货币兑换而流回银行,只能继续在流通中,以纸币贬值和物价上涨方式强制地使货币供求达到平衡。

【提示】 纸币发行并不必然导致通货膨胀,是否通货膨胀取决于纸币的数量、发行的渠道和管理水平的高低。

(二)通货膨胀表现为纸币贬值、物价全面持续上涨

货币的币值是商品的购买力,而不是指购买某种、某类具体的商品。通货膨胀与物价总水平相联系,广泛包括所有商品和劳务的价格在内。因国家物价政策、某类商品的供求关系和劳动生产率增长的差异等非货币因素引起的个别商品价格上涨,不是通货膨胀。

(三)通货膨胀可以是开放性与隐蔽性共同存在的

开放性通货膨胀直接表现为一般物价水平的上涨,主要发生在物价不受管制的完全市场经济中。隐蔽性通货膨胀,也称为抑制性通货膨胀,它不直接表现为物价的上涨,而表现为商品短缺、限量供应、票证货币化、储蓄快速下降、黑市买卖、投机倒把等现象。这些现象实质是变相的物价上涨,主要发生在物价受到管制的经济中。一旦政府撤销物价管制,物价上涨就会公开暴露。

(四)物价上涨与货币增加的速度不一致

在通货膨胀初期,物价上涨速度慢于货币增长速度。在通货膨胀中期,物价上涨速度逐步加快,随着通货膨胀的加剧,物价上涨的速度就会超过货币增加的速度。这种变化主要与通货膨胀预期及其引起的人们的经济选择行为有关。通货膨胀引起通货膨胀预期,通货膨胀预期则加剧通货膨胀。

(五)通货膨胀具有非均衡性

不同商品物价上涨的速度是不均衡的。一般来说,需求价格弹性小的商品,如生活必需品,价格上涨得较快。同一国家不同地区,物价上涨也是不均衡的,这是因为纸币在各地区投放的不均衡及商品的流转。纸币投放集中的地区,物价上涨较快。物价上涨加速的地区吸引其他地区的商品流入,又使该地区物价上涨速度减慢,其他地区却因为商品流出而减慢物价上涨进程。

二、通货膨胀的衡量指标

目前,世界上大多数国家将物价指数作为衡量通货膨胀的指标。通常采用的物价指数有以下三种。

(一)消费物价指数

消费物价指数(Consumer Price Index,CPI),是反映与居民生活有关的产品及劳务价格统计出来的物价变动指标,通常作为观察通货膨胀水平的重要指标。CPI的计算公式为:

$$CPI = \frac{一组固定商品按当期价格计算的价值}{一组固定商品按基期价格计算的价值} \times 100$$

CPI告诉人们的是,对于普通家庭的支出来说,购买具有代表性的一组商品,在今天要比过去某一时间多花费多少。例如,若2020年某国普通家庭每个月购买一组商品的费用为800元,而2021年购买这一组商品的费用为1 000元,那么该国2021年的消费物价指数为(以2020年为基期):

$$CPI = 1\,000 \div 800 \times 100 = 125$$

也就是说,物价水平上涨了25%。在日常生活中,我们更关心的是通货膨胀率,其被定义为

从一个时期到另一个时期价格水平变动的百分比,其计算公式为:

$$T = (P_1 - P_0) \div P_0 \times 100\%$$

式中:T 代表 1 时期的通货膨胀率;P_1 和 P_0 分别代表 1 时期和 0 时期的价格水平。

如果用上面介绍的消费物价指数来衡量价格水平,则通货膨胀率就是不同时期的消费物价指数变动的百分比。上例中的消费物价指数从 2020 年的 100 增加到 2021 年的 125,那么这一时期的通货膨胀率为:

$$T = (125 - 100) \div 100 \times 100\% = 25\%$$

就是说,通货膨胀率为 25%,表现为物价上涨 25%。

如果消费物价指数升幅过大,则表明通胀已经成为经济不稳定因素,会有央行紧缩货币政策和财政政策的风险,从而造成经济前景不明朗。因此,该指数过高的升幅往往不被市场欢迎。

由于 CPI 能够灵敏地反映居民日常生活成本的变化,而且资料容易搜集,所以在衡量通货膨胀时被多数国家所采用。但是,消费物价指数也有其缺点,CPI 范围较窄,只包括社会最终产品中的居民消费品这一部分,不包括公共部门的消费、生产资料和资本产品以及进出口商品,从而不足以说明全面的情况。另外,没有考虑到一部分消费品价格的提高,可能是由于商品质量的改进、新产品对消费者福利的增进以及商品间的相互替代性等,因而存在夸大物价上涨幅度的可能。

(二)批发物价指数

批发物价指数(Wholesale Price Index,WPI)是指根据包括制成品、原材料、中间品在内的各种商品的批发价格的变动状况编制的指数。

以 WPI 衡量通货膨胀,其优点是能在最终产品价格变动之前获得工业投入品及非零售消费品的价格变动信号,进而能够判断其对最终进入流通的零售商品价格变动可能带来的影响。因此,这一指数对商业周期反应敏感,可以用它来衡量物质生产部门生产成本的变化。其局限性在于它与居民生活没有直接联系,而且不包括劳务的价格,不能准确反映总体物价水平的变动情况。同时,它只计算了商品在生产环节和批发环节上的价格变动,没有包括商品最终销售时的价格变动,其波动幅度常常小于零售商品的价格波动幅度。因而,在用它判断总供给与总需求的对比关系时,可能会出现信息失真的现象。

(三)国民生产总值平减指数

国民生产总值平减指数(GNP Deflator)是指按当年价格计算的国民生产总值与按不变价格计算的国民生产总值的比率。

GNP 平减指数的优点是范围广泛,除了居民消费品外,还包括公共部门的消费、生产资料和资本产品以及进出口商品,因此能较准确地反映一般物价水平的趋向。但它容易受价格结构因素的影响。例如,虽然与公众生活密切相关的消费品价格上涨幅度已经很高,但其他产品价格变动幅度不大,就会出现 GNP 平减指数虽然不高,但公众的日常消费支出已明显增加的状况。它的主要用途是对国民经济的综合指标进行名义值与实际值的换算。

以上三种物价指数衡量通货膨胀的前提是商品和劳务的价格可以自由波动。在严格实行价格管制的国家里,物价上升的趋势可能被人为压抑,表面上物价未上涨,但实际上却可能存在着商品的严重短缺。人们为获得一定量的商品必须支付较高的额外成本,经济学上称之为隐蔽型通货膨胀。

三、通货膨胀的分类

按照不同的划分标准,通货膨胀可以进行如下分类。

（一）按物价上涨速度快慢划分

（1）温和的或爬行的通货膨胀。它是指通货膨胀率低，而且呈较为稳定、缓慢的上涨，物价较为稳定，货币不会有明显的贬值。经济学家认为，爬行的通货膨胀对经济的发展和国民收入的增加都有积极的刺激作用。

（2）疾驰的或奔腾的通货膨胀。它是指年通货膨胀率为2位数，甚至3位数的通货膨胀。通货膨胀在加速之中，人们的恐慌心理使通胀变得更厉害。通货膨胀已对经济产生不利影响，但还不至于引起金融崩溃和经济生活混乱。

（3）恶性通货膨胀。它是指通货膨胀率在3位数以上，物价连续狂涨，货币价值不断下降，人们不愿持有纸币，或抢购物资，或持有外币，已经对经济社会生活产生极其不利的影响，甚至引发政局动荡。

（二）按市场机制的运行状况划分

（1）公开型通货膨胀。这种类型的通货膨胀的发生前提是市场功能完全发挥，价格对供求反应灵敏，过度需求通过物价总水平的明显、持续上涨而体现出来。

（2）隐蔽型通货膨胀。它是指在计划经济体制下，由于存在着严格的价格管制，价格上升趋势被隐藏的通货膨胀。这类通货膨胀不能通过物价上涨表现出来，而只能以排队抢购、凭证购买、有价无货以及产品质量下降等形式表现出来。

（三）按通货膨胀的成因划分

（1）需求拉上型通货膨胀。它是指由于社会总需求的过度增长超过了按现行价格可得到的社会总供给的增长，使太多的货币追逐太少的商品和劳务而引起的一般物价水平上升的现象。

（2）成本推动型通货膨胀。它是指通货膨胀的根源在于总供给的变化，由于生产成本上升而使物价水平普遍上涨的现象。其中主要是工资推动和利润推动。

（3）结构型通货膨胀。它是指物价的上涨是由于对某些部门的产品需求过多，使得这些部门的物价和工资水平上升，之后其他部门的物价和工资水平也趋于上升，于是便出现全面的通货膨胀。

（四）按预期划分

（1）预期性通货膨胀。它是指通货膨胀过程被经济主体预期到了，以及由于这种预期而采取各种补偿性行动引发的物价上升运动。

（2）非预期性通货膨胀。它是指没有被经济主体预见，在不知不觉中出现的物价上升。

四、通货膨胀的成因

（一）需求拉动

需求拉动形成的通货膨胀，即需求过旺，超过了因供给很多引起地价格过快上涨，引发通货膨胀。

从政府角度来看，引起需求过旺的原因有：①财政赤字过多。财政支出的规模超过了财政收入，形成了财政赤字，而财政赤字的弥补如果是通过货币超发和向银行透支的方式进行的，就会引发通货膨胀。②信用膨胀。信用通胀是银行贷款的规模超过了国民经济发展的实际需要，从而导致贷款的货币投入没有相应的产出。这意味着在既定的供给条件下，货币的供应增加，从而导致需求过旺，物价上涨。

（二）成本推动

成本推动形成的通货膨胀，是从供给方来看的，是商品价格受供给方成本影响而上涨引发的通货膨胀。

（1）工资的上涨。由于人口结构的变化，新的劳动力数量在减少，劳动者尤其体力劳动者越来越相对稀缺，议价能力在提高，工资不断上涨。另外，随着国民经济的发展和生活条件的改善，各行业的工资都在调整并有所上涨，工资的上涨带动了成本的上升和物价的上涨，引发通货膨胀。

（2）原材料上涨。由于资源是有限的，有的原材料越来越稀缺，所以价格不断上涨；有的原材料随着市场上其他商品价格的调整而上涨。原材料的涨价，又反过来带动商品价格的上涨，引发新一轮通货膨胀或加剧通货膨胀。

（三）结构性因素

（1）供求关系变化。供求关系变化导致部门结构失衡。短缺部门产品先涨价，过剩部门产品价格跟随，导致生产能力过剩和物价上涨。

（2）封闭部门跟随。开放部门价格随着世界市场的涨价而涨价，工资上涨，非开放部门产品也随着涨价，引起总体物价上涨。

（3）劳动生产率慢的部门跟随。劳动生产率快的部门由于效益好而涨工资，劳动生产率慢的部门员工也要求涨工资，引起总体的价格上涨过快。

（4）产业结构失衡。基础工业与加工工业、农业与工业发展失衡，产业结构不合理，引起结构性通货膨胀。

（四）综合因素

（1）体制性因素。体制性因素是从现在的经济体制上来分析通货膨胀的成因，包括银行信贷管理体制、企业制度、价格体系等因素。这也是中国通货膨胀的重要原因。

（2）政策性因素。政策性因素是指宏观经济政策运用不当对社会总供求带来的不利影响或政策时滞带来的不利影响。这些因素包括财政预算规模的大小、赤字的高低、信贷规模的大小、银根松紧和一定时期的货币政策因素、国家产业政策等。

（3）一般性因素。一般性因素是指单纯由于经济成长或经济发展等过程中存在足以引发物价总水平持续上涨的中性原因。比如，中国农产品价格波动引起的消费品价格上涨就是由中国的国情决定的。

五、通货膨胀的效应

通货膨胀对经济的影响有正效应和负效应两方面，下面分别进行分析。

（一）对经济的正效应

通货膨胀初期，在通胀还不严重的时候，适度温和的通货膨胀对经济有正效应。

1. 有利于动员闲置资源

通货膨胀表现为流通中货币过多，商品价格普遍上涨，从供给需求的角度来看，短期有利于供给方，促进商品销售加快，企业利润增加。企业有动力扩大生产规模，增加就业，社会闲置资源得到利用，促进社会再生产的发展。

2. 有利于扩大投资

通货膨胀有利于刺激投资，表现在以下三个方面：

（1）政府可以利用通货膨胀的新增货币额直接进行投资。

（2）通过发行货币改变各阶层的收入分配结构。通货膨胀对高收入阶层有利，对低收入阶层不利，高收入阶层的投资率高，使边际投资率增加。

（3）通过从发行货币到物价上涨的时间差来扩大企业利润，企业利润的扩大促使企业投资的增加。

3. 有利于优化产业结构

通货膨胀时期，畅销商品的价格上升幅度较大，滞销商品的上升幅度小或不变，社会资金流向改变,社会资源得以重新配置,产业结构和产品结构得到优化和调整。

(二) 对经济的负效应

随着通货膨胀的持续和加剧,其对经济的影响由正效应变成负效应,由促进转为破坏。

1. 影响生产的正常进行

(1) 通货膨胀对扩大就业和增加生产只能暂时产生刺激作用,但这种作用不可持续,也无法自发形成健康的经济运行机制。

(2) 通货膨胀引起生产结构失衡并造成生产下降。

(3) 生产资金日趋短缺。

(4) 通货膨胀造成技术进步缓慢。

2. 对财富再分配的影响

通货膨胀引起了收入分配的变化,使社会阶层结构发生了变化。

(1) 对于固定收入者。固定收入者是通货膨胀的受害者,通货膨胀使单位货币的购买力下降。

(2) 对于低收入者。由于生活必需品需求价格弹性小,其价格上涨幅度要高于一般商品价格上涨。

(3) 通货膨胀影响财富分配。通货膨胀的财富再分配,不仅表现为家庭之间的分配,而且表现为家庭、企业和政府之间的分配。

3. 对流通的扰乱效应

(1) 通货膨胀打乱了正常的流通渠道。

(2) 在通货膨胀持续时期,由于人们对通货膨胀的预期,普遍存在物价"看涨"心理。

(3) 如果一国通货膨胀高于国际通货膨胀率,就会使原出口产品转为内销,并增加进口,导致国际贸易出现逆差。

4. 对消费的负效应

(1) 由于通货膨胀,削弱了消费者的实际购买力,导致生活水平普遍下降。

(2) 消费者对通货膨胀的预期,往往促使其提前消费或加速消费行为,从而加剧社会供求矛盾。

5. 对财政金融的效应

(1) 财政金融影响财政收支平衡。

(2) 通货膨胀影响造成货币流通混乱。

(3) 通货膨胀破坏了正常的信用关系。

六、治理通货膨胀的对策

(一) 控制需求

通过控制需求,可达到治理通货膨胀的目的,而控制需求,可利用以下几种政策和方案进行。

1. 紧缩性货币政策

为把过度的需求压下去,各国货币当局可采取以下手段保证货币供应量增长率与经济增长率相适应。

(1) 通过公开市场业务出售政府债券,相应减少货币存量。

(2) 提高法定准备金率,以缩小货币乘数。

(3) 提高利率。

(4) 控制政府向银行的借款额度。

视频

法定准备金率

2. 紧缩性财政政策

紧缩性财政政策的基本内容是增加税收和减少政府支出。增加税收的通常做法是提高税率和增加税种，压缩企业和个人可支配的货币收入，增加财政收入，减少财政赤字或财政向中央银行的借款量。压缩财政支出的办法是削减财政投资的公共工程项目，减少政府转移支出，减少各种社会救济和补贴，使财政收支平衡。

3. 紧缩性收入政策

紧缩性收入政策是应对成本推进型通货膨胀的有效方法。既然成本推进型的通货膨胀是由于工资、物价的提高导致的总供给曲线的上移，那么采取工资—价格政策（收入政策）来干预、阻止工会和垄断企业这两大团体互相抬价所引起的工资、物价轮番上涨的趋势也是理所当然的。这样做的目的在于既控制通货膨胀而又不致引起失业增加。

4. 指数化方案

指数化方案是指将收入水平、利率水平同物价水平的变动直接挂钩，以抵消通货膨胀的影响。指数化的范围包括工资、政府债券和其他货币性收入。其实施办法是把各种收入同物价指数挂钩，使各种收入随物价指数而调整。

（二）改善供给

发展生产，增加供给，稳定币值，是消除通货膨胀的根本出路。可以借鉴供给学派的观点，刺激生产以增加有效供给，从而遏制通货膨胀。

改善供给的一般措施有以下几点：①实行有松有紧、区别对待的信贷政策。②发展对外贸易，改善供给状况。总之，面对复杂的通货膨胀成因，要相应地采取适合的治理办法。

【案例 14-1】

案例 14-1 精析

金融危机中的欧洲人的消费习惯改变了

2008 年爆发的金融危机中，不断上涨的油价导致其他商品价格上涨，在世界范围内引发新一轮通货膨胀。即使在较为发达的欧洲，普通民众也感到了物价上涨带来的压力，纷纷改变原有的消费习惯。在英国，许多人不再去超市购物，而是转向价格比较便宜的折扣连锁店。在 2008 年，一家名为阿尔迪的折扣连锁超市在英国的销售额增加了 20%。欧洲其他国家的情况也与英国类似。在德国，2009 年 5 月份商品批发价格上涨了 8%，消费者普遍表示，现在花钱比以前谨慎多了。意大利 2009 年 6 月份的通货膨胀率接近 4%，创几年来的新高。

讨论：通货膨胀是如何产生的？有哪些影响？

任务二　通货紧缩及其治理

一、通货紧缩的概念

关于通货紧缩的概念，经济学家有不同的观点。国内外目前对通货紧缩主要有以下观点：

第一种观点认为，通货紧缩是指物价普遍持续下降的现象。

第二种观点认为，通货紧缩是指物价总水平持续下跌、货币供给量持续下降，与此相伴随的是经济衰退的现象。

视频

第三种观点认为，通货紧缩是经济衰退的货币表现，其有三个特征：一是物价持续下降，货币供给量持续下降；二是有效需求不足，失业率高；三是经济全面衰退。

通货紧缩

大部分人倾向第一种观点，认为通货紧缩是与通货膨胀是相反的经济现象。通货膨胀是商品与劳务价格的普遍持续上升，而通货紧缩是商品和劳务价格的普遍持续下降。物价普遍持续的下跌才是通货紧缩，而由于某些商品或劳务供应大于需求或技术进步、市场开放、成本降低、生产效率提高等导致的暂时的物价下跌,不是通货紧缩;由于消费者偏好变化、季节性因素等某些货币因素影响而引起的商品和劳务价格的暂时或偶然下跌与货币本身没有必然联系,也不是通货紧缩。

在经济实践中,判断某个时期的物价下跌是否为通货紧缩,既要看通货膨胀率是否由正转负,也要看下跌的持续时间是否超过了一定时限。有的国家以一年为标准,有的国家以半年为标准。一般对于通货紧缩压力较大的国家来说,时间可以适当长一点,而对于紧缩膨胀压力小的国家来说,时间可以适当短一点。

二、通货紧缩的成因

(一) 财政与货币政策

从财政政策来看,政府为了预防通货膨胀或为了降低财政赤字,而采取紧缩性的财政政策,大量削减公共开支,减少转移支付,从而减少了社会总需求,加剧了商品和劳务市场的供求失衡,就可能促进通货紧缩的形成。从货币政策来看,长期以来,经济学界认为通货紧缩对经济的威胁小于通货膨胀,持此观点的如美国著名经济学家米尔顿·弗里德曼。但各国中央银行采取紧缩的货币政策,使大量商品流向货币,可能产生物价的持续下降,导致通货紧缩。

(二) 技术进步

技术进步与创新提高了生产力、降低了企业成本,造成了产能过剩。在供给大于需求的情况下,物价下跌不可避免。如果供给大于需求的情况不能及时调整而持续存在,那么物价下跌的趋势也会相应持续下去,这样就会出现通货紧缩。

(三) 汇率制度

如果一国采取盯住强货币的汇率制度,货币币值高估,就会导致出口下降,加剧国内企业经营困难,促使消费需求趋减,出现物价的持续下跌。同时,其他国家货币的大幅贬值,也会造成货币贬值国家的商品大量流入本国,进一步加大国内物价的持续下跌态势。

(四) 金融体系低效率

如果金融机构不能对贷款项目进行风险识别,那么就可能滥发贷款,造成不良贷款比重增加,可能不愿意贷款或片面提高贷款利率以作为承担风险的补偿,从而形成信贷萎缩,最终导致物价下跌,形成通货紧缩。

三、通货紧缩的类型

(一) 按其严重程度分类

根据其严重程度的不同,通货紧缩可分为相对通货紧缩和绝对通货紧缩。

(1) 相对通货紧缩。相对通货紧缩是指物价水平在零值以上,在适合一国经济发展和充分就业的物价区间以下。

(2) 绝对通货紧缩。绝对通货紧缩是指物价水平在零值以下,即物价负增长。绝对通货紧缩又可细分为两个子状态,即衰退式通货紧缩和萧条式通货紧缩。

(二) 按其产生机理分类

根据其产生机理的不同,通货紧缩可分为需求不足型通货紧缩和供给过剩型通货紧缩。

(1) 需求不足型通货紧缩。总需求不足,供给相对过剩,从而引发通货紧缩。一国需求不足可能是多种原因引起的,包括消费抑制型、投资抑制型、国外需求不足型。

(2) 供给过剩型通货紧缩。供给过剩型通货紧缩是指由于技术进步和生产效率提高,造成产品绝对过剩,这在某种程度上是社会进步的表现。

四、通货紧缩的效应

（一）对经济的影响

通货紧缩状态下，由于物价下降，人们能购买的商品数量增加，货币购买力增加。同时，因预期物价还会进一步下降，人们倾向于储蓄和推迟购买，等待更低价格的出现。通货紧缩抑制了个人消费，进而企业商品卖不出去，失业增加，经济萧条。同时，投资成本增加，经济缺乏活力。

（二）对银行金融业的影响

通货紧缩可能会导致银行的危机。通货紧缩加重了贷款者的实际负担，收益率下降，贷款者偿还银行能力下降，银行贷款收不回来的风险增加；降低了资产抵押和担保价值，银行要求客户提前还款，会加速很多贷款者的资产流失或破产，银行收不回来的资产增多。

如果人们存在继续通货紧缩预期，就不愿意借款，银行也更加惜贷。信贷供求萎缩，金融市场萧条。

五、治理通货紧缩的对策

（一）实行积极的财政政策

实行积极的财政政策不仅意味着扩大财政支出，而且意味着要优化财政支出结构，以增大财政支出的乘数效应。扩大财政支出，可以发挥财政支出在社会总支出中的调节作用，弥补个人消费需求不足造成的需求减缓，起到"稳定器"的作用。优化财政支出结构，可以使财政支出最大化地带动企业或私人部门的投资，以增加社会总需求。

（二）实行积极的货币政策

实行积极的货币政策就要求中央银行及时做好货币政策的微调，适时增加货币供应量，降低实际利率，密切关注金融机构的信贷行为，通过灵活的货币政策促使金融机构增加有效贷款投放量，以增加货币供给，如实行积极进取的相机抉择货币政策。中央银行的作用和目标是稳定货币，既要防止高通货膨胀又要防止通货紧缩，使通货膨胀既不加速也不减速，维持在较低的水平上，最好在 2％～3％，至少应控制在 5％以下，前者是一个理想目标，后者是一个可控目标。此外，中央银行还可以放松利率管制，加快利率市场化改革，即根据银行贷款利率的风险大小自行确定贷款利率。

应知考核

一、单项选择题

1. 通货膨胀是指（　　）。
   A. 物价的上升
   B. 物价的持续上升
   C. 物价总水平的上升
   D. 物价总水平的持续上升

2. 通货紧缩表明社会总供求关系是（　　）。
   A. 有效需求过剩　　　　B. 有效需求不足　　　C. 货币供给过多　　　D. 商品供给不足

3. 通货膨胀现象反映（　　）。
   A. 社会总需求大于社会总供给
   B. 社会总供给大于社会总需求
   C. 货币供给量不足
   D. 货币购买力上升

4. 食品、服装和其他日用消费品的零售价格以及水、电、住房、交通、医疗、文娱等费用支出编制而成的一种综合价格指数是（　　）。
   A. 消费物价指数
   B. 批发物价指数
   C. 国民生产总值物价平均指数
   D. 国内生产总值物价平均指数

5. （　　）可以反映大宗商品（包括原材料和中间产品及最终产品等）第一次进入流通时价格的变动。

A. 消费物价指数　　　　　　　　　　　　B. 批发物价指数

C. 国民生产总值物价平均指数　　　　　　D. 国内生产总值物价平均指数

二、多项选择题

1. 下列关于通货膨胀的特点,说法正确的有(　　　)。

A. 通货膨胀是纸币流通情况下特有的经济范畴

B. 通货膨胀表现为纸币贬值、物价全面持续上涨

C. 通货膨胀既可以是开放性的,也可以是隐蔽性的

D. 通货膨胀具有均衡性

2. 通货膨胀的成因有(　　　)。

A. 需求拉动　　　　　B. 成本推动　　　　　C. 结构性因素　　　　　D. 综合因素

3. 通货膨胀的发展对财政金融的影响体现在(　　　)。

A. 财政金融影响财政收支平衡　　　　　　B. 通货膨胀造成货币流通混乱

C. 通货膨胀破坏了正常的信用关系　　　　D. 银行信用也因来源减少而日趋萎缩

4. 按其严重程度分类,通货紧缩可分为(　　　)。

A. 相对通货紧缩　　　　　　　　　　　　B. 绝对通货紧缩

C. 需求不足型通货紧缩　　　　　　　　　D. 供给过剩型通货紧缩

5. 治理通货膨胀的控制需求对策有(　　　)。

A. 紧缩性货币政策　　B. 紧缩性财政政策　　C. 紧缩性收入政策　　D. 积极性财政政策

三、判断题

1. 纸币发行并不必然导致通货膨胀,是否通货膨胀取决于纸币的数量、发行的渠道和管理水平的高低。　　　　　　　　　　　　　　　　　　　　　　　　　　　　　　(　　　)

2. 通货膨胀必须是隐蔽性的。　　　　　　　　　　　　　　　　　　　　　(　　　)

3. 消费抑制型通货紧缩,使供给相对过剩,产品卖不出去,企业利润减少、规模缩减、收入减少,物价下跌等连锁反应。　　　　　　　　　　　　　　　　　　　　　　　　　(　　　)

4. 扩大财政支出,可以发挥财政支出在社会总支出中的调节作用,弥补个人消费需求不足造成的需求减缓,起到"稳定器"的作用。　　　　　　　　　　　　　　　　　　　(　　　)

5. 实行积极的货币政策就要求中央银行及时做好货币政策的微调,适时减少货币供应量。(　　　)

四、简述题

1. 简述通货膨胀的概念和特点。

2. 简述通货膨胀的衡量指标。

3. 简述通货膨胀的成因和效应。

4. 简述治理通货膨胀和通货紧缩的对策。

5. 简述通货紧缩的内涵和成因。

■ 应 会 考 核 ■

■ 观念应用

【背景资料】

高失业和通缩风险困扰欧洲经济

2014 年 3 月,欧洲地区发布的一系列关键经济数据显示,欧洲经济复苏势头仍在延续、市场信心不断增强,但高失业率和持续低通胀率引发的通缩担忧令复苏前景面临较多不确定性。

欧盟委员会发布的冬季经济展望报告说,欧元区经济 2014 年预计增长 1.2%,欧盟增长 1.5%。随后,反映经济信心的欧元区经济景气指数升至 2011 年 7 月以来的最高点,显示市场对经济前景看好。欧盟委员会副主席兼经济与货币事务委员奥利·雷恩表示,欧洲债务危机最坏时期已过,欧洲经济目前正恢复增长,经济增长建立在持续的经济改革和健康的财政政策基础上。

数据显示,2014 年 1 月份欧元区的失业率为 12.0%,与前 4 个月持平。25 岁以下的年轻人失业率依然

远高于平均水平，欧元区为 24.0％，欧盟为 23.4％。希腊、西班牙和克罗地亚年轻人的失业率分别高达 59.0％、54.6％和49.8％，德国最低为 7.6％。

2014 年 2 月，欧元区通货膨胀率为 0.8％，已连续 5 个月低于 1％，远低于欧洲央行设置的 2％的目标。长期的低通胀给欧元区带来了通缩风险，潜在的价格下降预期会抑制欧元区的投资和消费水平，进而影响经济复苏。

布鲁塞尔欧洲与全球经济研究所资深研究员绍尔特·达尔沃什对新华社记者说："不光是通缩风险，如果看到欧洲的政府高负债和金融系统风险，欧洲经济复苏可谓风险重重。"目前，欧元区国家公共债务占国内生产总值的比重超过 90％，且仍处于上升趋势。欧盟经济与金融事务部门总干事马可·布提也表示，只要负债率在多个经济领域中过高、失业率徘徊在历史纪录水平及经济失衡问题不解决，增长动力就有陷在低位的重大风险。

【考核要求】

通货膨胀能否引起失业，请简要说明。

■ 技能应用

【背景资料】

通货膨胀率

假定某国上一年的物价水平为 102，今年的物价水平上升到 108。

【技能要求】

计算上述资料的通货膨胀率是多少。

■ 案例分析

【案例情境】

欧洲央行考虑采取激进措施应对过低通胀

据华尔街日报网 2014 年 3 月 26 日报道，欧洲央行官员 25 日向外界传递强烈信号：为防范通胀低到危险的地步，央行愿意考虑采取激进的应对举措，其中包括实施负利率以及资产购买措施。

来自欧元区不同国家的最高决策者发表的言论暗示，面对经济疲软、欧元区坚挺，欧洲央行打算不再采取谨慎姿态，而是像美国、英国和日本近年来所做的那样，实施更激进的政策措施。

芬兰央行行长利卡宁自 2004 年起担任芬兰央行行长，也是 24 人组成的欧洲央行管理委员会的成员之一。他在赫尔辛基接受媒体采访时表示，欧洲央行仍有利率调整的空间。目前欧洲央行的主要贷款利率为 0.25％，处在历史低位。过去近两年，欧洲央行一直将其隔夜存款利率维持在零水平。当被问及央行还有什么工具可以动用时，利卡宁提到了实施负利率、向商业银行提供更多贷款以及资产购买措施。利卡宁还表示，这是欧洲央行的一个选择，不会与禁止央行为政府融资的规定发生冲突。此前美国联邦储备委员会（简称美联储）和日本央行已经积极利用货币政策阻止通胀降至过低水平，但欧洲央行一直抗拒这样做，并把政策重心放在银行贷款计划上。

当日包括德国和斯洛伐克央行行长在内的其他一些官员也传递了类似信息。德国央行行长魏德曼在接受国际市场新闻社采访时表示，不排除实施大规模资产购买计划（即定量宽松）的可能性。

斯洛伐克央行行长马库赫称，几位（欧洲央行）决策者已准备采取非常规措施，以阻止欧元区陷入通缩环境。他补充说，定量宽松是央行的一个选择。

欧洲央行行长德拉吉并没有具体说明欧洲央行可能采取哪些措施。但 25 日在巴黎发表演讲时，德拉吉试图强调央行抗击过低通胀的决心，欧元区过低的通胀率正抑制消费者支出，并削弱企业利润和投资。他说，欧洲央行将采取必要措施维持物价稳定，央行正密切关注欧元汇率。

这一表态让人想起德拉吉在 2012 年 7 月时的承诺，当时他承诺央行将竭尽所能维持欧元区完整。这番言论触发了南欧国债市场一轮持久的反弹。欧洲央行甚至不必购买任何国债，市场有了德拉吉的口头承诺就已经足够。

不过，虽然欧洲央行这一次加大了口头干预的力度，但欧元 25 日却几乎不为所动。一些分析师警告说，除非欧洲央行言行一致、尽快拿出真正的行动，否则，市场将质疑央行抗击超低通胀的决心。

【分析要求】

1. 欧洲央行应对过低通胀的措施有哪些？

2. 低通胀和高通胀的区别在哪儿？措施有何区别？

项目实训

【实训内容】

通货膨胀。

【实训目标】

通过本项目的实训,使学生要学会计算通货膨胀率;培养学生分析问题能力、解决问题的能力;培养学生资料查询、整理的能力。

【实训组织】

以学习小组为单位,根据下列内容进行计算:

1. 表 14-1 为 1978—2014 年间我国居民消费价格指数、城市居民消费价格指数、农村居民消费价格指数。

表 14-1　　　　　　1978—2014 年我国各类消费价格指数

年份	居民消费价格指数 (1978＝100)	城市居民消费价格指数 (1978＝100)	农村居民消费价格指数 (1985＝100)
1978	100.0	100.0	—
1980	109.5	109.5	—
1985	131.1	134.2	100.0
1990	216.4	222.0	165.1
1995	396.9	429.6	291.4
2000	434.0	476.6	314.0
2005	464.0	503.1	343.0
2010	536.1	576.3	403.5
2011	565.0	606.8	426.9
2012	579.7	623.2	437.6
2013	594.8	639.4	449.9
2014	606.7	—	—

2. 根据公式计算:

(1) 在此期间我国的通货膨胀率。

(2) 在此期间我国城市的通货膨胀率。

(3) 在此期间我国农村的通货膨胀率。

【实训成果】

1. 考核、评价资料采用 PPT 展示与学生讨论相结合的方式。

2. 采用学生和教师共同评价的方式评分,并完成实训报告,如表 14-2 所示。

表 14-2   **实训报告**

项目实训班级：	项目小组：	项目组成员：
实训时间：　　年　　月　　日	实训地点：	实训成绩：
实训目的：		
实训步骤：		
实训结果：		
实训感言：		

货 币 政 策

知识 目标

理解：货币政策的概念与最终目标；货币政策诸目标间的关系。

熟知：货币政策的特点；货币政策的类型及功能；货币政策与财政政策的配合。

掌握：货币政策的中介目标；各项货币政策工具的含义；货币政策的传导。

技能 目标

认知各项货币政策工具运用对经济运行的影响，货币政策的传导机制及货币政策效果的影响因素，货币政策与财政政策配合的必要性与方式；熟悉我国货币政策的最终目标以及中国人民银行常用的货币政策工具，能运用所学的理论知识分析我国近些年来实施的货币政策、财政政策及其效果，并能以此指导微观经济活动。

素质 目标

能够结合当今金融风险和金融监管的实际，提高分析和总结能力。具备金融创新的能力。

思政 目标

能够正确理解"不忘初心"的核心要义和精神实质；树立正确的世界观、人生观和价值观，做到学思用贯通、知信行统一；通过货币政策知识，加强责任态度和职业认同，提升职业情感和认知。

项目 引例

强化货币政策与宏观审慎政策协调配合

"货币政策与宏观审慎政策'双支柱'调控框架，是反思 2008 年全球金融危机的一个重要成果，也是借鉴国际共识，并结合我国国情的一个有益探索。"中国人民银行副行长李波在"2021 清华五道口全球金融论坛"上表示，"双支柱"调控框架为维护我国宏观经济稳定和国家金融安全发挥了重要作用，下一步要强化"双支柱"调控框架的协调配合，推动货币政策调控从数量性调控为主向价格性调控为主转变，增强货币政策操作的规则性和透明度。

李波表示，目前，我国的货币政策与宏观审慎政策"双支柱"框架处于起步阶段，仍然面临一些挑战和问题需要不断研究和探索。

引例 反思

什么是货币政策？你是如何理解货币政策与宏观审慎政策"双支柱"框架的？如何研究和探索？

知识 精讲

任务一 货币政策概述

一、货币政策的概念与最终目标

货币政策是中央银行为实现宏观经济目标而采取的各种调节货币供给量的方针和措施的总称。它的构成要素有五个，即货币政策的最终目标、政策工具、中介目标、传导机制和政策效果。这五个要素及其关系构成了货币政策体系的总体框架，如图 15-1 所示。

货币政策的最终目标是中央银行通过实施各种调节货币供给量的手段所要达到的最终经济目标。目前，世界各国都把物价稳定、充分就业、经济增长和国际收支平衡作为货币政策的最终目标。

视频

货币政策

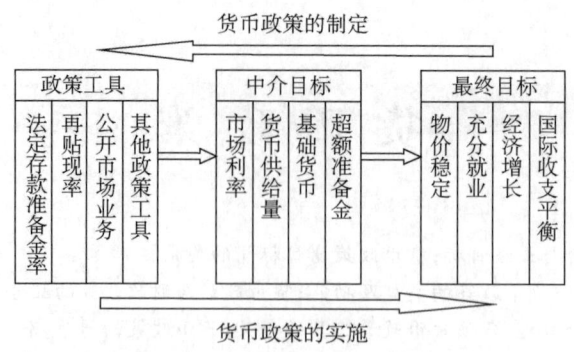

图 15-1　货币政策的构成要素及其关系

1. 物价稳定

物价稳定是指在经济运行中保持价格总水平的相对稳定。中央银行将稳定物价作为货币政策的最终目标，就是要通过吞吐基础货币调节货币供给量，实现社会总需求与社会总供给的平衡，防止价格总水平在短期内出现显著的或剧烈的波动。为此，既要控制通货膨胀，又要防止通货紧缩。

2. 充分就业

充分就业是指有劳动能力并愿意参加工作的适龄人员能够找到适合的工作。充分就业是衡量一国各种资源是否充分利用、经济是否正常发展的标志。判断中央银行充分就业目标是否实现，一般依据失业率指标。经济理论认为，失业主要有三种存在形式：

（1）摩擦性失业，即由于劳动力流动、劳动力供给结构与需求结构不对称所造成的失业。

（2）周期性失业，即由于整个社会的总需求不足所造成的失业。

（3）自愿性失业，即劳动者不愿意接受现有的工资水平而自愿放弃工作所造成的失业。一般认为，如果不存在周期性失业，则可认为实现了充分就业。

3. 经济增长

经济增长是指一国在一定时期内所生产的商品和劳务总量的增长。各国通常将国内生产总值增长率、国民生产总值增长率、国民收入增长率等指标作为衡量经济增长的主要指标。作为货币政策目标的经济增长，是指在一个较长时期内经济呈现出持续稳定的增长状态，不出现大起大落。就目前来看，世界大多数国家和地区以人均国内生产总值或人均实际国民收入的增长率作为衡量经济幅度（速度）的指标。

4. 国际收支平衡

国际收支平衡是指一定时期内一国对他国的全部货币收入和货币支出相抵之后略有顺差或略有逆差的状态。如果出现大量顺差，就会增加国内的货币供应量，从而给该国造成通货膨胀的压力；反之，大量的逆差则会增加国内商品供应量，给该国造成通货紧缩的压力。可见，国际收支平衡是一国经济稳定增长的重要条件，因而成为各国货币政策的目标之一。

中央银行货币政策的上述四个最终目标，实际上也是政府所有宏观经济政策追求的目标。各目标之间的关系从根本上说是相互促进和统一的，但冲突也时常发生，四个目标难以同时实现。因此，各国中央银行一般是根据一定时期社会经济发展的总体需要选择其中一两个目标作为最终目标的侧重点。

二、货币政策诸目标间的关系

（一）稳定物价和充分就业

稳定物价与充分就业两个目标之间经常发生冲突。英国经济学家菲利普斯的实证研究证明了这一点。1958 年,菲利普斯通过考察 1861 年至 1975 年间英国的失业率与工资物价变动率之间的关系后,得出基本结论说:失业率与物价上涨率之间存在着此消彼长的替代关系。

菲利普斯曲线如图 15-2 显示:失业率高,物价上涨率低;失业率低,物价上涨率高。其基本原理在于:货币政策要实现充分就业的目标(即 B 点左移至 A 点),只能通过扩张信用和增加货币供给量来刺激投资需求和消费需求,以此扩大生产规模,增加就业人数,但社会总需求的增加,必然在一定程度上引起一般物价水平的上涨。因此,中央银行只能以牺牲稳定物价的政策目标为代价来实现充分就业的目标;反之则反是。

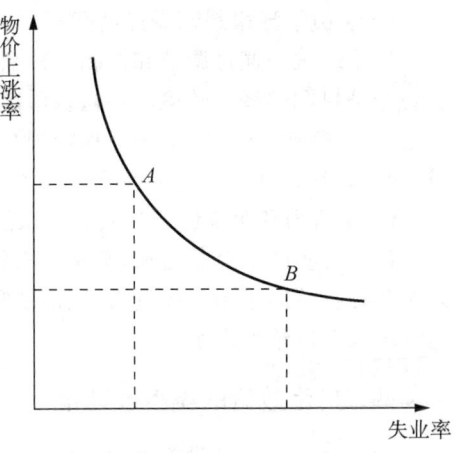

图 15-2 菲利普斯曲线

面对物价稳定与充分就业之间的矛盾,中央银行可有三种选择:一是失业率较高的物价稳定;二是通货膨胀率较高的充分就业;三是在失业率与物价上涨率之间相机抉择。在具体操作中,中央银行只能根据具体的社会经济条件相机抉择,寻求物价上涨率与失业率之间某一适当的组合点。

(二) 经济增长与充分就业

经济增长与充分就业两个目标间具有一致性,奥肯定律论证了这种一致性。美国经济学家奥肯于 1962 年提出了关于经济增长率与失业率关系的"奥肯定律":失业率与经济增长率具有反向的变动关系。那么,作为失业率的对立面,充分就业就与经济增长具有同向的变动关系。也就是说,经济增长有助于增加就业,降低失业率。其基本原理是:中央银行通过增加货币供给量使利率水平降低,刺激企业增加投资,扩张生产规模,生产规模的扩大伴随就业的增加,进而带来产出的增加和经济的增长。

(三) 稳定物价和经济增长

稳定物价与经济增长两个目标间具有矛盾性。由菲利普斯曲线和奥肯定律推导可知,物价上涨率与经济增长率之间呈同向变动关系,则稳定物价与经济增长两个目标反向变动,存在矛盾性。现代市场经济条件下,各国的经济运行实践也显示,经济的增长一般都伴随着物价水平一定程度的上涨,这是因为经济的增长必然要求投资需求和消费需求的增长,进而要求增加货币供给量,而货币供给量的增加将导致物价水平一定程度的上涨。

(四) 稳定物价和国际收支平衡

稳定物价有利于实现国际收支平衡。通常来说,在各国贸易结构不变的条件下,如果各国都保持本国的物价稳定,则物价稳定与国际收支平衡目标能够同时实现。如果一国保持物价稳定,而其他国家出现了通货膨胀,则会使本国出口商品价格相对较低,出口增加,进口减少,国际收支发生顺差。同样的道理,如果本国国际收支出现逆差,为了平衡国际收支采取本币对外贬值的措施,则在促进出口增加的同时,可能会导致国内通货膨胀加剧。

(五) 经济增长和国际收支平衡

一般来说,经济增长通常会增加对进口商品的需求,同时由于国民收入的增加带来货币支付能力的增强,会导致对一部分本来是用于出口的商品转向内销。两方面作用的结果是进口的增长高于出口的增长,导致贸易逆差。为了平衡国际收支,消除贸易逆差,中央银行需要紧缩信用,减少货币供给,以抑制国内的有效需求,但是生产规模也会相应缩减,从而导致经济增长速度放慢。因此,经济增长与国际收支平衡二者之间也存在矛盾,难以兼得。

三、货币政策的特点

（一）货币政策是宏观经济政策

货币政策是通过调节和控制全社会的货币供给来影响宏观经济运行，进而达到某一特定的宏观经济目标的经济政策，因而，货币政策一般涉及的是整个国民经济运行中的经济增长、物价稳定、充分就业、国际收支平衡等宏观总量以及与此相关的货币供给量、信用量、利率、汇率等变量，而不是银行或企业金融行为中的资产、负债、销售收入、利润等微观个量问题。

（二）货币政策是调节社会总需求的政策

任何现实的社会总需求，都是指有货币支付能力的总需求。货币政策正是通过货币的供给来调节社会总需求中的投资需求、消费需求等，并间接地影响社会总供给的变动，从而促进社会总需求与总供给的平衡。

四、货币政策的类型及功能

货币政策按其对货币供应与流通乃至对社会总需求的影响，分为以下三种类型：

（1）扩张性货币政策。它也称松的货币政策，其主要内容是放松银根，扩张信贷，增加贷款投放，从而使货币供应量以较快的速度增长。扩张性货币政策的功能主要在于刺激投资和消费，增加社会有效需求。在社会有效需求不足、失业率上升、经济增长乏力甚至出现严重的通货紧缩时，中央银行应实行扩张性货币政策。

（2）紧缩性货币政策。它也称紧的货币政策，其主要内容是抽紧银根，收缩信贷，控制货币供应量的增长。紧缩性货币政策的功能在于抑制投资和消费，控制社会总需求增长过快的势头。当社会有效需求过旺、经济增长过热、出现通货膨胀或形成通货膨胀压力时，中央银行应实行紧的货币政策。

（3）均衡性货币政策。它也称中性货币政策，其着眼点是货币供应量与经济增长保持一致，对社会总供求的平衡状态不施加影响，是一种稳定的货币政策。当社会总供给与社会总需求处于平衡状态、经济增长态势稳定时，中央银行应实行中性货币政策。

五、货币政策的中介目标

货币政策的中介目标是指货币政策工具调整变动后，在短期内首先受到影响的金融变量。

（一）货币政策中介目标的选择标准

货币政策的中介目标是货币政策作用过程中一个十分重要的中间环节，对它们的选择是否正确关系到货币政策最终目标的实现。一般观点认为，中介目标要符合下列标准：

（1）相关性，即中介目标与货币政策的最终目标之间要有密切、稳定的相关关系，中央银行通过对中介目标的调节，能够促使最终目标的实现。

（2）可测性，即中央银行能够迅速获取有关中介目标的准确数据，且中介目标有较明确的概念，并便于观察、分析和监测。

（3）可控性，即中央银行通过运用货币政策工具，能够对选择的中介目标进行有效地控制。

（二）货币政策中介目标的种类

根据选择标准所确定的中介目标一般有市场利率、货币供应量、超额准备金和基础货币。依照它们对货币政策工具反应的先后和作用于最终目标的过程，中介目标分为两类：一类是近期目标，中央银行对这类目标的控制力较强，但距离货币政策的最终目标较远，如超额准备金和基础货币；另一类是远期目标，中央银行对它们的控制力较弱，但距离最终目标较近，如市场利率和货币供应量。

（1）市场利率。市场利率作为中介目标，可控性、可测性及相关性都较强，但准确性较差。

（2）货币供应量。货币供应量是较为适宜的中介目标，各层次的货币供应量都反映在中央银行、商业银行及其他金融机构的资产负债表内，资料易于取得，且中央银行能够加以控制。

（3）超额准备金。超额准备金是指商业银行存放在中央银行里的、超过中央银行规定缴存的法定存款准备金的部分，是商业银行扩大贷款规模的基础，也是判断银根松紧、市场利率高低、货币供应量大小的良好指示器，且资料易于取得。

（4）基础货币。基础货币是流通中的现金和商业银行的存款准备金之和，两者都是中央银行的负债，在中央银行的资产负债表中体现。基础货币是货币供应量倍数伸缩的基础，其可测性和可控性都较好，不少国家将其视为较理想的近期中介目标。

任务二　货币政策工具

货币政策工具是中央银行为谋求货币政策最终目标的实现而对货币供给量所使用的调控手段。它主要分为三类：一般性货币政策工具、选择性货币政策工具和其他货币政策工具。

一、一般性货币政策工具

一般性货币政策工具是指那些旨在调控货币供给量和利率水平，能对整体经济运行产生影响的工具，包括法定存款准备金率、再贴现率和公开市场业务。

（一）法定存款准备金率

制定和调整法定存款准备金率是现代存款准备金政策的核心内容。中央银行通过调整法定存款准备金率来增加或减少商业银行应缴存的存款准备金，可以控制商业银行的信用创造能力，从而间接控制货币供应量。

（二）再贴现率

再贴现率是指商业银行向中央银行办理再贴现时使用的利率。中央银行通过调整再贴现率，一是影响商业银行的资金成本，借以影响商业银行的融资意向；二是产生"告示"作用，即影响商业银行及大众的预期。再贴现率作为一种调节手段，便于灵活运用，可以根据经济需要及时调整，从而成为日常调控工具。

（三）公开市场业务

公开市场业务是中央银行通过在金融市场上买进或卖出有价证券，以调节货币供应量的方式。与前两项货币政策工具相比，公开市场业务的优点十分明显，表现在主动性强、灵活性强、震动性小和影响面广。正因为如此，公开市场业务成为许多国家中央银行经常使用的、最为灵活有效的货币政策工具。

二、选择性货币政策工具

选择性货币政策工具是指那些旨在进行结构性调节，针对个别部门或行业或特殊对象而采取的货币政策工具。选择性货币政策工具主要包括优惠利率、消费者信用控制、不动产信用控制和证券市场信用控制等。

（一）优惠利率

优惠利率是指中央银行着眼于产业结构、产品结构的调整，针对国家重点发展的经济部门或产业所规定的较低利率。例如，中央银行对农业、出口工业等制定较低的利率，以鼓励这些部门发展。

（二）消费者信用控制

消费者信用控制是指中央银行根据经济运行状况对不动产以外的各种耐用消费品的销售融资予以控制。例如，在需求过旺、通货膨胀时期，中央银行要求提高分期付款首付的比例，缩短分期付款的期限等；而在需求不足、经济衰退时期，中央银行则放松对分期付款的管制，以刺激消费。

（三）不动产信用控制

不动产信用控制是指中央银行为抑制房地产市场的投机行为，对商业银行及其他金融机构房地产贷款的管制。例如，在房地产市场过热、房价上涨过快、投机行为过渡的时期，中央银行可以对不动产贷款的最高限额、最长期限、首付比例等作出更高、更严格的规定。

（四）证券市场信用控制

证券市场信用控制是指中央银行着眼于稳定证券市场而对证券交易的各种贷款所进行的控制，其主要内容是调节证券保证金率。中央银行降低证券保证金率，就可以扩大对证券市场的贷款规模；反之，中央银行提高证券保证金率，则可以缩小对证券市场的贷款规模。

三、其他货币政策工具

其他货币政策工具包括两类：一类是直接信用控制，另一类是间接信用控制。

（一）直接信用控制

直接信用控制是指中央银行以行政命令的方式，直接对商业银行的信用业务进行干预，如规定各商业银行的贷款限额、存贷款利率的最高或最低浮动幅度和流动性比率等。

（二）间接信用控制

间接信用控制是指中央银行利用各种间接措施对商业银行的业务活动和决策取向施加影响。其主要措施是道义劝告和金融宣传。①道义劝告是指中央银行利用自己在金融体系中的地位和威望，通过对商业银行和其他金融机构经常发出通告或与各金融机构的负责人面谈的方式，劝告其按政府政策意图行事。②金融宣传是指中央银行利用各种机会向全国特别是金融界说明其金融政策的内容和意义，以取得各方面的理解和支持，从而使金融活动朝着中央银行预期的方向发展。例如，中央银行定期公布有关金融信息；发表有关财政、贸易、物价和经济发展趋势的统计分析；利用记者招待会、学术演讲等机会，说明金融政策的内容、动向及制定的依据。

四、我国货币政策工具的选择和使用

中国人民银行自 1984 年开始执行中央银行职能后，所使用的货币政策工具主要有贷款计划、法定存款准备金、再贷款、利率等。特别是直接规定商业银行发放贷款数量的上限即贷款规模成为中国人民银行强有力的政策工具，这一工具已于 1998 年停止使用。其他直接调控工具的影响也日趋淡化，间接调控工具的作用逐步强化。目前，我国使用的主要货币政策工具有以下几种。

（一）法定存款准备金

我国从 1984 年开始实行存款准备金制度，针对商业银行不同的存款种类规定了较高的存款准备金率；从 1985 年开始转向不分存款类别实行统一的存款准备金率。经国务院批准，中国人民银行决定自 2004 年 4 月 25 日起实行差别存款准备金率制度。

（二）再贷款

再贷款是指中国人民银行对商业银行等金融机构发放的信用贷款，包括年度性贷款、季度性贷款、日拆性贷款。从推出这一政策工具开始的很长一段时间，再贷款在中国人民银行的资产中占有最大比重，是我国吞吐基础货币的主要渠道和调节贷款流向的重要手段。自 1994 年以来，伴随外汇占款在中国人民银行资产中的比重大幅度上升,再贷款的比重开始下降;同时,经济和金融体制改革的深化,要求更多地发挥其他政策工具的作用。

(三) 再贴现

中国人民银行开展再贴现业务始于1986年,1988年首次公布了再贴现率。由于我国商业票据贴现业务开展的历史短,承兑贴现量小且规范性不够,再贴现业务量在中国人民银行资产中的比重一直较小,再贴现率对货币供应量及其投向的调节效果不明显。近年来,中国人民银行从颁布票据法到加快利率体制改革,从引导广泛开展票据承兑贴现到倡导和推行票据结算等,为再贴现规模的扩大创造了条件。

(四) 公开市场业务

1994年以前,由于我国不具备开展公开市场业务的条件,中国人民银行无法运用这一工具调节货币供应量。随着1994年外汇体制改革、汇率并轨的实施,以及国债规模的不断扩大,中国人民银行公开市场业务于1996年4月正式启动。近年来,随着国债发行规模的进一步扩大、银行间债券市场的不断发展、中央银行票据的签发,我国主要以外汇、国债和中央银行票据为操作对象的公开市场业务,运作的空间和力度不断加大,逐渐成为中国人民银行的重要货币政策工具。

(五) 基准利率

基准利率是中国人民银行主要的货币政策工具,其包括两个层次:一是中国人民银行对商业银行的存贷款利率,二是商业银行对企业和个人的存贷款利率及浮动幅度。利率的变动直接影响商业银行等金融机构的融资成本,中央银行通过调整基准利率可达到调节货币供应量的目的。当然,这一机制发挥作用需要一定的条件:利率的变动能真实反映资金供求状况,融资成本的变动能够在很大程度上影响资金供求。随着我国利率市场化步伐的加快和目标的最终实现,基准利率将成为中央银行调节货币供应量的重要政策工具。

除上述工具外,中国人民银行还采用优惠利率政策、专项贷款、利息补贴等选择性货币政策工具,扶持能源、交通、出口及国家重点建设工程的建设和发展;同时,中央银行与商业银行行长联席会议制度也是我国中央银行对商业银行进行窗口指导、贯彻货币政策的有效途径。

任务三　货币政策传导

货币政策发挥作用,是运用货币政策工具调节货币供应量来影响投资和消费支出,从而实现货币政策的最终目标。从运用货币政策工具到实现货币政策最终目标之间,要有一定的途径,经历一个过程,这就是货币政策传导的机制和过程。

一、货币政策传导的一般过程

在市场经济国家,货币政策传导的一般过程大体由两个层次组成,如图15-3所示。

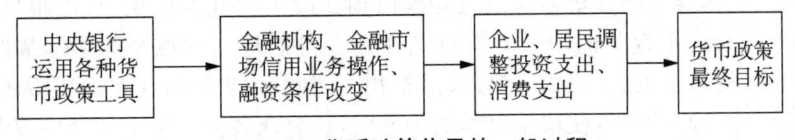

图15-3　货币政策传导的一般过程

(一) 第一个层次

货币政策传导包括两个基本环节:一是从中央银行至各金融机构和金融市场,即中央银行运用各种货币政策工具,调节金融机构的超额准备金量和金融市场融资条件,以调控商业银行的贷款能力和金融市场的资金融通；二是从各金融机构和金融市场至企业和个人的投资与消费，即商业银行等金融机构对中央银行的行为作出反应，相应调整对企业和居民的贷款规模，继而影响货币供应量的变动。

（二）第二个层次

货币政策传导是指企业和居民对商业银行等金融机构的行为及金融市场的变化作出反应，相应调整自己的投资和消费支出，从而使社会需求发生变化，进而促使经济增长、物价稳定、充分就业、国际收支平衡等目标的实现。

二、货币政策的效果及其影响因素

货币政策的效果是指货币政策实施后的有效性程度，是货币政策经过传导作用于经济运行之后的结果。影响货币政策效果的因素有很多，如货币政策时滞、货币流通速度、微观经济主体预期等。

（一）货币政策时滞

货币政策时滞是指货币政策从制定、实施到产生全部效果的时间间隔。如何把时滞降到最低程度、更好地完成货币政策的预期目标是各国中央银行需要不断探索的课题。货币政策时滞由内部时滞和外部时滞构成。

1. 内部时滞

内部时滞是指从政策制定到中央银行采取行动所需要的时间，其分为两个阶段：一是经济金融情况的变化需要中央银行采取行动到中央银行认识到这种需要的时间间隔，即认识时滞；二是从中央银行认识到需要调整货币政策到采取实际行动的时间间隔，即行动时滞。内部时滞的长短取决于中央银行本身，如中央银行对经济形势的预测判断力、组织效率和行动的决心等。

2. 外部时滞

外部时滞是指从中央银行采取行动到货币政策对经济运行产生影响所经过的时间，所以它又称影响时滞。在正常情况下，外部时滞总要长于内部时滞。因为货币政策的实施要经过几个层次的传导，无论是货币供应量还是利率，它们都不会立即影响到政策目标。外部时滞不像内部时滞可以由中央银行掌握，其长短主要由客观的经济和金融条件决定，它取决于经济主体对市场变化及信息的反应程度、货币政策力度、实施的时间、公众的心理预期等因素。

（二）货币流通速度

货币流通速度的变动直接影响着一定时期货币流通量乃至社会总需求。对于货币流通速度任何微小的变动，如果中央银行未能预料到或在估算这个变动时出现误差，都可能使货币政策效果出现严重偏差，甚至有可能使本来正确的政策方向走向反面。然而，由于影响货币流通速度的因素较多，在估算时很难做到不发生误差，货币政策的有效性因此而受到影响。

（三）微观经济主体预期

对货币政策有效性构成挑战的另外一个因素是微观经济主体预期。当一项货币政策被提出时，各种微观经济主体会立即搜集各种信息并据以预测政策实施的后果，从而很快形成对策，其中有些预期及对策对货币政策的功效具有抵消作用。特别是当微观经济主体掌握的信息不全面、预期不准确时，货币政策的效果会有较大的折扣。因此，中央银行在实施货币政策时，应考虑经济生活中的这一不确定因素，使决策过程更为透明，让公众较为准确地领会决策者的行为准则和意向，树立公众对中央银行的信心，同时避免胡乱猜测造成的紊乱及其对经济运行的不良影响。

任务四 货币政策与财政政策的配合

根据国内外的实践经验,为了充分发挥货币政策的作用,取得宏观调控的最佳效果,货币政策必须与其他政策手段协调、配合,尤其应该与财政政策相互协调、配合。

一、货币政策与财政政策配合的必要性

中央银行的货币政策必须同政府其他部门出台的政策,特别是财政政策配合使用,才能发挥最大的作用。财政政策是政府为达到一定的目标而制定和实施的指导财政工作及处理财政关系的一系列经济政策,如税收政策、支出政策等。财政政策也需要运用一系列政策手段,如预算、税收、国债、投资、补贴等。财政政策分为三种类型,即扩张性财政政策、紧缩性财政政策和中性财政政策。财政政策与货币政策之间既存在共同点和统一性,也有差异和区别,二者必须协调、配合,方能取得好的宏观调控效果。

(一) 货币政策与财政政策的共性

(1) 二者的调控目标是一致的,都是为了实现物价稳定、充分就业、经济增长和国际收支平衡的最终目标。

(2) 二者都是需求管理政策。货币政策着眼于货币供应量的调节,而货币供应量的变动直接决定着社会总需求的大小;财政政策着眼于财政收支的调节与管理,其执行结果无论怎样,最终都会对社会总需求产生重大影响。

(3) 二者内在的互补性。作为两大政策具体操作机构的财税部门和中央银行,其内在联系非常密切,任何一方的变动都会引起对方的变动,从而决定了两大政策的实施必须联合运作才能发挥整体效应。

(二) 货币政策与财政政策的差异

1. 调控主体及范围的差异

财政政策的调控主体是政府,其调控范围不仅包括经济领域,而且包括行政、国防、文教科卫等领域;货币政策的调控主体是中央银行,其调控范围一般仅限于经济领域。

2. 调控手段的差异

货币政策调控手段即政策工具主要是存款准备金率、再贴现率、公开市场业务等;而财政政策主要通过税收、公债、投资、补贴等手段起调控作用。显然,不同的调控手段具有不同的特点和功效。

3. 可控性的差异

货币政策要通过政策工具的使用并经过一个传导过程来实现最终目标,传导过程中偏离最终目标的情况时有发生;而财政政策由政府通过直接控制和调节来实现最终目标,如通过国债投资等直接拉动社会总需求,可控性明显强于货币政策。

4. 时滞性的差异

从政策的内部时滞看,一般而言,货币政策的认识时滞长,行动时滞短。认识时滞长是因为货币供应是多了还是不足,很难一下子看得清楚;行动时滞短是由于货币政策由中央银行确定,只要认识清楚了,可以在较短的时间内作出调整。而财政政策刚好相反,认识时滞短,行动时滞长。认识时滞短是由于财政政策的透明度较高,问题容易被看出来;行动时滞长是因为财政收支的调整受国家预算的约束。

5. 政策调节侧重点的差异

一般而言,货币政策侧重于总量调节;财政政策则侧重于结构调节。在市场经济条件下,全

社会的投资需求和消费需求都表现为有支付能力的货币购买力，而能直接创造货币供给、作为货币供给总闸门的，唯有制定和执行货币政策的中央银行，中央银行可以通过信贷规模的调整来直接扩张或收缩需求总量。货币政策对结构的调节主要是通过实施差别利率，在有限的范围内起作用。而财政政策的各种工具，是通过对结构的调节来发挥作用的，如财政支出结构的调整直接引起社会需求结构的变化等。

货币政策与财政政策的上述差异，要求二者在调节范围、手段和侧重点等方面必须相互协调、配合，做到优势互补，避免各行其是、彼此摩擦，造成力量内耗，这样才能在宏观调控中发挥更大作用。

二、货币政策与财政政策配合的方式

货币政策与财政政策均有松紧及中性之分，在配合上可以构成五种不同的政策组合，并由此产生不同的政策效应。

（一）扩张性货币政策与扩张性财政政策的配合

这种政策配合也称为"双松"政策，它可以刺激经济增长，适于在社会总需求严重不足、出现严重通货紧缩时采用。但"双松"政策实施的时间不能太长，否则会招致通货膨胀。

（二）紧缩性货币政策与紧缩性财政政策的配合

这种政策配合也称为"双紧"政策，它可以有效地抑制需求，适于在经济过热、出现严重通货膨胀时采用。"双紧"政策实施的时间也不能太长，否则会导致经济衰退、失业增加。

（三）扩张性货币政策与紧缩性财政政策的配合

这种政策配合也称为"松货币紧财政"的政策，它适于在财政赤字较大而经济增长仍不理想，特别是在减少政府干预、更多地运用市场机制促进经济发展的情况下采用。

（四）紧缩性货币政策与扩张性财政政策的配合

这种政策配合也称为"紧货币松财政"的政策。它适合在供求总量矛盾不大，而经济结构失调，市场机制又难以发挥调节作用的情况下采用。这样有利于在保持经济适度增长和避免通货膨胀的情况下合理调整产业结构。

（五）中性货币政策与中性财政政策的配合

这种政策配合方式适用的宏观经济环境是：社会总供求大体平衡，物价基本稳定，就业比较充分，经济结构也较为合理。在这种情况下，财政政策和货币政策的任务主要是对经济运行的某些方面进行微调，使宏观经济运行达到理想的状态。应当说，这也是财政、货币政策调控追求的最终目标。

货币政策与财政政策究竟采用何种配合方式，取决于不同国家以及一个国家不同时期的经济环境和状态，不是一成不变的。"双松"和"双紧"政策，是在经济总量严重失衡状态下采取的调控措施，其调控力度比较大，使用不当易引起经济的大起大落，影响经济的稳健运行。一般情况下，"一松一紧"的政策配合方式对宏观经济调节的适用范围比较广，对经济运行中出现的各种情况都能加以调控，是各国运用较多的政策配合方式。

三、我国货币政策及其与财政政策配合的实践

（一）1994 年以前的货币政策

从改革开放到建立社会主义市场经济体制，我国货币政策与财政政策呈现出明显的扩张与紧缩的周期性特点。

1984 年，中国人民银行开始行使中央银行职能，但货币政策和信贷政策的推行在很大程度上还依靠中央政府的力量。由于当年财政的投资性支出增长过猛，加上国家投资计划管理体制

的放松以及信用膨胀和货币发行的失控,导致1985年经济过热,零售物价总水平上涨了8.8%。对此,我国采用了"双紧"的财政、货币政策,在严格控制财政支出的同时,重点运用货币、信贷计划和贷款规模紧缩银根,如连续两次提高储蓄存款利率,对贷款规模实行指令性管理,加强了对现金、外汇和外债的管理等。这些调控措施立竿见影,到1986年,零售物价总水平有了较大程度的回落。

1985年"双紧"政策的实施,在抑制了总需求的同时也导致了生产的下滑和财政状况的恶化,于是要求银行放松银根的呼声越来越高。对此,中国人民银行实行了"稳中求松",继而修正为"紧中有活"的货币政策,国民经济出现了较好的发展势头。然而到了1988年,许多地区不顾客观条件相互攀比、争上项目,出现了大规模投资需求再次膨胀的情况,挤兑和抢购风潮涌起,通货膨胀十分明显,零售物价指数出现了空前的上涨,达到18.5%。面对这种情况,我国再次动用"双紧"的调控措施,在紧缩性财政政策的配合下,中央银行的货币政策呈现出全面紧缩的特征。其采用的措施主要有:恢复对贷款规模的限额管理,再次提高法定存款准备金率,提高存贷款利率,开展保值储蓄,继续提高中央银行再贷款利率等。这些措施实行的结果是宏观经济的"硬着陆",即在控制住通货膨胀的同时,市场严重疲软、经济增长衰退;同时,企业之间的"三角债"及银行的不良资产大幅度增加。

面对疲软的市场、增长乏力的经济,我国又一次采用了"双松"的财政、货币政策。就货币政策而言,中国人民银行加大了贷款投放量,先后三次调低存贷款利率,甚至通过"点贷"方式对国有大中型企业直接注入货币,然而宏观经济却出现了"启而不动"的局面。直到1991年,经济才步入低谷后继而缓慢回升。1992年我国又开始了新一轮的经济高速增长,尤其是在1992年邓小平南方谈话以后,在建立社会主义市场经济体制改革目标的引导下,全国再次出现了"大干快上"的局面,投资规模和消费规模急剧膨胀,从而引发了新一轮、更为严重的通货膨胀。1994年,零售物价总水平上涨幅度超过20%。

(二) 1994年后的货币政策与财政政策

1. 1994—1997年"适度从紧"的货币政策和财政政策

1994年以前我国运用财政、货币政策对宏观经济进行调控既有成功的经验,也有应吸取的教训:扭转了"过热",却陷入了"过冷",摆脱了"过冷",又陷入了"过热",张缩力度的把握不够准确。针对1992年以后的经济过热局面,1994年年底,中央经济工作会议正式提出了"适度从紧"的货币政策和财政政策。这一政策有别于过去那种全面紧缩信贷的做法,在总量控制的前提下,选准切入点和着力点,实行"该保则保,该压则压"的政策措施,结果既抑制了过热,有效地降低了通货膨胀率,又使经济保持了较高的增长速度,1996年成功地实现了国民经济的"软着陆",并决定1997年继续执行这一政策。

2. 1997—1998年的货币政策

在国民经济实现"软着陆"的同时,国内外经济环境又出现了一些新的变化:商品总量由过去供不应求转向供大于求,出现了"过剩经济";国有企业战略性改组导致职工下岗、失业问题严重,就业压力加大;经济增长速度明显回落;物价水平持续负增长,通货紧缩迹象凸显;东南亚金融危机导致我国外贸出口大幅度下降、金融风险问题突出等。为了解决需求不足、下岗失业率高等日益严峻的经济问题,积极的货币政策适时启动,如下调存款准备金率和金融机构存贷款利率,增加再贷款和再贴现,通过公开市场操作投入基础货币,使广义货币快速增长等。然而,积极的货币政策没有取得预期的效果。

3. 1998年至今的货币政策与财政政策

1998—2004年,为扩大内需、刺激经济,在积极的货币政策运用没有取得应有的效果,且可调控空间已经比较狭小的情况下,中央采取了更加积极的财政政策,同时伴以稳健的货币政策。

这一整体上积极的宏观政策历时近7年之久。随着积极财政政策的启动,宏观调控还伴以稳健的货币政策。所谓稳健的货币政策,是指既能防止通货膨胀又能防止通货紧缩的货币政策,即中性货币政策。

稳健的货币政策是根据经济变化的征兆来调整政策取向,当经济出现衰退迹象时,货币政策偏向扩张;当经济出现过热迹象时,货币政策偏向紧缩。2020年,受新冠疫情和严峻复杂的国内外形势影响,中国经济运行面临巨大挑战。我国连续出台一系列刺激政策,包括下调贷款利率、下调存款准备金率等宽松的货币政策和减税、调整财政赤字等积极的财政政策,保障经济社会平稳运行。2020年新冠疫情后我国连续出台一系列刺激计划,是我国过去25年中第三次出现财政政策、货币政策的重大改变。人民银行货币政策委员会日前召开2021年第三季度例会会议强调,要深化供给侧结构性改革,加快构建新发展格局,坚持扩大内需战略,扎实做好"六稳"工作,全面落实"六保"任务,灵活精准实施货币政策,加强与财政、产业、监管政策之间的协调,统筹金融支持实体经济与防风险,保持经济运行在合理区间,推动经济高质量发展。

■ 应知考核 ■

一、单项选择题

1. 货币政策的调节对象主要是( )。
   A. 社会总需求　　　　B. 社会总供给　　　　C. 货币供给量　　　　D. 货币需求量
2. 商业银行应按规定的比例将吸收的存款一部分缴存中央银行,应缴存的比例称为( )。
   A. 再贴现率　　　　B. 法定存款准备金率　　C. 再贷款利率　　　　D. 基准利率
3. 公开市场业务是指中央银行在金融市场上买卖( )。
   A. 股票　　　　　　B. 债券　　　　　　C. 商业票据　　　　D. 有价证券
4. 西方国家中央银行经常使用的、最灵活有效的货币政策手段是( )。
   A. 法定存款准备金　B. 道义劝告和窗口指导　C. 公开市场业务　　D. 再贴现率
5. 紧缩性货币政策的功能在于( )。
   A. 刺激投资和消费　　　　　　　　　B. 抑制投资和消费
   C. 刺激投资、抑制消费　　　　　　　D. 刺激消费、抑制投资

二、多项选择题

1. 货币政策的最终目标包括( )。
   A. 经济增长　　　　B. 充分就业　　　　C. 稳定物价　　　　D. 国际收支平衡
2. 扩张性货币政策的主要内容包括( )。
   A. 放松银根　　　　　　　　　　　　B. 增加贷款投放
   C. 扩张信用　　　　　　　　　　　　D. 加速货币供应量的增长
3. 选择货币政策中介目标应符合( )标准。
   A. 可控性　　　　　B. 可测性　　　　　C. 安全性　　　　　D. 相关性
4. 公开市场业务的优点表现在( )。
   A. 中央银行掌握主动权　　　　　　　B. 中央银行操作的灵活性强
   C. 具有一定的隐蔽性,可以减轻社会震荡　D. 直接调控货币供应量
5. 下列各项中,属于选择性货币政策工具的有( )。
   A. 优惠利率　　　　B. 再贴现率　　　　C. 消费者信用控制　D. 不动产信用控制

三、判断题

1. 判断中央银行充分就业目标是否实现,一般依据失业率指标。　　　　　　　　( )
2. 如果出现大量顺差,就会减少国内的货币供应量,从而给该国造成通货膨胀的压力。( )
3. 扩张性货币政策其主要内容是抽紧银根,收缩信贷,控制货币供应量的增长。　( )
4. 基础货币是流通中的现金和商业银行的存款准备金之和。　　　　　　　　　( )

5. 货币政策与财政政策的共性：二者的调控目标是一致的。　　　　（　）

四、简述题

1. 简述货币政策的目标及其相互关系。
2. 法定存款准备金率的调整对商业银行的业务有何影响。
3. 中国人民银行常用的货币政策工具有哪些。
4. 简述货币政策与财政政策调控侧重点的差异。
5. 解释货币政策的传导机制与调控原理。

■ 应会考核 ■

■ 观念应用

【背景资料】

中国人民银行的公开市场业务

在多数发达国家，公开市场操作是中央银行吞吐基础货币、调节市场流动性的主要货币政策工具，通过中央银行与市场交易对手进行有价证券和外汇交易，实现货币政策调控目标。中国公开市场操作包括人民币操作和外汇操作两部分。外汇公开市场操作于1994年3月启动，1998年5月26日人民币公开市场操作恢复交易，规模逐步扩大。中国人民银行从1998年开始建立公开市场业务一级交易商制度，选择了一批能够承担大额债券交易的商业银行作为公开市场业务的交易对象。近年来，公开市场业务一级交易商制度不断完善，先后建立了一级交易商考评调整机制、信息报告制度等相关管理制度，一级交易商的机构类别也从商业银行扩展至证券公司等其他金融机构。

视频

公开市场操作

从交易品种看，中国人民银行公开市场业务债券交易主要包括回购交易、现券交易和发行中央银行票据。根据货币调控需要，近年来中国人民银行不断开展公开市场业务工具创新。2013年1月，立足现有货币政策操作框架并借鉴国际经验，中国人民银行创设了"短期流动性调节工具"（Short term Liquidity Operations，SLO），作为公开市场常规操作的必要补充，在银行体系流动性出现临时性波动时相机使用。这一工具的及时创设，既有利于央行有效调节市场短期资金供给，熨平突发性、临时性因素导致的市场资金供求大幅波动，促进金融市场平稳运行，也有助于稳定市场预期和有效防范金融风险。

【考核要求】

根据上述资料，分析什么是公开市场业务，公开市场业务有哪些优点。

■ 技能应用

【背景资料】

稳健的货币政策与财政、货币、就业等政策协同机制

中国人民银行货币政策委员会2020年第一季度（总第88次）例会于3月26日在北京召开。会议分析了国内外经济金融形势。会议认为，新冠肺炎疫情对我国经济的冲击总体可控，我国经济增长保持韧性，长期向好的基本面没有改变。稳健的货币政策体现了前瞻性、针对性和逆周期调节的要求，大力支持疫情防控、复工复产和实体经济发展，宏观杠杆率基本稳定，金融风险有效防控，金融服务实体经济的质量和效率逐步提升。

会议指出，要跟踪世界经济金融形势变化，加强对国际经济形势的研判分析，加强国际宏观经济政策协调，集中精力办好自己的事。创新和完善宏观调控，稳健的货币政策要更加注重灵活适度，把支持实体经济恢复发展放到更加突出的位置。运用多种货币政策工具，保持流动性合理充裕，保持物价水平总体稳定。有效发挥结构性货币政策工具的精准滴灌作用，深化金融供给侧结构性改革，引导大银行服务重心下沉，推动中小银行聚焦主责主业，健全具有高度适应性、竞争力、普惠性的现代金融体系。

会议强调，要以习近平新时代中国特色社会主义思想为指导，认真贯彻落实党的十九届四中全会和中央经济工作会议精神，继续按照党中央、国务院的决策部署，坚持稳中求进工作总基调，统筹推进疫情防控和经济社会发展。加大宏观政策逆周期调节力度，着力激发微观主体活力，全面做好"六稳"工作。健全财政、货币、就业等政策协同和传导落实机制，对冲疫情对经济增长的影响。深化利率市场化改革，有序推进

存量浮动利率贷款定价基准转换，保持人民币汇率在合理均衡水平上的基本稳定。

【技能要求】

结合所学的内容，分析什么是稳健的货币政策，如何健全财政、货币、就业等政策协同和传导机制。

■ **案例分析**

【案例情境】

央行决定定向下调存款准备金率

为支持实体经济发展，促进加大对中小微企业的支持力度，降低社会融资实际成本，中国人民银行2020年4月3日决定对农村信用社、农村商业银行、农村合作银行、村镇银行和仅在省级行政区域内经营的城市商业银行定向下调存款准备金率1%，于4月15日和5月15日分两次实施到位，每次下调0.5%。

中国人民银行有关负责人表示，此次定向降准可释放长期资金约4 000亿元，平均每家中小银行可获得长期资金约1亿元，有效增加中小银行支持实体经济的稳定资金来源，还可降低银行资金成本每年约60亿元，通过银行传导有利于促进降低小微、民营企业贷款实际利率，直接支持实体经济。

该负责人表示，此次定向降准分两次实施到位，防止一次性释放过多导致流动性淤积，确保降准中小银行将获得的全部资金以较低利率投向中小微企业。此次降准后，超过4 000家的中小存款类金融机构的存款准备金率已降至6%，从我国历史上以及发展中国家情况看，6%的存款准备金率是比较低的水平。

【分析要求】

根据上述资料，分析什么是存款准备金率，说明为什么要下调存款准备金率。

▣ 项目实训 ▣

【实训内容】

我国的货币政策。

【实训目标】

通过本项目的实训，理解现行的货币政策，预测未来货币政策的走向；培养学生分析问题能力、解决问题的能力；培养学生资料查询、整理的能力。

【实训组织】

以学习小组为单位，进行分组，查找资料；各组讨论，分析现行货币政策宏观调控的过程和结果；各组分别写出对货币政策的实施和预测报告。

【实训成果】

1. 考核、评价资料采用PPT展示与学生讨论相结合的方式。

2. 采用学生和教师共同评价的方式评分，并完成实训报告，如表15-1所示。

表 15-1 实训报告

项目实训班级：	项目小组：	项目组成员：
实训时间： 年 月 日	实训地点：	实训成绩：
实训目的：		

（续表）

实训步骤：

实训结果：

实训感言：

国 际 金 融

知识 目标

理解：外汇的概念和种类、汇率的概念和种类、国际结算的概念和特点、托收的概念及种类、国际储备的概念与特征。

熟知：人民币汇率、审核单据的原则、我国的国际收支和国际储备。

掌握：汇率的标价方法、国际结算制度和工具、国际汇款和托收、信用证结算方式的特点、跟单信用证的结算程序、国际收支的概念、国际收支平衡表、国际储备的构成、国际储备的作用。

技能 目标

能够识读外汇牌价，具备分析国际收支平衡表的能力；能够解读人民币汇率变动情况和中国国际收支平衡表；具备分析我国涉外金融关系发展趋势的能力。

素质 目标

具备收集资料、分析资料的能力；具备独立思考、团结协作的能力，注重团队的成绩与荣誉；培养与人沟通、言行举止得体等综合素质能力。

思政 目标

能够正确理解"不忘初心"的核心要义和精神实质；树立正确的世界观、人生观和价值观，做到学思用贯通、知信行统一；通过国际金融知识，培养自己的分析和解决问题的职业素养。

项目 引例

2019 年一季度我国国际收支状况

2019年一季度，我国经常账户和非储备性质的金融账户均呈现顺差，外汇储备有所增加，国际收支保持基本平衡。

第一，经常账户保持在合理的顺差区间，货物贸易顺差增加，服务贸易逆差收窄。2019年一季度，经常账户顺差490亿美元，与当期国内生产总值之比为1.5％。国际收支口径的货物贸易顺差947亿美元，同比增长83％；服务贸易逆差634亿美元，同比下降14％，其中，旅行逆差576亿美元，下降9％。

第二，非储备性质的金融账户呈现顺差，跨境资本持续净流入。一季度，非储备性质的金融账户顺差488亿美元。主要净流入项目为直接投资和证券投资。直接投资净流入265亿美元。其中，外国来华直接投资净流入476亿美元，我国对外直接投资净流出210亿美元。证券投资净流入195亿美元。其中，外国对华证券投资净增加357亿美元，我国对外证券投资净增加162亿美元。

第三，储备资产增加。一季度，我国储备资产因国际收支交易（不含汇率、价格等非交易因素影响）增加100亿美元，其中，外汇储备增加100亿美元。

2019年，我国继续推动经济高质量发展和全方位对外开放，有助于夯实国际收支平稳运行的基础。预计我国国际收支将延续经常账户基本平衡、跨境资本流动总体稳定的发展格局。

引例 反思

上述引例中，什么是国际收支？什么是经常账户和非储备性质金融账户？国际储备有什么作用？一国的外汇储备是否越多越好？

任务一 外汇与汇率

一、外汇

（一）外汇的概念

外汇具有动态和静态两方面的含义。动态的外汇，是指人们将一种货币兑换成另一种货币，用以清偿国际债权债务关系的行为。在这一意义上，外汇是国际汇兑的意思。然而，人们日常所说的外汇含义为其静态含义。静态外汇的含义又有广义和狭义之分。

视频

货币兑换

1. 广义的静态外汇

广义的静态外汇，泛指以外币表示的可作为一国外汇储备的一切金融资产。它包括外国货币、以外币表示的各种存款凭证、在国外能够得到偿付的外债权凭证，以及最终能兑换成外国货币的其他金融资产。我国《外汇管理条例》指出，外汇是指下列以外币表示的可以用作国际清偿的支付手段和资产：①外币现钞，包括纸币、铸币。②外币支付凭证或者支付工具，包括票据、银行存款凭证、银行卡等。③外币有价证券，包括债券、股票等。④特别提款权。⑤其他外汇资产。

2. 狭义的静态外汇

狭义的静态外汇是指以可兑换的外币表示的可直接用于国际非现金结算的支付工具。它包括以外币表示的银行存款及以外币表示的支付凭证，如票据等。这些外汇凭证在需要时均可通过银行转账，用于办理国际债权债务结算。这是具有实务意义的外汇概念，它对于涉外经济实体办理各种外汇交易具有现实意义。按照这一定义，以外币表示的有价证券由于不能直接用于国际支付，不属于外汇；同样，外国钞票也不能算作外汇。外钞只有先带回发行国，并贷记在银行账户上，才能算作外汇。

具体来看，狭义的静态外汇主要是指以外币表示的银行票据、银行存款等，银行存款是狭义静态外汇概念的主体，人们通常就是在这一意义上使用外汇的概念。

3. 外汇的特征

（1）国际性或普遍接受性，即外汇必须是以外国货币表示的国际上能普遍接受和使用的金融资产。本币即使可以换成外币或者以外币表示的资产，也不能称为外汇。

（2）可自由兑换性，即外汇必须是可以为任何目的、在任何情况下、不受任何限制地兑换成其他支付手段的外币资产。不能自由兑换的就不是外汇。

（3）可偿还性，即外汇必须是在国外能得到偿付的货币债权。只有拥有支付能力才能算作外汇，空头支票或被拒付的汇票等，即使可兑换货币标值，因不能得到国际偿付，也不能视为外汇。

广义外汇的主体是狭义外汇，两者在一定条件下可以相互转化。如可兑换外钞或外国债券经转化成现钞存入银行，取得的存款凭证即是狭义外汇；外币债券和股票在市场上变现后也可转化为狭义外汇。为取得更多的收益，闲置的狭义外汇可用于购买外国债券、股票等金融资产，从而转化为广义的外汇。本项目所提及的外汇，均指狭义的静态外汇。

（二）外汇的种类

外汇按不同的标准可以分为许多不同的类别。这里我们按可否自由兑换来区分，将外汇分为自由外汇和非自由外汇。

1. 自由外汇

自由外汇是指在市场上不受任何限制就可兑换成任何一种货币的外汇，它具有完全的可兑换性和可接受性。通常在国际贸易、国际信贷中使用的大多是自由外汇。自由外汇一般都是发达国家的货币,如美元、英镑、日元、欧元等。

2. 非自由外汇

非自由外汇是指不能在市场上自由兑换成其他国家货币的外汇,这种外汇是有条件可兑换的外汇。记账外汇是非自由外汇中的一个特例,它是指两国政府支付协定项下只能用于双边结算的外汇,故又称协定外汇或清算外汇。例如,我国对某些发展中国家的进出口贸易,双方为了节省自由外汇,签订双方支付协定,采用记账外汇办理清算。与这些国家发生的所有进出口货款,只在双方国家银行开立的专门账户记载,年度终了,发生的顺差或逆差,则按支付协定的规定处理,即可结转下一年度使用;可用相应的商品支付;也可按规定兑换成第三国货币。这种在双方银行账户上记载的外汇,不能转给第三者使用,也不能在市场上兑换成自由外汇。

外汇作为国际结算计价手段和支付工具,是国际政治、经济、文化交流必不可少的工具,对于促进国际贸易的发展、扩大各国经济的交往与合作、调节国际资金供求的不平衡发挥着积极的作用。

二、汇率

(一)汇率的概念

国际贸易往来与非贸易往来所引起的货币收支和债权债务要在各国间办理国际结算。因此,任何一个国家的货币对其他国家的货币,都要有一个兑换比例,这个比率就是汇率。所以,汇率就是一个国家的货币折算成另一个国家货币的比率,也可以说是一国货币用另一国货币表示的价格。

(二)汇率的标价方法

确定两种不同货币之间的比价,先要确定以哪个国家的货币作为标准。由于确定的标准不同,便产生了不同的外汇汇率标价方法。

1. 直接标价法

直接标价法是指以一定单位的外国货币为标准,折算为相当数量的本国货币来表示其汇率的一种方法。因为这种标价方式是以外国货币为标准,来计算应付多少本国货币,所以又称应付标价法。

在直接标价法下,外国货币的数额是固定不变的,本币数额的增减表示外汇汇率的变化。一定单位的外币折算的本币数量增多,说明外汇汇率上涨,本币汇率下跌;反之,一定单位的外币换得的本币数量减少,则说明外汇汇率下降,本币汇率上升。目前,绝大多数国家都采用直接标价法,包括我国的人民币对外报价。

2. 间接标价法

间接标价法是指以一定单位的本国货币为标准,折算为相当数额外国货币来表示其汇率的一种方法。因这种标价法以本国货币为标准来计算应收多少外国货币,所以又称应收标价法。

目前,只有英国、美国使用。在间接标价法下,本国货币的数额固定不变,本币汇率的升降以外币数额的变化来表示。一定单位的本币兑换的外币的数目增多,说明本币汇率上升,外汇汇率下跌;反之,则说明本币汇率下降,外汇汇率上升。

【注意】 本币与外币的区分是相对的,一般把外汇市场所在地国家的货币视为本币,其他国家的货币则视为外币。

3. 美元标价法

这种标价法是以一定单位美元为基准,用若干数量的非美元货币进行折算,以表示其价值的汇率表示方法。国际交往很频繁,为了便于国家间进行交易,银行间的报价通常以美元为标准来表示各国货币的价格。目前,世界各金融中心的国际银行所公布的外汇牌价,都是美元对其他主要货币的汇率,非美元货币之间的汇率则通过各自对美元的汇率进行套算,作为报价的基础。

(三)汇率的种类

1. 买入汇率、卖出汇率与中间汇率、现钞汇率

买入汇率又称买价,卖出汇率又称卖价,是买卖外汇的价格,它们都是站在银行的角度来说的,买价与卖价之间的差额,是银行买卖现汇的收益。

中间汇率是指买入汇率与卖出汇率的平均数,又称中间价,不是外汇买卖的执行价格,通常用于报刊和统计报表对外报道汇率消息以及汇率的综合分析。

现钞汇率是指买卖外币现钞所使用的汇率,也有买入价和卖出价之分。一般来讲,外币现钞买入价比现汇买入价要低一些,由于银行买入外币现钞不能在本国流通使用,需要把它们运送到货币发行国才能作为支付手段,在此期间,银行要承受一定的利息损失、支付运费等,所以,银行要进行相应的扣除。外币现钞的卖出汇率则与外汇卖出汇率相同。

2. 基本汇率与套算汇率

基本汇率是本国货币与某一关键货币的比价。这是从汇率制度的角度来考虑的。由于外国货币种类繁多,要制定本国货币与每一种外国货币之间的汇率,既没有必要,成本也太高。因而一般就选定某一种在本国对外经济交往中最常使用的外国货币,制定出本国货币与其之间的汇率,作为基本汇率。大多数国家一般选用本国货币与美元之间的汇率作为基本汇率。至于其他外国货币与本国货币之间的汇率,则可以根据基本汇率套算出来。

根据基本汇率套算出来的汇率就是套算汇率,也叫交叉汇率。

3. 电汇汇率、信汇汇率、票汇汇率

这是按外汇交易的支付工具来划分的。电汇汇率是以电报、电传等方式买卖外汇时所使用的汇率。在使用电汇汇率进行交易时,买卖成交后,银行立即用电报通知国外分支行或代理行将款项支付给收款人。由于电汇方式具有快速高效的特点,因而在国际结算中被广泛采用,并使其汇率成为外汇市场的基本汇率。

信汇汇率是以信函解付方式买卖外汇时所使用的汇率。信汇是由经营外汇业务的银行开具付款委托书,用信函方式寄给国外分支机构或代理行付款给指定收款人的汇款方式。由于使用信函解付外汇,银行可以占用在途资金,所以,信汇汇率比较低。

票汇汇率是指银行以票汇方式卖出外汇时所使用的汇率。票汇是汇出行应汇款人的申请,开立以汇入行为付款人的汇票,交由汇款人自行寄送给收款人或亲自携带出国,凭票取款的一种汇款方式。票汇期间,银行也可以占用客户资金,所以,票汇汇率也比较低。

4. 即期汇率与远期汇率

这是从外汇买卖交割期限角度考虑的。即期汇率又称现汇汇率,是指外汇买卖成交后在两个营业日内完成交割时使用的汇率。远期汇率又称期汇汇率,是外汇买卖双方事先约定的,在未来某一特定日期进行交割的汇率。

对于即期汇率银行一般都直接报出,但对于远期汇率报价,各国银行的做法有所不同:一是直接报出价格;二是报出远期差价,远期汇率则是在即期汇率的基础上加上或减去一定的远期差价而算出的。

此外,汇率还有其他不同的分类标准。按汇率制度分,可分为固定汇率和浮动汇率;按外汇管制的宽严程度分,可分为官方汇率和市场汇率;按营业时间分,可分为开盘汇率和收盘汇率;按汇率的内涵分,可分为名义汇率、实际汇率和有效汇率等。

三、人民币汇率

人民币对外币的汇率,是在贯彻执行独立自主的方针下,根据我国各个时期的政策和经济建设的要求,并参照各国货币汇率的变化情况制定的。

人民币汇率与其他各国货币汇率一样,实行买卖双价制,即对一种外国货币的汇率分为买入汇率和卖出汇率。此外,人民币挂牌汇率分为现汇汇率和现钞汇率两种。电汇、票汇均使用现汇汇率。银行买卖外币现钞使用现钞汇率。现钞汇率是根据国际市场买入外币现钞汇率套算出来的。外钞买价一般比外汇买入价低 2%～3%,银行卖出外币现钞与卖出外汇牌价相同。人民币兑换外汇的远期汇率,按不同期限,在即期汇率的基础上加收一定比例计费。远期外汇买卖交割期限有 1 个月、2 个月、3 个月、4 个月、5 个月、6 个月 6 种。远期费用由我国的外汇指定银行根据西方国家主要货币汇率变动趋势和我国对外经贸的需要随时调整。

中国建设银行提供的人民币外汇汇率举例如表 16-1 所示。

表 16-1　　　　2021 年 9 月 30 日外汇牌价(人民币/100 外币)

序号	名称	现汇买入价	现钞买入价	现汇卖出价	现钞卖出价	更新时间
1	南非兰特(ZAR)	42.470 0	41.310 0	42.890 0	44.050 0	2021-09-29 21:28:00
2	美元(USD)	645.250 0	640.720 0	647.900 0	647.900 0	2021-09-29 21:28:00
3	泰国铢(THB)	19.010 0	18.420 0	19.160 0	19.800 0	2021-09-29 21:28:00
4	新加坡元(SGD)	474.260 0	460.700 0	477.830 0	477.830 0	2021-09-29 21:28:00
5	瑞典克朗(SEK)	73.580 0	71.480 0	74.140 0	74.140 0	2021-09-29 21:28:00
6	新西兰元(NZD)	444.730 0	432.010 0	448.080 0	450.750 0	2021-09-29 21:28:00
7	挪威克朗(NOK)	73.730 0	71.620 0	74.290 0	74.290 0	2021-09-29 21:28:00
8	马来西亚林吉特(MYR)	152.920 0	149.080 0	156.010 0	160.220 0	2021-09-29 21:28:00
9	澳门元(MOP)	80.450 0	77.710 0	80.770 0	83.510 0	2021-09-29 21:28:00
10	韩元(KRW)	0.542 7	0.527 5	0.562 3	0.562 3	2021-09-29 21:28:00
11	日元(JPY)	5.775 1	5.609 9	5.819 2	5.819 2	2021-09-29 21:28:00
12	港元(HKD)	82.900 0	82.320 0	83.240 0	83.240 0	2021-09-29 21:28:00
13	英镑(GBP)	867.100 0	842.310 0	873.630 0	873.630 0	2021-09-29 21:28:00
14	欧元(EUR)	750.260 0	728.580 0	755.300 0	755.300 0	2021-09-29 21:28:00
15	丹麦克朗(DKK)	100.870 0	97.980 0	101.620 0	101.620 0	2021-09-29 21:28:00
16	瑞士法郎(CHF)	692.340 0	672.540 0	697.550 0	697.550 0	2021-09-29 21:28:00
17	加拿大元(CAD)	506.700 0	492.210 0	510.510 0	510.510 0	2021-09-29 21:28:00
18	澳大利亚元(AUD)	464.020 0	450.750 0	467.510 0	467.510 0	2021-09-29 21:28:00

任务二　国际结算

一、国际结算概述

(一)国际结算的概念

国际结算是指在国家间办理货币收付以清算国家间债权债务关系的业务活动。国际债权债务产生的原因是多方面的，有国际贸易、国际劳务往来、国际资本流动、国际借贷、侨民汇款以及政府外事往来等。凡是由国家间商品交换而产生的结算称为贸易结算；凡是由国家间其他活动而引起的结算称为非贸易结算。国际贸易结算在国际结算中占首要地位。

国际结算的演变经历了现金结算和非现金结算两个阶段。非现金结算迅速、简便，有利于国际贸易的发展，成为现代国际结算方式。

（二）国际结算的特点

国际结算作为一种清算国际债权债务关系的有效方式，在任何国家的应用过程中，都表现出一些共有的特点。

1. 银行是国际结算的中介

在国际结算中，由于买方和卖方位于两个不同的国家，使用不同的货币，因此不可能办理面对面的买卖双方一手交钱一手交货的直接结算，这就需要通过银行办理国际结算。因为银行可以在国外广设网点，并通过代理行关系使业务触角遍布世界各地。银行通常在业务规模大的国家或地区设置分支机构，此外还建立国外代理行网络。这些国外代理行有两种：一种是有业务关系的代理行，与其业务往来中的收付大都通过互相开立的账户直接办理；另一种是没有相互关系的代理行，与其业务往来中的资金收付，则需要通过双方银行均有账户的第三家银行来办理。

2. 结算各方受国际惯例的约束

由于国际结算在不同国家之间进行，为了减少法律管辖权的分割对国际结算造成的困难，国际商会对国际结算确定了一系列指导性惯例，如《跟单信用证统一惯例》《托收统一规则》等。这些国际惯例、规章不是法律，但已经得到国际贸易结算各方当事人的广泛承认，在国际结算实践中普遍使用，已成为国际结算业务的共同语言。这些国际惯例、规则的执行，可减少纠纷，有利于国际结算业务的顺利进行。

3. 货物单据化

在国际结算中最常使用的单据是海运提单，它具有物权凭证的作用，交单等于交货，持有单据即持有货物所有权。货物单据化促使国际结算与融资相结合。银行一方面可凭单据垫款给买方，另一方面可凭单据向买方收回资金。因此，货物单据化是国际结算的一大基本特征。

（三）国际结算制度

国际结算制度是指国与国之间进行债权债务清算所遵循的原则和行为规范。国际结算制度有两种，即多边结算制度和双边结算制度。

多边结算制度是指通过经营国际业务的银行按照债权债务当事人的指示以账户转账的方式抵销和清算彼此间的债权和债务的结算制度。在这种制度下，一个国家对另一个国家的债权可以用来抵销对任何国家的债务。目前，大多数国家都采用这种结算制度。

双边国际结算制度是指两国政府签订支付协定，开立清算账户，用集中抵销债权债务的办法，清算两国之间由于贸易和非贸易往来所产生的债权债务的一种制度。20世纪60年代，大多数发展中国家为摆脱外汇严重短缺的困境，都采用这一结算制度。但是双边结算制度只适用于协定国，有碍全球性贸易的发展，而且当两国贸易往来不均衡时，其差额意味着一方被迫为另一方提供信用。正因为这种结算制度具有消极作用，所以现在仅有少数国家采用。

（四）国际结算工具

国际结算业务中使用的结算工具有两大类：一类是票据，另一类是单据。在非现金结算条件下，国际结算使用支付工具，通过银行间划账冲抵来结算国际债权债务关系，这种支付工具就是票据。票据是具有一定格式，由出票人签发，无条件约定自己或要求付款人支付一定金额，并经背书可以转让的书面支付凭证。票据分为汇票、本票和支票，其中汇票在国际结算中应用范围最广。汇票的开立以汇票项目的齐全和合格为前提。汇票必须具备的内容有：写明"汇票"字样；无条件支付命令;明确的一定金额;付款人名称、地址;收款人名称、地址;出票日期和出票地点;付款期限。

国际结算中涉及的单据有许多种,包括货物单据、货物运输单据、货物运输保险单据、货物检验单据。单据在国际贸易中占据十分重要的地位,它是"单证一致、单单一致"条件下进口商付款的依据,也是出口商收款的保障。货物单据主要包括商业发票、装箱单和重量单;货物运输单据主要有海运提单、铁路运单、航空运单和邮包收据。在国际贸易中,海洋运输约占70%,所以,海运提单是一种主要的货物运输单据。货物运输保险单据是保险人为被保险人承保其货物运输风险的证明文件。货物检验凭证,比如商品检验证书等,这些单据也很重要,不可忽视。

二、国际汇款

(一)汇款的种类及程序

汇款是由付款人委托银行用某种信用工具将款项汇交收款人的结算方式。汇款一般分为电汇、信汇和票汇三种。

1. 电汇

电汇是汇出行应汇款人的要求,用电报或电传、电子划拨系统通知汇入行解付一定金额给收款人的汇款方式。采用电汇方式,收款人收到款项较快,但费用也较高,汇款人必须负担电报费用,所以通常只有金额较大或急用汇款时,采用电汇方式。电汇的基本程序如下:

(1)汇款人填写电汇申请书,在申请书上填写汇款金额、收款人和汇款人的姓名、地址等,将申请书连同汇款款项和应交的汇款费用交与汇出行。

(2)汇出行接受申请,汇款人取得电汇收据。

(3)汇出行将汇款内容加注密押后用电报和电传、电子划转系统通知汇入行解付。

(4)汇入行核对无误后,缮制电汇通知书,通知收款人取款。

(5)收款人凭电汇通知书到汇入行取款,在汇入行的"收款人收据"上签字或盖章。

(6)汇入行支付汇款。

(7)汇入行借记汇出行账户,将"付讫借记通知书"寄给汇出行。至此,完成了一笔电汇汇款,资金由债务人流向了债权人。

电汇的基本程序如图16-1所示。

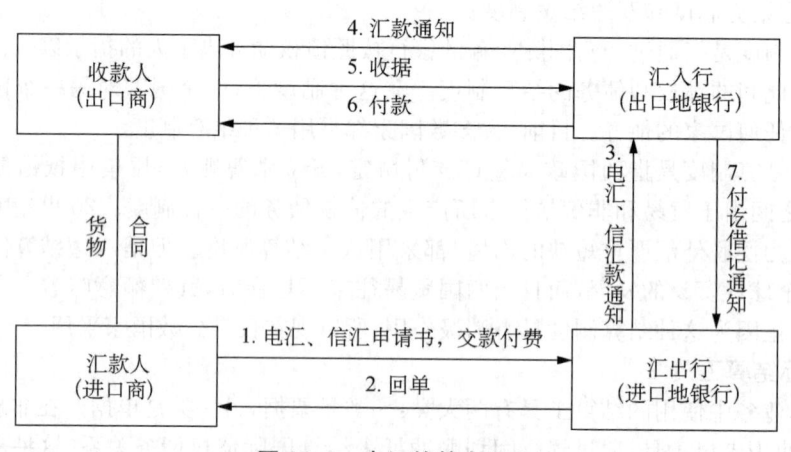

图16-1　电汇的基本程序

2. 信汇

信汇是汇出行应汇款人的申请,将信汇委托书寄给汇入行,授权解付一定金额给收款人的一种汇款方式。

信汇费用低廉,但因邮递关系,收款时间比较长。信汇业务程序同电汇大致相同,区别仅在于:汇出行通知汇入行的手段不是电报,而是信汇委托书。信汇委托书不加密押,只需汇出行有权签字人在上面签字即可。

3. 票汇

票汇是汇款人委托汇出行开出以汇入行为付款人的银行汇票,由汇款人自行寄给收款人或亲自携带出国交给收款人取款的一种汇款方式。票汇的基本程序如下:

(1) 汇款人填写票汇申请书并向银行付款缴费。

(2) 汇出行开出即期银行汇票交给汇款人。

(3) 汇款人将汇票亲自带到国外或自行寄给收款人。

(4) 汇出行将汇票通知书或票根邮寄给汇入行。

(5) 收款人持汇票向汇入行取款。

(6) 汇入行将汇票与汇票通知书核对无误后,解付票款给收款人。

(7) 汇入行将"付讫借记通知书"寄给汇出行。

票汇的基本程序如图 16-2 所示。

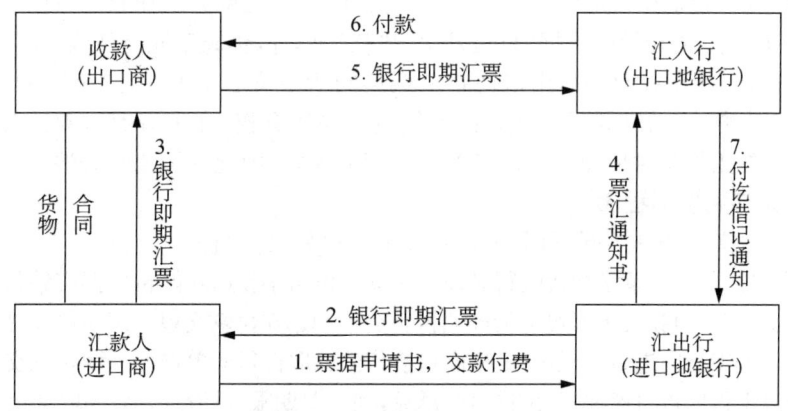

图 16-2　票汇基本程序

(二)汇款的偿付

汇款的偿付是指汇出行在办理汇款业务时,应及时将所汇款项拨交给其委托解付的汇入行,也称为"拨头寸"。

(1) 汇出行和汇入行间存在往来账户关系,可以分为两种情况:一是汇出行在汇入行开立往来账户,汇出行在进行支付委托时,应在委托书上注明"请将这笔款项借记我行在你行的账户";二是汇入行在汇出行开立往来账户,在这种情况下,汇出行的支付委托书应注明"我行已将这笔款项贷记你方账户"。汇入行接到支付委托书后,按照汇出行的指示进行解付。

(2) 双方在同一代理行开立往来账户,这样,汇款的偿付可通过该代理行拨交头寸即可。即汇出行在汇出汇款时,主动通知代理行将款项拨付汇入行在该代理行的账户,并在支付委托书上注明"我行已委托 A 银行将款项借记我方账户并贷记你方账户",汇入行在接到汇出行的支付委托和 A 银行寄来的贷记报告单后便可将款项解付给收款人。

(3) 双方在不同银行开立往来账户。汇出行在汇出汇款时,通知其代理行将款项拨付给汇入行在其他代理行开立的账户,并在支付委托书上注明"我们已通知 A 银行拨付款项给你方在 B 银行的账户"。银行在完成头寸的拨付后,应给对方寄出借(贷)记报告单。

（三）汇款在国际贸易中的具体运用

在国际贸易中，以汇款方式结算买卖双方债权债务时，根据汇款交付和货物运送先后时间的不同，可分为先收款后交货和先交货后收款两种形式，前者为预付货款，后者为货后付款。

预付货款是进口商先将货款的一部分或全部汇交出口商，出口商收到货款后，在一定时间内发运货物的结算方式。预付货款是对进口方来说的，对出口方来说就是预收货款。预付部分货款的目的主要是出口商顾虑进口商违背买卖合同，预收部分货款作为担保，以防进口商毁约。预付货款对进口商不利，进口商付款后，能否拿到与合同相符的货物，取决于出口商的信用；货后付款对出口商不利，出口商出货后能否顺利拿到款项取决于进口商的信用。所以，国际汇款方式主要用于小额款项的收付。

三、国际托收

（一）托收的概念及种类

托收是指出口商在发运货物后签发汇票，委托出口地银行通过其国外的分行或代理行向国外进口商收取货款的结算方式。托收方式按照汇票是否附有货运单据，分为光票托收和跟单托收两种。

（1）光票托收。光票托收是仅凭汇票，而不附有任何货运单据的托收。有的汇票托收，虽然也附有单据，但并不是整套货运单据，只是发票、垫款清单等，仍属于光票托收。

（2）跟单托收。跟单托收是指出口商将汇票连同所附货运单据一起交给银行，委托银行代收货款的一种托收方式。在国际贸易中，提单代表货物所有权，在进口商付款前，出口商掌握着货物所有权。跟单托收相对地减少了出口商所承担的风险，因此使用比较普遍。

（二）交单条件和业务程序

跟单托收根据交单条件不同，可分为付款交单和承兑交单两种。

（1）付款交单。付款交单是指代收行必须在付款人付清票款后才能将单据交给付款人。付款交单对出口商较为有利。付款交单又可分为即期付款交单和远期付款交单。即期付款交单是由出口商开具即期汇票，通过银行向进口商提示，进口商付清货款后取得货运单据。远期付款交单是出口商开具远期汇票，通过银行向进口商提示，由进口商承兑，到交单期限，付清货款后领取货运单据。

（2）承兑交单。承兑交单是指银行在进口商承兑远期汇票后，即将货运单据交进口商，到付款期限，再一次向进口商提示，要求履行付款义务。在承兑交单的情况下，货物所有权转移给进口商后，出口商在汇票到期时收回货款的唯一保障就是承兑人的信誉。如果进口商承兑汇票后在汇票到期日拒付，出口商就会面临货款全部落空的风险。因此，在国际贸易中，只有出口商对进口商资信很熟悉的情况下才能使用承兑交单。

在国际托收中，最常用的是即期付款交单。跟单托收的业务程序如图16-3所示。

（三）托收款项的拨付

托收款项的拨付类似于汇款的拨付。

（1）托收行与代收行直接开立往来账户。托收行在代收行开立账户时，出口托收委托书应注明"收妥款项，请贷记我方在银行账户，并以电报或航邮通知我方"。托收行接到代收行的贷记报告单后，可将该笔金额贷记委托人的账户，托收业务即告完成。

（2）代收行在托收行开立账户。托收委托书应注明"请代收款项后，以电报或航邮委托我行借记你方账户"。

（3）双方之间无往来账户。出口托收委托书应注明"请代收款项后，将款汇寄 A 银行贷记我方在该行的账户，并请该行以电报或航邮通知我行"。托收行在获知款项已经收妥的情况下，才能贷记委托人账户，完成这一笔托收业务。

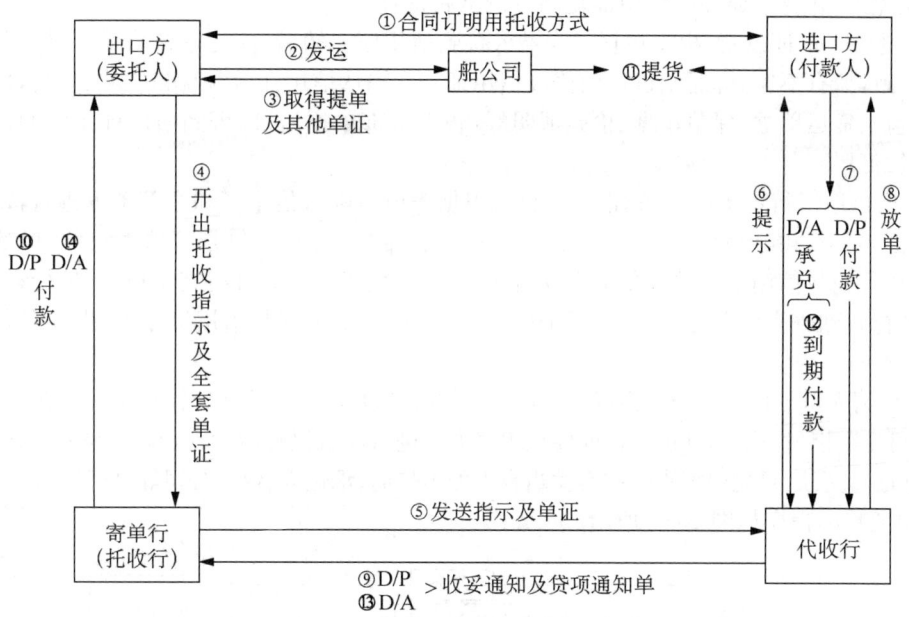

图 16-3 跟单托收的业务程序

四、信用证结算方式

(一)信用证结算方式的特点

信用证是进口地银行应进口商要求向出口商开立的,凭规定的单据在一定期限内支付一定金额的书面保证文件。信用证结算方式是当前国际结算的主要方式,分为光票信用证和跟单信用证两大类。在国际贸易中主要使用跟单信用证。

信用证结算的特点主要体现在以下几个方面:

(1)开证银行承担第一性付款责任。信用证是由开证行凭自己的信用做出的付款保证。根据出口商交来的符合信用证条款规定的单据,开证行必须无条件付款。

(2)信用证是一个独立的保证文件。信用证起源于贸易合同,但不依附于贸易合同,一经开证银行开出,开证行即对信用证负责,按信用证要求履行付款责任,不受贸易合同的约束。

(3)信用证业务处理以单据为准而不是以货物为准。只要出口商提供的单据符合信用证的要求,即表面上"单证一致",银行就必须付款,对货物的真假、好坏,银行一概不管,也没有责任。

(二)跟单信用证的结算程序

(1)申请开证。进口商根据贸易合同中以信用证为支付方式的要求,在合理期限内,向当地银行申请开立信用证:填写开证申请书,表明对信用证内容的具体要求和申请人对开证银行的声明和保障。开证申请书经申请人和开证行双方签字后生效,成为具有约束力的契约文件。

(2)对外开立信用证。开证银行接到申请书,必须对申请人进行审查,审查内容包括资信、能力方面的证明文件,以及对申请人能提供信用的其他条件;之后,缮制信用证、选择通知行等。经再次审核无误后,根据开证申请人的要求,开立信用证,函开(以信函方式开出)以航空挂号或快件寄出,电开(以电传或电报方式开出)以 SWIFT 或 TELEX 委托国外代理行,通知信用证给受益人(出口商),然后进行相应的项目和档案处理。

(3)出口地银行通知信用证受益人。出口地银行收到信用证后,首先要鉴别其真伪,函开核印鉴,电开核密押。如有疑问,应及时向开证行查询,没有疑问,即加注通知行参号,按开证行指示通知受益人,并将已通知的信用证复制一份留底备查。

(4)受益人审证发货,提交单据。受益人接到信用证通知后,应先审核信用证是否与贸易合同内容一致,如有不符,应通知进口商修改信用证。在确认信用证后,根据其要求发货,取得相应的单据,包括货运单据、保险单据、检验证明等,备妥全部单据后,即可到信用证指定的银行送交单据,签发汇票。

(5)出口地银行审单议付、索汇。议付行根据审单原则对信用证和全部单据进行核对,经确认后,按汇票金额扣除利息和手续费后的余额,议付给出口商(议付是有追索权的,付款无追索权)。议付行凭与信用证相符的单据向受益人垫款后,就可以向开证行寄出单据,进行索汇。

开证行收到寄来的单据后,与信用证条款相核对,如果单据与信用证相符,即无条件将款项偿还议付行。

(6)申请人付款赎单。开证银行对议付行付款后,通知申请人前来付款赎单。申请人若发现单证不符,可提出拒付,这时,开证银行就要承担损失。进口商若提货后发现货物与贸易合同不符,就不能与开证行交涉,只能根据责任向有关当事人如出口商、承运人、保险公司等进行索赔。

信用证基本程序如图16-4所示。

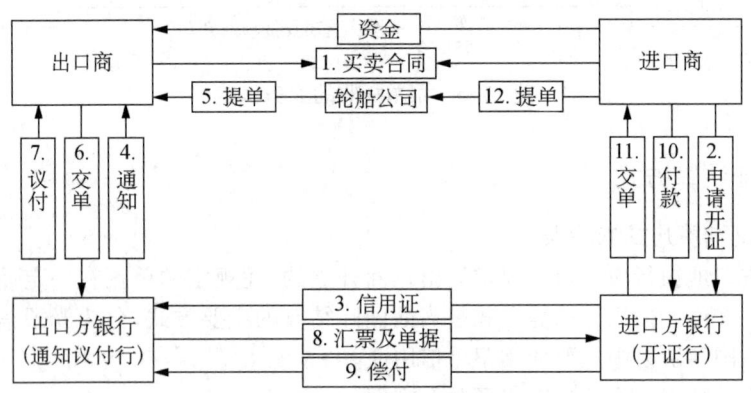

图16-4 信用证基本程序

(三)审核单据的原则

银行必须合理小心地审核一切以确定其是否符合信用证条款和条件要求。确定信用证中规定的单据表面上是否符合信用证条款要求的依据是《跟单信用证统一惯例》。

在信用证结算方式下,受益人提交的各项装运单据,必须符合信用证的规定,这是国际银行结算对单据普遍实行的"严格符合原则"。所谓严格符合,是指"单证一致"和"单单一致",出口商交来单据要与信用证条款一致,单据与单据之间内容要一致。只要单据严格符合,银行即可凭单付款、承兑、议付,开证行就要凭单偿付,因为货运单据代表货物的物权,货运单据的转移就代表了物权的转移,这就是在国际贸易上的货物单据化,卖方交付单据代表交付货物,买方取得单据代表收到货物。同样,在国际结算上单据商品化,银行购进的是单据,受益人出售的也是单据,有关各方都以单据作为依据。所以,银行在信用证结算业务中只管单据不管货物。

任务三 国 际 收 支

一、国际收支的概念

国际货币基金组织对国际收支的定义是:国际收支是以统计报表方式,系统总结特定时期内一国的经济主体与他国的经济主体之间的各项经济交易,它包括货物、服务和收益、对世界其他地区的金融债权和债务的转移以及单项转移。概括地说,国际收支是一个国家在一定时期所有对外经济贸易往来以及对外债权债务的结算而引起的对外货币收支。

国际收支所涉及的内容相当广泛,几乎包含一国对外经济、金融的全部内容。它不仅反映该国的对外经济、贸易、金融活动水平和国际融资能力,而且反映该国的经济发展水平、经济实力和竞争能力。

把一国的国际收支,即在一定时期内的国际经济交往,按某种适合于经济分析的需要编制出来的报表称为国际收支平衡表。国际收支平衡表是经济分析的重要工具之一,它反映了一国的商品进出口、对外经济扩张和引进外资、货币币值走势等状况,有利于编表国制定宏观决策、采取相应的调节措施,对其他国家来说则有利于了解编表国的国际收支状况,进一步了解世界贸易的形势及货币汇率的走势等。

视频

国际收支
平衡表

二、国际收支平衡表

由于各国的经济发展情况不一,国际收支平衡表的具体内容也有所不同,但大体上是一致的,一般包括以下内容。

(一)经常项目

经常项目是一国与另一国交往而经常发生的项目,在国际收支中是最基本、最重要的项目。它包括三部分:①商品交易,也称为有形贸易。该项目系统记录商品进出口情况。一国商品进出口情况直接反映了该国商品的国际竞争能力,所以该项目在一定程度上表现了该国的经济实力。②劳务贸易,也称为无形贸易。该项目包括服务性行业,如旅游业、通信业等的收益;投资收益,如证券投资产生的股息和利润;杂费收支等。③单方转移。它是指无须偿还的实物资产和金融资产所有权在国家间的转移,可分为私人单方面转移和官方单方面转移两方面,包括个人捐赠、战争赔款等。

(二)资本和金融项目

1. 资本项目

资本项目作为《国际收支手册》第五版新修订的内容,主要包括以下两个方面:

(1)资本的转移。

(2)非生产、非金融资产的收买或放弃,主要包括不是由生产创造出来的有形资产(如土地和地下资产)与无形资产(专利、版权、商标、经销权等)的收买或放弃。对于无形资产,所涵盖交易其实也涉及了经常项目与资本项目两项。经常项目服务项下记录的是无形资产的运用所引起的收支,资本项目的资本转移项下记录的则是无形资产所有权的买卖所引起的收支。

2. 金融项目

在《国际收支手册》第四版及以前的版本中,金融项目相当于资本项目,以前的分类方式是分成长期资本与短期资本,由于金融创新的不断涌现和资本流动的迅猛发展,长期资本与短期资本的区分越来越困难,所以自《国际收支手册》第五版开始,对金融账户有了越来越细致的区分。因此,目前金融项目的划分主要分为直接投资、证券投资、金融衍生产品(储备除外)和雇员认股权、储备资产、其他投资五种。

(1)直接投资。直接投资反映某经济体的居民单位(直接投资者)对于另一经济体的居民单位(直接投资企业)的永久性权益,它包括直接投资者和直接投资企业之间的所有交易。直接投资项下包括股本资本、用于再投资的收益和其他资本。

(2)证券投资。证券投资是指有关债务或股本证券的跨境交易和头寸,包括股本证券和债务证券的交易。股本证券交易包括股票、参股或其他类似文件。债务证券包括长期债券、无抵押品的公司债券、中期债券等;还包括可转让的货币市场债务工具,如短期国库券、商业票据、银行承兑汇票、可转让的大额存单等;另外,衍生金融工具也包括在内。

(3) 金融衍生产品(储备除外)和雇员认股权。金融衍生产品主要包括期权和远期合约,雇员认股权作为一种报酬形式,是向公司雇员提供的一种购买公司股权的期权。

(4) 储备资产。储备资产是指由货币当局控制,并随时可供货币当局用来满足国际收支资金需求,用以干预汇兑市场,影响货币汇率,以及用于其他相关目的的对外资产。涉及的项目包括货币化黄金、在国际货币基金组织的储备头寸、特别提款权等其他储备资产。

(5) 其他投资。其他投资为剩余类别,包括没有列入直接投资、证券投资、金融衍生产品和雇员认股权以及储备资产的头寸和交易。如其他股权、贷款、非人寿保险技术准备金、人寿保险和年金权益、养老金权益、启动标准化担保的准备金、贸易信贷和预付款、货币和存款等。

(三) 平衡项目

1. 官方储备项目

官方储备项目记录了为平衡国际收支的实际差额所进行的官方储备资产交易。官方储备资产主要由以下几个部分构成:①一国货币当局为维持对外支付而集中掌握的黄金和外汇资产。②在基金组织的储备头寸。③分配的特别提款权(这是国际货币基金组织创设的一种账面资产,无偿分配给会员国作为储备资产使用,主要用于调节国际收支逆差,也可用于偿还基金组织的贷款)。

2. 错误与遗漏项目

错误与遗漏项目的设置是由于国际收支统计中经常会出现错误遗漏,是一个人为设置的平衡项目。

国际收支的各个项目按复式记账原理进行编制,每个项目收入和支出的数据应相等,但国际收支平衡表中所列各个项目的数据,涉及的范围十分广泛而复杂,来源于各个方面,有海关的统计,有各个行政部门和各种机构、企业的报表,还有银行的报表等。统计数据和资料的不全面、不完整、不准确,是难以避免的。这样,就需要有一个"错误与遗漏"项目,设在国际收支平衡表中,使借方与贷方达到平衡。

国际收支平衡表是按照复式记账原则编制的。按照复式记账的原理,每一笔国际经济交易都要分别记录在国际收支平衡表的借方和贷方,分别反映一定时期内各项对外经济活动的发生额。①贷方称为正方项目。一国对外经济活动中,一切收入项目和对外负债增加、资产减少项目都记入国际收支平衡表的贷方。②借方称为负方项目。一国对外经济活动中,一切支出项目和资产增加、负债减少项目均记入国际收支平衡表的借方。

也就是说,凡是引起本国从国外获得货币收入的交易都记入贷方,凡是引起本国对国外货币支出的交易都记入借方。在这里,记入借方或贷方的基本尺度是,看国际经济交易带来的结果是资金的流入还是流出,如果是资金流入则记入贷方,如果是资金流出则记入借方。

三、我国的国际收支

中华人民共和国成立以后,由于受传统的高度集中的计划体制的影响,我国没有编制国际收支平衡表,只是编制外汇收支平衡表,并通过外汇收支平衡表反映我国的对外经济交易。外汇收支平衡的项目包括贸易收支、非贸易收支和对外援助收支,并以已结汇数为统计依据。当时我国强调自力更生,在外汇收支方面执行"以收定支,收支平衡,略有结余"的方针,努力实现既无外债,又无内债的目标,与西方国家很少发生资金借贷关系,对外贸易发展也很缓慢,其他国际交往也不多。

党的十一届三中全会以后开始执行的改革开放政策,使我国的对外经济交往获得了前所未有的发展。通过合营企业、合作经营、补偿贸易、来料加工和装配、租赁、装配信贷、出口信贷、各种存款，并通过政府间和国际金融组织吸收了一定数额的外汇，这使我国国际收支突破了贸易外汇收支的局限。此外，1980 年 4 月和 5 月国际货币基金组织和世界银行相继恢复我国的合法席位。1980 年我国编制了第一个国际收支平衡表，并在当年制定了我国的国际收支统计制度。当时的国际收支统计数据采集主要依赖于国家各行政主管部门，包括海关、旅游局、财政部等，从行业统计角度收集有关数据，按季度报送有关报表，最后由国家外汇管理局进行逐级汇总，编制全国的国际收支平衡表。

任务四　国　际　储　备

一、国际储备的概念与特征

国际储备是指一国货币当局所持有的、能随时用于弥补国际收支逆差、维持本币汇率稳定以及用于应对紧急支付、作为对外偿债的信用保证并为世界各国普遍接受的各种形式的资产。

国际储备的概念有广义和狭义之分。广义的国际储备实际上是一国的国际清偿能力，包括自有储备和借入储备；狭义的国际储备仅指自有储备。通常所说的国际储备是指狭义的国际储备。国际储备仅仅是一国具有的现实的对外清偿能力；而国际清偿能力则是该国具有的现实的对外清偿能力和可能的对外清偿能力的总和。

国际储备具备的特征有：①官方持有性，即作为国际储备的资产必须是一国中央当局直接掌握的，并且是可以自由地无条件支配使用的官方资产。②普遍接受性，即国际储备资产必须是在外汇市场上或在政府间清算国际收支差额时，能被世界各国在事实上所普遍承认和接受的资产。③充分流动性，即国际储备资产必须能随时动用或变为现金，能在其各种形式之间自由兑换。

二、国际储备的构成

（一）黄金储备

黄金储备是指一国货币当局持有的货币性黄金。在国际金本位制度下，黄金是最主要的储备资产，充当世界货币和平衡国际收支的最后手段。在布雷顿森林体系时期，黄金与美元共同作为国际货币体系的基础，黄金仍是重要的国际储备资产。布雷顿森林体系崩溃后，IMF 于 1976 年实行黄金非货币化政策，黄金储备的地位显著下降。目前，黄金储备在 IMF 成员国际储备总额中不足 5%，已降到二线储备的地位。但是，由于黄金的贵金属特性及良好的保值功能，没有一个国家愿意完全放弃和废除黄金储备，黄金储备在各国的国际储备中仍占有一席之地。

（二）外汇储备

外汇储备是指一国货币当局持有的可兑换外国货币及外币金融资产。其主要形式为国外银行存款与外国政府债券。外汇储备是当今各国国际储备的主体。在第一次世界大战前，英镑是最主要的储备货币。20 世纪 30 年代，美元崛起，与英镑共享主要储备货币的地位。第二次世界大战后，美元是唯一在一定条件下可兑换成黄金的货币，处于"等同"黄金的地位，成为各国外汇储备中最主要的储备货币。从 20 世纪 60 年代开始，美元频频发生危机，其储备货币地位逐渐下降，当时的德国马克、日元的储备货币地位不断上升，形成储备货币多元化的局面。20 世纪 90 年代以后，世界外汇储备结构发生了明显变化，欧元已成为第二大储备货币。目前，我国和世界其他国家在对外贸易与国际结算中经常使用的外汇储备主要有美元、欧元、日元、英镑等。

视频

外汇储备

（三）在国际货币基金组织的储备头寸

储备头寸是指成员在 IMF 的储备部分提款权余额，再加上向 IMF 提供的可兑换货币贷款余额。储备头寸是一国(地区)在 IMF 的自动提款权,其数额的大小主要取决于该成员在 IMF 认缴的份额,成员可使用的最高限额为份额的 125%。

IMF 的成员可以无条件地提取其储备头寸用于弥补国际收支逆差。一国(地区)若要使用其在 IMF 的储备头寸,只需向 IMF 提出要求,IMF 便会通过提供另一国的货币予以满足。

(四) 特别提款权

视频

特别提款权

特别提款权是 IMF 为补充国际储备不足于 1969 年 8 月创设并于 1970 年 1 月开始向参加国发行的一种国际储备资产,也称纸黄金。特别提款权是 IMF 分配给成员的一种使用资金的权利。成员在发生国际收支逆差时,可用它向 IMF 指定的其他成员换取外汇,以偿付国际收支逆差或偿还 IMF 的贷款,还可与黄金、自由兑换货币一样充当国际储备。但由于它只是一种记账单位,不是真正的货币,使用时必须先换成其他货币,不能直接用于贸易或非贸易的支付。特别提款权是 IMF 原有的普通提款权以外的一种补充。

特别提款权是以包含美元、欧元、人民币、日元和英镑 5 种货币组成的货币篮子定值的。2017 年 10 月 1 日,IMF 总裁拉加德宣布人民币正式加入特别提款权(SDR)货币篮子。人民币成为继美元、欧元、日元和英镑之后第五种"入篮"货币,并且是新 SDR 篮子中唯一的新兴经济体货币。目前,人民币在特别提款权货币篮子中的权重为 10.92%,位列第三,反映出人民币在世界贸易和金融系统中的相对重要性。

2008 年以来,我国先后与越南、老挝、俄罗斯、哈萨克斯坦等 9 个周边国家及"一带一路"沿线国家签署了双边本币结算协议,与俄罗斯、印度尼西亚、阿联酋、埃及、土耳其等 23 个周边国家及"一带一路"沿线国家签署了双边本币互换协议。截至 2019 年末,中国人民银行共与 39 个国家和地区的中央银行或货币当局签署了双边本币互换协议,覆盖全球主要发达经济体和新兴经济体以及主要离岸人民币市场所在地,总金额超过 3.7 万亿元人民币。

三、国际储备的作用

国际储备的作用主要体现在以下三个方面:

(1) 清算国际收支差额,维持对外支付能力。

(2) 干预外汇市场,保持本国货币汇率稳定。

(3) 提供举债和偿债的信用保证,增强国际清偿能力。

四、我国的国际储备

我国的国际储备也是由黄金储备、外汇储备、在 IMF 的储备头寸和特别提款权组成的。其中,外汇储备是我国国际储备的绝对主体。自 1993 年至今,除了 1993 年出现经常账户逆差和 1998 年、2012 年、2014 年、2015 年、2016 年出现非储备性质的金融账户逆差外,其余年份我国国际收支经常账户和非储备性质金融账户均为顺差,储备资产大幅增加。2021 年 9 月 7 日,国家外汇管理局公布最新外汇储备规模数据。数据显示,截至 2021 年 8 月末,我国外汇储备规模为 32 321 亿美元,较 7 月末下降 38 亿美元,降幅为 0.12%。

■ 应知考核 ■

一、单项选择题

1. 外汇是( )。

  A. 外国货币

  C. 外国的钞票

  B. 可用于结清一国债权债务的外币

  D. 用于国际间债权债务结算的支付手段

2. 新闻报道和经济分析常使用的汇率是( )。

A. 买入汇率　　　　　　　　　　　B. 卖出汇率
C. 中间汇率　　　　　　　　　　　D. 固定汇率
3. 目前,国际储备体系中最重要的储备资产是(　　　)。
　A. 黄金　　　　　　　　　　　　B. 外汇储备
　C. 特别提款权　　　　　　　　　D. 普通提款权
4. 今世界最主要的储备货币是(　　　)。
　A. 美元　　　　　　　　　　　　B. 日元
　C. 欧元　　　　　　　　　　　　D. 港币
5. 特别提款权是一种(　　　)
　A. 实际资产　　　　　　　　　　B. 账面资产
　C. 流动资产　　　　　　　　　　D. 固定资产

二、多项选择题

1. 我国《外汇管理条例》指的外汇包括(　　　)。
　A. 外币现钞,包括纸币、铸币　　　B. 外币支付凭证或者支付工具
　C. 外币有价证券,包括债券、股票等　D. 特别提款权
2. 从外汇买卖交割期限角度,外汇分为(　　　)。
　A. 基本汇率　　　　　　　　　　B. 套算汇率
　C. 即期汇率　　　　　　　　　　D. 远期汇率
3. 汇款一般分为(　　　)。
　A. 电汇　　　　　　　　　　　　B. 信汇
　C. 票汇　　　　　　　　　　　　D. 托收
4. 经常项目在国际收支中是最基本、最重要的项目,它包括(　　　)。
　A. 商品交易　　　　　　　　　　B. 劳务贸易
　C. 单方转移　　　　　　　　　　D. 资本和金融项目
5. 在下列国家中,汇率表示方法采用间接标价法的有(　　　)。
　A. 美国　　　　　　　　　　　　B. 日本
　C. 英国　　　　　　　　　　　　D. 法国

三、判断题

1. 以外币表示的有价证券由于不能直接用于国际支付,属于外汇。　　　(　　)
2. 汇率就是一个国家的货币折算成另一个国家货币的比率。　　　　　(　　)
3. 在直接标价法下,一定单位的外币折算的本币数量增多,说明外汇汇率上涨,本币汇率下跌。(　　)
4. 中间汇率是外汇买卖的执行价格。　　　　　　　　　　　　　　　(　　)
5. 光票托收是仅凭汇票,而不附有任何货运单据的托收。　　　　　　(　　)

四、简述题

1. 简述国际结算的概念和特点。
2. 简述国际储备的概念与特征。
3. 简述汇率的标价方法。
4. 简述信用证结算方式的特点。
5. 简述国际储备的构成。

■ 应 会 考 核 ■

■ 观念应用
【背景资料】

人民币加入 SDR

2015 年 11 月 30 日,国际货币基金组织(IMF)执行董事会讨论并全票通过了特别提款权(SDR)审查报

告,认定人民币已经满足了出口和"可自由使用"标准,决定将人民币纳入SDR货币篮子,SDR货币篮子相应扩大至美元、欧元、人民币、日元、英镑5种货币。新的SDR篮子于2016年10月1日生效。人民币入篮之后,在SDR篮子中的比重为10.92%。其他4种货币的权重则相应减少:美元比重从41.9%降至41.73%,欧元从37.4%降至30.93%,日元从9.4%降至8.33%,英镑从11.3%降至8.09%。人民币的权重超越日元和英镑,成为SDR货币篮子中的第三大货币。

2016年10月1日,纳入人民币的国际货币基金组织特别提款权新货币篮子正式生效。人民币从此跻身国际权威机构认可的国际储备货币和"可自由使用货币"俱乐部,这是中国与世界的双赢。IMF总裁拉加德说,这反映了人民币在国际货币体系中不断上升的地位,有利于建立一个更强劲的国际货币体系。

【考核要求】

根据上述资料,分析什么是特别提款权,人民币加入SDR的利弊。

■技能应用

【背景资料】

商品城控股子公司1亿元信用证逾期违约

浙江中国小商品城集团股份有限公司(以下简称集团公司)2017年12月12发布关于控股子公司信用证逾期情况的公告。

公告披露,集团公司控股子公司浙江义乌中国小商品城贸易有限责任公司(以下简称贸易公司)发生信用证逾期情况。目前贸易公司的5笔信用证业务1.745亿元,保证金3491万元,逾期金额1.096亿元,还有2笔信用证业务将于2018年1月15日到期,金额为2991.42万元,保证金3000万元,业务经办人王某某提供了评估价为2605万元的房产抵押。信用证业务经办人王某某(系贸易公司的自然人股东、十三部经理)处于离境失联状态,贸易公司认为其涉嫌信用证诈骗,已向义乌公安局经侦大队报案,经侦大队已受理并立案,案件目前尚在侦查阶段。

贸易公司一方面积极协助经侦大队开展调查取证,另一方面合理制定有关后续业务处理方案,重新组建管理团队,正在积极地与中国银行义乌分行协商,寻求方案以解决贸易公司信用证逾期问题。

集团公司作为上市公司,主业为房地产开发,另外为市场经营。房地产开发占业务收入的49%,市场经营收入占32%。从集团公司财务看,截至3季度,集团公司尚有22亿现金,可供出售的金融资产为18亿元;从负债看,短期负债为34亿元,债券为14亿元,长期借款为8亿元,按此合计为56亿元! 还是有缺口16亿元,不过集团公司作为房地产商还有40亿元库存,能应对缺口。

【技能要求】

1. 分析了解信用证欺诈的成因及主要形式。

2. 如何防范信用证欺诈?

■ 案例分析

【案例情境】

中国2019年一季度国际收支"双顺差"保持基本平衡

中国国家外汇管理局(下称外汇局)2019年6月27日公布数据显示,中国2019年一季度国际收支呈现出"双顺差"。当季,中国经常账户顺差3307亿元(人民币,下同),资本和金融账户顺差2615亿元,其中,非储备性质的金融账户顺差3292亿元,储备资产增加676亿元。从国际收支平衡表来看,2019年一季度,中国经常账户和非储备性质的金融账户均呈现顺差,外汇储备有所增加,国际收支保持基本平衡。具体来看:

第一,经常账户保持在合理的顺差区间,货物贸易顺差增加,服务贸易逆差收窄。2019年一季度,经常账户顺差490亿美元,与当期国内生产总值之比为1.5%。国际收支口径的货物贸易顺差947亿美元,同比增长83%;服务贸易逆差634亿美元,同比下降14%,其中,旅行逆差576亿美元,下降9%。

第二,非储备性质的金融账户呈现顺差,跨境资本持续净流入。国家外汇管理局副局长王春英指出,一季度,非储备性质的金融账户顺差488亿美元,主要净流入项目为直接投资和证券投资。直接投资净流入265亿美元。其中,外国来华直接投资净流入476亿美元;中国对外直接投资净流出210亿美元。证券投资净流入195亿美元。其中,外国对华证券投资净增加357亿美元;中国对外证券投资净增加162亿美元。

第三,储备资产增加。国家外汇管理局副局长王春英表示,一季度,中国储备资产因国际收支交易(不含汇率、价格等非交易因素影响)增加100亿美元,其中,外汇储备增加100亿美元。

【分析要求】

1. 你认为国际收支"双顺差"影响你的生活吗?

2. 你认为我国国际储备资产增长越快越好吗? 为什么?(请老师查阅即时外汇储备资产数据)

■ 项目实训 ■

【实训内容】

分析中国的国际收支平衡表。

【实训目标】

通过对国际收支平衡表的分析,了解我国国际收支的状况,分析我国国际收支双顺差对我国经济产生的影响。

【实训组织】

以学习小组为单位,进行分组,查找资料;各组讨论,查找最近几年的中国国际收支平衡表;分组进行数据整理,分析国际收支双顺差的原因。

【实训成果】

1. 考核、评价资料采用PPT展示与学生讨论相结合的方式。

2. 采用学生和教师共同评价的方式评分,并完成实训报告,如表16-1所示。

表16-1　　　　　　　　　　实训报告

项目实训班级:		项目小组:		项目组成员:	
实训时间:　年　月　日		实训地点:		实训成绩:	
实训目的:					
实训步骤:					

（续表）

实训结果：
实训感言：

参 考 文 献

［1］李贺.财政学[M].2版.上海:上海财经大学出版社,2019.

［2］李贺.货币银行学[M].上海:上海财经大学出版社,2021.

［3］李贺.税法[M].2版.上海:上海财经大学出版社,2021.

［4］陈国胜.财政与金融[M].3版.北京:清华大学出版社,2019.

［5］刘东,杨毅等.财政与金融[M].北京:清华大学出版社,2018.

［6］蒙丽珍.财政与金融[M].6版.大连:东北财经大学出版社,2018.

［7］杨斌.财政与金融[M].4版.大连:东北财经大学出版社,2021.

［8］李贺.国际金融[M].上海:上海财经大学出版社,2015.

［9］李贺.金融学基础[M].上海:上海财经大学出版社,2017.

［10］李贺.金融市场学[M].2版.上海:上海财经大学出版社,2020.

［11］李贺.证券投资学[M].上海:上海财经大学出版社,2020.

［12］李贺,马越,王丹.财政与金融[M].上海:上海财经大学出版社,2017.

［13］秦刚.中国特色社会主义理论体系[M].北京:中共中央党校出版社,2013.

［14］中共中央宣传部.习近平新时代中国特色社会主义思想三十讲[M].北京:学习出版社,2018.

［15］米什金.货币金融学[M].郑艳文,荆国勇,译.12版.北京:中国人民大学出版社,2021.

［16］李贺.经济学基础[M].2版.上海:上海财经大学出版社,2021.

［17］李贺.国际结算[M].上海:上海财经大学出版社,2017.